사례로 보는

학교상담사의 전문성

Tarrell Awe Agahe Portman · Chris Wood · Heather J. Fye 편저

이성원 · 정은선 · 현정희 공역

학지사

Critical Incidents in School Counseling, 3rd ed.
by Tarrell Awe Agahe Portman, Chris Wood, and Heather J. Fye

역자 서문

한국에서 전문 학교상담사가 정식으로 학교 현장에 근무한 지 불과 30년이기 때문에 교사 1인이 소속 학교의 상담 업무를 오롯이 이끌어 가기에는 다양한 어려움이 있을 것이다. 이러한 점들에 대해 상담전문가로서 지도하고자 할 때 단순히 상담을 잘하는 방식을 지도하는 것만이 해결책이 아님을 여러모로 느끼고 있었다. 그러나 여기에 해당되는 별도의 지침이나 사례가 될 만한 자료를 얻는 것도 쉬운 일이 아니었다.

이러한 시기에, 이 책에서 제시되는 학교상담 현장에서의 다양한 사례는 여러 가지 학교 장면에서 학교상담사가 고민하는 지점과 어려운 장면을 비교적 자세한 지침을 기준으로 해결해 나가는 방식을 선보여 내심 반가웠다. 이 책은 학교상담의 다양한 예시를 통해 다문화, 제도, 시스템의 변화에 반응하고 대응하는 학교상담사의 역할과 기능 및 어려움을 잘 나타내며, 이들이 어떻게 발전해 나가야 하는지 포괄적으로 설명해 준다. 앞서 언급한 다양한 변수가 반영된 학교 현장의 사례를 중심으로 전문가들의 논평과 여러 참고 자료가 소개되어 있다. 비록 미국 학교에서의 상황과 우리나라 학교 제도와의 구성면에서 상이한 점은 있을 수 있으나, 학교상담의 본질적인 부분에서 보자면 충분히 공통적인 부분이 많으며 상황에 따라서 응용해 볼 수 있다고 생각한다. 익숙한 장면은 익숙한 대로 생소한 장면은 낯선 대로 우리나라 학교상담 현장에서 당면하는 여러 이슈에 대처하는 데 참고가 될 것이다.

학교는 사회의 축소판이며 그 안에서 학생들의 교육이 우선으로 고려되어야 한다는 점에서 학교상담사가 본인의 정체성과 존재의 필요성을 정립하는 것은 매우 중요한 부분이다. 단순히 학교폭력이나 자살, 자해의 고위험군을 걸러 내고 치료하는 역할에 그치지 않고 이러한 문제들을 해결하기 위한 종합적인 대책을 수립하고, 예방안을 구상하여 이끌어 나가는 주체가 되어야 한다. 보다 확장되고 체계화되는 전문 학교상담사의 역할과 업무에 있어서 그 필요성은 공감하되, 어떻게 해 나가야 할 것인지, 이 책을 통해 각자의 다양한 고충이 조금이나마 실마리를 찾을 수 있기를 기대한다. 또한 상담사 스스로의 고민의 해결방안은 무엇인지도 깊이 다루고 있어서 이 책이 반짝이는 아이디어의 시작이 될 수 있기를 바란다.

역자는 학교상담 슈퍼바이저이자 전문 학교상담사를 양성하는 교과목을 강의하면서 접한 학교상담사의 어려움을 느끼고 있었고 이들에게 도움을 주고자 이 작업을 시작하였다. 또한 학교상담과 전문 학교상담사 지도에 대한 같은 뜻으로 정은선 교수님, 현정희 교수님께서 작업에 참여해 주셔서 큰 힘이 되었다. 정은선 교수님은 상담 전공 석박사를 하신 후 학교상담 슈퍼바이저로 활동하고 계셔서 실제적인 경험을 보태어 주셨다. 또한 현정희 교수님은 한국에서 영어 교사를 하시다가 미국에서 학교상담 전공 석사, 상담사 교육 및 슈퍼비전 박사를 하신 후 대학에서 학교상담사를 배출하고 계셔서 미국 학교상담에 대한 이해를 높여 주셨다. 역자 모두 학교상담에 대한 애정을 가지고 이 작업에 의미를 갖고 즐겁게 참여하였다. 다시 한번 진심으로 감사드리며, 존경의 마음을 전한다.

처음 시작은 함께 학교상담 사례를 공부하자는 소박한 욕구였는데, 읽다 보니 한국의 학교상담사들을 위한 유익한 정보와 자료를 알리자는 의미가 더해졌다. 부족한 결과물이지만 학교상담에 대한 실질적인 사례를 다룬 책이 부족하다는 점에서 좋은 책을 소개하게 되어 기쁘게 생각한다. 이 책을 통해 학교상담을 발전시켜 나가고 있는 대한민국의 모든 전문 학교상담사에게 조금이나마 힘을 드릴 수 있으면 좋겠다. 끝으로 이 책의 출판을 위해 노고를 아끼지 않으신 학지사 출판관계자 및 편집진께 감사드린다.

2025년 6월
역자 대표 이성원

편저자 서문

이 책의 초판(Calia & Corsini, 1973)은 미국이 베트남에서 군대를 철수하기 시작하고, 미국 대법원이 미국에서 낙태 금지를 불법으로 제정(Roe v. Wade)한 해에 출판되었다. 세계무역센터가 뉴욕에서 문을 열었고, 워터게이트 사건은 백악관까지 확대되었으며, 북미 전역에서는 석유 위기에 따른 가스 배급이 이루어졌던 해였다. 교육 분야에서는 1973년「재활법」504조에서와 같이 장애인에 대한 차별을 금지하기 위한 최초의 법안이 시행되었다. 반면, 샌안토니오 독립 교육구 대 로드리게스 재판(San Antonio Independent School District v. Rodriguez)에 대한 미국 대법원의 판결은 학교 자금 조달과 그에 따른 교육의 질에 있어서 수십 년간의 불평등을 초래하게 되었다.『학교상담사(School Counselor)』학술지에는「청소년과 신비주의(Youth and the Occult)」(Grey, 1973),「진로 교육: 상담사의 역할(Career Education: The Counselor's Role)」(Brown, Feit, & Forestandi, 1973),「통합은 단순한 강제 버스 통학 그 이상이다(Integration Is More Than Just Busing)」(Weinrach, 1973),「수작업으로 하는 일정 관리 vs 컴퓨터로 하는 일정 관리(Hand Scheduling Versus the Computer)」(Marlette, 1973)와 같은 제목의 논문이 게재되었다. 초판의 본문에 포함된 주제는 다음과 같다.

- 원치 않은 10대의 임신
- 인종관계
- 명확한 정신질환, 기면증 또는 학교 공포증
- 학교와 가족 간의 문화적 갈등
- 학교상담사의 대학 진학 촉진자로서의 역할
- 사업과 대학 학위 비교
- 부모의 자녀에 대한 인식과 자녀의 학생으로서 저조한 성적 사이의 불일치를 처리하는 방법
- 학교 기밀 유지, 학교 정책 및 법률과 관련된 윤리적 딜레마

초판의 목적은 학교상담사와 학교상담사가 되기 위해 수련 중에 있는 상담사에게 교과서에서 제공하지 않은 내용을 전달하는 것이었다. '실제적인' 학습 기회를 제공함으로써 학교상담사의 진정한 요구를 충족시키고자 하였다. 편집자들은 사례를 제시하고 전문 자문가의 후속 대응 방안을 제시함으로써 이론과 실무 사이의 격차가 해소되기를 희망하였다.

이 원래 의도는 제2판에서도 일관되었으며 이번 제3판에서도 동일하다. 학교상담사에 대한 훈련이 수년에 걸쳐 극적으로 발전하였으며 직업윤리강령을 포함한 전문적인 업무 수행(ASCA, 2016)은 1984년에 처음 출판되었고, 종합적인 학교상담 프로그램을 위한 모델(ASCA, 2012a)을 포함한 더 나은 가이드도 존재한다. 그럼에도 불구하고 전문 학교상담사들에게 이러한 독특한 전문 분야의 맥락 안에 존재하는 다양한 특정 사례를 통해 비판적으로 학습하도록 도움을 줄 필요성이 있다.

분명히 현재의 세계는 1973년이나 2000년의 세계와는 매우 다르다. 1973년에는 휴대폰도, 개인용 컴퓨터도, 인터넷도 없었다. 2000년 이후에도 소셜 미디어의 폭발적인 증가는 청소년들에게 또 다른 현실을 만들어 냈다. 2000년에는 단지 6%의 어린이만이 사이버 괴롭힘의 피해자라고 답하였다(Finkelhor, Mitchell, & Wolak, 2000). 그러나 2004년에는 그 수치가 42%로 증가하였다(Wolak, Mitchell, & Finkelhor, 2006). 요즘 청소년들의 문화가 엄청나게 다르게 보일 수도 있지만 1973년이나 2000년의 사건과는 달리, 학교상담사들에게 우려되는 중대한 사건들은 놀랍게도 비슷한 것 같다. 『사례로 보는 학교상담사의 전문성(Critical Incidents in School Counseling)』의 제3판에는 윤리적 질문, 갱단, 약물 사용, 학습 동기, 화난 부모 · 가족 등 상담 교과서에서 다루는 주제 중 다루기 쉽지 않을 것 같은 이전 버전과 유사한 주제도 포함된다.

또한 제3판의 요소 중 상당수는 이전 버전의 구성 요소와도 일치한다. 각 주요 사례의 분량은 이전 판과 거의 동일하며, 마찬가지로 각 논평의 분량도 이전 두 판에 게시된 응답과 동일하다.

차례

제2부

상담사로서 무엇을 할 것인가

제3부

상담사로서 어떻게 할 것인가

제 1 장

소개

새로운 개정판에 대하여

Chris Wood

이 세 번째 개정판에서는 이전 판과 구별되는 몇 가지 사항이 있습니다. 먼저, 전반적인 구조와 구성이 다릅니다. 이전 판에서는 사례 주제를 기반으로 조직하였지만, 이번에는 주제를 중심으로 하여 사례를 구성하였습니다. 특별히 전문 인증/교육 기준을 기반으로, 저자들에게 2016년, 상담 및 관련 교육 프로그램 인증위원회(Council for Accreditation of Counseling and Related Educational Programs: CACREP) 기준의 주제적 구조 안에서 사례를 만들고 이에 대한 대응을 요청하였습니다(CACREP, 2015). 이 구조로 이 개정판에서는 30개의 사례를 만들 수 있었습니다.

이전 판에서는 사례 작성자()가 질문을 제시하고 자문하였습니다. 이 형식은 유지하지만, 독자를 위해 몇 가지를 개선하였습니다. 논평 작성자()에게는 학교상담사에게 도움이 되는 자원 목록을 포함하도록 요청하였습니다. 교과서, 웹사이트 및 학교상담사를 위한 기타 도구와 같은 자원의 포함으로 학교상담사 교육을 받는 학생과 실제 전문 학교상담사 모두에게 이 책이 더 유용해졌습니다.

부가적인 학습 활동의 추가로 새로운 판의 내용이 더욱 개선되었습니다. 논평 작성자에게 사례와 관련된 개별/수업 과제, 토론 주제 및/또는 학교상담사 교육과정에서 사용할 수 있는 소그룹 활동과 같은 과제를 포함하도록 요청하였습니다. 학습 활동을 추가함으로써 독자들에게 자기 주도 전문성 개발을 위한 적용 가능하고 실용적인 학습 기회를 제공하고자 하였습니다.

또한 실용적인 학습을 강화하고 의미 있는 예를 보장하기 위해 (a) 결정적 사례(critical incidents)의 저자와 (b) 사례에 대한 논평 작성자를 모집하는 데 서로 다른 기준을 사용하였습니다. 사례의 저자들은 실제 전문 학교상담사를 중심으로 실무와 관련이 있는 저자를 우선으로 설정하였습니다. 또한 논평 작성자는 학교상담사 경험이 있고 학교상담사들을 교육하는 전문 직업 정체성이 있는 상담 교육자들로 정하였습니다. 이 기준을 사용하여 학교상담 전문가 목록을 만들 수 있었고, 교육 기준을 개개인의 전문적 지식과 맞추었습니다. 이런 과정을 통해서 전문성이 보장되는 저자 목록을 만들 수 있었습니다.

이 판의 많은 저자가 제1판에 나온 교육 내용에서 학생이었거나 제2판에서 석사 과정에 있는 학생이었을 수 있습니다. 앞에서 언급하였듯이, 학교상담사들은 여전히 같은 고민과 과제에 직면하고 있습니다. 제1판이 출판된 시점에는 미국 대통령이 처음으로 사임한 시기였습니다. 이번 판은 첫 번째 아프리카계 미국 대통령과 주요 정당 후보자 중 처음으로 여성이 출마하는 등 (또한 미셸 오바마가 미국학교상담사학회 콘퍼런스에서 연설한 첫 번째 영부인이었고, 그 영부인이 백악관에서 처음으로 학교상담사상을 수여하는 일 등이 있습니다) 진전의 흔적이 나타나는 시기에 출판되었습니다. 그러나 여전히 학생들은 이전 세대보다 폭력과 괴롭힘에 더 노출되고, 학교상담사들은 이전 세대의 학교상담사들과 마찬가지로, 교육적 및 사회 경제적 불평등과 불의에 대항하여 싸우고 있습니다.

현재와 이전 판 간의 비교를 언급함으로써, 학교상담 직업이 성장하지 않았다는 것을 시사하는 것은 아닙니다. 2000년 이후, 미국학교상담사학회(American School Counseling Association: ASCA) 국가 모델의 여러 판과 각각의 전문 집단의 확장으로 인해 학교상담 전문직이 받게 된 자원과 지원 수준은 전례 없이 증가하였습니다. 이전 판과 일부 주제가 계속 유지되더라도, 결정적 사례들은 오늘날의 전문 학교상담사들과 학생들의 사회 정치적 세계의 현대적인 문제를 반영하고 있습니다. 우리는 이 책이 다양한 학생과 그 가족을 도우며 세상을 더 나은 곳으로 만들고자 노력하는 헌신적인 사람들로 구성된 이 특별한 집단에 경의를 표할 수 있기를 바랍니다.

가르칠 수 있는 좋은 기회

Heather J. Fye

교실은 학습에 있어 예상된 것과 예상치 못한 것이 모두 일어나는 곳입니다. 저는 주로 교재의 내용과 주제, 목표를 바탕으로 강의 계획을 세우고, 관련된 토론과 체험 활동을 포함하여 특정한 학습 결과를 기대합니다. 그러나 학생들과의 경험에서 배운 것처럼, 학습은 종종 예상치 못한 방식으로 일어납니다. 그것은 순간적인 영감과 상호작용의 순간입니다. 즉, 가르치는 계획에서 벗어나, 학생들이 말하는 것을 정말로 관찰하고 듣는 그 순간이 학습이 일어나는 순간입니다. 이러한 순간들은 교실 안팎에서 일어날 수 있으며, 항상 사전에 계획되는 것은 아닙니다. 때로는 그저 일어나기도 합니다.

가르칠 수 있는 순간(teachable moments)이라는 용어는 건강 관리 면에서 환자의 건강 행동 변화를 말하는 데 자주 사용됩니다. 가르칠 수 있는 순간이란 개념은 변화를 이루게 만드는 자연스럽게 발생하는 사례를 의미합니다(Cohen, Clark, Lawson, Casucci, & Flocke, 2011). McBride와 동료들(McBride et al., 2008)은 이 정의에 부합해서, 가르칠 수 있는 순간이 사회적 상호작용 요소 안에서 발생한다는 점을 강조하였습니다. 즉, 교실 환경에서 일어난다는 것입니다. 가르칠 수 있는 순간은 고립된 상태에서 만들어지는 것이 아니라 집단 경험을 통해 발생하는 것입니다. 교육 활동에 접근할 때 가르칠 수 있는 순간을 포함하고 그것이 일어난 문맥을 고려하는 것이 중요합니다. 이 책을 수업에서 사용하면, 특히 상담 과정이나 실습 과정에서 일어나기도 하는 의도적이고 자연스러운 가르칠 수 있는 순간을 제공합니다.

유능한 강사는 의도치 않게 발생하는 가르칠 수 있는 순간을 식별하고 학습에 문맥을 적용할 수 있는 능력을 가지고 있어야 합니다. 이러한 순간에서 저도 (가르치는 사람으로서) 많은 것을 배우게 됩니다. 저는 학생들이 학교상담사가 되는 교육과정에 있을 때 무엇이 필요한지 알고 있습니다. 이 책(제3판)은 교실에서 가르치기 적합한 지식과 구체적인 예시를 제공하여 가르침의 순간을 촉진하는 것을 목적으로 합니다. 학생들은 교과서를 수동적으로 검토하고 강의를 들을 수 있습니다. 그러나 강사는 어떻게 학생들에게 능동적인 학습을 촉진할까요? 전 판 책에서는 학교상담사의 다섯 가지 중요 요소에 대해 논의하였습니다(Tyson & Pedersen, 2000). 다섯 번째 요소는 학교상담사가 이론적 경험에서 실무 경험으로 전환하는 것의 중요성을 논의하였습니다. 제3판은 이론적 지식을 실제 지식으로 적용하는 방법을 제공합니다. 학생들은 배운 내용을 학교상담사의 실제 상황과 연결하여 적용할 수 있습니다. 저는 학생들이 매주 한 번 세 시간의 모임에서 모든 것을 기억하기를 바라지 않습니다. 몇 주, 몇 달 또는 몇 년 후에도 중요한 개념을 기억할 수 있도록 '아하' 경험을 가져가도록 하고 싶습니다.

누군가는 이렇게 물을 수 있습니다. 결정적 사례와 가르칠 수 있는 순간 간의 관계는 무엇인가요? 제 답변은 다음과 같습니다. 교실이나 직장에서 일어나는 일을 완전히 예측할 수 있는 법은 없습니다. 지난 100년간 교육정책과 실천, 학교상담사의 역할 등이 변화해 왔습니다(Gysbers, 2012). 대학원에서는 학교상담사를 양성하기 위해 상담 기술에 중점을 둡니다. 하지만 학교상담사는 다양한 역할을 수행할 수 있습니다. 이러한 역할은 학군의 종류, 학년, 학교의 중요한 필요에 따라 변경될 수 있습니다. 학교상담 프로그램 활동을 설명하는 데 도움이 되는 도구로, ASCA(2012a) 국가 모델에서는 학교상담사의 적절하고 부적절한 업무 내용이 구체적으로 설명되어 있습니다(p. 45 참조).

이 책은 학교상담사가 직면할 수 있는 현실적인 예시를 제공합니다. 교수는 이 책에 수록된 자료를 활용하여 교실에서 학교상담사들에게 영감을 주는 가르칠 수 있는 순간을 유도할 수 있습니다. 또한 이 책의 추가적인 목표는 가르칠 수 있는 순간을 파악하고 학생들의 필요에 맞게 적용하는 것입니다. 여러분이 학생들과 함께 많은 가르칠 수 있는 순간을 경험하길 바라며, 이를 반영하고 처리하여, 학생, 학교상담사, 이해관계자, 그리고 이 직업을 계속해서 형성하는 지속적인 학습 경험으로 만들길 바랍니다.

성찰적 논의

Tarrell Awe Agahe Portman

이 책에 대한 저의 목적은 학교상담사의 전문적인 준비와 발전을 위한 교육 도구를 제공하는 것입니다. 이 책(제3판)의 사례들은 사례개념화, 편견 여부 검토, 기술 습득 및 결여 등 많은 기대에 적용할 가치가 있습니다. 이 책에서 제공되는 사례들의 유연성은 상담교육자와 학생들이 여러 주제를 둘러싼 대화를 진행할 수 있도록 합니다.

성찰은 배우고 연습하기 어려운 기술입니다. 이 책의 내용은 전문적 발전을 위한 학교상담사들의 집중적인 성찰을 위해 사용될 수 있습니다. 각 사례는 오늘날 현장에서 CACREP

표준을 검토하는 데 사용할 수 있습니다. 포함된 주제들은 학교상담사가 직면할 수 있는 모든 문제를 다루지는 않지만, 학교상담사가 직면할 수 있는 많은 중요한 상황으로 전환 가능한 논의와 반성을 촉진할 것을 기대합니다.

저는 가르치는 것을 좋아하며 제 수업에서 성찰팀(reflective teams)을 활용합니다. 성찰팀은 상담사가 주목의 대상이 되게 합니다. 상담사의 인식, 지식 및 기술 시연이 주목이 됩니다. 성찰팀은 보통 학습 활동의 구조를 제공하는 절차적 단계를 따릅니다. 상담 문헌에는 참고할 다양한 모델이 있습니다. 저는 약 90분 정도의 긴 시간을 선호하지만, 이것이 더 짧거나 더 긴 시간에도 발생하는 것을 관찰하였습니다. 한 가지 고려해 볼 수 있는 예제 형식은 다음과 같은 단계를 포함할 수 있습니다. 첫 번째 단계는 성찰팀으로 3~4명의 동료 그룹을 구성하십시오. 두 번째 단계는 팀이 만날 명확한 시간대를 정하십시오. 팀 구성원이 집중하고 방해받지 않는 곳이어야 합니다. 세 번째 단계는 발표자인 상담사가 15~20분 동안 사건/사례를 설명하고 그것을 개념화하는 방법과 서비스를 제공하거나 조치를 결정하는 방법을 설명합니다. 이 중점적인 프레젠테이션 동안 발표자를 제외한 나머지 구성원들은 발표자를 방해하지 않고 질문이나 요점, 성찰 내용을 적습니다. 핵심은 할당된 시간 동안 발표자가 계속 이야기해야 한다는 것입니다. 시간이 끝나면 네 번째 단계가 시작됩니다. 이 네 번째 단계에서는 지정된 한 팀원이 5~10분 동안 사례를 명확하게 하기 위한 질문을 하면서 다른 팀원들은 방해하지 않고 계속 성찰 내용을 작성합니다. 다섯 번째 단계는 팀원들이 발표자인 상담사가 공유한 것을 듣고 왜 특정 기술, 행동 또는 결정이 이루어졌는지 또는 누락되었는지에 대해 의견을 제시합니다. 발표자 상담사는 대화를 듣고 기록을 하지만 직접적인 질문을 받았을 때도 대화에 참여하지 않습니다. 이것은 일반적으로 15~20분 정도 계속됩니다. 여섯 번째 단계는 네 번째 단계와 비슷합니다. 발표자인 상담사와 네 번째 단계에서 지정된 팀원이, 발표자인 상담사가 성찰한 내용이나 나머지 팀에게서 들었던 내용을 논의합니다. 이 논의가 진행되는 5~10분 동안 다른 팀원들은 참여하지 않습니다. 마지막으로, 일곱 번째 단계는 사건/사례와 취해야 할 조치에 대해 자유롭게 대화할 수 있도록 전체 팀에게 대화의 장을 엽니다.

여러분은 이 책에서 제공된 사례와 논평을 통해 전문가적 개념화에 대해 성찰할 수 있는 자기 주도적 학습자가 될 수 있습니다. 제안 드리는 방법은 우선 사례로 시작하는 것입니다. 읽고, 성찰하고, 다시 읽고, 자신의 생각 과정에 대해 질문해 보십시오. 사례에 대한 비판적 검토의 구조로 무엇을 사용하고 있나요? 추가적으로 어떤 정보를 원하나요? 해당 사례에 대한 어떤 기술을 가지고 있거나 가지고 있지 않나요? 그런 다음, 논평들을 읽고 각각을 비판적으로 검토하는 것을 제안합니다. 가상으로 이러한 사례와 논평을 현재 상황에 적용해 보세요. 유사한 점과 다른 점은 무엇일까요? 이러한 학교상담의 비판적 탐구는 전문가적 성장을 위해 필수적입니다.

이 책에서 나와 있는 사례를 탐구하는 방법은 많습니다. 사례를 읽고 표면적인 응답을 제시할 것인지, 각 사례 안에서 깊게 성찰할 것인지, 독자의 선택에 달려 있습니다. 각 사용 방법은 상담사로서의 개발 및 경력 여정 상황에 따라 달라질 수 있습니다. 각 장의 끝에는 보충 독서 자료, 자원 및 활동 목록이 있습니다. 이는 장마다 다양하지만 일부 항목이 중복됩니다. 이 장에서는 모든 장에서 사용할 수 있는 자원과 독서 자료를 편성하였습니다. 이 책을 읽으면서 이러한 우수하고 전문적인 자원을 참조해 주십시오.

자원 목록

보충 자료

American School Counselor Association. (2012a). *ASCA National Model: A framework for school counseling programs* (3rd ed.). Alexandria, VA: Author.

American School Counselor Association. (2012b). *ASCA school counselor competencies.* Retrieved from http://www.schoolcounselor.org/asca/ media/asca/home/SCCompetencies.pdf

American School Counselor Association. (2018). *ASCA ethical standards for school counselor education.* Retrieved from https://www.schoolcounselor. org/asca/media/asca/Ethics/SCEEthicalStandards.pdf

Association for Multicultural Counseling and Development. (n.d.). *AMCD multicultural counseling competencies.* Retrieved from https:// www.counseling.org/resources/competencies/multcultural_competencies.pdf

Cohen, D. J., Clark, E. C., Lawson, P. J., Casucci, B. A., & Flocke, S. A. (2011). Identifying teachable moments for health behavior counseling in primary care. *Patient Education Counseling, 85,* 8-15. doi:10.1016/j. pec.2010.11.009

Gysbers, N. C. (2012). Embracing the past, welcome the future: A brief history of school counseling. In *ASCA National Model: A framework for school counseling programs* (3rd ed., pp. vii-ix). Alexandria, VA: American School Counselor Association.

McBride, C. M., Puleo, E., Pollak, K. I., Clipp, E. C., Woolford, D., & Emmons, K. M. (2008). Understanding the role of cancer worry in creating a "teachable moment" for multiple risk factor reduction. *Social Science Medicine, 66,* 790-800. doi:10.1016/j.socscimed.2017.10.014

Tyson, L. E., & Pedersen, P. B. (Eds.). (2000). *Critical incidents in school counseling* (2nd ed.). Alexandria, VA: American Counseling Association.

제1부

상담사로서의 나는 누구인가

Who I Am as a Counselor

제2장 … 나는 슈퍼바이저가 이런 역할을 한다고는 전혀 생각하지 못했다!

제3장 … 이것이 진정으로 내가 학교에 간 목적인가

제4장 … 나를 위한 시간은 언제인가, 어떻게 대처할 것인가

제5장 … 당신의 종교적 신념은 어떠한가

제 2 장

나는 슈퍼바이저가 이런 역할을 한다고는 전혀 생각하지 못했다!

Cindy Wiley

나는 34개교 53명의 상담사가 있는 지역 교육청의 상담 슈퍼바이저이다. 나의 역할은 담당 지역의 평가 프로그램 감독 및 학교상담 프로그램 운영 등에 관여하는 것이다. 제시하는 사례는 주요 우울장애로 진단된 어느 초등학교 상담사의 이야기이다. 그녀는 수년 동안 학교상담사로서의 역할을 매우 잘 수행하는 것처럼 보였지만 지난 3년여간 증상들이 악화하여 장애의 징후를 보여 주었다.

배경

수년간 우수한 상담사의 표본이었던 이 상담사는 소속 지역 및 주에서 뛰어난 상담사로 인정받아 왔다. 그녀는 미국의 주 단위 상담 콘퍼런스로부터 창의적인 상담 접근에서부터 효과적인 상담에 이르는 모범 사례를 발표해 달라는 요청을 자주 받았다. 이 상담사는 해당 지역의 초임 상담사들의 멘토가 되어 주었으며, 지역의 강력한 리더로서 큰 존경을 받았다.

지난 몇 해 동안 이 상담사는 자신의 역할을 잘 수행하는 것처럼 보였지만 정서는 점차 변화하였고 우울 증세가 나타나기 시작하였다. 나는 그녀가 지역과 주 활동에서 덜 참여하는 것 같았고 종종 그녀가 업무에 압도된다며 하소연한다는 사실을 알았다. 그녀는 집 근처의 학교로 전근하기를 요청하였고 그녀가 유일한 학교상담사인 학교로 발령받았다. 나는 그녀의 과도한 업무와 점차 업무에 덜 참여하는 태도에 대해 염려되었지만, 그녀는 집에서 더 가까운 학교로 옮기기를 간절히 원하였고, 사회적 도움이 필요한 빈곤층이 많은 지역에서 근무함으로써 활력을 얻고 싶어 했다. 이 상담사는 '예전 자신의 모습'으로 돌아간 것처럼 보였고 그녀의 프로그램은 학교 공동체에 필수적인 부분으로 성장하였다. 해당 학교 교장은 학교상담 프로그램의 초점과 방향에 대해 교사와 학부모 모두 만족하고 있다고 보고하였다.

사례

그녀가 새로운 학교에 배치된 지 두 번째 해 가을에, 나는 교장으로부터 상담사에 대해 걱정하는 전화를 받기 시작하였다. 그녀는 병가로 결근을 하기 시작하였는데, 교장과 동료교사들은 그녀가 평소보다 '우울해(down)' 보여서 걱정된다고 하였다. 또한 해당 상담사는 학부모 회의뿐만 아니라 교실에서도 업무 집중에 다소 어려움을 보인다고 보고했다. 내가 상담사를 몇 차례 만났는데, 그녀는 점차 악화하는 우울 증세에 대해 토로하였다. 그녀는 치료약을 바꿨으므로 나아지리라 기대하고 있었다. 하지만 그녀는 학기 말까지 며칠을 계속 결근하였으며, 이러한 패턴은 2월 말까지 이어져 일주일간 결근하기도 하였다. 결국 그녀는 학교로 돌아오지 않았고, 병가를 받기 위해 나에게 곧 연락하였는데, 업무 스트레스 없이 스스로 대처 능력을 키우고 치료약을 조절할 수 있기를 희망하였다. 그녀는 그해에 남은 한 해를 쉴 수 있었고 8월에 다시 업무에 복귀하였다.

복귀 이후 처음 몇 개월 동안, 교사들은 그녀가 함께하는 학생, 교사 그리고 학부모를 대할 때 우울이 괴로움으로 변한 것 같다고 염려하였다. 그녀는 학부모 회의 중에도 그녀의 우울에 대해 공개적으로 이야기하였고 학부모들은 그녀를 위로하는 데 시간을 허비하는 느낌을 받았다고 보고하였다. 상담사는 두 번째 학기에는 매일 출근은 하였으나, 정서적으로는 더욱 화를 내고 실의에 빠지기도 하였다. 교실에서의 '이상한(strange)' 행위들에 대해 보고는 계속 이어졌다. 나는 해당 상담사와 만남을 유지하면서 외부 자원을 통해 그녀의 진행 과정을 확인하였다.

어느 날 아침, 교장으로부터 나에게 학교로 와 달라는 전화를 받았다. 이유는 상담사가 교무실과 교실에서 이상한 행동을 한다는 것이었다. 내가 도착하였을 때 그녀는 매우 불안해하였으며 안정시키기 매우 어려운 상태였다. 그녀는 폭발하는 분노와 울음 사이를 왔다갔다 하였다. 나는 이 상황으로부터 벗어나야 할 필요가 있다고 결정하였고, 그녀는 며칠간 휴가를 내어 집으로 돌려보냈다. 그녀와의 전화 통화를 통해 나는 그녀가 더 이상 외부 심리치료사나 의사를 만나지 않는다는 것을 알게 되었고 그녀가 약물치료를 지속하는지 여부를 확신할 수 없었다.

학교 인사 담당자와의 논의 끝에, 나는 그녀의 업무 부담을 덜어 주고자 또 한 명의 상담사를 해당 학교로 보내기로 결정하였다. 교직원과 학생들이 자주 생활 지도 수업 중에 벌어지는 이 상담사의 '이상한' 행동에 대해 말해 왔기 때문에, 교장은 임시 상담사가 생활 지도 수업을 지속하고 또 다른 상담사는 개인 생활 지도와 검사를 하는 것이 보다 유익할 것으로 보았다. 이것은 상담 프로그램을 잘 운영하고자 하는 것이었고 사고 없이 한 해를 마치게 되었다.

여름 방학 동안 해당 상담사는 혼자 근무하는 인근 학교로 전근가는 것이 결정되었다. 나는 새로운 직장에 대해 그녀와 이야기하였는데, 그녀는 이것이 자신에게 긍정적인 변화가 될 것이라 여겨진다고 말하였다. 그녀는 새로운 곳에서 며칠간 일하였는데, 상담사들은 그녀가 매우 조용하고 우울해 보인다고 염려하며 연락하였다. 며칠 후에, 그녀는 더 이상 출근하지 않았으며 관리자에게도 알리지 않았다. 우리는 계속해서 상담사에게 연락하려고 노력하였으나 결국 이후에 가족으로부터 그녀가 사망했다는 연락을 받았다. 사망 원인은 확인되지 않았다.

논의

장애가 있는 상담사의 슈퍼바이저로서 일하다 보면 여러 가지 어려운 상황에 직면하게 된다. 전문가로서 최우선 순위는 학생에 대한 최선의 이익과 학생에 대한 최선의 이익과 복지이다. 장애의 수준을 평가하는 것은 상담사의 최적의 위치를 결정하는 데 중요한 사항이다. 정년이 아니거나 계약직인 경우 해고될 수 있지만 정년 직원일 때 해고하는 것은 더 어렵다. 상담사의 장애를 다루는 것은 행정관리 및 인사 전문가를 포함한 여러 분야의 의견이 필요하다. 상담사는 정신건강에 대한 징후와 증상들을 민감하게 인식하고 있으며 자원의 개입과 긍정적 결과에 대해 잘 훈련받았다. 이러한 개입을 통해 상담사가 도전적인 업무를 잘 해내고 제자리로 돌아오는 것이 목표이다. 바라는 것은, 상담사가 개입의 필요성을 인정하고 회복을 위한 자원들과 요구사항들을 받아들여 실현시키는 것이다. 하지만 항상 그런 것은 아니며, 생활 지도 수업과 개인상담의 업무에 복귀하는 데 필요한 요건을 충족할 수 있도록 엄격한 방식을 기해야 한다. 또한 장애를 다룰 때에는 비밀 보장과 인식의 문제가 따른다. 관리자, 주 행정직원, 동료들, 그리고 때때로 학부모와 학생은 장애를 둘러싸고 있는 명백한 행동적 증상에 대해 논의하지 않기가 어려울지도 모른다. 하지만 이들은 대체로 정신건강에 대한 부정적인 인식을 가지고 있을 것이며, 상담사가 학교로 돌아왔을 때 이러한 인식을 불편한 방식으로 표현할 수 있다.

질문들

1. 상담사의 장애 시 일어날 수 있는 징후는 무엇인가?
2. 장애와 정신건강 문제에 익숙하지 않고 비밀 보장을 하지 않아도 된다는 학교 시스템 내 다른 사람들의 판단을 어떻게 처리할 것인가?
3. 상담사가 자신의 정신건강 문제에 대처할 때, 타인으로부터 덜 존중받게 될 가능성이 있는가? 존중을 회복하도록 돕기 위해 학교 공동체는 어떤 절차를 진행할 수 있는가?
4. 학생들에게 질 높은 상담 서비스를 보장하면서 상담사에게 개입 서비스를 제공하기 위해 슈퍼바이저는 어떻게 효과적으로 개입할 것인가?
5. 당신은 학생, 교직원 그리고 학교 공동체와 함께 상담사의 죽음을 어떻게 다룰 것인가?

논평 1

Sandra A. Loew

상담사 장애의 징후는 여러 가지로 나타날 수 있습니다. 장애 징후에는 행동 변화, 결근, 불규칙한 행동, 학생이나 교사들과의 부정적인 상호작용 등이 포함될 수 있습니다. 이 분은 '우수한 상담사의 표본'이었기 때문에, 그녀의 태도 변화는 장애의 가능성을 나타내는 강력한 지표였습니다.

인사 문제는 기밀 사항에 포함됨에도 불구하고 '험담(gossip)'의 가능성이 있으며 이는 통제하기 어렵습니다. 상담사들은 지역사회의 정신건강 상담사를 초청하여 교실에서 정신질환에 대한 인식을 높이고 정신질환과 관련된 오명을 줄이는 프로그램을 진행할 수 있습니다. 또한 교사연수 프로그램과 학교 전체의 인식 캠페인은 정신질환과 그 치료와 관련된 수치심을 줄이는 데 도움이 되는 정보를 제공할 수 있습니다.

상담사가 정신건강 문제로 고통을 겪을 때, 정신질환을 앓고 있는 사람들을 이해하지 못하거나 편견을 가진 사람들로부터 존중받지 못할 수 있습니다. 상담사로서, 우리도 필요로 하는 치료를 받을 수 있으며, 우리도 정신질환이 있을 수 있고, 치료를 받으며 다시 건강해질 수 있다는 것을 본보기로 보여 주기를 바랍니다. 우리는 이 어려움을 관리하고 정신질환의 경험과 치료를 정상화할 수 있는 방법에 대해 사람들에게 모범이 될 수 있습니다. 정신질환을 효과적으로 대처하는 것이 아마도 존중을 회복하는 가장 좋은 방법일 것입니다.

교장과 교사와 같은 다른 사람이 직접 목격하고 슈퍼바이저에게 보고된 행동 및 영향의 변화들을 문서화하는 것이 중요합니다. 이 문서는 발생한 행동 패턴을 보여 주며, 슈퍼바이저, 인사 전문가, 상담사가 효과적인 계획을 수립할 수 있도록 돕습니다. 계획에는 지속적인 상담, 약물 복용 또는 필요한 슈퍼비전을 포함할 수 있습니다. 이번 사례에는 슈퍼바이저가 상담사의 거주지와 가까운 학교로 전근하는 것을 허락하였으며, 이는 한동안은 효과적인 것처럼 보였습니다. 슈퍼바이저는 또한 상담사가 다시 힘들어하는 것처럼 보이자 만남을 가졌고, 우울증 관리를 위해 병가를 허락하기도 했습니다. 개인적 사항에 대한 비밀 보장, 슈퍼바이저 자신의 업무량, 정신질환으로 고통받는 이들이 느끼는 내재적 고립감을 고려할 때, 담당 슈퍼바이저는 이러한 도전적이고 슬픈 상황을 가능한 한 효과적으로 관리하였습니다. 설명에 따르면, 슈퍼바이저는 학생들에게 양질의 상담 서비스를 보장하기 위해 최선을 다한 것으로 보입니다.

이 상담사의 죽음은 학교 공동체에서 다루어질 수 있는 다른 죽음과 동일한 방식으로 다룰 수 있습니다. 학생과 교사 그리고 교내에서 상담을 요청하는 모든 사람에게 상담 서비스를 제공하는 것이 적절할 것입니다. 이 상담사는 두 개의 다른 학교에서 매우 긍정적인 힘을 발휘하였고 질병을 갖기 전에는 존경받는 동료이기도 하였습니다. 그러므로 이러한 사실을 인정하는 것은 지금의 상실을 슬퍼하는 사람들에게 도움이 될 것입니다. 정신질환에 의한 죽음(만약 이 사례가 그 경우라면)은 신체 질환에 의한 죽음과 다르지 않습니다. 무슨 일이 있었느냐고 물었을 때, 우리는 이렇게 말할 수 있습니다. "정확히는 모르지만 그녀가 한동안 아픔을 겪었고, 최근에 죽음을 맞이하였다는 것을 알고 있습니다. 우리 모두는 그녀를 그리워할 것입니다."

논평 2

Patrick R. Mullen & W. Bryce Hagedorn

장애(impairment)는 상담 분야에서 매우 중요한 문제이며, 모든 실무 영역에서 전문상담사들의 문제로 인식되어 왔습니다(Witmer & Young, 1996). 미국상담학회(American Counseling Association: ACA)에 따르면 '전문적인 기능을 수행할 수 있는 능력이 현저히 감소된 상태'라고 정의되는 상담사의 기능 손상은 내담자 보호가 위태로워지고 해를 끼칠 위험이 증가하는 방식으로 영향을 미칠 때 발생합니다(Lawson & Venart, 2005). 뿐만 아니라, 장애는 (a) 약물 남용/의존, (b) 정신질환, (c) 외상 사건, (d) 대리 외상, (e) 소진, (f) 인생의 위기, (g) 신체적 쇠약 혹은 질병을 포함하는 다양한 개인적 어려움으로 인해 발생할 수 있습니다.

장애(전문적 번아웃/소진 또는 공감 피로로 인해 발생할 수 있음)는 다양한 방식으로 나타날 수 있습니다. Lamb과 동료들(Lamb et al., 1987)은 다음의 능력이 부족하거나 꺼려 하는 상담사들에게 장애가 나타날 수 있다고 언급하였습니다. (a) 전문적인 행동의 일부로 전문적인 기준을 사용, (b) 유능한 수준의 임상 기술 개발, (c) 감정 상태(스트레스, 역기능 혹은 과잉반응) 관리가 그것입니다. 학교상담사들의 장애의 지표로서 소진에 관한 관점에서 가능한 징후들은 돌봄이나 신뢰의 부족이 포함되며, 학생과 가족들에 대한 부정적 태도의 표현, 학생 상황에 대한 공감의 부족, 신체적/정서적 피로, 무능감, 개인의 사생활 악화가 포함됩니다(Lee et al., 2007; Maslach, 2003). 또한 공감 피로(compassion fatigue, 2차 외상성 스트레스라고도 함)는 피로감, 분노감, 좌절감, 우울감을 유발할 수 있으며, 대부분은 외상과 극도의 공포를 경험한 내담자를 상담하는 일과 관련이 있습니다.

이 사례에서 언급된 학교상담사는 여러 가지 장애의 경고 사인을 경험하고 표현하였습니다. 여기에는 (a) 우울(melancholy)에 대한 영향의 변화, (b) 지역 및 주 활동에서의 철수, (c) 업무에 대한 불만, (d) 결근의 증가, (e) 더 우울해 보이는 모습, (f) 우울 증상, (g) 학생 및 기타 이해당사자들에 대한 신랄함, (h) 분노의 증가가 포함됩니다. 이러한 경고 신호를 인식할 때, 상담사 본인 혹은 지역 슈퍼바이저는 개입 행동을 할 수 있습니다.

지역 슈퍼바이저는 상담사에게 지속적인 자기 평가를 격려함으로써 그들의 건강에 대한(번아웃 공감 피로, 궁극적으로 장애에 대한 예방) 자각을 촉진할 수 있습니다. 한 가지 가능한 예는 **전문직 삶의 질 척도**(Professional Quality of Life Scale)입니다. 이는 온라인에서 다운로드 및 사용이 가능하며, 번아웃 지표, 2차 외상성 스트레스, 공감 만족(compasssion satisfaction)의 결과를 제공합니다.

심리장애나 정신질환을 기준으로 타인을 판단하는 행위는 일반 대중에게는 정신건강의 낙인이라는 주제와 밀접한 관련이 있습니다(Rüsch, Angermeyer, & Corrigan, 2005). 정신건강 낙인을 이해하려면, 사회적 낙인(public stigma)과 자기 낙인(self-stigma)을 구별하는 것이 유용합니다(Corrigan, 2004). 사회적 낙인은 개인의 특정한 상황이나 자질에 대해 대중이 표현한 부정적인 반응을 나타냅니다(Bathje & Pryor, 2011). 예를 들어, 교사들과 직원들이 이 사례에서 언급된 학교상담사의 늘어나는 부정적이고 불안정한 행동에 직면하였을 때 그들은 아마 상담사와 거리를 두려 하였을 것입니다. 그녀는 또한 직장 험담의 주제가 되었을 것인데, 이는 사회적 낙인을 증가시키며 가장 도움을 필요로 하는 사람들로부터 멀어지게 할 뿐입니다. 반면에 자기 낙인은 '사회적 낙인의 내면화된 심리적 영향'을 구체화합니다(Bathje & Pryor, 2011, p. 162). 따라서 학교상담사가 교직원휴게실에 들어섰을 때 대화가 즉시 중단되는 등, 그녀로부터 적극적으로 거리를 두었던 동료들을 마주쳤을 때 자기 낙인은 증가하였을 가능성이 높으며, 이는 결국 그녀의 정신건강에 부정적인 영향을 주었을 것입니다. 그러므로 낙인의 순환적 특성은 직장 내 정신건강 문제를 악화시키고 명백히 부정적인 결과를 가져올 수 있습니다. 따라서 이러한 악순환을 깨기 위한 직장의 개입은 모두의 건강을 위해 필수적입니다.

슈퍼바이저와 관리자는 다양한 방법을 통해 사회적 낙인을 줄이는 데 도움을 줄 수 있습니다. 한 가지 방법은 정신질환을 앓고 있는 사람들을 위한 동정심을 고취시키는 것입니다(Bathje & Pryor, 2011). 동정심 촉진을 위한 한 가지 방법은 '사람 우선(person-first)' 언어를 사용하는 것입니다. 예를 들어, '우리 우울한 학교상담사'라고 언급하기보다는 사람 우선 언어를 통해 다음과 같은 문장을 만들 수 있습니다. "우리의 가까이에 우울감과 싸우고 있는 동료가 있습니다." 낙인을 줄이는 또 다른 방법은 교육 활동을 통해 정신건강 인식 개선 사업을 촉진하는 것이며[예: 정신질환에 대한 전국 연합(the National Alliance on Mental Illness)], 정신질환에 관한 고정관념과 싸우는 것입니다(Brown & Bradley, 2002). 정신건강 문제에 대해 지역사회 구성원을 교육하는 데 도움이 될 수 있는 교육 프로그램의 예는 위험 요소 및 정신건강 경고 신호에 대한 8시간 코스인 **정신건강 응급 처치**(Mental Health First Aid)입니다. 이 프로그램은 정신건강 문제를 경험한 동료가 한때 일하였던 소속 학교 교사 및 직원들과 함께 할 수 있는 훌륭한 교육이 될 것입니다. 사회적 낙인을 줄이기 위해 제안된 마지막 접근법은 직장 내 정신질환에 대한 부정적인 편견과 신념을 평가하고 점검하는 것입니다. Crowe와

Averett(2015)은 다양한 정신질환에 대한 신념의 범위를 탐색하여 개인의 태도 연속체의 사용을 제안하였습니다. 궁극적으로 슈퍼바이저와 관리자는 정신건강 문제로 어려움을 겪는 사람들에 대한 연민과 존중을 나타내는 신중한 행동과 언어를 통해 사회적 낙인을 줄이는 데 앞장서야 합니다.

정신건강의 사회적 낙인과 학교 공동체로부터 받는 존중 사이에는 논리적 연결이 존재합니다. (a) 정신건강 문제와 관련된 지식이 부족하고, (b) 정신건강 문제로 어려움을 겪는 사람들과 교류한 경험이 제한적인 동료들은 아마도 정신질환이 있는 사람들에 대한 존중을 잃을 수 있습니다. 특히 전문 학교상담사와 같이 가장 정신적인 건강해야 한다고 생각하는 사람들에게 그렇습니다. 결과적으로 학교 공동체 구성원을 교육하고 정신건강 문제에 노출시키기 위해 고안된 앞서 언급한 노력들은 존중의 상실에 대응할 수 있습니다. 존중을 회복하기 위해 취할 수 있는 추가적인 조치는 대인관계와 팀워크를 증진하기 위해 직장 환경을 개선하는 것입니다(Young & Lambie, 2007). 슈퍼바이저는 학교 행정부(administration)와 협력하여 동료들이 단결을 촉진하는 방식으로 상호작용할 수 있는 사회적 혹은 건강 관련 행사를 계획할 수 있습니다. 학교상담사의 업무량과 관련하여 슈퍼바이저는 상담사의 업무량을 최소한의 사례로 시작하여 짧은 기간 동안 계획적으로 증가하는 체계적인 회복 계획을 수립할 수 있습니다. 이로써 학교상담사는 작은 성공에서부터 풀 타임으로 전환하는 방식으로 복귀 절차를 진행합니다. 자신의 자리로 다시 돌아온 학교상담사는 동료들과 함께 작은 성공을 축하할 수 있으며 자신감을 회복할 수 있습니다.

학교상담사의 건강(wellness)과 정신건강은 직무의 명확성의 부족, 일관되지 않은 직무 역할, 직무 기대의 갈등으로 인해 어려움을 겪습니다(Burnham & Jackson, 2000; Culbreth, Scarborough, Banks-Johnson, & Solomon, 2005; Lambie, 2007; Scarborough & Culbreth, 2008). 따라서 개입의 한 가지 방법은 학교상담사의 작업 환경을 개선하도록 조직적 지원을 제공하는 것입니다. Young과 Lambie(2007)는 (a) 미국학교상담사학회(ASCA) 국가 모델(2012a)에 부합하는 지역별 학교상담 매뉴얼 개발, (b) 전형적으로 수행하는 학교상담사 역할에 대한 학교 행정의 교육 및 학교상담사와 행정가의 짝을 이루는 전문 개발 활동 제공을 통해 학교상담사의 역할을 명확히 하는 긍정적인 영향을 언급하였습니다. 궁극적으로 학교 시스템 내에서 학교상담사의 역할을 명확히 하는 것은, 상담사들의 부적절한 작업 부하를 줄이며, 그들이 할 수 있는 가장 적합한 일을 하는 데 더 많은 시간을 할애할 수 있습니다.

다음으로, 지속적인 임상 슈퍼비전을 받지 않는 학교상담사들은 더 낮은 건강 상태가 저하되고 장애 발생률을 증가시킨다는 점을 고려할 때(Lambie, 2007; McMahon & Patton,

2000), 장애를 겪고 있는 학교상담사를 식별하는 슈퍼바이저는 정기적인 임상 슈퍼비전을 제공함으로써 이들에게 개입할 수 있습니다(Young & Lambie, 2007). 학교상담사의 장애가 있는 경우, 슈퍼바이저는 상담사의 건강에 특별히 초점을 맞춘 슈퍼비전 모델의 사용을 고려해야 합니다[Blount와 Mullen(2015) 및 Lenz와 Smith(2010) 참조]. 또 다른 개입에는 슈퍼비전 지도하에 학교상담사가 지향해야 할 구체적이고 달성 가능한 목표를 포함하는 건강 계획을 개발하고 구현하는 것입니다. 건강 계획에 따라서 슈퍼바이저는 학교상담사가 자신의 장애와 관련된 문제를 해결하기 위한 개인 치료를 받을 수 있도록 지역 정신건강 상담사를 소개하여 도울 수 있습니다. 마지막으로, 학교상담사가 앞서 언급한 '권장된(encouraged)' 활동 중 일부에 참여할 의사가 없거나 참여할 수 없는 경우, 지정된 일정과 함께 명시적인 목표 행동을 포함한 보다 공식적인 개선 계획이 필요할 수 있습니다. 이러한 계획에는 장애를 나타내는 특정 행동(예: 작업 성과에 영향을 미치는 작업장 밖에서 알코올 오남용이 의심됨), 각 부적응 행동과 일치하는 개입(예: 집단 리더가 서명할 수 있는 페이지가 포함된 12단계 집단 출석 의무화) 및 목표 날짜(예: 향후 6개월 동안)가 포함됩니다. 만일 학교상담사가 개선 조치 계획을 준수하지 않을 경우, 학교상담사와 슈퍼바이저는 개선 계획에 서명한 결과를 인지하고 이에 동의합니다. 이 책을 읽는 독자들은 이러한 계획을 추진하고 고안하기 전에 자신의 학군에서 정책과 절차를 상의해야 합니다.

학교 내 누군가의 죽음은 시스템 안의 모든 이에게 영향을 미칩니다. 학교상담사의 (최적의 정신건강을 반영한다고 여겨지는) 죽음의 경우, 추가적으로 고려해야 할 부분이 있습니다. 학교상담 슈퍼바이저는 이러한 사건 가운데 학생, 교직원, 사무직원, 학생 가족, 그리고 공동체 구성원을 지원하는 필수적인 역할을 제공합니다. 상담사의 죽음을 다루는 한 가지 방법은 위기대응팀(Crisis Response Teams: CRTs)을 개발하고 제정하는 것입니다. 위기대응팀은 다층적 수준(예: 지역별, 학군별 또는 학교 단위)의 개입을 다룰 수 있으며, 이러한 팀의 기여자는 지역내 자원에 따라 달라질 수 있습니다(Knox & Roberts, 2005). 구체적으로, 슈퍼바이저는 경험이 풍부한 상담가들의 목록을 개발할 수 있으며, 인근 학교에서 요청되는 다른 교육적 이해관계자들(예: 행정 직원, 사회복지사 및 심리학자) 혹은 이러한 상실을 경험한 공동체에 봉사하고 지원하는 기관들입니다. 또한 슈퍼바이저들은, 애도 상담사로 간주되는 자원봉사자로서의 호스피스 센터나 개인 개업의와 같은 지역사회 자원들과 협력할 수 있습니다. 물론 이와 같은 대응팀들은 위기가 발생하기 전에 개발해야 하며, 1차 예방, 2차 개입 및 3차 개입을 포함하는 개입의 범위로 위계적 수준에 따라 참여가 가능합니다(Knox & Roberts, 2005 참조). 슈퍼바이저는 훈련된 상담사 및 기타 지원 전문가를 위기 지역에 즉시 배치하여 충격과 슬픔의 영향에 즉각적으로 대처할 수 있습니다. 이러한 상담사들은 지속적으로 영향을 경험하는 사람들을 위해 장기적인 상담을 받을 수 있도록 지역별 정신건강 전문가들에게 연계할 수 있습니다.

또한 지역 슈퍼바이저는 자살을 예방하고 학교가 위기에 대처할 수 있도록 준비하는 것을 목표로 하는 프로그램을 감독할 수 있습니다. 전문 개발을 위한 교육 매뉴얼(예: Brock, Sandoval, & Lewis, 2001; Johnson & Stephens, 2002; Sandoval, 2013)은 슈퍼바이저가 활용할 수 있으며, 슈퍼바이저가 제공하는 워크숍은 위기 준비 및 예방, 개인 및 그룹별 위기 개입, 심리적 응급 처치와 같은 주제를 다룰 수 있습니다. 또한 지역 슈퍼바이저는 위기대응팀 회원들이 자살과 같은 위기가 발생할 때 대처할 수 있도록 준비를 하는 심화 교육을 요청할 수 있습니다. 미국적십자(The American Red Cross)는 (여러 주제 중에서) 위기 상황에서 무엇을 말할 것인지에 대한 제안을 제공하는 심리적 응급처치 훈련 활동을 제공합니다(보충 자료 및 온라인 자료 참조).

요약하면, 학교상담사의 정신건강 및 장애와 관련된 문제에 직면하였을 때 학교상담사의 지역 슈퍼바이저가 취할 수 있는 조치와 관련한 질문에 대해 몇 가지 일관된 주제가 제시되었습니다. 한 가지 주제는 문제가 발생하기 전에 예방하고 문제가 발생하였을 때 대응하기 위한 훈련 또는 전문성 개발의 활용입니다. 전문성 개발을 위한 교육은 정신건강 낙인에 대한 관심을 가져오고, 위기에 대비하는 학교를 돕고, 개인이 자신의 건강에 대한 인식을 높이는 데 사용할 수 있습니다. 이러한 답변 전체에서 발견된 또 다른 주제는 정신건강 문제를 해결해 나가는 학교상담사에 대한 지원입니다. 이는 임상 슈퍼비전을 제공하는 것, 건강 계획을 개발하는 것, 그리고 개인상담을 위한 도움을 제공하는 형태가 될 수 있습니다. 세 번째이자 마지막으로 도출된 주제는 학교 직원들 간의 강력한 친밀감의 증진입니다. 학교상담사를 위한 지역 슈퍼바이저들은 학교에서 대인관계 개선을 위한 사회 혹은 건강 행사를 촉진하거나 정신건강 낙인에 직면하여 싸우고 있는 동료를 지원하는 것을 시작할 수 있습니다. 이러한 경우, 지역 슈퍼바이저들은 학교상담사들이 장애를 극복하는 것을 지원하며, 학생들과 그 가족에게 보다 효과적인 서비스를 제공하도록 학교 공동체를 도울 수 있는 기회를 갖게 됩니다.

자원 목록

보충 자료

American Counseling Association. (2014). *ACA code of ethics*. Alexandria, VA: Author.

Baker, E. K. (2003). *Caring for ourselves: A therapist's guide to personal and professional well-being*. Washington, DC: American Psychological Association. 18 Who I Am as a Counselor

Hendricks, B., Bradley, L., J., Brogan, W. C., & Brogan, C. (2009). Shelly: A case study focusing on ethics and counselor wellness. *The Family Journal, 17*, 355-359.

Kottler, J. A. (2012). *The therapist's workbook: Self-assessment, self-care, and self-improvement exercises for mental health professionals*. San Francisco, CA: Jossey-Bass.

Kottler, J. A., & Chen, D. D. (2011). *Stress management and prevention: Applications to daily life* (2nd ed.). New York, NY: Routledge.

Lawson, G. (2007). Counselor wellness and impairment: A national survey. *Journal of Humanistic Counseling, Education and Development, 46*, 20-34.

Norcross, J. C., & Van den Bos, G. R. (2018). *Leaving it at the office: A guide to psychotherapist self-care* (2nd ed.). New York, NY: Guilford Press.

Rothschild, B. (2006). *Help for the helper: The psychophysiology of compassion fatigue and vicarious trauma*. New York, NY: Norton Professional Books.

Skovholt, T. M., & Trotter-Mathison, M. J. (2001). *The resilient practitioner: Burnout prevention and self-care strategies for counselors, therapists, teachers, and health professionals*. Boston, MA: Allyn & Bacon.

온라인 자료

American Counseling Association's Taskforce on Counselor Wellness and Impairment
http://www.creating-joy.com/taskforce/tf_wellness_strategies.htm

American Red Cross emergency service courses, and psychological first aid
www.redcross.org/ma/boston/take-a-class/emergency-servicecourses

Mental Health First Aid Instructor Training

www.mentalhealthfirstaid.org

지역 사회의 정신건강 낙인을 줄이는 것에 관심이 있는 학교상담 슈퍼바이저는 성인과 청소년을 위한 정신건강 응급처치 교육에 참여하면 도움이 될 것입니다. 강사가 되면 학교상담 슈퍼바이저는 일반인을 포함한 학교 직원에게 정신건강 응급처치 교육을 제공하고 정신질환과 관련된 낙인을 없애는 데 도움을 줄 수 있습니다. 정신건강 응급처치 강사로 교육받거나 정신건강 응급처치 과정에 참여하는 방법에 대한 자세한 내용은 웹사이트를 방문하십시오.

National Alliance on Mental Illness

www.nami.org

National Hospice and Palliative Care Organization, CaringInfo

www.caringinfo.org/i4a/pages/index.cfm?pageid=1

Professional Quality of Life website and scale access

www.proqol.org

제 3 장

이것이 진정으로 내가 학교에 간 목적인가

Lawrence E. Tyson

이 사례는 한 명의 관리자인 교장과 함께 작은 시골 초등학교에서 근무하고 있는 한 학교상담사에 대한 이야기이다. 이 상담사는 학교상담 전공 석사 학위를 취득하였고, 이곳은 학교상담사로서의 첫 직장이다.

배경

나는 전교생이 423명인 작은 시골 초등학교의 학교상담사이다. 교직원은 15명이며 교장은 1명이다. 교장은 3년 동안 이 학교에 있었으며, 나도 학교상담사로 3년째 근무 중이다. 교장은 미국학교상담사학회(ASCA)의 국가 모델을 채택한 우리 주의 학교상담 커리큘럼을 알고 있으며, 나의 업무 수행에 매우 만족해한다.

나는 엄격한 학교상담 교육 프로그램인 ASCA 국가 모델을 강조하는 대학교를 졸업하였다. 이 프로그램의 학교상담 전공 학생들은 연구 결과에 익숙하고, 효과를 결정하는 데이터 사용 방법과 표준 기반 프로그램을 구현하는 방법을 알고 있다. 이전 상담사는 이 학교에서 25년 동안 근무하고 작년에 퇴직하였다. 교장은 상담 프로그램에 '새로운 바람을 가져오는' 사람을 찾기를 간절히 원하였다. 함께 근무하는 두 명의 교사는 인증 자격을 가지고 있다. 나는 이 자격증을 가지고 있지 않지만 공인 상담사(ALC)이며, 면허가 있는 전문 상담사(LPC)가 되기 위해 감독을 받고 있다. 나의 목표는 2년 안에 전문 상담사 자격을 취득하는 것이다.

사례

우리 학교 교장은 업무상 회의에 참석하기 위해 종종 자리를 비운다. 이런 일이 발생하면 교장은 자신이 자리를 비운 동안 교내에 있는 누군가를 '담당자'로 지정해야 한다. 앞서 언급한 바와 같이 다른 두 명의 교사는 인증 자격을 보유하고 있다. 그러나 그녀와 나의 관계 그리고 나의 업무 특성이 그녀가 자리를 비울 때 나에게 대리 책임자(person in charge) 자리를 맡기려는 결정에 영향을 미친 것으로 보인다. 교장이 학교를 떠날 때마다 매번 나를 이 자리에 앉히지는 않지만, 내가 생각한 것보다는 더 자주 일어났다. 1년 차 때는, 교장이 자리를 비운 동안 책임을 부탁받은 적이 없었다. 2년 차 때는 약 4번 정도 있었고 걱정할 정도로 많지는 않았다. 그때는 나의 일정을 조정할 수 있었고 교장을 위해 이 서비스를 제공하게 되어 매우 기뻤다. 또한 이 임무가 내게 준 새로운 책임이 좋았다는 것을 인정한다. 이 업무는 나에게 행정의 새로운 면모를 볼 수 있게 해 주었다. 솔직히 교장이 매일 하는 업무에 대해 조금 더 연민을 느끼게 되었다.

3년 차는 달랐다. 나는 올해 지금까지 약 9번 교장의 업무 대리자(replacement approximately)로 불려 왔다. 게다가 교장과 나는 학교의 방향에 대해 자주 긴 토론을 나눈다. 이러한 논의는 종종 학교상담 프로그램을 포함하지만 그녀가 교수진 및 커리큘럼 문제에 대한 논의와 그녀가 교직원 회의에서 말하려는 것에 대한 조언이 포함된다. 나는 교장이 나의 의견을 존중해 주고, 나를 전문가로서 존중해 주기 때문에 이런 상호작용에 대해서 호의적으로 바라보고 있다.

논의

나는 교사들이 나를 다르게 대하기 시작했다는 것을 알아차렸다. 1년 차까지 우리는 종종 복도, 카페테리아, 라운지와 버스 정류장에서 자유롭게 이야기를 나누곤 했다. 가끔 방과 후에 많은 교사와 지역 식당에서 '다과회(happy hour)'를 위해 만나기도 하였다. 나는 방과 후 이런 사회 활동을 통해 그들과 친해질 수 있었고 유대를 맺을 수 있었기 때문에 항상 즐거웠다.

어느 날, 교장이 자리를 비우며 나에게 대리 책임자가 되어 달라고 요청하였다. "예."라고 대답한 후 교실 지도 수업을 취소하고 사무실에 보고하는 등 하루 일정을 정리하였다. 사무실로 돌아가는 길에 교사 한 명이 멈추어 나에게 "오늘 저는 어땠나요?"라고 물었다. 그 질문은 나를 깜짝 놀라게 하였다. 나는 나 자신을 학교상담사와 다르게 본적이 없기 때문이다. "글쎄요, 지금은 제가 교장 대리자이긴 하지만 교장 선생님께서는 3시간 후에 돌아올 거예요."라고 답하였다. 그 교사는 자리를 떠나며 "때로는 구분하기가 어려워요."라고 말했다.

그 후 3시간 동안 나는 그 교사의 말을 생각하였다. 나는 교사들에게 내가 어떻게 비치는지 궁금해지기 시작하였다. 그들은 나의 역할을 무엇으로 보았으며, 전문가로서 나를 어떻게 보았을까? 나는 교사들에게 예정된 교실 지도 수업에 참석할 수 없다고 말하는 것이 항상 어려웠다. 하지만 달리 어떻게 할 수 있겠는가? 교장이 나의 행정 능력에 대해 가지고 있는 신뢰감이 좋았고 나는 교장을 실망시키고 싶지 않았다. 하지만 일부 교사들은 내가 학생들과의 교실 지도 수업을 취소해야 할 때 호의적이지 않다는 것을 알 수 있었다. 또한 교사들이 이 문제를 교장과 논의하는 것을 원하지 않기 때문에 행정부서에 대해 너무 많은 불만을 표현하는 것을 조금 주저하고 있다고 느끼기 시작하였다. 나는 어떤 사람이 되어 가고 있었을까?

질문들

1. 학교상담사 업무 이외의 특정 업무를 수행하기로 동의하여 교장의 신뢰를 얻고자 하는 데에는 무엇이 잘못인가?
2. 교장은 나를 좋아하고 신뢰한다. 이것을 어떻게 대할 것인가?
3. 학교에 상담사와 교장이 한 명씩 있다면 교장이 학교 밖에 있을 때 우리는 어떻게 해야 하는가?
4. 교장이 부여하는 추가적인 임무가 마음에 들고, 내 능력에 대한 자신감을 보여 준다. 두 가지 업무를 어떻게 병행할 것인가?
5. 교사들이 나를 어떻게 생각하는지 걱정해야 할까? 이러한 고민이 계속된다면 어떻게 해결할 것인가?

논평 1

Franciene Sabens

“나는 누구인가?” 현실에서 모든 학교상담사는 바로 이 질문에 직면해야 합니다. 학교상담사로서, “나는 누구인가?”라는 질문은 이 사례에서 보여 주는 것처럼 외부 압력으로 인한 내면 본성과 드러나는 문제일 수 있습니다. 하지만 사실상 학교상담사는 “나는 누구인가?”에 관한 내부 갈등에 직면하여 이를 적절하게 해결하고 직면해야 외부에서 드러나는 갈등을 적절히 해결할 수 있습니다.

21세기에도 학교상담사의 역할 모호성은 여전히 존재합니다. 집단으로서 학교상담사는 여전히 학교환경 안에서 어떻게 정체성을 가져야 하는지 갈등하게 됩니다. 학교상담사는 먼저 스스로에게 질문을 해야 합니다. ‘나는 교육 배경을 가진 상담사인가? 아니면 상담 배경을 가진 교육자인가?’ 연구에 따르면 일부 학교상담사들은 자신이 먼저 상담사라고 생각하고, 다음을 교육자라고 생각하는 반면, 그렇지 않은 상담사들도 있습니다. 자신의 정체성을 어떻게 생각하십니까? 어떻게 자신의 전문적 정체성을 당신의 관리자나 교직원에게 명료화할 수 있습니까?

이러한 근본적인 질문을 다룰 때 다음의 사항을 고려하십시오.

- 학교상담의 역사
- 학생 지도 vs. 접근성 및 형평성에 대한 옹호
- 예방적 초점 vs. 사후 대응적 초점
- 국가 모델에 맞춰 작업하기
- 학교상담사로서의 자신의 역할에서 주요 목표는 무엇인가?

명확한 내부 갈등이 해결되면 학교상담사는 존재하는 모든 외부 갈등을 해결하기 위해 앞으로 나아갈 수 있습니다. 공정한 책임 분담은 ASCA 국가 모델의 중요한 부분이며, 교장의 신뢰를 얻는 것은 협력적이고 지지적인 관계를 보장하는 데 중요하지만, 이 사례에 있는 것과 같은 특정 과제를 수행하는 것에 동의하면 학교상담 프로그램 전체를 손상시킬 수 있습니다. 교장은 전통적으로 학생 관점에서는 훈육자이며, 교사 관점에서는 책임 관리자입니다. 이 두 역할 모두 학교상담사의 역할과 동의어가 아니며, 두 가지 모두 학교상담사의 적절한 활동과 직접적으로 대조됩니다. 학교상담사로서 적절한 수준의 역량을 갖춘다면, 종합적 학교상담 프로그램(Comprehensive School Counseling Program: CSCP)의 제공과 소속 직원과의 관계 혹은 모든 학생을 성실하게 옹호하는 능력을 희생하지 않아도 교장의 신뢰를 얻을 수 있습니다.

교장의 신뢰를 얻그자 하는 전문 학교상담사는 다음과 같은 질문을 해야 합니다.

- 학교에 존재하는 학력, 기회 및 성취도 격차를 줄이기 위해 어떤 새로운 프로그램과 개입을 시작할 수 있습니까?
- 어떻게 하면 학교 전체 위원회에서 리더 역할을 할 수 있습니까?
- 학교상담 프로그램 개입 및 결과를 학교 전체의 학업, 직업 및 사회-정서적 계획과 어떻게 연결할 수 있습니까?
- 모든 학생을 지원하는 체계적인 변화를 만들고 유지하기 위해 학교 전체 구조(예: 주요 일정, 교육과정 구축, 보충 활동 제공, 모든 학생을 위한 엄격한 과정 작업에 대한 접근)에 대해 어떻게 행정부서와 협력할 수 있습니까?
- 모든 학생에 대한 체계적인 변화를 만들고 유지하기 위해 가족, 지역사회 단체 및 기업과 가장 잘 협력할 수 있습니까?

학교상담사에게 교장과의 협력적이고 지지적인 관계는 프로그램 개발, 성장 및 성공을 위해 필수적입니다. 전문 학교상담사는 학교 분위기에 대한 지식 및 전문성을 제공하는 역할을 하므로 많은 행정적 논의가 이루어질 때 기본적으로 그들의 참석을 요구합니다. 어떤 상황에서는 다른 교직원들이 교장과 논의하는 것을 불편해할 수도 있지만, 학교상담사는 몇 가지 점을 명심해야 합니다. 말하자면, 어떤 논의가 학생을 옹호할 수 있는 기회를 제공하거나, 접근성이나 형평성 문제를 체계적으로 해결할 수 있다면 그 대화는 꼭 필요하며 학교상담사의 활동 범위에 있습니다. 학교상담사는 학생의 성공을 방해할 수도 있는 학교의 체계적인 구조를 식별할 수 있는 독특한 위치에 있습니다. 따라서 그들은 변화를 추진할 수 있는 잠재적인 해결책을 제공할 준비가 되어 있습니다.

또한 학교상담사는 자신이 담당하는 학생들의 학업, 진로 및 사회-정서적 요구가 충족되고 있는지 확인해야 하는 윤리적 의무가 있습니다. 때때로, 교장과 '그런 대화(those conversation)'를 해야 합니다. 다가오는 교직원 회의에서 교장이 할 말을 중심으로 대화하는 경우, 학교상담 프로그램의 미션, 비전 및 목표가 학교의 목표와 학교에 대한 행정적 비전을 뒷받침해야 한다는 점을 고려할 때, 이 역량을 통한 자문 기회는 매우 중요하며 축하할 만한 일입니다.

연간 계약 및 지휘 체계 문서를 잘 계획하고 실행하면 이러한 유형의 상황이 발생하는 것을 방지할 수 있습니다. 기본적으로 연간 계약은 한 해 동안 학교상담 부서에 대한 이해와 초점을 공고히 하며, 교장으로 하여금 상담사에게 상호 합의된 초점에 부합하지 않는 것을 요구하는 것은 프로그램에 대한 원하는 결과를 방해하고 모든 학생의 요구를 충족시키는 전문 학교상담사의 능력을 손상시킬 수 있음을 이해시킬 것입니다. 또한 모든 학교에는 지휘 체계가 있는데, '소규모 학군'에서는 학교상담사의 역할과 CSCP의 목적에 대한 오해와 적절한 자원의 부족으로 인해 교장으로부터 학교상담사로 지휘 체계가 진행되는 경우가 너무 많습니다. 학교상담사들은 교장이 자리를 비울 때 교육감이나 행정 관련 자격증을 보유한 교직원을 **'대리 책임자'**로 지정하는 보다 적절한 지휘 체계를 옹호해야 합니다. 학교상담사는 이러한 상황을 피하고 계획을 수립하고 명확하게 설명하여 교장을 도울 수 있습니다. 전환 과정에서 더 적절한 방법으로 교장을 지원할 수 있습니다.

CSCP에 대한 진정한 이해와 존중을 가진 교장은 만약 종합적이고 데이터 중심의 학교상담 프로그램의 결과로 중요한 결과가 창출되고 있다는 것을 안다면 학교상담사의 능력에 대해 그 이상은 아니더라도 그만큼의 신뢰를 보일 것입니다. 연구에 따르면 교장은 학교에서 자신들의 역할을 옹호하고 체계적인 변화를 만들기 위해 리더십 역할을 하기를 원합니다. 이 사례에서 교장은 교장 대리가 아닌 학교상담사로서의 역할 안에서 학교상담사의 업무에 만족하는 것처럼 보입니다. 학교상담사는 교장으로부터 받는 책임을 좋아할 수도 있지만, 그것은 업무 외 영역입니다. 학교상담사는 모든 학생의 요구를 충족시키는 효과적이고 표준에 기반한 학교상담 프로그램을 만들기 위해 결과 데이터를 이해하고 그 데이터를 사용하는 데 자신의 기술, 시간, 능력을 집중해야 합니다. 마지막으로 이 사례에서 학교상담사는 때때로 교장의 역할을 맡는 것이 효과적인 학교상담 프로그램을 제공하는 데 있어 효과를 제한하거나 축소시킬 수 있다는 인식을 받아들여야 합니다. 학교상담사에 대한 교사의 부정적인 시각은 학교상담 프로그램의 성공을 방해할 수 있습니다. CSCP를 제공함에 있어서, 학교상담사는 교사들의 의견과 전문성을 구하고 그들과 함께 프로그램 활동을 계획하고 진행해야 합니다. 따라서 학교상담사들이 교사들과 긍정적인 업무 관계를 수립하고 유지하며 갈등이 발생할 때 관계를 회복하기 위해 자신의 역량 내에서 최선을 다해야 합니다. 어떤 관계는 다른 관계보다 더욱 잠재력이 크다는 점에 유의하고 어디에 노력을 집중해야 하는지 파악하는 것이 필수적입니다.

이 사례에서 학교상담사가 계속 교장의 역할을 맡게 된다면, 학교상담사에게 우려를 표명한 동료 교사와 사적인 대화를 시작하여 자신의 관점을 논의하고, 교사의 지지를 얻어 지휘 체계의 변경을 요청하는 것이 유리할 수 있습니다. 동시에 학교상담사는 본인의 역할에 대한 자신의 비전을 분명히 하는 것도 현명할 것입니다. 그로 인해 자신이 처한 위치가 학교상담사의 역할에 대한 자신의 비전과 어떻게 상반되는지를 보다 더 이해시킬 수 있습니다. 연구에 따르면 교사들은 ASCA 국가 모델에 명시된 직무를 수행하는 학교상담사를 지지하고 있습니다. 학교 공동체의 각 구성원들과 효과적으로 협력할 수 있는 능력이 없다면, 최적의 상담 프로그램을 가능하게 하는 학교상담사의 능력은 저하될 수밖에 없습니다.

논평 2

Amy Upton

이것은 학교상담사에게 자주 일어나는 사례입니다. 초등학교는 규모가 작고, 직원과 관리자 수가 적은 경우가 많습니다. 학교의 관리자들은 학교상담사가 무엇을 하도록 어떤 훈련을 받는지 완전히 이해하지 못합니다. 또한 관리자들은 학교상담사의 능력, 교육 수준 및 업무일정의 유연성에 대한 잘못된 인식으로 인해 학교상담사들에게 과도하게 의존할 수 있습니다.

학교상담사는 CSCP를 구현하고 학생들과 학교의 요구를 충족하는 데 있어 업무를 제한하는 상담 외 업무로 인해 수년 동안 어려움을 겪어 왔습니다. ASCA 국가 모델(ASCA, 2012a)은 학교상담사를 위한 적합한/부적합한 의무와 활동의 간략한 목록을 제공합니다. 교장의 업무를 보조하는 것은 부적절한 직무의 일부로 확인됩니다(ASCA, 2012a, p. 45의 전체 목록 참조). 학교상담사는 ASCA 국가 모델(ASCA, 2012a)의 주제에 적합한 리더십 역할을 옹호하고 수행할 수 있으며, 여기에는 지도자, 옹호자, 협력자 및 시스템 변화 에이전트로서의 상담사가 포함됩니다. 또한 관리자의 신뢰를 얻는 가장 좋은 방법은 학교의 미션과 비전에 맞는 CSCP를 시행하면서 이러한 주제 내에서 일할 수 있는 능력을 입증하는 것입니다(ASCA, 2012a).

이 사례의 학교상담사는 교장이 자신을 좋아하고 신뢰한다고 우쭐해할지도 모르겠습니다. 대체로 사람들은 타인의 호감과 인정을 받으려고 하지만, 학교에서는 학생들과 학교 공동체의 요구를 충족시키는 것을 목표로 학교상담 프로그램을 제공하는 학교상담사의 능력을 신뢰할 수 있도록 하는 것이 더 중요합니다. 이 학교상담사가 교장과 열린 관계를 유지하면서 이 문제를 해결하는 한 가지 방법은 교장과 매우 정직하게 이야기하여, 그녀의 신뢰에 대한 감사를 표현하면서 동시에 교사들과 신뢰의 입장을 유지하는 것도 매우 중요하다고 전달하는 것입니다. 즉, 자신의 전문 분야에서 자신의 견해는 기꺼이 공유하지만, 교사 문제는 대화에서 제외하는 것이 좋겠다는 의사를 표현해야 합니다. 상담사와 준 행정가의 이중 직책을 수행하는 것은 학생, 교사, 학부모와의 관계에 부정적인 결과를 초래할 수 있으며 비윤리적일 수도 있습니다(ASCA, 2010b).

관리자와 교직원이 제한적인 소규모 학교는 관리자가 부재중일 때 문제들이 발생할 수 있습니다. 교장은 부재중일 때 자신의 임무가 어떻게 처리될 것인지 계획을 세워야 할 책임이 있습니다. 이 학교에서는 사무장에게 특정 업무를 위임하면서 행정학 학위를 가진 두 명의 교사가 함께 책임을 분담할 수 있습니다. 관리자가 업무를 맡는다는 책임감을 가지면 활기차고 보람이 있을 수 있지만, 학교상담사는 423명의 학생들로 구성된 학교 내에서 학교상담 프로그램의 구성 요소를 제공하기 위해 이미 과중한 업무에 시달리고 있습니다. 자신의 업무를 더 확장 시키는 것은 학생들이 받는 서비스뿐만 아니라 전문적 자기효능감에도 부정적인 영향을 미칠 뿐입니다.

학교상담사에게는 관리자, 학생, 학부모, 그리고 교사들에게 비춰야 하는 직업적 정체성에 대한 감각이 필요합니다. 학교상담사의 주요 역할은 학생들에게 학교상담 서비스를 제공하고, 그들의 학업적, 개인-사회적 및 직업 영역에서 도움을 주는 것입니다. 교사와의 상담과 협업은 학교상담사의 업무에서 큰 부분을 차지하는 만큼, 교사들이 학교상담사와 학교상담 프로그램을 어떻게 바라보는지에 대한 고려가 필요합니다. 교사들은 학교상담사를 학생들이 성공할 수 있도록 돕는 전문가로 인식해야 합니다. 이들과의 상호작용에 평가적인 요소가 있다고 느낄 필요는 없습니다. 교사들이 학교상담사를 신뢰할 수 없다고 느낀다면 그들은 학교상담사를 찾는 것을 편안하게 느끼지 못할 것입니다. 게다가 만약 상담사가 정기적으로 예정된 교실 지도 수업을 자주 취소한다면, 교사들은 학생들에게 학교상담 서비스를 제공하겠다는 상담사의 약속에 의문을 제기할 것이고, 그러면 향후 상담사에게 학생을 맡기거나 교실 지도 수업을 위해 협조할 가능성이 줄어들 것입니다. 상담사라는 직업, 상담 프로그램 그리고 전문가로서의 정체성을 옹호하는 것은 종종 학교상담사 스스로의 책임이며, 교사들이 학교상담사를 학생들의 성공에 헌신적인 전문가로 보도록 하는 것은 무엇보다 중요합니다.

전문 학교상담사들은 자신의 역할을 인식하고, 자신의 임무와 정체성을 이해하고, 직업을 옹호해야 합니다. 학교상담사의 직업 생활에는 많은 어려움이 발생할 수 있으므로, 다른 학교의 상담사에게 자문이나 슈퍼비전을 받는 것은 도움이 될 것입니다. 동일 학군의 동료에게 연락을 해 보거나 지역의 대학이나 모교에 연락하면 도움을 받을 수 있습니다. 또한 전문가 협회에 가입하면 학교상담 네트워크를 강화할 수 있고 직업 세계를 탐색하는 데 도움이 되며, 상담사의 역할에 대한 지원을 받을 수 있습니다.

자원 목록

보충 자료

Deposes, J. A., & Andrews, M. F. (2006). *School counselors as educational leaders. Boston,* MA: Houghton Mifflin.

Dollarhide, C. T., & Miller, G. M. (2006). Supervision for preparation and practice of school counselors: Pathways to excellence. *Counselor Education and Supervision, 45,* 242-252.

Henderson, P., Cook, K., Libby, M., & Zambrano, E. (2007). "Today I feel like a school counsellor!" Developing a strong professional school counsellor identity through career experiences. *Guidance & Counseling, 21,* 128-142.

Hermann, M. A., Remley, T. P., Jr., & Huey, W. C. (2010). *Ethical & legal issues in school counseling* (3rd ed.). Alexandria, VA: American School Counseling Association.

Ponec, D. L., & Brock, B. L. (2000). Relationships among elementary school counselors and principals: A unique bond. *Professional School Counseling, 3,* 208-217.

Wilkerson, K. (2006). Peer supervision for the professional development of school counselors: Toward an understanding of terms and findings. *Counselor Education and Supervision, 46,* 59-67.

온라인 자료

American Counseling Association(ACA)

www.counseling.org

American School Counselor Association(ASCA)

www.schoolcounselor.org

The Education Trust

http://www.edtrust.org

National Office of School Counselor Advocacy[NOSCA(The College Board)]

https://nosca.collegeboard.org/

보충 활동

- ASCA의 학교상담 리더십 전문가 교육을 이수하십시오. 자세한 내용은 다음의 링크에서 확인할 수 있습니다.
  http://www.schoolcounselor.org/school-counselorsmembers/professional-development/school-counseling-leadership-specialisttraining.
- 학교상담및리더십우수성센터(Center for Excellence in School Counseling and Leadership, CESCaL)의 웹사이트(http://www.cescal.org)에서 무료 계정을 만드십시오.
- 사용 가능한 관리 계약(연간 계약)을 검토하고, 학교상담사로서 인지된 역할에 부합하는 ASCA 국가 모델(2012a) 지침을 기반으로 연간 계약서 초안을 작성하십시오.
- 『어려운 시기에 학교상담사와 리더를 위한 101가지 해결 방안』의 7~15페이지에 설명된 CAFE 학교상담사 평가도구를 검토하세요(Chen-Hayes, Ockerman, & Mason, 2014).
- 상담사가 학교상담 실습에 이 지표를 통합하고 학교상담 리더십 역량을 향상시키는 데 사용하는 방법에 대해 적어 보십시오.
- College Board의 전국 학교상담사 옹호 사무소에서 제공하는 교장–상담사 관계 강화 도구(Enhancing the Principal-Counselor Relationship Toolkit)와 다음의 웹사이트에서 제공되는 관련 간행물 및 문서를 검토하십시오. http://nosca. collegeboard.org/research-policies/principal-counselor-toolkit.
- 학교상담사가 교장과 대화를 시작하는 방법에 대해 토론하십시오. 관계를 강화하고 학생 및 프로그램 결과를 개선하기 위해 제시된 도구를 사용하는 것과 관련하여 학생 및 프로그램 결과를 개선하는 방법에 대해 논의합니다.
- 잠시 시간을 내어 학교상담 프로그램과 여러분이 수행하는 역할 및 의무에 대해 생각해 보십시오. 교장이 수행하는 역할과 의무에 대해 생각하고, 자신이 두 가지를 모두 수행해야 한다고 상상해 보십시오. 이것이 여러분에게 직업적으로 어떤 의미가 있을지 생각해 봅니다.
  –일상 업무에 어떤 영향을 미칠 것이라고 생각하나요?
  –학생, 학부모, 선생님과의 관계에 어떤 영향을 미칠 것이라고 생각하나요?
  –왜 이런 영향을 미칠 것이라고 생각하나요?
  –여러분의 생각과 반응을 동료와 이야기해 봅시다.

제 **4** 장

나를 위한 시간은 언제인가, 어떻게 대처할 것인가

Lacey Ricks

다음 사례는 6학년부터 8학년까지 약 350명의 학생이 있는 저소득 시골 학교에서 근무하는 중학교 상담사의 이야기이다. 이 학교상담사는 5년 동안 이 학교에서 일해 왔으며 본래 이 지역 출신이다.

배경

나는 저소득 시골 중학교의 학교상담사이다. 우리 학교에는 약 20명의 교직원이 있으며 대부분 이곳에서 5년 이상 근무하였다. 나를 비롯한 교직원 대다수는 이곳에서 학교를 다녔고 교사 자격을 받은 후에 다시 돌아왔기 때문에 우리는 친한 가족처럼 지내고 있다. 학생의 상당수도 내가 학교를 다닐 때 개인적으로 아는 분의 자녀이거나 가족구성원이며, 나는 다양한 장소에서 그들과 마주친다.

이전의 학교상담사는 이 학교에서 38년 동안 재직한 후 은퇴하였다. 그 학교상담사는 학생 및 지역 구성원들과의 강한 유대감을 구축하긴 하였지만, 그녀의 실제 업무는 미국학교상담사학회(ASCA) 국가 모델과 일치하지 않았다. 나는 학교 시스템에 들어가면서 ASCA 국가 모델을 학교 환경에 통합하기 위해 노력하기 시작하였다. 내가 만들어 온 몇 가지 활동과 프로그램으로는 교실 지도수업, 소그룹 상담, 학교상담 부서, 리더십팀, 학교 취업 박람회 그리고 학생 표창 프로그램 등을 포함한다. 또한 나는 학교시스템 안에서 학교상담사의 역할을 옹호하고, 학교상담사로서의 역할을 명확히 하기 위해 노력했다.

사례

우리 학교가 작고 외진 곳에 위치해 있기 때문에, 학교 교직원과 학생들은 종종 친밀한 관계를 형성한다. 교사들은 학교와 교회, 지역사회 활동, 지역 시설에서 학생들과 교류한다. 겨울방학을 마치고 돌아오기 이틀 전, 이 학교에서 15년간 근무했던 한 교사가 수면 도중 심장마비로 인해 세상을 떠났다. 나는 이 선생님과 친한 사이였고, 그녀의 죽음으로 힘들어하고 있었다. 학교상담사로서, 나는 학교 시스템 내에서 교직원의 사망을 다루어 본 적이 없었고, 특히나 이 사건은 전혀 예기치 않게 일어났다. 많은 학생이 겨울방학이 끝나기 전에 선생님의 죽음을 알게 되었지만, 몇몇 학생은 등교할 때까지 그 소식을 듣지 못했다. 학생들은 선생님의 사망 소식을 알고 슬퍼하였는데, 특히 현재 그녀의 수업을 듣고 있는 학생들이 그랬다. 비록 공식적인 위기 관리 계획은 없었지만, 나는 교사들에게 학생들이 이번 일로 어려움을 겪는다면 상담실로 보내라고 안내하였다. 또한 나는 그 교사의 추모식도 계획하였다.

논의

나는 학생들과 만날 때면, 뜻밖에 세상을 떠난 선생님에 대한 이야기와 경험을 나누면서 함께 울지 않을 수 없었다. 학생들의 사연에 대한 강렬한 반응에도 불구하고, 나는 학생들이 자신의 감정을 표현할 수 있는 방법을 찾고 추가적인 도움을 받을 수 있도록 도와주려고 노력했다. 이 기간 동안, 학생들이 선생님의 죽음으로 계속해서 감정적인 어려움을 겪는다면, 그들은 남은 학교 수업을 면제받았다. 비록 내가 지원을 하고 있었지만, 학교의 몇몇 학생은 선생님의 죽음을 처리하는 데 도움이 되는 추가적인 서비스가 필요한 것 같았다. 일부 학생들에게는, 그들의 삶에 관련된 누군가의 죽음을 처음 접하는 경험이었다. 나는 교사들에게 별도로 추가적인 서비스가 필요한 학생을 찾도록 요청하였고, 이들에게는 몇 주간 소규모 애도 집단상담을 제공하였다.

질문들

1. 사건이 발생하기 전에 위기 계획을 마련하는 것이 중요한 이유는 무엇인가?
2. 위기 계획에서 어떤 유형의 자원들이 규명되어야 하는가?
3. 위기관리팀에 포함되어야 하는 사람은 누구인가?
4. 이중관계는 학생과 교직원에게 제공되는 서비스에 어떤 영향을 미치는가?
5. 다른 사람에게 서비스를 제공하면서 본인의 슬픔은 어떻게 애도할 것인가?

논평 1

Karen Moore Townsend

위기 관리 계획의 주요 목표는 개인에게 안전을 제공하는 것입니다. 비상사태가 발생하였을 때 절차를 마련하면 학생과 교직원들은 예상되는 상황과 어떻게 위기를 가장 잘 대처할 수 있는지 방법을 알게 됩니다. 또한 계획은 부모와 지역사회 구성원들이 실제 비상사태가 발생하였을 때 무엇을 기대해야 하는지 알고, 각자의 역할을 보다 잘 준비할 수 있도록 도와줍니다. 이 계획은 언론이 정보의 배포를 어떻게 할지와 대변인이 누가 될지 알 수 있도록 도와줍니다. 마지막으로 위기 계획은 주 지방 및 연방 지침을 충족하는 데 도움이 될 수 있습니다.

위기 계획에서 확인된 자원에는 현장 기반 자원이 포함되어야 합니다. 교수진 및 직원, 무전기, 지역사회 및 애도 상담 기관, 언론 및 응급 대응 기관과 같은 지역사회 자원이 포함되어야 합니다. 또한 아동의 슬픔 및 위기 관련 도서 등 연령에 맞는 독서치료용 도서를 비치하여 학교 도서관이나 학교상담실을 통해 이용할 수 있도록 할 수 있습니다.

위기 계획에는 팀장(일반적으로 교장)의 이름이 지정되어야 합니다. 팀원들은 교감, 학교상담사, 학교 비서, 고등학교 교직원, 중학교 교직원, 초등학교 교직원 그리고 학교 보건 교사를 포함할 수 있습니다. 교장은 팀 회의 소집, 대피 훈련, 정보 공유를 포함하여 모든 계획을 감독할 책임이 있습니다. 교감은 교장을 보좌해야 하며 언론 대변인이 될 수 있습니다. 학교상담사의 역할에는 적절한 지역사회 정신건강 기관 연계, 사례 의뢰, 즉시적 상담 대응,

그리고 위기 후 후속조치가 포함됩니다. 비서(secretaty)*는 수신 전화를 선별하고 기록하는 것만 아니라 학부모, 법률 기관, 응급요원들에게 연락하는 것을 책임집니다. 교사들은 각 교실의 복도를 감독하며, 무전기를 사용하여 계획 실행에 대한 문제나 업데이트 사항을 사무실에 알릴 책임이 있습니다. 간호사는 환자 분류와 즉각적인 의료 문제를 담당할 수 있습니다. 제시된 제안들이 행정을 계획의 최우선순위에 두고 있고 다양한 교직원에게 가능한 역할들을 나열하고 있지만, 학교는 계획을 개별화하여 학교의 요구를 가장 잘 충족시키도록 하면서 이미 계획이 개발된 지역, 지구 및 주의 계획에 맞추어 지켜지도록 할 필요가 있습니다.

학교상담사는 종종 다른 교직원들과 직업적 관계 및 친분을 가집니다. 게다가 그들은 학생들과도 이중관계를 맺을 수도 있습니다. ASCA의 학교상담사를 위한 윤리 기준(2010b)에 따르면, 학교상담사는 '객관성을 손상시키고 학생들에게 해를 끼칠 위험을 증가시킬 수 있는 이중관계를 피하라.'고 합니다. 이러한 관계가 불가피한 경우, 학교상담사는 자문, 슈퍼비전, 적절한 문서 작성 및 사전 동의와 같은 조치를 통해 피해 가능성을 줄일 책임을 견지합니다. 미국상담학회(ACA)의 윤리강령에 따르면, 상담사가 객관적일 수 없을 때, 친구나 가족을 상담하는 것 같은 이중관계를 맺는 것이 금지된다고 규정하고 있습니다. 따라서 이중관계가 존재하는 경우, 학교상담사는 교직원과 학생의 복지를 보장하기 위해 적절한 조치를 취하는 것이 필수적입니다.

애도 중인 학교상담사는 학교 교직원의 복지를 보장하면서도 적절한 자기 돌봄 활동에 참여할 시간을 가져야만 합니다. 몇 가지 방법으로는 개인상담, 자문 받기, 다른 학교, 지역 상담사 및 지원에 참여하기, 애도 상담 서비스 받기, 교직원과 팀 구성하기, 추모 활동 제공 및 도움 요청하기가 있습니다.

논평 2

Yvonne Ortiz-Bush

ASCA 국가 모델(2012a)은 학교상담사가 종합적 학교상담 프로그램(CSCP)을 설계하고 시

* 역자 주: 미국은 학교비서, 한국은 사무실 직원, 사무장을 의미함.

행하는 데 있어 적극적으로 나설 것을 권장합니다. 이 모델은 학생의 즉각적인 요구를 해결하기 위한 '반응적 서비스(responsive services)'를 요구합니다. 작은 시골 학교에서의 교사의 죽음은 학생들, 보호자들 그리고 직원들뿐만 아니라 전반적인 학교 분위기에도 영향을 미칠 것입니다. 현재 학교상담사는 ASCA 국가 모델을 통해 체계적인 변화를 구현하기 위한 노력을 인정받아야 하지만, 위기 계획이 마련되어 있지 않아 이러한 대응책을 제시합니다.

교사의 죽음을 해결하기 위한 위기 계획의 개발 및 실행이 제일 좋은 방안입니다(Sorensen, 1989). 전반적으로 종합적인 위기 계획의 개발은 교직원으로 하여금 위기 상황이 발생하기 전에 위기 사건에 대해 숙고하고 대응할 수 있도록 합니다. 위기 계획이 없다면, 어떤 대응이라도 집단적 학교 환경과 개별 교직원의 불균형에 의해 상당히 영향을 받습니다(Thompson, 1995). 이 사례와 같이 지역사회의 응집력과 학교상담사에게 미치는 상실의 개인적인 영향을 고려할 때, 특히 중요합니다. 전반적으로 위기가 닥쳤을 때 일어날 가능성이 높기 때문에 위기 계획의 배포 및 게시는 가장 좋은 활동입니다.

UCLA 학교정신건강센터(The Center for Mental Health in Schools at UCLA, 2008)는 '학교에서의 위기 대응'이라는 제목의 문서를 다운로드하여 사용하도록 제공하고 있으며, 이 문서는 위기 계획 개발에 활용할 수 있습니다. 위기 계획에는 자연재해, 학교 내에서 발생하는 폭행, 학생 또는 교직원의 사망을 학교가 어떻게 대처할 것인지 개요가 포함되어야 합니다. 위기 관리팀에는 학교 관리자, 상담사, 심리학자, 간호사, 교사, 직원, 학부모 및 지역사회 정신건강 제공자가 포함되어야 합니다. 학교 위기 계획의 개발에는 학교 직원이 언제든지 접근하고 참조할 수 있는 학군, 학교 현장 및 지역사회 자원들이 포함되어야 합니다. 학군 및 학교 현장 자원의 활용은 각 고유의 교육 공동체의 정서적, 신체적 요구를 문서화하고 해결할 수 있습니다. 지역사회 자원에는 법 집행 기관, 재난 구호단체 및 응급 정신건강 및 조의 서비스가 포함되지만 이에 국한되지는 않습니다. 이 사례의 중학교 학교상담사는 추가적인 치료 서비스가 필요할 수 있는 학생들을 적절한 지역사회 자원에 연결할 수 있도록 하는 것이 중요합니다(ACA, 2014; ASCA, 2016).

학교상담사는 쉽게 사용할 수 있는 몇 가지 자원을 활용하여 이러한 상실을 해결하기 위한 체계적인 노력을 조정할 수 있습니다. 스콜라스틱의 홈페이지(http://www.scholastic.com)는 학교 환경에서 발생하는 죽음을 다루는 데 도움이 되도록 고안된 많은 정보를 제공합니다. 제시된 정보는 6~8학년에 적합하며 자원들, 아이디어, 교실 수업을 포함합니다. 국립학교위기및애도센터 웹사이트(http://www.schoolcrisiscenter.org)는 학교 지역사회의 모든 구성원을 위해 비디오와 다운로드 가능한 교재를 제공합니다. 문화적 감수성이 논의되며,

학교상담사는 학생의 현상학적 세계관이 죽음에 대한 이해와 슬픔의 표현에 어떤 영향을 미칠 수 있는지를 존중하고 염두에 두어야 합니다. 이 웹사이트에는 교직원의 요구를 다루는 간단한 동영상도 포함되어 있습니다. 학교상담사가 자신의 정서적 반응을 정상화하고 관리하는 데 도움이 될 수 있도록 전문적인 준비 및 자기 관리 도구를 검토하는 것이 도움이 될 것입니다.

이 사례의 학교상담사는 지역 학교 공동체에 애도 서비스를 제공하는 동시에 직업적 동료이자 친구의 상실을 경험하고 있습니다. 학교상담사 자신의 슬픔 유발 요인과 상실 경험은 알 수 없지만 몇 가지 문제가 다루어져야 합니다. 윤리적으로, 학교상담사는 전문적인 경계와 기밀성을 유지하면서 자신의 건강과 역량을 보장하기 위해 지원을 구하는 것이 중요합니다. 여기에는 다른 학교상담사들의 전문적인 자문과 슈퍼비전이 포함될 수 있습니다. 만일 학교상담사 자신의 슬픔이 효과적인 학교상담사가 되는 능력에 영향을 미친다는 것을 알게 된다면, 정신건강 및 애도 상담 서비스를 받는 것도 고려해 볼 수 있습니다. 이러한 서비스를 통해 그녀는 자신의 정서적 반응을 더욱 잘 처리하고, 자신의 학교상담 역할을 지원하며 2차 외상을 피할 수 있는 일상적인 자기 관리 전략을 구현할 수 있습니다. 만약 이러한 서비스를 가까운 지역에서 이용할 수 없거나 학교상담사가 지역 서비스를 찾는 것을 불편하게 느낀다면, 인터넷 기반의 정신건강 및 애도 상담 서비스는 개인적인 필요를 해결하는 좋은 선택이 될 수 있습니다.

자원 목록

보충 자료

American School Counselor Association. (2013). *The school counselor and safe schools and crisis response* [Position statement]. Retrieved from https://www.schoolcounselor.org/asca/media/asca/PositionStatements/PS_SafeSchools.pdf

Fox, M., & Brown, K. (1994). *Tough Boris.* Orlando, FL: Harcourt.

Heegaard, M. (1988). *When someone very special dies.* Minneapolis, MN: Woodland Press.

Jackson-Cherry, L., & Erford, B. T. (2014). *Crisis assessment, intervention, and prevention* (2nd ed.). Upper Saddle River, NJ: Pearson Education.

Nicholson, J. I., & Pearson, Q. M. (2003). Helping children cope with fears: Using children's literature in classroom guidance. *Professional School Counseling*, 7(1), 15-19.

Samuel-Traisman, E. (2002). *Fire in my heart, ice in my veins: A journal for teenagers experiencing a loss.* Omaha, NE: Centering.

Schwiebert, P., DeKlyen, C., & Bills, T. (2005). *Tear soup.* Portland, OR: Grief Watch.

Solsaa, A., & Duncan, K. (2014). Helping students with grief and loss experiences. In R. Byrd & B. Erford (Eds.), *Applying techniques to common encounters in school counseling* (pp. 179-184). Upper Saddle River, NJ: Pearson Education.

Studer, J. R., & Salter, S. E. (2010). *The role of the school counselor in crisis planning and intervention.* Retrieved from https://www.counseling.org/ resources/library/VISTAS/2010-V-Online/Article_92.pdf

온라인 자료

American School Counselor Association(ASCA)

www.schoolcounselor.org

ASCA(2016)의 학교상담사 윤리 기준에 따르면 학교상담사는 "정서적 및 신체적 건강을 관리하고 건강을 실천할 윤리적 의무가 있다."라고 기술합니다(B.3.f.). 그럼 학교상담사는 자신의 슬픔을 관리하기 위해 사용할 수 있는 추가 전략은 무엇입니까? 또한 이 기간 동안 학교상담사는 어떤 자기 돌봄을 할 수 있을까요?

ASCA 웹사이트에는 상실과 학교 공동체를 다루는 특정 항목과 함께 K-12학년 수업 계획을 포함한 애도 관련 자료를 보유하고 있습니다.

The Coalition to Support Grieving Students

www.grievingsstudents.org

이 웹사이트에는 모든 학교 직원, 가족 및 지역사회 구성원을 위한 애도 지원 프로그램들이 포함됩니다.

The Dougy Center: The National Center for Grieving Children & Families

www.dougy.org

이 센터는 학교 공동체 구성원의 사망에 따른 슬픔과 사별을 지원할 수 있는 자료들을 보유하고 있습니다.

The Healing Place: A Center for Grieving Children & Families

www.thehealingplaceinfo.org

슬픔에 잠긴 아이들을 위한 전국 연합 웹사이트(www.nationalallianceforgrievingchil dren.org)에는 지역사회 위기 체크리스트, 슬픔에 잠긴 학생을 위한 교사 가이드, 지역사회 안내 양식 등이 포함된 위기 자원으로 '학교를 위한 도움'이 포함되어 있습니다.

The National Center for School Crisis and Bereavement

http://www.schoolcrisiscenter.org

이 웹사이트에는 애도와 위기 자원들(예: 문서 양식, 기사, 웨비나, 수업 계획, 간행물 및 웹사이트)이 포함되어 있습니다. '학생 또는 교직원의 사망에 대한 대응 지침'도 다운로드할 수 있습니다.

The National Foundation for Grieving Children, Teens, and Families

www.alittlehope.org

이 웹사이트에는 미취학 및 학령기 아동과 청소년을 위한 광범위한 참고 문헌이 포함되어 있습니다. 또한 웹 기반 사별 자료도 링크에 포함되어 있습니다.

Scholastic

www.scholastic.com

이 웹사이트에는 어린이와 청소년의 애도 과정에 대한 자료가 포함되어 있습니다. 해당 자료에는 학교 내 사망이 미치는 영향에 대한 항목이 포함되어 있습니다.

보충 활동

학습 활동 1: 상실 활동

• 종이 위에 큰 상자 세 개를 그립니다. 각 상자를 초등학교, 중학교, 고등학교로 표시합니다. 삶의 각 단계(상자마다 하나씩) 마다 발생한 상실을 기록합니다. 다음의 질문에 각각 답할 수 있는 5개의 단어를 메모하십시오.

–그 상실에 대한 당신의 정서적인 반응은 무엇이었습니까?

–보호자는 그 상실에 어떻게 대응하였습니까?

–당신이 필요로 하였지만 얻지 못한 것이 무엇이었습니까?

–상실에 대한 자신의 발달적 반응을 처리하는 것이 학교상담사로서의 업무에 어떤 영향을 미칩니까?

–소그룹으로 각각의 상자에 대해 토론합니다.

학습 활동 2: 과제

- 각 학생은 응급 구조대원을 인터뷰하고 다음과 같이 질문합니다.
  –서비스가 필요하다는 연락을 어떻게 받았나요?
  –알림에 대한 일반적인 정서적 및/또는 생리적 반응은 무엇입니까?
  –이 직책을 맡은 지 얼마나 되었나요?
  –경험에 따라 당신의 대응 방식이 바뀌었습니까? 만약 그렇다면 어떻게 바뀌었나요?
  –무엇이 당신에게 효과가 있었습니까?
  –위기 상황을 극복하기 위해 스스로에게 어떤 말을 했습니까?
  –위기 상황에 대응해야 하는 다른 사람들에게 무엇을 말할 수 있습니까?

- 답변은 서면으로 문서화하거나 시각적으로 녹화할 수 있습니다. 학생들은 15분 동안 인터뷰 내용을 발표할 수 있습니다.

제 5 장

당신의 종교적 신념은 어떠한가

Tomeka McGhee

이 사례는 교장인 관리자와 함께 남부 시골의 작은 학교에서 일하는 초등학교 상담교사의 관한 내용이다. 그녀는 학교상담사로 18년간 근무해 오고 있으며 이전에는 특수교육 교사였다. 그녀는 이 지역의 가장 큰 회사 중 한 곳의 최고 경영자의 딸로 평생을 이 지역에서 살아왔지만 순진하며, 지역사회를 포함한 다양한 세계관과 문화적 이해와 포용력이 부족한 편이다.

배경

나는 학생 수가 600명이 넘는 학생들로 구성된 남부 시골 작은 초등학교에 근무하는 부유한 백인 학교상담사이다. 학생들의 인종은 백인 49%, 아프리카계 미국인 46%, 히스패닉계 3%, 다인종 2%로 구성되어 있다. 교직원 인종 비율은 85% 백인과 15% 아프리카계 미국인으로 구성되어 있다. 비록 학교는 작지만, 이 시골 마을에는 농장과 목초지의 땅이 반경 20마일(약 32km)까지 펼쳐져 있다. 대부분의 가족은 여러 세대 동안 시골 마을 내의 다양한 계층으로 살아왔다. 많은 사람이 인근 도시 공장에서 일하였고, 대부분 고교 학위를 받았다. 사실상 부모가 1세대 대학생일 가능성이 높다. 아프리카계 미국인에게 전통은 그들 공동체의 존재와 기능에 필수적이다. 특히, 지역 교회는 지역봉사, 지원, 가족 이념의 중심이자 핵심이다.

사례

8세 아프리카계 미국인 남자아이 Marvin은 쉬는 시간에 갑자기 손을 들고 중얼대는 등 다양한 행동을 보여 그의 교사에 의해 나에게 소개되었다. 그의 행동이 어떤 것인지에 대해 물었으나 그는 아무 말도 하지 않았다. 그는 학교에서 하나님에 대해 말하는 것이 허용되지 않았기 때문에 나에게 아무 말도 할 수 없다고 말하였다. 몇 번 더 묻자 그는 최근에 암으로 할머니를 잃었고 종종 무척 슬프다는 사실을 이야기하였다. 그는 중얼거리는 소리가 그의 '기도 언어'라고 말하였다. 그는 내가 자신의 정신건강에 대한 염려를 표현하기 위해 부모님에게 전화하는 것에 동의하였다. 나는 그의 어머니와 이야기를 나누었고 무슨 일이 일어나고 있는지 이야기하였다. 나는 교회 활동에 대한 과도한 노출(예: 수요일, 금요일, 일요일)이 건강에 좋지 않을 수 있다는 것을 이야기하기 시작하였다. 게다가 나는 콜라주를 만들고 편지를 쓰는 것처럼 보다 과학적인 활동을 통해 자녀의 슬픔에 대해 접근하는 것이 더 적절할 수 있다고 말하였다. 교사, 교장 선생님 그리고 나를 만나 그녀의 남편과 목사, 그리고 지역사회 목회자와 대표들을 참여시킬 회의를 열어 달라고 요청하였다.

논의

나는 Marvin의 어머니의 반응에 완전히 당황하였다. 대학원 수준의 학교상담 교육을 받는 동안, 나는 Marvin이 보여 준 행동이 심각한 정신질환의 징후라는 것을 배웠다. 나는 그가 이러한 종교적인 일에 너무 깊이 빠져들지 않을까 걱정되었다. 그의 가족구성원들은 다른 지역사회의 사람들과는 다르게 말하고, 행동하고, 옷을 입는다. 나는 그가 친구들에게 따돌림받거나 광신도가 되는 것을 원치 않는다고 교장에게 설명하였다. 교장은 놀란 표정을 지으며, 내일 다시 만나자고 하였다. 내가 무슨 의견을 말했나?

질문들

1. Marvin의 어머니는 왜 그렇게 화가 났는가? 그녀는 왜 목사와 지역사회 목회자를 회의에

포함시켰는가?

2. 나는 무엇을 잘못 말하였는가?
3. Marvin을 보호하려는 게 뭐가 잘못된 것인가? 나의 일이 아닌 것인가?
4. 나는 곤경에 빠질 것인가? 만일 그렇다면 어떻게 할 것인가?
5. 종교적 문제를 다룰 수 있는 다른 방법이 있는가? 있다면 무엇인가?

논평 1

Zachary Michael Pietrantoni

이 사례에서 제시하는 주제는 할머니의 죽음에 대한 Marvin의 슬픔입니다. 하지만 Marvin이 선생님과 학교상담사에게 몇 가지 우려스러운 행동을 보여 Marvin의 슬픔이라는 초점에서 멀어졌고, 교사가 Marvin의 어머니에게 전화를 걸어서 가족의 종교적 관행에 대해 우려를 표함으로써 그녀를 화나게 했을 때, 그 주제는 학교상담사의 제한된 **영적 및 종교적 감수성**으로 변경되었습니다.

Marvin의 어머니는 학교상담사가 "교회 관행에 대한 과도한 노출은 아이 건강에 좋지 않을 수 있다."라고 말하면서 의도치 않게 그녀 가족의 종교적 관행을 비난하였기 때문에 화가 난 것입니다. Marvin의 어머니는 그녀의 영적인 옹호자로서 그녀의 목사와 다른 지역사회의 목회자들을 사회적 · 정서적 지지자로 참여시켰을 가능성이 높습니다. 이 지역사회, 특히 아프리카계 미국인 지역사회에서 지역 교회는 지원과 가족 이념에 있어 중요합니다.

이 사례의 가장 큰 쟁점은 학교상담사가 의도치 않게 Marvin 가족의 종교적 관행에 대해 비판한 것입니다. 비판한 것은 두 가지입니다. 하나는 가족의 교회 관행을 비판한 것이며, 또 하나는 Marvin의 슬픔에 대한 영적 치유의 힘을 비판한 것입니다. 학교상담사에게 있어서 위험 신호는 Marvin의 영적이고 종교적인 관념에 대한 지식이 제한적이라는 점입니다. 교사와 학교상담사는 Marvin의 손동작과 기도 언어가 Marvin과 그의 가족들에게 무엇을 의미하는지에 대해 더 배우는 대신에 문제가 있는 것으로 성급하게 단정하였습니다. 아동 청소년 발달에서 영성은 인지적 · 사회적 · 도덕적 발달을 반영합니다(Benson, 2004). 교회는 Marvin과 그의 가족에게 중요합니다. Marvin이 이러한 행동을 어떻게 그리고 어디에서 배웠는지에 대해서는 수많은 설명이 있을 수 있습니다. 아이들은 죽음을 둘러싼 영적인 문제들을 여러 가지 방법으로 표현할 수 있으며(Lambie, Davis, & Miller, 2008), 학교상담사들은 아이들의 발달 수준 내에서 그러한 표현의 독특성을 고려해야 합니다(Sink & Devlin, 2011).

Marvin을 보호하고 싶은 마음은 잘못된 것이 아닙니다. 이제 질문은 'Marvin을 무엇으로부터 보호하고 있습니까?'가 됩니다. 학교상담사는 영성과 종교성에 관한 그녀의 개인적인 가치들 그리고 더 나아가 그녀의 가치와 믿음이 Marvin과 그의 가족의 세계관과 어떻게 관련되는지 알아차려야 합니다. 학교상담사는 자신이 Marvin을 건강하지 못한 환경에서 구하고 있다고 믿는 것 같습니다.

게다가 마치 학교상담사는 Marvin에게 최고의 애도 서비스를 제공하려고 노력하는 것처럼 보일 것입니다. 하지만 학교상담사는 Marvin과 그의 가족의 자율성을 인정하는 것을 간과하였습니다. 이 경우, 갑자기 손을 들어 기도 언어를 중얼거리는 것은 Marvin의 가족과 교회에서 사용되는 용인된 행위이며 애도의 과정일 수 있습니다.

학교상담사는 Marvin이 문화적으로 민감한 방식으로 그의 슬픔을 헤쳐나갈 수 있도록 도와주어야 합니다. 상담사는 Marvin의 개인적 · 사회적 성장을 촉진하는 방식으로 Marvin의 영성을 다루어야 합니다(Sink & Devlin, 2011). 여기에는 Marvin의 개인적인 필요와 그의 가족의 관행에 대해 배우는 것을 포함합니다. 다시 말해, Marvin이 학교생활을 성공적으로 하기 위해 필요한 것은 무엇일까요? 또한 그의 가족은 어떻게 애도할까요? 이 지표들은 학교상담사가 Marvin의 치료 계획을 수립할 때 도움이 될 것입니다. 학교상담사는 Marvin이 교실에서 보여 준 행동들도 함께 고려해야 합니다. Marvin에게 그의 슬픔을 해결할 안전한 환경을 제공함으로써 교실에서 문제가 발생하지 않도록 보호하는 데 집중해야 합니다.

학교상담사는 (a) 법적, (b) 윤리적, (c) 전문적 등의 여러 가지 면에서 문제에 봉착할 수 있습니다. Lambie와 동료들(Lambie et al., 2008)은 학교상담사가 종교적 · 영적 표현을 억압하는 것은 미국의 「헌법」 제1조와 제14조의 권리를 제한하는 것으로 법적 문제가 발생할 수 있다고 지적하였습니다. 게다가 학교상담사는 미국학교상담사학회(ASCA)로부터 윤리적인 지적을 받을 수 있습니다. 그녀는 해당 가족의 교회 관행의 불건전한 특성에 주목하면서, 의도치 않게 Marvin과 그의 가족에게 자신의 개인적 가치를 강요하고 있습니다. 마지막으로 학교상담사는 의도하지 않은 유해한 발언으로 인해 학군을 통해 전문성에 대한 징계 조치를 받아야 할 수도 있습니다.

학교상담사는 영적 및 종교적 문제를 다룰 때 사려 깊고 의도적이어야 합니다(Lambie et al., 2008). 사려 깊음과 의도적이라고 해서 학교상담사가 자신의 개인적인 영적 또는 종교적 견해를 조장하는 것을 의미하지는 않습니다. Lambie와 동료들(Lambie et al., 2008)은 학교에서의 윤리적, 영적 및 종교적 실천에 대한 3단계 접근을 제안하였습니다. 3단계 접근법은 (a) 개인적 및 전문적 신념에 대한 자기 인식 증진, (b) 상담 과정에서 학생들의 영성에 대한 인식, (c) 학생의 특정 요구에 맞춘 상담 개입으로 구성됩니다. 또한 학교상담사들은 영적 · 종교적 문제를 다룰 때 슈퍼비전과 자문을 받아야 합니다(Sink & Devlin, 2011).

Marvin의 경우, 학교상담사는 Marvin의 슬픔에 둔감하게 접근하였습니다. Marvin의 학교상담사는 애도 과정에서 영성에 대한 자신의 개인적 신념을 인식하지 못하였고, 그것은 Marvin의 어머니에게 무례하게 보였으며, 결과적으로 그들의 관계를 손상시켰습니다. 학교상담사는 Marvin의 어머니에게 연락하기 전에 Marvin과 그의 가족의 영적 관행에 대한 더 많은 정보를 수집하고 슈퍼비전을 구해야 했습니다.

논평 2

Diana L. Wildermuth

이 사례는 다문화적 역량이 부족한 학교상담사가 어려운 시기를 겪고 있는 학생을 돕는 데 해로울 수 있음을 보여 주는 분명한 예시입니다. 학교상담사는 자신의 신념, 가치 그리고 가정이 그들이 봉사하는 사람들에게 어떠한 영향을 미치는지 이해할 수 있어야 합니다. 학교상담사의 태도, 가치관, 행동들은 학생과 가족에게 지속적인 영향을 미칠 수 있는 불행한 상황을 초래하였습니다. 학교상담사는 지식을 갖추고, 학생의 종교적 그리고/또는 영적 신념과 가치를 존중함으로써 문화적으로 숙련되는 것이 중요합니다. 이러한 것들은 학생이 세상을 보는 방식, 심리사회적인 기능, 그리고 고통을 표현하는 방식에 영향을 미치기 때문입니다(Arredondo et al., 1996). 학교상담사는 문화 및/또는 종교가 아이들의 일상적인 기능과 어떻게 관련이 있는지 인식해야 할 윤리적 책임이 있습니다.

학교상담사는 학생을 위해 가치판단을 하는 것이 아니라, 학생이 자신과 다른 일련의 신념, 가치, 그리고 가정을 가질 수 있다는 것을 이해하고 받아들여야 합니다. 정교분리가 여전히 남아 있지만, 아직 세상에서 자신의 자리를 찾으려고 시도하는 아이에게 종교를 분리하는 것을 종종 어려운 일입니다. 교장에게 가족이 말과 행동, 옷차림이 다르다고 말하는 것은 매우 둔감하며 잘못된 발언입니다. 게다가 종교적인 신념만으로 그가 광신도가 될 수도 있다고 표현하는 것은 학교상담사의 입장에서 부적절합니다.

학교상담사가 이 시골에 살았지만, Marvin의 가족을 포함한 많은 가족의 삶에서 지역 교회가 하는 역할의 중요성을 이해하는 것처럼 보이지는 않습니다. 비록 이것이 종교적인 사건으로 보이지만, 학교상담사로서 대리하여 해결해야 할 백인 특권의 토대가 있었을 수도 있습니다.

이 상황에서 어머니가 학교상담사에게 화를 내는 것은 놀라운 일이 아닙니다. 우선, 그녀는 친척을 잃은 것을 슬퍼하고 있으며, 그녀의 종교적 신념체계가 대처방법이 될 수 없다는 말을 들었습니다. 문화적으로 유능한 학교상담사라면 기도 언어가 애도의 과정에서 어떻게 아이와 가족을 도왔는지 이해하고 통합할 것입니다. 학교상담사가 교육을 받았음에도 불구하고, 그녀는 학교상담과 당면한 문제들에 가장 적합한 이론적인 상담 접근법을 사용하지 않고 있습니다.

안타깝게도, 이 학교상담사는 Marvin을 보호하는 것이 무엇인지에 대한 잘못된 인식을 가지고 있습니다. 학교상담사는 Marvin에게 지원을 제공하고 교사들이 문화적으로 슬픔에 대한 적절한 반응이 무엇인지를 이해할 수 있도록 조력해야 하며, Marvin이 슬픔을 표현할 수 있는 안전한 장소를 만들도록 해야 합니다. 게다가 학교상담사는 아직 상담에 있어서 자신의 한계와 문화적인 역량을 갖추는 것이 무엇을 의미하는지 인식하지 못한 것으로 보입니다.

학교상담사가 이 가족에 대한 판단을 내리고 있었던 것으로 보이기 때문에, 그녀에게 징계 조치의 가능성이 꽤 있습니다. 하지만 이것은 다문화 상담의 추가 훈련을 통해 해결될 수 있습니다. 이를 통해, 향후 문화적 · 윤리적 또는 종교적으로 문제가 될 수 있는 상황을 더 잘 처리할 수 있는 도구를 얻을 수 있습니다. 상담사들이 만나는 다양한 유형의 사람들의 요구를 충족시키기 위해 필요한 지식, 인식, 그리고 기술을 가지게 될 때, 그것은 상담관계를 향상시킬 수 있을 뿐만 아니라 미래를 위한 더 나은 기반을 구축할 수 있습니다.

이 상황에서 학교상담사의 역할은 Marvin의 기도 언어가 그에게 어떤 의미를 갖는지 이해하고 그의 상실을 처리하는 데 조력하는 것입니다. 학교상담사들은 타인의 가치관에 대한 이해를 넓힐 필요가 있습니다. 앞으로를 위한 한 가지 제안은, 정신건강에 관한 최근 연구들과 그것이 다른 문화들과 다양한 종교에서 어떻게 나타나는지 숙지하는 것입니다. 학교에서 종교적 상황을 다루는 더 나은 방법은 목회 단체와 그것이 Marvin의 삶에서 하는 역할에 대한 이해를 얻는 것입니다. 부모에게 연락함으로써, 상담사는 Marvin이 그의 할머니의 죽음으로 인해 어려움을 겪고 있고, 그것이 학교 생활에 영향을 미치고 있다는 것을 알렸습니다. 그러나 그 방법은 적절하지 않았습니다. 부모와 협력하여 문화적으로 그의 가족 내에서 받아들일 수 있는 방식으로 Marvin의 상실을 처리할 수 있는 전략을 찾는 것이 보다 적절할 것입니다. 학교상담사는 학부모, 교장, 목사와의 만남을 활용하여 Marvin을 지원하는 방법에 대해 협력하여 계획을 세워야 합니다. 추가적으로 이것은 기도 언어가 어떻게 그의 대처 방식이었으며, 그가 할머니를 잃은 것에 대한 슬픔을 극복하는 데 어떤 역할을 하였는지에 대해 더 배울 수 있는 좋은 시간이 될 것입니다.

자원 목록

보충 자료

Arredondo, P., Tovar-Blank, Z. G., & Parham, T. A. (2008). Challenges and promises of becoming a culturally competent counselor in a sociopolitical era of change and empowerment. *Journal of Counseling & Development, 86,* 261-268. doi:10.1002/j.1556-6678.2008.tb00508.x

Benson, P. (2004). Emerging themes in research on adolescent spiritual and religious development. *Applied Developmental Science, 8*(1), 47-50.

Chandler, C. K., Holden, J. M., & Kolander, C. A. (1992). Counseling for spiritual wellness: Theory and practice. *Journal of Counseling & Development, 71,* 168-175.

Davis, K. M., Lambie, G. W., & Ieva, K. P. (2011). Influence of familial spirituality: Implications for school counseling professionals. *Counseling and Values, 55,* 199-209.

Dobmeier, R. A. (2011). School counselors support student spirituality through developmental assets, character education, and ASCA competency indicators. *Professional School Counseling, 14*(5), 317-327.

Fowler, J. W. (1981). *Stages of faith.* New York, NY: HarperCollins.

Jordan, A. H., Lovett, B. J., & Sweeton, J. L. (2012). The social psychology of Black-White interracial interactions: Implications for culturally competent clinical practice. *Journal of Multicultural Counseling and Development, 40,* 132-143. doi:10.1002/j.2161-1912.2012.00013.x

Lambie, G. W., Davis, K. M., & Miller, G. (2008). Spirituality: Implications for professional school counselors' ethical practice. *Counseling and Values, 52,* 211-223.

Miller, G. (2003). *Incorporating spirituality in counseling and psychotherapy: Theory and technique.* Hoboken, NJ: Wiley.

Portman, T. A. A. (2009). Faces of the future: School counselors as cultural mediators. *Journal of*

Counseling & Development, 87, 21-27. doi:10.1002/j.1556-6678.2009.tb00545.x

Ridley, C. R. (2005). *Overcoming unintentional racism in counseling and therapy: A practitioner's guide to intentional intervention* (2nd ed.). Thousand Oaks, CA: Sage.

Rothman, T., Malott, K. M., & Paone, T. R. (2012). Experiences of a course on the culture of Whiteness in counselor education. *Journal of Multicultural Counseling and Development, 40,* 37-48. doi:10.1111/j.2161-1912.2012.00004.x

Sink, C. A., & Devlin, J. M. (2011). Student spirituality and school counseling: Issues, opportunities, and challenges. *Counseling and Values, 55,* 130-148.

Smith-Augustine, S. (2011). School counselors' comfort and competence with spirituality issues. *Counseling and Values, 55,* 149-156.

학술 저널 보충 자료

- *The International Journal for the Psychology of Religion*
- *Journal of Beliefs and Values: Studies in Religion and Education*
- *Journal of Spirituality in Mental Health*
- *Mental Health, Religion, and Culture*
- *Psychology of Religion and Spirituality*

온라인 자료

American Counseling Association(ACA) Interest Network for Professional Counselors in Schools
http://www.counseling.org/aca-community/aca-groups/interest-networks#Schools

American School Counselor Association(ASCA)
http://schoolcounselor.org/

Association for Multicultural Counseling and Development(AMCD)
http://www.multiculturalcounseling.org/

Association for Spiritual, Ethical, and Religious Values in Counseling(ASERVIC)
http://www.aservic.org/

Greater Good: The Science of a Meaningful Life

http://greatergood.berkeley.edu

보충 활동

교육 활동: 영적 패널

- 다양한 영적 신념을 가진 부모와 자녀로 구성된 패널을 구성하십시오.
  - –교육 중인 학교상담사(School Counselors In Training: SCITs)에게 영적 신념과 상담 요구에 대한 질문을 할 수 있는 기회를 허용합니다.
- 다음의 내용들이 포함됩니다.
  - –SCIT가 다른 영적 신념을 가진 사람을 인터뷰하고, 그들의 신념을 인터뷰 대상자의 신념과 비교 대조하는 성찰일지를 작성합니다. SCIT는 인터뷰 대상자의 영적 신념에 대해 개인적인 인식과 태도를 고려해야 합니다.
  - –상담 회기에서 인터뷰 대상자와 함께 사용할 수 있는 적절한 기술과 개입을 조사합니다.

영적 수행에 참여하기

- SCIT들이 그들 자신과는 다른 영적 실천에 참여하도록 합니다. 이후 SCIT들은 그들의 생각과 주변의 느낌을 고려하여 영적 연습에 대한 성찰일지를 쓸 수 있습니다. 또한 영적 실천을 경험하는 것의 이점과 이 경험이 학교상담사로서 미래의 일에 어떻게 영향을 미칠 수 있는지 고려합니다.

성찰 및 토론을 위한 추가 질문

- 당신은 Marvin과 그의 가족 사이에 어떤 차이점이 있다고 생각합니까?
- 당신은 Marvin과 그의 가족 사이에 어떤 공통점이 있다고 생각합니까?
- 학교상담사가 Marvin과 그의 어머니와의 논의를 어떻게 처리하였는지에 대한 당신의 반응은 어떠합니까?
- 이 사례 연구에서 우려되는 부분은 무엇이라고 생각합니까?
- 만약 당신이 학교상담사라면 현재의 문제를 어떻게 해결할 것입니까?
- Marvin의 애도 상담에 대한 논의를 촉진하기 위해 관계자(예: 교사, 교장, Marvin의 부모, 목사 및 지역사회 목회자 대표)를 어떻게 활용할 수 있습니까?

제 2 부

상담사로서 무엇을 할 것인가

Who I Do as a Counselor

제 6 장

내가 옹호하지 않으면 누가 옹호할 것인가

Emilie E. Shaver

배경

Wallace 씨는 남부 시골 마을에 있는 작은 고등학교의 유일한 상담사이다. 그는 이 학교에서 6년간 근무하였으며 학교 행정실과 돈독한 유대관계를 형성하고 있다. 결과적으로 학교 행정실은 종합적 학교상담 프로그램(CSCP)을 제공하기 위한 그의 노력에 전적으로 지지하고 있다. 그는 학교 내에서 학생 및 학부모들과도 강한 유대관계를 발전시켜 왔다. 많은 학교관계자는 Wallace 씨가 게이라는 것을 알고 있다. 하지만 이것은 부모님이나 다른 학교 교직원들이 거의 언급하지 않거나 심지어 인정하지 않는 주제이다. Wallace 씨는 파트너와의 관계를 과시하지는 않지만, 그 주제가 언급되면 부인하지는 않는다. 가끔 자신의 **성정체성**(sexual identity)에 대해 이야기하고 싶어 하는 몇몇 학생이 상담실에 방문한다. 몇 년 동안 이 학교에 근무해 온 그는 지금이 LGBTQ(Leesbian, Gay, Bisexual, Transgender, and Queer, or Questioning) 학생들을 위한 작은 모임을 만들 수 있는 안전한 시기라고 믿었다. 이런 학생들과 만남을 가지면서 경험을 나누거나 이런 시골에서 자라면서 겪을 수 있는 어려움을 같이 나누는 것이다. Wallace 씨는 미국학교상담사학회(ASCA)의 옹호에 대한 입장을 믿으며 실제 자신을 소외한 사람들을 옹호자로 여기고 있다.

사례

Wallace 씨는 LGBTQ 집단에 대해 지역사회와 학부모들의 저항이 있을 것이라는 것을 알고 있다. 그래서 그는 방과 후로 일정을 정했다. 그의 견해로는, 이것은 집단의 프라이버시가 보장되며 학생들을 위해 더욱 유리한 결정이 될 것이라고 보았다. Wallace 씨는 비록 그 집단이 동아리가 아닌 작은 집단상담이 될지라도, 모임 시간 때문에 부모님의 허락을 요구하지 않아도 될 것이며, 또한 고등학생이면 그 집단에 참석할 것인지에 대해 스스로 결정할 수 있다고 믿는다. 그는 또한 '커밍아웃(come out)'이라는 자신의 결정이 개인적인 권리라는 신념을 확고하게 가지고 있다. 이러한 집단에 대해 부모님의 허락을 요청하는 것은 관심 있는 학생들이 커밍아웃을 해야 하는지 아닌지를 그들의 부모에게 결정하도록 요구하는 것이다. 과거에 종종 논란이 되는 주제에 대한 학부모의 소란이나 염려가 있을 때 교장은 '평화유지군'의 역할을 했었다. 따라서 Wallace 씨는 LGBTQ 집단에 대한 생각을 갖고 교장을 찾아가는 것을 망설인다. 결국 Wallace 씨는 이 모임이 방과 후에 진행되며, 교장은 항상 Wallace 씨의 업무를 지지하였으므로, 허락을 요청하는 것을 포기하고 LGBTQ 집단을 시작하기로 결정한다.

회원은 공지를 통해 모집하지 않고 자발적으로 집단에 가입한다. Wallace 씨는 LGBTQ 성소수자임을 밝힌 이력을 공개하거나 자신의 성정체성에 대한 의문을 표시한 학생들을 회원으로 초대한다. 이 집단은 봄 학기 내내 오후 3시에 Wallace 씨의 사무실에서 여덟 번 만날 예정이다. 처음 두 번의 모임은 문제없이 오고 간다. 참석한 7명의 학생 모두는 안전한 환경과 마음이 맞는 사람들로 가득한 집단에 속하는 편안함을 즐기고 감사해하는 것 같았다. 두 번째 모임 이틀 후, Wallace 씨의 교장은 학교에 '습격된(stormed)' 학부모와의 회의를 위해 그를 사무실로 부른다. 그 학부모는 자신의 아들이 이 모임에 참석하고 있다는 것을 알게 되었고, 모임의 존재조차 통보받지 못했으며 아들의 참석 허가를 요청하지 않은 것에 격분하였다. 학부모는 아들이 성소수자 공동체의 일원이 아니라는 것을 단호하게 말하며, Wallace 씨가 그의 '라이프스타일'을 자녀들에게 강요하고 있다고 비난한다. 그들은 Wallace 씨가 교사로서의 자격이 있는지에 대한 학교 이사회의 판정이 있을 때까지 교장이 Wallace 씨를 교실에서 퇴출시키기를 요구한다. Wallace 씨는 자신의 행동을 변호하기 위해 교장이 도움을 주기를 기대한다. 이 지역의 정치적 풍토를 깨달은 교장은 Wallace 씨와 학교 이사회 모두와 함께 문제를 검토하는 것에 동의한다.

논의

학부모가 회의를 마치고 간 후, 교장은 Wallace 씨를 만나자고 요청한다. 교장은 Wallace 씨의 행동과 선택에 대한 실망을 표현한다. 교장은 그가 이 집단을 만들었다는 사실을 알고 있지만, 왜 이 집단의 존재에 대해 알리지 않았는지를 알기 원한다. 교장은 비록 그의 성정체성을 이해하고 그가 '과시하지(flaunt it)' 않는다는 것을 존중하지만, (a) 지역사회에서 부모의 반발로 인해 교장은 그가 이런 주제에 대해 집단상담을 이끄는 것이 불편하고, (b) 그러한 활동에 대해 알려야 한다고 생각하며, (c) 학부모에게 미성년 자녀들이 방과 후 활동에 참여하는 것에 대해 동의를 받아야 한다고 믿는다며, 교장은 그에게 LGBTQ 성소수자 집단상담을 종료할 것을 요청한다. 다음 주에 학생들이 정기 모임에 도착하면, Wallace 씨는 그들에게 더 이상 학교에서가 아니라 그의 집에서 만날 것이라고 알린다.

질문들

1. 당신은 Wallace 씨가 옹호자가 되는 것에 대해 어떤 생각을 하고 있다고 보는가?
2. 옹호자가 되는 것이 가장 생산적인 길이 아닐 때가 있는가?
3. Wallace 씨는 최선의 의도에도 불구하고 어떻게 자신의 직업을 위태롭게 만들었는가?
4. 방과 후에 집단상담을 하는 것이 Wallace 씨가 부모의 허락을 받지 않아도 되는 이유가 되는가? 왜 혹은 왜 그렇지 않는가?
5. Wallace 씨는 학생들이 부모 동의 없이 집단상담에 참여하는 사생활을 존중한 것인가? 혹은 보호자로서의 부모에게 알리지 않고 부모를 무시한 것인가?
6. Wallace 씨가 학생들에게 이제 학교 대신 그의 집에서 모임을 가질 것이라고 알린 것에 대한 윤리적인 문제는 무엇인가?

논평 1

Jolie Daigle

Wallace 씨는 자신의 학교 현장에서 LGBTQ 공동체의 옹호자로 활동하는 데 있어 최선의 의도가 있다는 것은 의심의 여지가 없습니다. 그는 또한 성소수자 집단에 관심이 많은 학생처럼 비슷한 정체성(즉, 성적 지향과 시골 생활)을 가지고 있습니다. 그러나 Wallace 씨가 논의한 몇 가지 진술은 주저하게 만드는 원인이 될 수 있습니다. 먼저, 그는 이 집단이 교장 선생님과 학부모에게 논란이 있을 수 있다는 것을 인정하였고, 그래서 그는 그 집단을 방과 후에 만나기로 일정을 잡았습니다. 다음으로, Wallace 씨는 부모들이 방과 후 모임의 흠을 잡을 것이라고 가정하고 부모의 동의를 구하는 것을 고려하지 않았습니다. 또한 그는 자신을 성소수자라고 이미 밝힌 학생들만 모집하고, 교사의 추천을 받지 않았습니다. 이 집단에는 목표가 설정되어 있지 않으며, 이 집단이 요구 조사에 기초하고 있는지 아니면 상담가의 '직관(hunch)'에 기초하고 있는지 완전히 명확하지는 않습니다. 학부모와 관리자들의 반발과 그들의 견해에 대한 극명한 반대에도 불구하고 마침내 Wallace 씨는 학교 대신 그의 집에서 계속 모임을 갖는 것으로 결정하게 됩니다. 이 학교 현장에서 6년 동안 학교상담사로 근무한 Wallace 씨는 성공적인 학교상담 프로그램을 촉진하는 데 있어 이해당사자의 중요성을 가치 있게 여기거나 이해하지 못하는 것으로 보입니다. Wallace 씨는 그가 학생들의 옹호자로서 행동하고 있다고 진정으로 믿고 있지만, 옹호를 개인적인 차원에서만 이해할 뿐이고 시스템적인 차원에서의 옹호를 고려하고 있지 않습니다. Wallace 씨는 소그룹에 대한 학부모의 동의를 고려하지 않고, 교장과 공개적인 의사소통을 유지하지 않으며, 직장 대신 자신의 집에서 상담 서비스를 제공하여, 학교상담사로서의 지위를 위태롭게 하고 있습니다.

Remley, Hermann과 Huey(2010)는 학교상담사들이 학교상담 프로그램에 대한 학부모 및 지역사회의 참여와 지원을 도모하기 위해 사전 예방적이고 적극적인 전략의 사용을 권고하였습니다. 학부모 동의를 요청하거나 아이들의 학부모와 소통하는 것은 집단이 시작될 때 학부모와 교장의 지지를 얻을 수 있습니다. 또한 Wallace 씨는 LGBTQ 청소년에 대한 통계, 연구 및 모범 사례를 수집하고, 이 정보를 요약 형식으로 배치하여 부모, 교사 및 관리자가 왜 이 집단이 필요한지 이해하고 지원할 수 있도록 고려해야 합니다.

그리고 왜 소수의 LGBTQ 학생들이 모일 필요가 있는지도 명확하지 않습니다. 무엇이

Wallace 씨의 결정에 영향을 주었습니까? 자료, 요구 조사, 교사 혹은 학부모의 추천 또는 학생의 관심사 중 어떤 것입니까? 만일 학교 분위기가 문제가 되고 LGBTQ 학생들이 괴롭힘을 당하거나 소외되고 있다면, Wallace 씨는 개인적 차원뿐만 아니라 학교와 지역사회 차원의 지원 활동에 대해서도 생각해 볼 필요가 있을 것입니다. Remley와 동료들(Remley et al., 2010)은 학교상담사가 LGBTQ 청소년들을 위한 학교 환경을 조성하기 위해 교내 교직원이나 가정에 영향을 미치는 공동 노력의 리더로서 더 효과적으로 기능한다고 설명하였습니다. 만일 정말로 괴롭힘이나 학교 분위기가 학교 전체의 관심사라면, 학생들은 교실 지도 프로그램을 통해서 심리적 학습의 정보를 받고 교직원들의 전문적인 개발을 제안하는 것이 모든 학생에게 최선의 이익이 될 것입니다. 반면, 학생들이 추천에 기반한 소그룹을 통해서 서비스를 받는다면, Wallace 씨는 학생이 '커밍아웃 단계'를 거치고 있는가, 그 학생은 괴롭힘이나 외상 후 스트레스를 경험하였는가 아니면 그들의 안전이 위태롭게 되었는가, 개인 또는 시스템 수준에서 해결 노력이 필요한가와 같은 학생의 현재 문제를 이해해야만 합니다.

Wallace 씨는 LGBTQ로 확인된 학생들을 위해 소그룹을 구성하였습니다. 그 집단은 긍정적이고, 심리교육적이며, 그리고/또는 기술 기반 집단으로 설계되었습니까? 만일 어느 시점에 관련 전문가들(예: 보건 교사, 사회복지사)이 집단에 합류하게 된다면, 학생들은 미리 알 수 있습니까? 그리고 비밀 보장은 어떻게 관리될 것입니까? 집단상담전문가학회(Association for Specialists in Group Work: ASGW, 2000)는 집단의 네 가지 유형을 과업수행집단, 집단심리교육, 집단상담, 집단심리치료로 정의합니다. Wallace 씨의 집단은 어떤 범주에 속합니까? 각 유형의 집단이 찾는 목표는 어떻게 달라집니까? 비밀 보장은 집단별로 다르게 관리됩니까? 집단원의 참가자격관리는 개방 및 폐쇄와 같이 각 범주에 따라 어떻게 관리됩니까? 상담실 환경이 아닌 가정집에서 집단상담이나 집단심리치료가 진행되는 것이 적절합니까?

Newsome과 Gladding(2010)은 학교에서 소그룹을 계획할 때 몇 가지 요소를 논의하였습니다. 첫째, 교사 및 학부모와의 협력과 왜 그들이 집단으로 만나야 하고 수업 시간을 빠지는지에 대해, 예를 들어 요구 조사나 추천서와 같이 근거를 제시하기를 권장합니다. 집단상담에 대한 ASCA(2014c)의 입장문에서는 상담사들이 설문조사 자료 또는 추천과정의 결과를 기반으로 학생들을 위한 집단 지원을 구성하도록 조언합니다. 다음으로 상담사는 집단의 기능을 결정해야 합니다. 이 집단은 상담 및 치료 또는 정보 공유에 기반을 두고 있습니까? 이러한 집단 회기의 주제는 요구에 대해 수집된 정보 또는 첫 번째 회기에서 참가자로부터 결정할 수 있습니다. 그런 다음 학교상담사는 집단의 개요 계획을 세워야 합니다. 이 집단은 몇 번의 회기, 얼마의 기간 동안 만날 예정입니까? 학생들이 수업 시간을 빠지지 않도록 집단 일정은 순환합니까? 만일 이 집단이 Wallace 씨의 집에서 계속 만난다면, 문제가 생겼을 경우와 교통편의 책임은 누구에게 있습니까? 마지막으로, 학교상담사는 학생들을 모집하고 또한 상담 서비스를 받지 못하였거나 과거에 의뢰되지 않았을 수 있는 학생들에게도 연락해야 합니다. 이 작업은 소식지, 홈페이지 또는 학교 공지사항에 정보를 수록하여 진행할 수 있습니다.

또한 구성원들이 이 집단에 적합한지 확인하고 집단과정 및 비밀 보장을 이해하기 위한 선별 작업이 수행되어야 합니다. 집단상담 모범사례에 따르면 집단의 구성원을 선별하고, 사전 동의를 받아야 하며, 집단의 목적과 목표를 주의 깊게 설명해야 하고, 비밀 유지의 한계를 이해해야 함을 명시하고 있습니다. 또한 집단상담에 대한 ASCA(2014c)의 입장에서는 집단상담 시작 전에 학부모와 학생의 동의를 받아야 함을 시사하고 있습니다. 집단형성 측면에서도, Wallace 씨가 집단상담 시작 전에 집단 구성원들을 주의 깊게 선별하였는지 또는 학생들이 비밀 유지 동의에 서명하도록 요구하였는지는 명확하지 않습니다. 또한 Wallace 씨는 국가상담기관들이 상담 동의서에 대한 진술이 다르다는 점을(예: ASGW 및 ASCA) 명심해야 합니다. ASCA(2014b)는 학교상담사와 비밀 보장에 대한 입장문에서, 상담사의 기본 비밀 보장 의무는 학생에 대한 것입니다. 하지만 이 의무는 자녀의 삶에서 부모의 의사결정 지도에 대한 권리와 균형을 이루어야 하며 자신에게 해를 끼치는 것과 다른 사람에게 피해를 주는 것 또는 법원 명령/의무 보고 같은 특정 예외가 있어야 합니다.

Wallace 씨는 소속 행정관리자, 학군 내 상담사, 학교상담 프로그램의 자문 위원회 및 최신 모범 사례/연구에 자문을 받는다면 도움이 될 것입니다. 그는 매우 취약하고 고립된 위치에 있으며 그의 지속적인 고용이 위험에 처할 수도 있습니다.

논평 2

Debbie Grant

미국 남부의 동성애자로서 Wallace 씨는 성소수자 학생들의 복잡성을 진정으로 이해합니다. 학생들이 그의 상담실에 와서 그들의 감정을 공유하고 토론하기 때문에, 그는 그가 그들의 옹호자이자 지지자로서 역할을 하는 것이 학생들의 가장 큰 이익이라고 여겼습니다. 그는 그가 교직원과 학부모의 어떤 반발로부터도 '보호'될 수 있을 정도로 학교에 충분히 오랫 동안 있었다고 믿은 것 같습니다. 또한 그는 방과 후 집단이 학생들에게 비밀을 보장하고 정규 수업일에 해당하는 교육과정에서 예외적인 것이라고 믿은 것 같습니다. Wallace 씨는 성소수자로서 결과에 상관없이 학생들의 공동체를 옹호할 수 있는 완벽한 선택을 했다고 믿었습니다.

이러한 상황에서, Wallace 씨의 성적 지향은 역효과를 초래하는 것으로 나타납니다(학생들의 옹호자로서 Wallace 씨도 성소수자라는 사실은 어떤 추가적인 이익도 제공하지 못함). 한 가지 질문은 "만일 Wallace 씨가 이성애자 남성이었다면 행정관리자와 학부모의 반응이 같았을까요?"입니다. 이 경우, 그가 '가까이(close)' 있다는 사실이 그를 옹호자로서 생산적으로 만들지 못할 수도 있습니다. 비록 그는 학생들이 직면한 상황을 확실히 이해하지만, 그 자신의 정체성이 문제를 흐리게 합니다.

앞서 언급된 바와 같이 Wallace 씨는 6년 동안 이 학교에 다녔고, 행정관리자의 지지를 받고 있다고 믿고 있습니다. 그렇기는 하지만, 그는 이 집단에 대한 지도와 승인을 구하기 위해서 교장에게 집단에 대한 지지와 옹호의 생각을 공유하였어야 합니다. 그는 학부모가 이 집단에 대해 논의하기 위해 도착하였을 때, 교장을 곤란한 입장에 놓이게 하였으며, 심지어 그런 일이 발생하였다는 것조차 알지 못하였습니다. Wallace 씨는 이것이 작은 시골 남부 마을에서 민감한 주제라는 것을 알고 있습니다. 그는 교장의 허락 없이 학교에서 집단을 구성하기 전에, 모든 사항을 고려하였어야 했으며, 이제 그의 집에서 이 학생들을 만나기로 한 그의 계획은 훨씬 더 많은 문제를 야기할 것입니다. 그는 본질적으로 학교 학생들을 자신의 집으로 초대하여 성적인 문제들을 논의하고 있는 동성애자입니다. 학교 시스템은 이것을 불복종과 경계에 대한 명백한 존중 부족으로 보고 그에 대한 징계를 선택할 수 있습니다. Wallace 씨는 지역 교회나 청소년 센터와 협력하여 학교와 연결되지 않은 성소수자 지원단 설립을 위한 센터를 설립하는 것이 더 나은 서비스를 선택이었을 것입니다.

학교상담사를 위한 ASCA 윤리 기준에 따르면, A.2.d에서 상담사는 다음과 같이 진행해야 합니다.

> 비밀 유지에 대한 그들의 주요 의무는 학생에 대한 것임을 인정하지만, 그 의무는 자녀의 삶을 안내하는 부모/보호자의 법적이고 고유한 권리에 대한, 특히 가치가 부여되는 경우, 이해와 균형을 맞추어야 한다. 선택할 수 있는 학생의 윤리적 권리, 동의 또는 동의를 할 수 있는 능력, 이러한 학생을 보호하고 그들의 이익을 대신하여 결정을 내릴 수 있는 부모 또는 가족의 법적 권리와 책임의 균형을 맞출 필요가 있음을 이해하여야 한다(ASCA, 2010b).

또한 ASCA 윤리 기준에 따라 상담사는, "가장 좋은 방법은 소그룹에 참여하는 아동의 부모/보호자에게 알리는 것임을 인식해야 합니다"(ASCA, 2010b, A.6.b.)라고 명시되어 있습니다. Wallace 씨는 이 집단에 대한 부모의 동의를 요구하지 않음으로써 '모범 사례'를 활용하지 않았습니다. 부모/보호자의 책임에 초점을 둔 ASCA 표준, B.1.d.는 상담사가 "학교 장면에서 제공되는 상담 서비스의 성격을 학부모에게 알려야 한다."라고 분명히 명시하고 있습니다.

저는 Wallace 씨가 이 학생들을 위한 집단 상담을 만들었을 때 그의 의도는 옳은 것이라는 것을 명백히 이해합니다. 저는 특별히 가치를 다루는 집단에서는 부모를 참여시키는 것이 가장 좋은 방법이라고 생각합니다. 저는 이 집단에 참여하는 그들의 자녀를 응원해 줄 부모들도 있다고 믿습니다. 관리자들과 부모님들에게 이 집단에 대해 투명하게 말하는 것이 도움이 되었을 것입니다.

제 생각에, Wallace 씨는 매우 잘못된 선택을 했습니다. Wallace 씨는 이제 경계와 관련된 여러 윤리적 문제에 스스로 직면하고 있습니다. ASCA 윤리 기준 A.4.b에서, 상담사는 "항상 학생들과 적절한 전문적 거리를 유지해야 한다."라고 명시하고 있습니다. 그의 집에서 학생들과 모임을 가짐으로써, 그는 학생들과 이중관계를 만들고 있습니다. 이 학생들은 이제 Wallace 씨의 집에 손님으로 머물면서 그를 좀 더 개인적인 차원에서 알게 될 것입니다. Wallace 씨가 이 작은 시골 마을의 동성애자라는 것을 감안하면, 그의 집에서 이런 종류의 상호작용은 그에게 여러 가지 윤리적 문제를 노출시킵니다. ASCA 윤리 기준은 D.2.d에서 "학교 환경 밖에서 참여할 수 있는 모든 유형의 도움을 주는 개인 치료 또는 자문 행위에 학교상담사로서의 전문적인 역할을 사용하지 않도록 주의하십시오."라는 내용으로 공동체에 대한 그의 책임을 설명합니다. Wallace 씨의 집에서의 모임은 확실히 모험처럼 여겨질 수 있을 것입니다.

자원 목록

보충 자료

Akos, P., Goodnough, G. E., & Milson, A. S. (2004). Preparing school counselors for group work. *The Journal for Specialists in Group Work, 29*(1), 127-136.

Corey, G. (2004). *Theory and practice of group counseling* (6th ed.). Belmont, CA: Brooks/Cole-Thomson Learning.

Furr, S. B. (2000). Structuring the group experience: A format for designing psychoeducational groups. *The Journal for Specialists in Group Work, 25*(1), 29-49.

Singh, A. A. (2010). It takes more than a rainbow sticker! Using the ACA Advocacy Competencies with queer clients. In M. Ratts, J. Lewis, & R. Toporek (Eds.), *Using the ACA Advocacy Competencies in counseling* (pp. 29-41). Alexandria, VA: American Counseling Association.

Stone, C. (2005). *School counseling principles: Ethics and law.* Alexandria, VA: American School Counselor Association.

온라인 자료

Centers for Disease Control and Prevention, *LGBT Youth Resources*
http://www.cdc.gov/lgbthealth/youth-resources.htm

The Gay, Lesbian and Straight Education Network(GLSEN)
http://www.glsen.org

Human Rights Campaign
http://www.hrc.org/resources

PFLAG
http://community.pflag.org

Youth Pride Alliance
http://www.youthpridealliance.org

보충 활동

성찰을 위한 추가 질문

- Wallace 씨의 성정체성이 이 상황에 영향을 미쳤습니까?
- 학부모/보호자가 상황을 더 잘 받아들일 수 있도록 Wallace 씨는 무엇을 할 수 있었습니까?
- Wallace 씨는 집단을 구성함으로써 성소수자 공동체에 대한 지원을 확대하려는 것은 아닙니까?

제 7 장

어떻게 이 모든 일이 우리 학교에서 일어났는가

Cheryl Lynn Spaulding Sewell

이번 사례는 치명적인 총격 사건에 연루된 지역 청소년 스포츠 코치를 중심으로 진행된다. 이는 지역 성인 주민 납치 사건으로 시작해 경찰관 총격 사살 사건으로 이어졌고, 결국 범인 검거로 마무리되었다. 이러한 일들은 여러 날에 걸쳐 펼쳐졌고 언론에 의해 지속적으로 기록되었다. 나는 이 비극적인 사건의 직접적인 피해를 입은 지역사회를 돌보는 초등학교에서 7년 동안 학교상담사로 근무하였다.

배경

이 초등학교는 pre-K부터 5학년까지(유치원생부터 초등학생까지)의 학생들을 대상으로 서비스를 제공하며, 현재 약 450명의 학생이 재학 중이다. 이 학교는 다양한 인종으로 구성되어 있는데, 약 50%는 아프리카계 미국인 학생이며, 48%는 히스패닉계 학생이다. 또한 가정의 98%가 무료 혹은 할인된 비용의 급식 혜택을 받고 있는데, 이는 학교 지역사회의 사회 경제적 지위가 낮다는 것을 보여 준다. 이 초등학교에는 학교상담사 1명을 포함하여 교직원 60여 명이 근무하고 있다.

이 초등학교는 학군 내 14개 초등학교 중 하나이며, 중학교 4개교와 고등학교 2개교가 있다. 학군은 동남쪽 대도시권 밖에 있는 작은 대학 도시 내에 위치하고 있다. 일부 주민들은 대학에서 교수직과 전문적 지위를 맡고 있기 때문에 부유층도 있다. 하지만 대학을 둘러싼 지역사회는 1인당 소득이 전국에서 가장 가난한 지역 중에 하나이다. 따라서 사회경제적 지위의 편차가 극심하기 때문에, 지역사회 자원의 격차가 극명하게 나뉜다. 이것은 인종과 민족 간의 분열과 특권과 억압의 내재적 구조로 귀결된다.

지역사회의 여가 서비스 부서는 조직된 스포츠, 여름 캠프, 공원 및 풍부한 활동과 같은 어린이들을 위한 많은 서비스와 활동을 저렴한 가격으로 제공한다. 청소년 지도자나 스포츠 코치의 대다수는 지역봉사자인데, 이는 아버지, 형제, 삼촌들, 사촌들, 그리고 친구들이 지역사회의 청소년과 긴밀하게 협력하고 있다. 그러므로 이러한 친밀한 공동체에서 살고 있다는 것은 이중관계가 일반적이며, 대부분의 경우 피할 수 없다는 것을 의미한다.

사례

지역의 아프리카계 미국인 청소년 스포츠 코치가 백인 경찰관에게 치명적인 총격을 가한 범죄에 연루되었다. 코치는 당국으로부터 달아났고, 며칠 동안 계속해서 수색이 진행되었다. 이 수색이 진행될 동안 우리 학교는 그가 이 근처에 있는 것으로 추정되어 두 번 긴급 봉쇄에 들어갔다. 결국에 코치는 우리 학생들 중 일부가 거주하는 곳에서 발견되었다.

코치의 체포는 지역 뉴스 방송국에 방송되었다. 그래서 일부 학생들은 공개된 사건들의 근접성 때문에 불안해하였다. 다른 학생들은 그 사건을 잘 모르고 영향도 받지 않았다. 하지만 대다수의 학생은 사건의 세부사항에 대해 열렬히 토론하였다. 특히 학생들은 코치와의 개인적인 관계와 그가 어떻게 그들의 삶에 영향을 주었는지에 대해 이야기하였다. 게다가 학생들은 코치의 행동이 적절하고 정당한지에 대한 의견을 개진하였다.

논의

이 사건이 대중적으로 관심이 높았기 때문에 지역사회 구성원들은 해당 사건에 대해 강한 의견을 형성하였다. 발달적 관점에서, 초등학생들은 충분히 성숙하지 못하거나 그들이 개인적인 관계를 맺었을 수도 있는 지역 인물을 포함하는 이 정도의 사건을 처리할 수 있는 인지 능력을 가지고 있지 않을 수 있다. 그러므로 어린 학생들은 그들이 살아가면서 어른들에게 들은 것을 흉내내고 있다. 예를 들어, 학생들의 댓글에는 "그 경찰관은 인종차별주의자였고 총을 맞을 만하였다." "나도 똑같이 했을 것이다." "그는 더러운 경찰이었고 흑인들을 괴롭히기를 좋아하였다." 등이 포함되었다. 학생들은 개인적인 입장을 나누기도 하였다. "이봐, 저 사람은 내 축구 코치였어." "그는 멋졌어." 많은 학생과 그들의 가족들은 그 코치를 지역사회의 롤모델이라고 믿었고, 경찰관을 총으로 쏴 죽이는 그의 행동을 정당하다고 믿었다.

질문들

1. 이와 같은 사건이 일어나면 학교와 교육청은 어떤 대응을 해야 하는가?
2. 대응 과정에서 학교상담사의 역할은 무엇인가?
3. 사회 정의 주체로서 학교상담사는 개인적인 선입견이나 가치관 및 편견을 강요하지 않고 어떻게 인종차별 문제를 해결할 수 있는가?
4. 학교상담사는 폭력에 의한 희생과 정의의 사고방식을 조성하지 않고 어떻게 아프리카계 미국인 소년들이 편견과 억압의 현실 세계에 대비하도록 준비시킬 수 있는가?

논평 1

Tori Charette

위기의 상황에서 치유를 촉진하는 것은 모든 지역사회 구성원의 의무입니다. 더 중요한 것은 학교와 지역사회의 위기를 효과적으로 해결하기 위해 학교가 적극적으로 대화와 신뢰의 문화를 조성해야 한다는 것입니다. 이 사건에 대응하고 있는 모든 사람은 자신이 여러 당사자들에게 봉사하고 있다는 것을 명심해야 합니다. 코치와 경찰관 모두의 가족들과 가까운 친구들이 도움을 요청할 수 있습니다.

지역사회 핵심 구성원이 사망하였을 때, 교육청은 학생과 가족에게 즉각적인 대응 조치를 해야 합니다. 이번의 경우, 해당 코치는 체계적인 방식으로 학생들에게 영향을 미쳤습니다. 우선 중요한 점은, 지역사회는 양측을 지지하면서 편견에 얽매이지 않은 사실에 입각한 성명을 발표할 교육청의 역할을 기대할 것입니다. 교육청 대표는 시간을 내어 이번 사건으로 피해를 입은 지역의 학생들과 그 가족들에게 긍정적인 메시지의 편지를 보내야 합니다. 학생들에게 보내는 편지에는, 학교와 지역사회에서 제공하는 상담과 정신건강 서비스 목록이 기재되어야 합니다. 상담사는 또한 학교에서 어떤 정보를 공유하길 원하는지 당사자에게 연락하여 문의할 수 있습니다.

학교상담사는 학생과 교직원에게 체계적인 지원을 제공하는 독특한 위치에 있습니다. 미국학교상담사학회(ASCA)는 학교 관리자와 학교상담사가 연초에 선제적으로 **위기 관리와 대응 시스템**을 만들 것을 제안합니다. 위기 관리 문서에는 비상전화 연락망과 위기대응 회의 공간 및 시간이 지정되어야 합니다. 또한 전화 연락망 책임자들은 학교가 재개되기 전에 다음날 또는 일주일 동안의 실행 계획을 논의하기 위해 회의 시간과 공간을 설정해야 합니다. 이 초기 회의 동안, 학교상담사의 역할은 슬픔이 모든 발달 단계의 개인에게 미치는 영향, 특히 아이들에게 미치는 영향에 대해 논의하는 것입니다.

아이들은 선천적으로 죽음의 의미를 이해할 수 있지만, 어른이나 또래들과 죽음에 대해 논의하고 개념화하는 데는 어려움을 겪을 수 있습니다(Doka, 2000). 죽음은 보통 두려움과 불안에 둘러싸여 있는 주제입니다. 위기 이후의 상황을 직접적으로 언급하는 대신, 학생들과 죽음을 논의하기 위해 다양한 매체를 사용하는 것이 가장 효과적입니다. 학교상담사는 죽음이나 슬픔을 다루는 특정 도서(예: 독서 치료)를 제안할 수 있습니다. 이러한 자원들은 경찰관의 사망과 코치의 체포 후 일주일 동안 학생들과 함께 낭독하는 데 사용될 수 있습니다. 토론을 촉진하기 위해 사용될 수 있는 문헌의 예로는 Lucille Clifton(1983)의 『에버렛 앤더슨의 굿바이(Everett Anderson's Goodbye)』 또는 Patrice Karst(2000)의 『보이지 않는 끈(The Invisible Sting)』이 있습니다. 이러한 예들은 초등학교 연령 아이들에게 발달적으로 적합합니다.

Gurwitch와 Schonfeld(2011)는 학교상담사가 위기 시 수행해야 할 다양한 역할을 지정하였습니다. 학교상담사는 코치의 사망으로 영향을 받은 사람들을 대상으로 분류개입 실행을 포함한 다양한 역할을 수행할 수 있습니다. 이러한 상황에서 학교상담사의 첫 번째 적극적인 역할은 대응팀에 참여할 지역사회의 다른 서비스 제공자를 모집하는 것입니다. 사건의 직접적인 영향을 받은 학생들은 전문가와의 개인상담에 참여할 수 있습니다. 학교상담사는 이 비극에 의해 극심한 영향을 받은 학생들을 위해 소규모 집단을 운영해야 합니다. 적절한 경우라면, 학교상담사는 대규모 집단 환경에서 학생들에게 응답하는 시간을 가집니다.

놀이치료는 트라우마를 경험한 아이들을 치료하는 데 발달적으로 적절한 접근법입니다. 구체적으로, 상담사는 비지시적이거나 비위협적인 방식으로 학생들의 반응을 불러일으키기 위해 소품 기반 놀이치료를 사용합니다(Goodyear-Brown, 2010). 놀이치료의 목적은 아이들이 자신의 트라우마를 표현할 수 있는 위협적이지 않은 치료 환경을 만드는 것입니다.

학교상담사들은 대화, 관용, 수용을 아우르는 긍정적인 학교 문화를 만들 의무가 있습니다. Singleton(2015)은 "리더십은 열정을 발휘하고, 혁신적인 실천의 설계와 전달에 참여하며, 시스템의 모든 수준에서 평등을 달성하기 위한 지속성을 보여 줄 필요가 있다"(p. 254). 고 언급했습니다. 학교와 지역사회는 먼저 함께 모여 공동체에서 이러한 비극이 일어나기 전에 인종차별에 대해 공개적으로 논의해야 합니다. 학교상담사와 이해관계자는 인종차별과 불평등 문제를 해결할 수 있는 기회를 제공하는 열린 대화를 촉진할 수 있습니다. 가정과 학교의 협력은 이웃, 교사 및 기타 교직원들에 대한 인식을 바꾸는 것을 도울 수 있고, 이것은 지역사회 차원에서 내재된 인종차별을 완화하는 데 도움이 될 수 있습니다.

학교상담사는 학급 지도 교육과정과 수업 중에 열린 대화의 기회를 만들 수 있습니다. 첫째, 상담사는 다양한 사회경제적 배경을 가진 다문화적 인물들의 이야기를 포함하는 책 모음을 이용할 수 있어야 합니다. 다음으로, 상담사는 교실에서 학생들이 인종에 대한 그들의 의견을 표현할 수 있는 공간을 제공해야 합니다. 학생의 의견이 인정받지 못하면 교사는 학생의 이야기에 의미를 부여하지 않습니다. 이야기와 의견을 들은 후, 상담사는 학생들과 함께 공동체 활동을 계획함으로써 어린 인종/소수민족 학생들을 준비시킬 수 있습니다. 모든 이해관계자로 구성된 위원회를 만들고 학교와 지역사회 내의 인종차별을 직접 해결하는 것을 목표로 해야 합니다. 이 위원회가 수행할 수 있는 업무에는 지역사회 회의, 고충 처리 편지 작성 및 긍정적인 관계를 촉진하기 위한 법 집행기관과의 협력이 포함됩니다.

모든 학교 위기 관리 계획의 시작과 끝은 관계를 기반으로 이루어져야 합니다. 학교의 각 이해관계자들은 학교를 안전하다고 느끼고 신뢰해야 합니다. 학교와 지역은 트라우마나 지역사회의 우려를 완전히 해결할 수 있는 위기 계획을 마련해야 합니다. 총격으로 직접적인 피해를 입은 학생들과 가족들을 후속 조치를 취하는 것은 상담사의 역할입니다. 모든 학교 교직원은 이 비극적인 총격이 지역사회에 가져올 트라우마와 위기를 성공적으로 관리하기 위해 협력해야 합니다.

논평 2

Sandra (Sandi) M. Logan-McKibben

Jackson-Cherry와 Erford(2010)는 학교 캠퍼스에서 위기가 발생하였을 때, 학교 교직원들이 전문적으로 상황에 대응해야 한다고 강조하였습니다. 여기에는 학생들과 가족들에게 적절한 정보를 제공하고, 상담과 같은 학교 및 지역사회 자원에 접근할 수 있도록 하는 것을 포함합니다. 또한 지정된 위기팀은 학교 및/또는 지역에서 설계된 위기 계획을 따라야 하며, 이를 통해 모든 이해관계자가 정보를 얻고, 지원을 받으며 안전하다고 느낄 수 있도록 효과적으로 조직하고 조율할 수 있습니다. 이러한 팀에는 일반적으로 교장, 학교상담사 및 심리학자, 자원 담당자, 그리고 때로는 상황이 된다면 외부 위기 대응 요원이 포함됩니다. 최소한 여기에는 계획 회의를 위해 위기팀 팀원들을 모으고 사실을 파악하고 검증하며, 어떻게 알릴 것인지를 결정하고 학생, 학부모, 지역사회 구성원들과 토론하는 것이 포함되어야 합니다. 합의된 팀 활동이 완료되면, 위기팀 구성원의 고유한 요구사항을 해결하고 해결되지 않을 수 있는 질문에 답하기 위해 보고 회의를 개최해야 합니다. 학군의 관점에서, 지역사회 구성원들이 학교와 관련된 이들에게 알려져 있는 것처럼, 계속해서 정보를 얻을 수 있도록 언론에 공개적으로 성명을 발표하는 것이 도움이 될 수 있습니다.

학교상담사의 역할은 매우 방대하지만, 주요 책임 중 하나는 아이들과 어른들이 학교 현장에 있는 동안 학교 안전을 보장하는 것입니다. 학교 안전 문제는 예방과 개입을 목적으로 하는 다양한 활동을 통해 발생합니다. ASCA(2013)에 따르면, 학교상담사들은 다양한 개입을 통해 폭력 사건을 예방하고, 잠재적 폭력에 대한 우려가 발생할 때 개입하며, 폭력이 발생할 때 대응할 수 있도록 잘 준비되어 있습니다. 예를 들어, 이 사례의 경우 학교상담사의 예방 노력은 초등학생들에게 적절한 선택과 부적절한 선택을 구분하는 방법에 대한 교실 지도 수업을 제공하는 데 집중될 수 있습니다. 이것은 학생들이 의사결정을 더 잘 이해하고 그들의 코치가 보여 준 것처럼 '좋은 사람들(good people)'이 어떻게 현명하지 못한 결정을 내릴 수 있는지를 더 잘 이해할 수 있게 할 것입니다. 만일 대다수의 학생이 위기에 직접적인 영향을 받는다는 것이 명백해진다면, 교실 단위의 집단 위기 개입을 실시하는 것이 최선일 수 있습니다(GCI; Brock, Lazarus, & Jimerson, 2002 참조). 반면에 학교상담사는 위기에 직접적인 영향을 받은 학생들과 다른 성인들에게 더 개별화된 지원을 제공할 수 있습니다. 예를 들어, 코치의 조카들이 이 초등학교에 다닐 수 있는데, 가장 중요한 점은 개인적인 신념과 의견을 강요하거나 코치의 행동이 정당하였는지 여부를 검토하는 데 사용되기보다는 도움이 필요한 사람들을 위한 노력이 되도록 하는 것입니다.

이 위기의 사회적 맥락을 고려할 때, 학교상담사는 인종차별 문제를 신중하게 다루는 것이 중요합니다. 이것은 모두에 대한 존중과 서로의 독특함을 받아들이는 것에 초점을 맞춘 교실 지도 수업을 실시함으로써 이루어질 수 있습니다. 이러한 메시지를 학교의 표어 또는 긍정적 행동 지원 및 개입(Positive Behavior Supports and Intervention: PBIS) 프로그램과 연결할 수도 있습니다. 예를 들어, 학교가 존중, 책임감, 친절에 중점을 둔다면 인종과 민족을 포함한 서로의 고유성을 존중하는 데 중점을 둔 교실 및 학교 전체 활동이 있을 수 있습니다. 이러한 방식으로 초등학생에게 개인적인 가치관, 선입견 또는 편견을 강요하지 않으면서 교육할 수 있을 것입니다. 지역사회의 인종차별 문제를 논의할 또 다른 기회는 지역 교회, 지역사회 단체 및/또는 경찰 당국과 함께 진행될 수 있는 주민회의를 개최하는 형태일 수 있습니다. 이것은 교육자들과 지역사회 구성원들이 함께 현재의 장벽과 지역사회를 더 안전한 환경으로 만드는 방법에 대해 논의할 수 있는 기회를 제공할 것입니다.

학교상담사들은 학생들에게 피해자의 입장을 조장하는 대신 모든 학생에게 그들의 지역사회와 그들 자신의 삶 안에서 성공적인 시민이 되기 위해 필요한 친사회적 기술을 제공하는 데 집중할 수 있습니다. 아프리카계 미국인 소년들에게, 그들은 자신의 공동체에서 일어나는 것 그 이상을 보는 것이 중요합니다. 어린 소년들이 자신의 성공 능력을 인정하는 다른 사람들로부터 힘을 얻는 것이 중요합니다. 한 예는 청소년들에게 롤모델과 멘토 역할을 할 수 있는 자원봉사자와 같은 지역사회 자원을 활용하는 것입니다. 이것은 대학뿐만 아니라 인근 중 · 고등학교와의 파트너십을 통해 이룰 수 있습니다. 또 다른 예는 학생과 가족들에게 친사회적 기술과 대학/진로 준비를 촉진하는 현장 학습에 참여할 기회를 제공하는 것입니다.

무엇이 초등학생들에게 발달적으로 적합한지를 고려하는 것도 중요하지만, 학생들이 충분한 정보를 얻고 대화에 참여할 수 있도록 하는 것도 중요합니다. 편견과 억압에 대한 수업 토론은 역사와 정치에 대한 수업으로 쉽게 연결될 수 있습니다. 이러한 맥락에서 피해의식이나 폭력의 사용을 조장하는 것을 지양하면서 학습의 기회를 강조할 수 있습니다. 교육자들은 학습 환경이라는 측면에서 학생들의 교실을 그들의 세계에 적합하게 만드는 것의 중요성을 인식하는 것이 매우 중요합니다. 적절한 경우, 실생활의 문제를 교실로 가져와 학생들 사이에 풍부한 토론과 대화의 기회를 제공합니다.

비록 모든 지역사회—그리고 그 지역사회 내의 모든 학교—는 다르지만, 많은 공통점도 있습니다. 이러한 학교 위기 상황에서 전반적인 목표는 모든 이해관계자(아동, 양육자, 지역사회 구성원)의 안전을 보장하며 효과적인 의사소통이 이루어지도록 하는 것입니다. 이러한 위기 이후의 후속 조치는 필수적입니다. 학교와 학군은 학교 위기 매뉴얼과 절차의 효과를 정기적으로 평가하여 최대한의 대비 태세를 유지해야 합니다.

자원 목록

보충 자료

American School Counselor Association. (2015). *Helping students during crisis.* Available at https://www.schoolcounselor.org/school-counselors-members/professional-development/2015-webinar-series/learn-more/ helping-kids-during-crisis

Borum, R., Cornell, D. G., Modzeleski, W., & Jimerson, S. R. (2010). What can be done about school shootings? A review of the evidence. *Educational Researcher, 39,* 27-37.

Brock, S. E., Lazarus, P. J., & Jimerson, S. R. (2002). *Best practices in school crisis prevention and intervention.* Bethesda, MD: NASP.

Center Schools and Communities and Center for Safe Schools. (2018). *Emergency management resources.* Available at http://www.safeschools. info/emergency-management/emergency-management-resources

Gerler, E. R. (2004). *Handbook of school violence.* New York, NY: Haworth Reference Press.

Goodyear-Brown, P. (2002). *Digging for buried treasure: 52 prop-based play therapy interventions for treating the problems of childhood.* Madison, WI: Sundog.

Harris, T., & Taylor, G. (2012). *Raising African-American males: Strategies and interventions for successful outcomes.* Lanham, MD: Rowman & Littlefield Education.

Mercy Corps. (2018). *Helping children through crisis: 10 tips for parents and caregivers.* Available at http://www.mercycorps.org/helping-children-through-crisis-tips-parents-and-caregivers

National Child Traumatic Stress Network. *School personnel.* Available at http://www.nctsn.org/ resources/audiences/school-personnel/ crisis-situation

National Parent-Teacher Association. (n.d.). *Discussing difficult situations with your children.* Available at http://www.pta.org/programs/content. cfm?ItemNumber=985

New York University Child Study Center. (2006). *Caring for kids after trauma, disaster and death: A guide for parents and professionals* (2nd ed.). Available at https://www.preventionweb.net/ files/1899_VL206101.pdf

PBS Parents. (2018). *Talking with kids about news.* Available at http://www. pbs.org/parents/ talkingwithkids/news/

Poland, S. (2007, March/April). By the numbers. *ASCA School Counselor Magazine,* 37-39.

Scholastic. (2018). *Resources for responding to violence and tragedy.* Available at http://www.scholastic.com/teachers/collection/resources-responding-violence-and-tragedy

U.S. Department of Education. (2007, January). *Practical information on crisis planning: A guide for schools and communities.* Available at http:// www2.ed.gov/admins/lead/safety/emergencyplan/crisisplanning.pdf

van der Kolk, B. (2014). *The body keeps the score: Brain, mind, and body in the healing of trauma.* New York, NY: Viking Penguin.

Werner, D. (2014). Perceptions of preparedness for a major school crisis: An evaluation of Missouri school counselors. *Journal of School Counseling, 12*(3). Retrieved from http://jsc.montana.edu/articles/v12n3.pdf 62

온라인 자료

American School Counselor Association
http://www.schoolcounselor.org/

Institute of Race Relations: Tackling Racism through Education
http://www.irr.org.uk/news/tackling-racism-through-education/

National Association of School Psychologists school safety and crisis resources
http://www.nasponline.org/resources/crisis_safety/

National Center for Child Traumatic Stress
http://www.nctsn.org/about-us/national-center

National Center for School Crisis and Bereavement
http://www.schoolcrisiscenter.org/

Trauma Center at Justice Resource Institute
http://www.traumacenter.org/training/training_landing.php

보충 활동

실습 중인 학교상담사를 위한 학교 위기 관련 토론 질문

- 학교 위기 상황에 대처할 때, 가장 먼저 해결해야 할 문제는 무엇입니까?
- 학교 위기나 지역사회 사건 중 또는 이후에, 지역사회를 어떤 방식으로 참여시킬 수 있습니까?
- 위기가 발생하기 전, 중, 후 상담사의 역할은 무엇이라고 생각합니까?
- 인종차별이 학교상담가로서 하게 될 업무에 어떤 영향을 미칩니까?
- 학교와 지역사회에서 인종차별에 맞서 싸우는 데 있어서 당신의 역할은 무엇입니까?

소규모 작업 집단(초등학교, 중학교, 고등학교 수준별)에서는 학생들이 협력하여 학교 위기 관리 계획을 설계하도록 합니다. 해당 주 교육부의 웹사이트에서 예시를 확인하십시오.

학습 활동

- 학교 위기 계획의 개요를 작성합니다. 관리자, 교사, 학부모 및 학생을 포함한 모든 이해관계자에 대한 책임을 포함하십시오. 현재 학교상담사와 위기상황에 대해 인터뷰합니다. 상담사에게 학교에서 위기를 겪은 적이 있는지, 그리고 실행 계획에서 학교상담사의 역할이 무엇이었는지 물어보십시오.
- 애도 상담에 기반한 소그룹 교육과정을 만듭니다. 소그룹 시간 동안 학생들이 스스로 진정할 수 있도록 미술 치료 기술을 도입하십시오. 교사들은 대화와 행동 관찰을 바탕으로 소그룹 치료가 필요한 학생들을 파악해야 합니다. 상담사는 자기 위로에 도움이 되는 예술 작품을 만들기 및 슬퍼하는 사람에게 편지를 쓰기와 같은 활동을 계획할 수 있습니다.
- 초등학생을 대상으로 트라우마를 처리하는 데 도움이 되는 질문 목록을 작성하십시오. 다음과 같은 예가 있을 수 있습니다. '당신은 코치에 대해 어떤 기억을 가지고 있습니까?' '당신은 다른 사람들이 그 코치에 대해 무엇을 기억하기를 원합니까?' '만약 여러분이 다른 학생들에게 그들의 학교에 있는 누군가가 죽은 후에 치유하는 방법에 대해 말한다면, 여러분은 뭐라고 말할 것입니까?'
- 학교 내 인종차별 문제를 해결하는 것을 목표로 하는 초임 학교상담사를 위한 자원 목록을 만듭니다.

성찰 및 토론 질문

- 학생들이 주로 자신과 다른 인종으로 구성된 학교에 다닌다면 어떤 경험을 하게 될까요?
- 교육자로서 당신과 다른 인종으로 구성된 학생들이 많은 학교에서 일하는 것은 어떠할 것 같습니까? 장점/단점은 무엇일까요?
- 만약 당신이 근무한 학교와 같은 지역사회에서 살았다면, 이것이 학교상담사로서의 역할에 대한 지역사회 구성원들의 기대에 어떤 영향을 미칠까요?

제 8 장

자살
누구에게 전화할 것인가

Judith A. Harrington

학교상담사는 자살 위기에 있는 17세 남학생 Derrick과 상담하고 있다. Derrick은 자신의 의도를 상세히 적은 유서를 작성했다. 그는 이러한 의도를 학교상담사와 공유하였다. 하지만 Derrick은 부모들의 관계가 긴장 상태였기 때문에 아버지가 자신의 자살 의도에 대해 아는 것을 원하지 않는다. 학교상담사는 Derrick의 자살 위험에 대해 부모 중 한 사람이나 두 사람 모두에게 알려야만 한다는 것을 알고 있다. 그러나 Derrick의 부모 중 한 명에게 알려야 할지 혹은 양쪽 모두에게 알려야 할지 확신이 서지 않는다.

배경

Derrick은 많은 시간을 함께 보내는 여자친구 Rachel이 있다. Derrick의 부모님은 약 1년 전에 이혼하였고, 아버지가 주 양육권을 가지고 있다. Derrick은 아버지와 살고 있고 어머니와는 한 달에 4~6일을 보낸다. Rachel의 어머니는 Rachel의 책장에서 우연히 Derrick이 쓴 유서를 발견하였다. 그 유서에는 학년이 끝나기 전에 자살을 시도하려는 계획이 상세하게 쓰여져 있었고, 여름 내내 아버지 집에서 사는 것과 씨름할 필요가 없을 것이라는 내용이었다. 그는 Rachel과 친구들에게 작별 인사를 전하면서 Rachel에 대한 그의 사랑을 구체적으로 썼다. 유서에 그는 자살 계획을 자세히 적었다. 그들이 첫 키스를 하였던 호수에 갈 것이고 졸업 여행 다음 날 그 호수에 있는 특정 나무에 목을 맬 것이라는 것이다. Rachel과 그녀의 어머니는 1년 전 Derrick이 부모의 이혼 직후 이미 자살 시도를 하였던 것에 대해 잘 알고 있었다. Derrick은 아버지의 차를 들이받고 병원에서 깨어났는데, 자신이 살았다는 것에 대해 화가 났었다. Rachel의 어머니는 유서를 학교상담사 Gray 씨와 공유하였다.

사례

Gray 씨는 Derrick의 부모님이 이혼하였을 때 상황을 잘 알게 되었다. 교장 선생님은 양육권이 Derrick의 아버지에게 있으며 그가 Derrick의 교육과 관련된 모든 문제를 처리한다는 문서를 가지고 있었다. Gray 씨는 상담실에서 Derrick과 비공식적으로 이야기하면서 어떻게 유서에 대해서 알게 되었는지 설명하고 자살 위험 예비 평가를 시작하였다. Derrick은 몇 가지 위험 요소와 경고 사인을 보이면서 자살 의도가 사실임을 확인해 주었고 부모의 이혼 이후로 그가 얼마나 절망감을 느꼈는지 말하였다. 그는 어머니의 알코올 의존이 1차 양육권이나 공동 양육권 상실의 원인이 되었음에도 불구하고 어머니와 함께 살고 있지 않은 것에 대해 죄책감을 느낀다고 말하였다. 그는 아버지의 기대에 따라 옳은 일을 하고 싶어 했다. 그는 자신이 아버지에게 짐이 되고 있다고 믿고, 어머니에게는 충실하지 않다는 인식에 갇혀 있다고 느꼈다.

회기를 시작할 때, Gray 씨는 Derrick이 위험할 수 있다는 것을 알게 되면 부모님에게 연락해서 잠재적인 위험에 대해 알릴 필요가 있음에 관한 사전 동의 정보를 Derrick에게 제공하였다. Derrick은 자살 사고와 계획, 방법, 일정 등을 확인해 주면서 Gray 씨가 자신의 부모님에게 전화해야 할 것이라는 것을 알았고, 아버지에게는 전화하지 말아 달라고 간청하였다. Derrick은 만약 전화해야 한다면 어머니에게 해 달라고 부탁하면서 어머니가 약 11개월 동안 술을 마시지 않았다고 하였다.

Gray 씨는 Derrick의 자살 위험 수준과 관련하여 누구에게 알려야 할지에 대해 상담 슈퍼바이저에게 자문하기로 결정하였다. 그녀의 슈퍼바이저는 법적 양육권 상황에 대하여 행정실에 확인하였다. 추가적으로, Gray 씨는 전문가 협회의 윤리적·법적 도움뿐만 아니라 관련된 제3자로서 국가 자살 예방 생명의 전화(the National Suicide Prevention Lifeline)에도 도움을 요청하였다. 세 곳의 자문가 모두 Gray 씨에게 세 가지 다른 권고사항을 제시하였다.

논의

이 사례에서는 응답자들로 하여금 내담자가 자살 사고를 가지고 있을 때 학교상담사의 경고와 보호의 의무, 면책적 의사소통, 비밀 보장, 미성년자의 동의와 선호, 치료적 동맹, 이혼한 부모 및 양육권 갈등, 해당 부모에 대한 법적 책임, 안전 계획, 상담 실제로 '안내(direct)'할 수 있는 내담자의 적합성 등과 관련한 딜레마를 고려하도록 한다.

질문들

1. Gray 씨는 Derrick, 그의 아버지, 그의 어머니, 법적 양육권 협의, 학교 시스템, 자살 예방과 관련된 표준 및 모범 사례 등과 같은 이해관계자들의 요구를 어떻게 충족시켜야 하는가?
2. 한 부모에게만 연락하는 것의 장점과 단점은 무엇이고, 마찬가지로, 양쪽 부모에게 연락하는 것의 장점과 단점은 무엇인가?
3. Gray 씨는 한쪽 부모에게 통지하는 것을 고려해야 하는가 아니면 Derrick의 요청과 신뢰를 희생하여 양쪽 부모에게 통지해야 하는가?
4. Gray 씨는 누구에게 연락해야 하며(Derrick의 어머니 및/또는 아버지) 왜 연락해야 하는가?

논평 1

Christy W. Land

전문 학교상담사들은 그들의 주요 의무가 학생에 대한 것이기 때문에 독특한 위치에 있습니다. 그러나 학교상담사는 동시에 학부모의 권리와 학군의 프로토콜을 고려해야만 합니다. Derrick은 자살 계획이 있다는 것을 학교상담사에게 말과 글로 표현하였습니다. 이 사례에서 학교상담사는 Derrick을 보호해야 하는 의무가 있습니다. 왜냐하면 학생이 스스로 목숨을 끊겠다는 계획을 말하였을 때는 비밀보장을 법적으로 해제해야 하기 때문입니다.

Derrick은 미성년자이기 때문에 부모님 한쪽 또는 양쪽 모두에게 알려야만 합니다. 주어진 정보는 Derrick의 아버지가 (미성년 자녀가 거주하도록 지정된) 양육권자임을 나타내지만, 법적 양육권을 나타내지는 않습니다. 추가적으로 Derrick은 어머니의 집에서 시간을 보냅니다. 그러므로 학교상담사는 보호자들이 Derrick의 잠재적인 자살 위험에 대해 통보받았음을 확인하도록 어머니와 아버지 모두에게 알려야 합니다. 학교상담사는 학교 직원으로서 Derrick의 자살 위험 수준에 근거하여 학군의 프로토콜을 주의 깊게 따라야만 합니다. 학교상담사는 즉시 사용할 수 있는 자살 프로토콜 사본을 가지고 있어야 합니다. 마지막으로 학교상담사는 자살 예방(National Suicide Prevention Lifeline, n.d.)과 관련된 표준 및 모범 사례에 따라 Derrick의 보호 요소를 증가시키는 동시에 위험 요소를 줄이는 데 중점을 두어야 합니다.

Derrick의 자살 생각을 양쪽 부모에게 알리는 것뿐만 아니라 오직 한 부모에게만 연락하는 것의 장단점이 있습니다. 오직 한 부모에게만 연락하는 것의 장점은 학교상담사가 Derrick의 부모에게 Derrick이 자신을 해칠 의도가 있음을 경고했으므로, 법적인 의무를 이행하였다는 것입니다. 그러나 단점은 학교상담사가 양쪽 부모 사이에서 열린 의사소통이 일어날 것이라는 점을 보장할 수 없다는 것입니다. Derrick이 그의 어머니의 집과 아버지의 집 둘 다에서 시간을 보낸다는 것을 고려할 때, 두 부모 모두 Derrick에게 미칠 수 있는 잠재적인 위험을 인지하는 것이 필수적입니다. 비록 Derrick의 즉각적인 안전이 우선이지만, 양쪽 부모와 접촉하는 것의 단점은 Gray와 Derrick 사이의 치료적 동맹을 손상시킬 것이라는 점입니다. 또한 학교상담사는 초기에 양쪽 부모에게 연락함으로써 Derrick이 안전하게 지내고 필요한 지원을 받을 수 있도록 협력적인 접근 방식을 마련하고 있습니다. 그러나 Derrick에 따르면 혼란스러운 이혼 상황임을 고려할 때 부모가 응집력 있는 단일체로서 Derrick을 성공적으로 지원할 수 있는 능력이 있을지가 단점이 될 수 있습니다.

만약 Gray 씨가 오직 한 부모에게만 통보하기로 선택하였다면, 그녀는 Derrick의 최선의 이익을 염두에 두고 진행하는 것은 아니지만 법적으로 최소한의 기준은 충족되는 것입니다. Derrick의 안전과 치료, 회복을 위해서 양쪽 부모에게 그의 잠재적인 위험에 대해 알리는 것은 필수적입니다. 치료 동맹을 보호하고 Derrick의 신뢰를 유지하기 위해 Gray 씨는 Derrick에게 어머니와 아버지 모두에게 상황을 알리는 것이 가장 이익이 된다고 느꼈다는 것을 알려야 합니다.

앞서 기술한 바와 같이, 저라면 두 부모에게 모두 연락해서 Derrick의 자살 의도와 위험에 대해 알릴 것입니다. 학생들을 위한 옹호자로서, 학군 프로로콜을 따르면서, 정신건강 또는 의료 전문가의 즉각적인 평가를 위해 Derrick을 데려갈 것을 제안합니다. 저라면 Derrick의 부모와 함께 평가 결과를 듣고 Derrick이 전체적인 관점(즉, 가정, 학교, 지역사회)에서 회복하는 것을 돕기 위한 행동 계획에 협력할 것입니다.

종종 학교 장면에서의 상황들은 법적 · 윤리적 문제와 관련된 무수한 복잡성을 야기합니다. 그러므로 학교상담사는 의심스러운 상황이 발생하면 학생의 이익을 최우선으로 고려하여 학교, 학군, 지역사회 및 전문가 협회/기관 내의 적절한 동료에게 자문해야 합니다(Chen-Heyes et al., 2014). 뿐만 아니라 학교상담사는 제안된 권장사항을 포함하기 위해 각 자문에서 발생한 일을 구체적으로 문서화해야 합니다. 이것은 자신이나 다른 사람에게 잠재적인 해를 끼칠 수 있는 모든 사건에서 특히 중요합니다. 이 사례에서, Gray 씨는 자문을 구하고 세 개의 다른 권고안을 받았는데 모두 문서화되어야 합니다. 학교상담사가 다양한 이해관계자와의 자문으로부터 명확한 지시를 받았다고 느끼지 못할 경우, 학교상담사는 추가 지도를 받아야 합니다.

이전에 Derrick의 아버지와 교무실 직원들 사이에서 상호작용이 있었다는 것을 고려할 때, 학교상담사와 행정 당국은 학교가 파일에 보관하고 있는 법적 서류를 주의 깊게 검토해야 합니다. 문서에는 학교와 교육적 결정을 넘어 어머니와 아버지에게 허용된 의사소통에 대한 세부사항이 포함되어야 합니다. 예를 들어, 의학적 또는 종교적 문제와 관련된 결정을 내리는 사람은 누구일까요? 이 사전 예방적 접근법은 Gray 씨가 사건과 관련하여 경험한 윤리적 · 법적 문제 중 일부를 완화할 수 있었을 것입니다.

Gray 씨는 또한 Derrick이 아버지의 차를 충돌한 후 살아남은 데 화가 난 것과 관련하여 이전에 하였던 말을 고려할 필요가 있습니다. Gray 씨는 Derrick의 부모도 자동차 충돌을 자살 시도로 보았는지 확인하기 위하여 그들과 정보를 논의하는 것이 중요할 것입니다. 게다가 Gray 씨는 Derrick이 이전의 자살 시도 후에 받았거나 받지 않은 서비스에 대한 정보도 얻고 싶을 것입니다.

Gray 씨는 Derrick에게 치료를 제공할 수 있는 외부 기관 및 제공자와 의사소통할 수 있도록 적절한 권한이 있는 부모로부터 서명된 정보 공개 동의서를 받아야 합니다. 일단 Derrick이 더 이상 자기 자신에게 위험한 존재로 간주되지 않는다면, 그를 치유하기 위하여 아버지와의 관계 및 어머니에 대해 느끼는 죄책감과 관련된 그의 근본적인 문제들을 다루는 것이 중요할 것입니다. Gray 씨는 상담사가 가족 체계의 이론적 틀에서 도움을 줄 수 있도록 이 정보를 외부 제공자와 공유해야 합니다.

논평 2

Carolyn Stone

모든 수준의 학교상담사는 학생 자살의 불행한 현실을 알고 있습니다. 자살 가능성이 있다는 통보를 받았을 때 비밀 보장의 의무를 위반해야 할까요? 만약 그렇다면 누구에게 알려야 할까요? 학교상담사들은 신뢰를 저버리면 신뢰관계가 손상될 수 있음을 예리하게 인식하고 보호합니다. 학교상담사에게 기꺼이 비밀을 털어놓는 학생의 의지를 보호하고 자녀의 생활을 지도하려는 부모의 권리를 존중해야 하는 딜레마는 끊임없는 고민거리입니다. 아이들의 생활에는 학교상담사의 결정에 영향을 미치는 많은 변수가 있고, 양육권 문제는 우리의 비밀 유지를 복잡하게 만들 수 있습니다. 이 경우는 자살 가능성이 있기 때문에 우리의 돌봄 기준은 간단합니다. Derrick, 그의 부모/보호자 및 학군에 대한 법적 및 윤리적 의무를 준수하기 위해 한쪽 부모(또는 양쪽 부모 모두)에게 전화를 걸어야 합니다. 법적 · 윤리적 관점에서 이것을 검토해 봅시다.

과실은 그 사람에게 부과된 의무 위반을 통해 다른 사람에게 부상이나 피해를 입히는 것을 포함합니다. 부과된 의무는 한 사람이 다른 사람에게 갖는 법적 책임으로, 다른 사람이 부상을 입지 않도록 당신의 차를 운전하는 것과 같은 것입니다(Alexander & Alexander, 2011). 과실에는 네 가지 요소가 필요합니다. (a) 의무가 부과되었다. (b) 부과된 의무가 위반되었다. (c) 의무 위반과 상해 사이에 인과관계가 있다. (d) 부상이 발생하였다. Eisel 대 몽고메리 카운티 교육위원회(Eisel v. Board of Education of Montgomery County) 법원 사례(1991)*는 학교상담사가 학생들의 자살을 방지하기 위해 노력해야 할 의무가 있음을 명시함으로써 처음으로 학교상담사의 법적 의무를 강화하였습니다.

메릴랜드주 항소법원은, Eisel 사례에서 학교상담사들은 Eisel이 13세 학생이기에 반 친구들에게 자살하겠다고 말하였다는 것을 부모에게 알릴 의무가 있다고 판결하였습니다. Eisel

* 역자 주: 1988년 11월, 13세 소녀 Nicole Eisel이 친구와 살인-자살계약을 맺었다. 학교상담사는 이를 알고 Eisel과 상담하였으나 Eisel은 자살의도에 대한 진술을 부인하였고 상담사는 이를 학교 당국과 Eisel의 부모에게 알리지 않았다. 1989년 소녀의 아버지는 몽고메리 카운티 교육위원회, 몽고메리 교육감, 소녀가 다녔던 중학교 교장, 학교상담사를 상대로 과실 치사 혐의를 제기하였다.

은 학교상담사들에게 그녀가 자살할 것이라는 소문을 강력하게 부인하였고, 그들은 이 사건들에 대해 부모나 학교 관리자들에게 알리지 않았습니다. 그 후 얼마 지나지 않아 Eisel과 그녀의 친구는 비극적으로 살인/자살 약속을 이행하였습니다.

Eisel 사례는 주로 부모를 대신하는(in loco parentis) 정책에 크게 좌우되는데, 즉 교육자는 학생이 보살핌을 받는 동안 주로 안전 요구사항을 위해 법적으로 부모의 입장이라는 것을 의미합니다. 학교상담사는 학교에서 학생들의 정서적 요구를 최우선으로 지켜 주는 사람이기 때문에 부모를 대신하는 것(in loco parentis)은 학교상담사의 발밑에 뜨거운 불길이 있는 것과 같습니다. 학교상담사는 학생이 자살 가능성이 있다는 사실을 알게 되면, 학생을 위험으로부터 보호하기 위해 주의를 기울여야 할 의무가 발생합니다. Eisel 사건을 다룬 법원은 학교상담사가 어떤 위협이 실제인지 판단하는 복잡한 임무를 가지고 있음을 인정하였지만, "위험의 결과가 너무 커서 자살의 가능성이 상대적으로 희박하더라도 의무를 입증하기에 충분할 수 있다."고 하였습니다(Eisel v. Board of Education of Montgomery County, 1991, n.p.). 다시 말해서, 낮은 위험, 중간 위험, 높은 위험을 결정하려고 노력하는 것은 너무 위험하기 때문에 법원은 우리에게 부모를 참여시킬 것을 촉구합니다. Eisel 사례는 최소 5개 주의 법원이 학교상담사에 대해 자살을 예방해야 하는 의무가 있다는 개념을 기각하였기 때문에 최종 결정을 내리지 못하였습니다. 그러나 학교상담사는 계속해서 법원 소송의 대상이 되고 있는데, 만약 상담사가 조치 권고와 함께 학생이 위험에 처해 있다고 학교 당국과 학부모에게 통지하였다면 대부분의 소송을 피할 수 있었습니다.

자살 위협과 관련된 각 사례는 부모에게 전화할 적극적인 의무가 발생하도록 해야 합니다. Derrick이 매우 치명적인 방법으로 자살을 시도한 것은 불과 1년 전이었고, 그 결과 입원이 이루어졌습니다. 위험 평가는 학교 장면에서 논란의 여지가 있는 관행입니다. Derrick이 자살할 위험이 낮거나, 보통이거나, 높은지 학교에서 어떻게 결정할까요? 자신의 입원과 과거 시도뿐만 아니라 가장 치명적인 방법을 선택하고 자살에 가장 성공한 성별과 연령대에 속해 있다는 사실 등 모든 지표에서 볼 때, 그는 높은 위험에 처해 있습니다(Center for Disease Control and Prevention, 2010). 죽음을 며칠 앞두었던 Eisel은 위험하지 않은 범주에 속하였습니다. 학교상담사는 수백 가지의 사례를 처리하면서 자살 위험 예방 평가에 의존할 형편이 안 됩니다. 확실한 답을 얻기 위해 자살 위험 예방 평가에 의존하는 학교상담사는 자신과 학생들을 위하여 위험을 무릅쓰고 있습니다. 자살 가능성을 부정하기 위해 자살 위험 예방 평가를 사용하는 것은 아무리 최선을 다해도 잘못된 관행이며 최악의 경우 위험한 결과를 야기합니다. 만일 사용한다면, 자살 위험 예방 평가는 학부모/보호자들에게 자녀를 모니터링하고 전문적인 도움을 받을 필요가 있다는 절박함을 강조하기 위한 도구가 되어야 합니다. 학교상담사의 역할은 학부모/보호자가 자살하려는 학생들을 도울 수 있는 자원을 찾도록 돕는 것입니다.

한 중학교의 학교상담사는 자신의 머리를 날려버리고 싶다고 말하는 학생을 만났습니다. 그녀는 그가 위험하지 않다고 판단하고, 부모에게 그가 괜찮고, 그를 데려가서 상담을 받거나 평가를 받을 필요가 없다고 말하였습니다. 학생이 자살한 후, 부모들은 법정에서 자녀가 괜찮다고 판단함으로써 상담사가 자녀의 안녕에 대한 양육권과 통제권을 가져갔다고 주장하였습니다(Mikell v. School Administrative Unit No. 33, 2009). 학교상담사는 아이가 자살하려는 것인지 여부를 알 수 없으며, 위협을 심각하게 받아들이고 해당 학생의 안전이 확보될 때까지 부모/보호자에게 상담 의뢰를 제공해야 합니다(Capuzzi, 2002; Stone, 2013a, 2013b).

이 학교상담사는 Derrick이 자살을 결심했다면, 그 일을 불가능하게 하거나 자살을 막을 수 있을 것으로 기대되는 것이 아닙니다. 오히려 법원의 메시지는 Derrick의 부모를 관여시키지 않는 것의 결과가 너무 큰 위험이라는 것입니다. Derrick의 부모 모두에게 Derrick을 대신해서 개입할 기회가 주어져야 합니다. Derrick은 그의 아버지와 함께 살고 한 달에 4일에서 6일만 어머니와 함께 보냅니다. 비록 그가 자신의 아버지에게 통보하는 것을 원하지 않더라도, 학교상담사는 이 요청을 들어줄 수 없습니다. 지정된 양육권을 가지고 있는 Derrick의 아버지에게 이러한 생사 정보는 숨길 수 없습니다. 법원 명령으로 친권이 분리되지 않았기 때문에 그의 어머니에게도 알려야 합니다. 그렇습니다, 아버지는 Derrick의 교육에 대한 양육권을 가지고 있지만, 이것이 Derrick의 정서적 · 육체적 안녕을 지원하는 어머니의 권리를 절대 침해하지 않습니다. 미공개 사례나 합의가 있을 수 있지만, 현재까지의 판례들은 학교상담사의 책임에 대한 과도한 두려움을 줄여야 합니다. 이 사례는 학교상담사의 법적 책임에 관한 것이라기보다는 법원 결정 이면의 법적 근거를 깨닫는 것과 생명을 구하는 결정에서 학교상담사의 행동을 안내하는 윤리적 의무에 관한 것입니다. 비밀 보장 위반은 아이의 죽음에 비하면 아무것도 아닙니다. 조심하는 편이 낫습니다. 부모에게 전화하고, 누구에게 전화해야 하는지에 대해 갈등이 있을 때, 양쪽 부모에게 모두 연락하십시오.

자원 목록

보충 자료

Bodenhorn, N. (2006). Exploratory study of common and challengeing ethical dilemmas experienced by professional school counselors. *Professional School Counseling, 10*(2), 195-202.

Capuzzi, D. (2002). Legal and ethical challenges in counseling suicidal students. *Professional School Counseling, 6*(1), 36-46.

Conters for Disease Control and Prevention. (2015). *Suicide: Facts at a glance.* http://www.cdc.gov/violenceprevention/pdf/Suicide-DataSheet-a.pdf

Conters for Disease Control and Prevention, National Center for Inquiry Prevention and Control. (2014). *Suicide prevention: Youth suicide.* http://www.cdc.gov/healthcomminication/toolstemplates/entertainmented/tips/SuicideYouth.html

Conters for Disease Control and Prevention, National Center for Inquiry Prevention and Control, Division of Violence Prevention. (2014). *National suicide statistics.* Available at http://www.cdc.gov/Violenceprevention/suicide/statistics/index.html

Gibbons, M., & Studer, J. (2008). Suicide awareness training for faculty and staff: A training model for school counselors and teachers. *Professional School Counseling, 11*(4), 272-276.

King, K. A., Strunk, C. M., & Sorter, M. T. (2011). Preliminary effectiveness of Surviving the Teens® suicide prevention and depression awareness program on adolescents' suicidality and self-efficacy in performing help-seeking behaviors. *Journal of School Health, 81*(9), 581-590.

Lowry, R., Crosby, A. E., Brener, N. D., & Kann, L. (2014). Suicidal thoughts and attempts among U.S. high school students: Trends and associated health-risk behaviors, 1991-2011. *Journal of Adolescent Health, 54*(1), 100-108. doi:10:1016/j.jadohealth.2013.07.024

Solnick, S. J., & Hemenway, D. (2014). Soft drink, aggression, and suicial behavior in US high school students. *International Journal of Inquiry Control & Safety Promotion, 21*(3), 266-273. doi:10.1080/17457300.2013.815631

Strunk, C. M., Sorter, M. T., Ossege, J., & King, K. A. (2014). Emotionallly troubled teens' help-seeking behaviors: An evaluation of Surviving the Teens® Suicide prevention and depression awareness program. *Journal of School Nursing, 30*(5), 366-375. doi:10.1177/1059840513511494

Winsler, A., Deutsch, A., Vorona, R., Payne, P., & Szklo-Coxe, M. (2015). Sleepess in Fairfax: The difference one more hour of sleep can make for teen hopelessness, suicidal ideation, and substance use. *Journal of Youth and Adolescence, 44,* 362-378. doi:10.1007/s10964-014-0170-3

Young, R., Sproeber, N., Groschwitz, R. C., Preiss, M., & Plener, P. L. (2014). Why alternative teenagers self-harm: Exploring the link between non-suicidal self-inquiry, attempted suicide and adolescent identity. *BMC Psychiatry, 14*(1), 137. doi:10.1186/1471-244X-14-137

온라인 자료

American Foundation for Suicide Prevention

www.afsp.org

Ask for Help Campaign

www.trvr.org/askforhelp

Centers for Disease Control and Prevention(CDC)

www.cdc.gov

CDC는 미국 보건복지부의 주요 운영 구성 요소 중 하나입니다. CDC는 24시간 연중무휴로 해외 및 미국 내에서 건강, 안전 및 보안 위협으로부터 미국을 보호합니다. 질병이 국내에서 시작되든 해외에서 시작되든, 만성이든 급성이든, 치료가 가능하든 예방이 가능하든, 사람의 실수이든 고의적인 공격이든, CDC는 질병과 싸우고 지역사회와 시민들이 대처할 수 있도록 지원합니다. CDC는 우리나라의 보건 안보를 강화합니다. 국가의 보건 보호 기관으로서 CDC는 생명을 구하고 사람들을 건강 위협으로부터 보호합니다.

Cry for Help: Teenage Mental Illness and Suicide

http:www.pbs.org/wnet/cryforhelp/episodes/resources/hotlines-and-web-sites-for-teens/11

Cry for Help는 위험에 처한 청소년을 파악하기 위한 두 고등학교의 노력을 면밀히 살펴보고자 하였습니다. 오하이오의 해밀턴고등학교와 뉴욕의 클락스타운 노스고등학교는 모두 10대 자살의 영향을 받았으며 미래의 비극을 예방하기 위한 강력한 새 프로그램을 시작하였습니다. Cry for Help는 또한 정신질환과 싸워 온 젊은 여성의 1인칭 시점의 이야기를 통해 고등학교에서 대학으로의 진학 과정이 얼마나 어려운지 보여 줍니다. Cry for Help는 우울증 · 자살 사고와 싸우고 있는 청소년을 위해 다양한 자원과 정보를 제공합니다. 우울증 · 자살 사고와 싸우는 10대의 실제 상황에 대한 비디오, 다큐멘터리를 포함한 훨씬 더 많은 것을 제공합니다.

Erika's Lighthouse

http://erikaslighthouse.org

Erika's Lighthouse는 비영리 10대 우울증 및 정신건강 교육 기관으로 학교, 10대, 부모, 청년, 건강 전문가 및 지역사회 단체에 무료로 효과적인 프로그램을 제공합니다. Erika의 Lighthouse 철학은 프로그램이 성공하려면 유연해야 한다는 것입니다. 우리는 지역사회의 문화를 존중하는 우울증 및 정신건강 교육 프로그램을 시행하는 데 필요한 지침, 자료 및 지원을 제공합니다.

Kids Helpline

http://www.kidshelp.com.au/teens/get-help/who-else-can-help/helpful-links/depression-mental-health.php

Kids Helpline에 전화하면 상담사와 직접 통화할 수 있습니다. 전화할 때마다, 'Kids Helpline'의 작동 방식을 알려 주는 녹음된 메시지를 듣게 됩니다. 이 메시지를 듣고 나면 상담사와 연결됩니다. Kids Helpline이 매우 바쁠 때는 상담사와 연결될 때까지 대기해야 할 수도 있습니다. 상담사가 이름을 알려 줄 것이기 때문에 다시 전화를 하면 같은 사람과 통화하도록 요청할 수 있습니다. 상담사는 당신에게 이야기하고 싶은 내용을 묻고 무슨 일이 일어나고 있는지 이해하는 데 도움이 되는 몇 가지 질문을 할 것입니다. 상담사가 당신에게 적합한 서비스를 찾을 수 있도록 도와줄 수 있습니다.

Mayo Clinic

http://www.mayoclinic.org/disease-conditions/teen-depression/symptoms-causes/syc-20350985

Mayo Clinic은 각계각층의 사람들을 위한 의료, 연구 및 교육 분야의 세계적인 비영리 리더입니다. 그들의 임무는 통합 임상 실습, 교육 및 연구를 통해 모든 환자에게 최상의 치료를 제공함으로써 희망을 불어넣고 건강과 웰빙에 기여하는 것입니다. Mayo Clinic은 10대 우울증을 둘러싼 증상과 대처 기술을 배우고 지원을 받는 방법에 대한 정보를 제공합니다.

Model School District Policy for Suicide Prevention

www.trvr.org/modelpolicy

QPR Institute

http://www.qprinstitue.com/

Resource phone numbers: 1-800-273-TALK; 1-800-SUICIDE(784-2433)

Suicide.org suicide prevention, awareness, and support

http://www.suicide.org/teen-suicide-and-youth-suicide.html

Suicide.org는 자살 생존자(자살로 사랑하는 사람을 잃은 사람들)만을 위한 비공개 극비 온라인 지원 포럼을 시작하였습니다. Suicide.org에는 우울하거나 자살 사고를 경험한 청소년을 위한 긴급 상담 전화를 갖추고 있습니다. Suicide.org에는 자살 위험 및 데이터를 둘러싼 다양한 문제에 대한 정보가 있습니다. 이 웹사이트에는 지원 집단을 위한 포럼, 우울증으로 고통받은 사람들이 쓴 시, 이야기, 그리고 더 많은 것이 있습니다.

Teen Line

https://teenlineonline.org/

문제를 해결하는 데 도움이 필요한가요? 다른 10대들처럼 이해해 주는 사람과 이야기하고 싶나요? 우리가 도와드리겠습니다! 당신은 당신이 겪고 있는 문제에 대해 도움과 지원을 제공해 줄 교육을 받은 10대 또는 성인에게 전화, 문자, 또는 이메일을 할 수 있습니다.

보충 활동

학습 활동

- ASCA의 학교상담사 윤리 기준(2016)에는 학교의 윤리적 문제에 대한 해결책에 윤리적 의사결정을 위한 9단계 절차가 포함되어 있습니다(STEPS; Stone, 2001, available at https://nhsca.wildapricot.org/resources/Documents/Steps%20rev.pdf).
  - 문제를 정서적으로, (인)지적으로 정의하라.
  - 학교상담사를 위한 ASCA 윤리 기준, ACA 윤리강령 코드를 적용하라.
  - 학생들의 연대기적 · 발달적 수준을 고려하라.
  - 문제 배경, 친권, 미성년자의 권리를 고려하라.
  - 선행(선의), 자율성, 비해악성, 신의 및 공평성의 윤리적 원칙을 적용하라.
  - 잠재적인 행동 방침과 그 결과를 결정하라.
  - 선택한 작업 과정을 평가하라.
  - 자문하라.
  - 행동 방침을 이행하라.

제 9 장

슈퍼바이저의 지도가 없을 때 난 무엇을 할 수 있는가

Claire Merlin-Knoblich

이번 사례는 슈퍼비전에 관한 것으로, 숙련된 상담 전문가가 비숙련자에게 지도를 제공하는 개입을 다루고 있다. 학교상담에서, 슈퍼비전은 종종 학교상담 실습생 또는 슈퍼바이지와 그들의 학교상담 현장 슈퍼바이저들 사이에서 이루어진다.

배경

나는 약 1,200명의 학생이 다니는 도시의 한 중학교에서 전문 학교상담사로 2년째 재직 중이다. 학교상담직은 이번이 처음이고, 다년간의 경력을 가진 두 명의 또 다른 학교상담사들과 함께 일하고 있다. 학교상담사 중 한 명은 소속 부서장이고 우리 부서의 모든 중요한 결정을 내리지만 우리들과 자주 상의한다. 올해는 인근 대학으로부터 학교상담 실습생을 배정받았다. 이전에는 실습생을 유치하는 것에 대한 관심이 부족하였다. 우리 학교에서는 15년 만에 처음으로 상담 실습생이 배치되었다.

사례

학교상담 실습생인 Kevin은 열정적이며 배우고자 하는 열의가 넘친다. 하지만 그는 이제 상담과 관련된 학생들과의 관계 맺기, 상담 기술 향상시키기, 학교상담부가 어떻게 운영되는지 이해하는 것을 배우기 시작하는 단계이다. Kevin은 Jenny 씨와 함께 일하게 되었는데, Jenny 씨는 대략 10년의 경력을 가지고 있는 우리 부서의 학교상담사 중 한 명이다. 그녀는 실습 슈퍼바이저인 적은 없었지만, 이번에는 특별히 부서장이 너무 바빠서 슈퍼바이저 역할을 할 수 없었기 때문에 실습 지도를 기꺼이 맡았다.

Kevin의 실습 과정은 1년 동안 지속될 예정이다. 그의 석사 프로그램은 아직 '상담 및 관련 교육 프로그램 인증위원회(CACREP)'의 인가를 받지 않았으며, Kevin의 교수 슈퍼바이저는 우리 학교와 거의 접촉이 없었다. 대학에서는 실습 과정이 끝나면 Jenny 씨가 Kevin에 대한 최종 평가를 요구한다. Kevin이 실습 과정을 하는 내내 추가적으로 명시된 요구사항은 없었다. 그럼에도 불구하고, Kevin은 상담 기술을 배우고 연습할 기회들을 종종 찾았다. 그는 우리 각자에게 학생 의뢰를 요청하기도 하였다. 마지막으로, 그는 진로 박람회와 같은 부서 프로젝트를 조직하는 것을 돕고, 여러 소규모 상담 집단을 이끌고 있다.

Jenny 씨는 부서에 대한 Kevin의 추가적인 도움을 고마워하였지만, 그녀는 종종 그에게 실망하였다. 그녀는 Kevin이 늦게 도착하면 짜증이 나고, 전문적인 방식 이상으로 그가 학생들과 너무 가까워지는 것이 걱정되었다. Jenny 씨와 Kevin은 거의 매일 서로를 만나지만, 공식적인 슈퍼비전 시간에는 참여하지 않았고, Kevin은 주로 위기 상황에 처하였을 때만 도움을 청하였다. 그는 종종 학생들의 요구에 대한 나의 조언을 구했다.

Kevin의 실습 기간이 한 달 남았을 때, Jenny 씨는 Kevin을 만나 실습 과정이 종료됨을 알린다. Kevin이 그 이유를 묻자, Jenny 씨는 Kevin에게 1년의 교육기간 동안에 가졌던 우려사항 등을 포함한 최종 평가를 내린다. 이 목록에는 책임감, 전문성, 그리고 적절한 상담 행동의 결여와 관련된 내용이 포함되어 있다. Kevin은 망연자실한 기분이 들어 도움을 받기 위해 나에게 찾아온다. 그는 왜 자신이 학년 내내 피드백을 받지 못하였는지 이해하지 못했다. 그는 실습 기간이 단축되었기 때문에 학생들과 헤어질 충분한 시간을 갖지 못한다고 걱정하고 있다.

논의

Kevin이 나를 만나러 오면, 나는 그를 위로하고 지지적으로 경청하려고 노력한다. 그러나 나는 그를 어떻게 도와야 할지, 심지어 우리 학교의 미래 실습생들을 어떻게 도울지 잘 모르겠다. 나는 Jenny 씨가 일 년 내내 적절한 형성 평가나 피드백을 제공하지 않은 것이 마음에 걸리고, Kevin이 학생들과 헤어질 시간을 갖는 것을 허락하지 않은 것이 전문가답지 않다고 생각된다. 하지만 나는 실습생에게 동료 학교상담사에 대하여 나쁘게 이야기하고 싶지는 않다.

질문들

1. 어떻게 하면 Jenny 씨를 배신하지 않고 Kevin의 전문성 개발을 지원할 수 있겠는가?
2. 나는 나에 대한 Jenny 씨의 의견에 대해 고민해야 하는가? Kevin이 내 슈퍼바이지가 아니더라도 그의 복지(welfare)에 대해 염려해야 하는가?
3. 지금 상황에서 제3의 상담사로 부서장을 어떻게 참여시켜야 할 것인가? 나는 Jenny 씨가 한 행동과 Kevin이 느낀 것을 우리 부서장이 알게 되기를 바라지만, 만일 그렇게 된다면 나를 어떻게 볼지는 잘 모르겠다.
4. 다시는 이런 상황이 발생하지 않도록 학교는 슈퍼바이지에게 어떤 정책을 시행할 수 있겠는가?
5. 만일 앞으로 몇 년간 동료들이 또 다른 실습생을 받아들이지 않는다면 그것은 비윤리적이겠는가? 나는 이렇게 직업적으로 환원하는 것이 의무라고 생각하지만, 그들은 동의하지 않는다.

논평 1

Sarah I. Springer & Christine Hennigan Paone

학교상담사의 슈퍼바이저로서의 책임에 대한 준비에 대한 논의가 계속되고 있습니다(Dollarhide & Miller, 2006; Studer, 2005; Wood & Rayle, 2006). 실습 중인 학교상담사들은 적절한 임상적 관리를 받지 못하는 경우가 많습니다(Borders & Usher, 1992; Dollarhide & Miler, 2006). 이로 인해 일부 학교상담사들이 전문적인 실무에서 슈퍼비전을 과소평가하게 됩니다. 많은 학교상담사가 실습 학생을 위해 현장 슈퍼바이저의 역할을 맡고 있기 때문에, 이러한 슈퍼비전에 대한 태도를 다루는 것이 특히 중요합니다(Herlihy, Gray, & McCollum, 2002).

상담사 및 교육을 받고 있는 상담사들은 모두 미국상담학회(ACA)의 윤리강령(2014)을 준수해야만 합니다. 마찬가지로, 미국학교상담사학회(ASCA, 2016)는 학교상담사와 슈퍼바이저의 실무에 특화된 유사한 윤리 기준을 규정하고 있습니다. 이러한 일련의 윤리 기준은 임상적 의사결정과 훈련 실무 모두에 영향을 줄 것입니다. 따라서 두 문서 모두 예비 상담사의 발달과 슈퍼비전 관련 윤리적 실천에 대해 개략적으로 설명합니다. 다음 논의에서는 이 사례와 관련된 의사결정과 윤리적 함의, 즉 슈퍼바이저가 슈퍼비전이 필요할 때를 살펴보고자 합니다.

이 사례에서는 다양한 윤리적 고려사항에 주목할 필요가 있습니다. ACA 윤리강령(2014)과 ASCA 학교상담사 관련 윤리 기준(2016)에 따르면, 가능한 경우 학교상담사는 동료의 업무와 관련하여 우려사항이 있으면 직접 접근해야 합니다(ACA, 2014, Standard D.1.d.; ASCA, 2016, Standard E.b.). 특정 행동에 문제가 있는 경우에 Jenny 씨에게 이를 언급하는 것은 동료의 윤리적 책임이 됩니다. 이 시점에서 사례 당사자는 Jenny 씨와 논의할 가치가 있는 몇 가지 영역에 대해 결정하였습니다.

ASCA의 윤리 기준(2016)에 언급된 바와 같이 **현장 슈퍼바이저**는 슈퍼바이지의 한계를 인식하고 적절한 교정 형식(ACA, 2014, Standard D.1.d.; ASCA, 2016, Standard E.b.)을 찾는 데 도움을 제공해야 합니다. Kevin의 경험에 따르면 그는 해고될 때까지 그의 결점을 알지 못하였다는 점을 보여 주고 있습니다. 이러한 소통의 부재는 수많은 결과를 초래할 수 있습니다. 첫째, Jenny 씨가 Kevin의 접근 방식을 수정하고 방향을 바꾸지 못한 것은 학생들, 특히 경계가 문제가 되는 경우 학생들을 위험에 빠뜨렸을 수 있습니다. 둘째, 그녀는 Kevin에게 모범 사례를 안내하지 않음으로써 그에게 피해를 끼쳤을 수 있습니다. 그녀는 그의 슈퍼바이저 역할을 하는 신임 전문가로서 그의 발달을 촉진하기 위한 암묵적인 임무를 맡았습니다(Association for Counselor Education and Supervision: ACES, 2011). 마지막으로, Jenny 씨는 Kevin의 서비스를 궁극적으로 책임지고 있었기 때문에, 자신의 경력과 신뢰를 위험에 빠트렸을지도 모릅니다(ACA, 2014, Standard F.1.a). Kevin에 대한 관리 감독에는 많은 이해관계자를 포함하고 있다는 것을 볼 때, 사례 당사자는 슈퍼바이지들에 대한 개입과 교정을 용이하게 하는 것에 대해 Jenny 씨에게 접근해야 할 윤리적인 책임이 있습니다.

ACA 윤리강령(2014)은 슈퍼바이지의 해임 또는 의뢰를 초래하는 결정에서 감독관의 협의 노력(Standard F.6.b.)을 문서화해야 한다고 명시하고 있습니다. 또한 감독관은 대체 슈퍼바이저에게 적절한 통보와 알맞은 추천(Standard F.4.d.)을 제공해야 합니다. Kevin은 실습기간을 마치지 못하였고, 대체 슈퍼바이저가 확인되지 않았기 때문에 이러한 상황에서 특히 중요합니다. 이러한 특정 문제에 대해 Jenny 씨에게 접근하는 것은 긍정적이고 전문적인 관계를 유지하기 위한 유익한 단계일 수 있습니다.

Jenny 씨에게 ACA 윤리강령(2014)을 검토하도록 하는 것은 도움이 될 수 있습니다. 이는 Jenny 씨가 대학과 협업 파트너십을 통해 현장 슈퍼바이저 업무를 지속적으로 모니터링해야 하는 자신의 역할을 이해하는 데 도움이 될 수 있습니다. 그러므로 Kevin의 대학생 및 현장 슈퍼바이지로서의 지위는 대학원 프로그램과 현장 슈퍼바이저 모두의 책임하에 있어야 합니다. ASCA의 윤리 기준(2016)에 따르면, 슈퍼바이저는 부서 관리자와 함께 슈퍼바이지가 역량을 발휘하지 못할 경우 대학의 슈퍼바이저와 직접적으로 소통해야 합니다(Standard D.n). Jenny 씨와 Kevin을 대학의 슈퍼바이저와 연결될 수 있도록 돕는 것도 이 상황을 지원할 수 있는 또 다른 방법이 될 수 있습니다.

Jenny 씨와 Kevin 모두 이 대화에 대해 개방적인 태도를 보이는 것이 사례 당사자가 부서장을 어떻게 그리고 언제 포함시키는지에 영향을 미칠 수 있습니다. 앞서 언급한 바와 같이, Kevin의 발달은 내담자 학생들의 복지에 영향을 미치며, 결국 이는 상담부서 전체의 책임이 됩니다. Jenny 씨에게 현장 슈퍼바이저로서 Kevin과 정기적으로 만나서 그의 사례를 검토하도록 요구되는 것처럼(ACA, 2014, Standard F.6.a; ASCA, 2016, Standard D.c), 상담부 부서장 또한 그 또는 그녀의 팀원들이 슈퍼비전의 의무를 수행하고 있는지를 확인해야 합니다. 명백히, 이 사례의 당사자는 Kevin과 그의 학생들을 대신하여 독립적으로 또는 Jenny 씨와 함께 이러한 주제들을 부서장에게 발의할 윤리적인 책임이 있습니다. 사례 당사자는 부서장과 대화함으로써, 내담자 복지에 대한 모니터링을 촉진하고 ACA 윤리강령(2014, Standard F.1.a)에 의해 추진되는 지침인 슈퍼바이지의 성과를 촉진할 수 있습니다.

사례 당사자는 이 상황을 향후 슈퍼바이지를 위한 정책을 권고하는 기회로 활용할 수 있습니다. 그녀는 실습생 배치를 지역 지원 담당자 업무가 아닌 부서의 결정으로 하자고 제안할 수 있습니다. 직업적으로 환원하는 것도 중요한 책임이지만, 실습생을 유치하려면 이와 관련된 슈퍼바이저 교육이 필요합니다(ACES, 2011).

슈퍼바이저는 업무에 대한 이론적 근거와 방법, 기법 및 감독 모델에 대한 교육을 받아야 합니다(ACA, 2014, Standard F.4.d.). 여기에는 슈퍼비전 공개 자료와 지속적인 형성적 피드백을 통해 슈퍼바이지를 전문적이고 윤리적인 기준을 지향하도록 하는 것이 포함됩니다. Jenny 씨가 Kevin을 감독하기 시작하였을 때 이런 구조가 있었다면 슈퍼비전 경험은 매우 달라 보였을 것입니다. 모든 부서 구성원에 대한 슈퍼바이저 교육은 실습생을 추가로 받기 전에 필수적인 권장사항입니다. 또한 ASCA(2016)에 따르면 현장 슈퍼바이저는 슈퍼비전과 관련된 지속적인 교육에 참여해야 합니다(Standards D.b.). 어떤 의미에서 학교상담 관리자는 관련된 훈련 자원 및 전문적 발달 기회의 유효성을 보장하는 임무가 있으며 이 책임은 공유됩니다(Standards D.b., C.c). 이러한 자원들에 대한 지원이 없다면, Jenny 씨와 부서의 다른 사람들은 미래의 학생들을 슈퍼비전하기 위해 적절하게 또는 윤리적으로 준비되지 않았을 수도 있습니다.

이 사례는 분명히 많은 윤리적 고려사항을 포함하고 있습니다. 학교상담 슈퍼바이저는 슈퍼바이지들과 그들 각자의 내담자에게 영향을 미치는 의사결정을 할 때 ACA의 윤리강령(2014)과 ASCA의 학교상담 윤리 기준(2016)을 준수해야 합니다. 제시된 바와 같이, 슈퍼바이지 교육은 단지 슈퍼바이저에게만 책임이 있는 것이 아니라, 슈퍼바이지와 내담자 복지는 예비 학생들의 발달과 관련된 많은 이해관계자 모두의 책임입니다. 대학 프로그램과 슈퍼바이저 그리고 가끔은 다른 부서와 학교의 직원들 사이의 협력, 자문, 그리고 명확한 의사소통은 학교상담 실습생이 생산적인 학교상담사가 될 수 있는 적절한 지식, 기술 그리고 태도를 갖추고 현장에 투입될 수 있도록 하기 위해서 매우 필요합니다.

논평 2

Melinda M. Gibbons

슈퍼비전은 학교상담 훈련과정에서 중요한 요소입니다. 슈퍼비전 기간 동안, 상담 전공 학생들은 학교상담사의 역할에 대해 배우고, 실습생으로서 경험하는 많은 활동을 처리할 수 있습니다. 효과적인 슈퍼비전은 개방적인 토론, 긍정적인 대인관계적 자질, 일관되고 건설적인 피드백, 그리고 슈퍼바이저와 슈퍼바이지 모두의 참여를 포함합니다(Ladany, Mori, & Mehr, 2013). Ladany와 동료들(Ladany et al., 2013)은 대인관계 자질 부족, 불충분한 피드백, 평가에 대한 강조, 슈퍼바이저의 개입 부족 등을 효과적이지 못한 슈퍼비전의 징후로 포함하였습니다. 이 사례는 슈퍼비전의 비효과적이고 유해할 수 있는 몇 가지 징후를 보여 줍니다.

이 사례를 처음 접한 저의 의견은 윤리적 고려사항과 발달적 고려사항 모두를 검토할 필요가 있다는 것입니다. 슈퍼비전의 통합 발달 모델(Stoltenberg & McNeil, 1997)에 따르면, 발달적으로 Kevin은 레벨 1에 있습니다. 레벨 1의 슈퍼바이지들은 상담 경력의 시작 단계에 있습니다. 그들은 상담에 대한 노출이 제한적이며, 일반적으로 불안하고 다른 사람에게 의

지하여 지도를 받는 경향이 있습니다. 또한 성공에 대한 높은 동기부여를 가지고 있으며, 슈퍼바이저에 대한 강한 의존성을 보여 줍니다. 이러한 슈퍼바이지들에게는 체계적이고 긍정적이며 건설적인 피드백, 그리고 최소한의 대립이 필요합니다. 사례의 내용을 보면, 실습 기간 동안 Kevin의 발달 수준은 고려되지 않은 것으로 보입니다. 그는 주로 제한된 구조에 혼자 방치되었고, 지속적인 슈퍼비전을 받지 못하였으며, 그의 부정적인 행동은 공감적이고 친절한 방식으로 교정되지 않았습니다.

이 사례에서 몇 가지 잠재적인 윤리적 문제를 발견하였습니다. Jenny 씨는 현장 슈퍼바이저의 역할을 맡음으로써 윤리 기준을 준수하기로 동의하였습니다. ACES의 임상 슈퍼비전의 모범 사례(ACES, 2011)는 슈퍼바이저가 적법한 절차 권한을 제공하고, 슈퍼비전 관계에서 힘의 문제를 최소화하기 위한 작업을 수행하며, 지속적인 사정과 평가를 제공해야 한다고 제시하고 있습니다. Kevin은 실습생으로서 자신의 업무에 대한 지속적인 평가를 받지 못하였기 때문에, 자신의 행동에 대한 Jenny 씨의 부정적인 견해에 대해 몰랐을 수도 있습니다. Kevin은 부정적인 최종 평가를 받고 현장에서 즉시 해고되었고, 자신의 성과를 개선하거나 변경할 기회가 없었기 때문에, 이는 그의 적법한 절차 권한을 침해한 것입니다(Bernard & Goodyear, 1998). Jenny 씨는 자신의 권력적 위치를 이용하여 Kevin의 미래 진로에 극적인 영향을 미쳤고, 이는 그들의 슈퍼비전 관계에서 강력하고 부정적인 권력 차이를 시사합니다. 이상적으로는 대학이 정책과 절차를 수립하고 시행되지만, 슈퍼바이저들은 배치를 하는 대학의 요구 여부와 관계없이 이러한 문제에 주의를 기울여야 합니다. 따라서 Kevin은 자신의 행동 평가에 대한 Jenny 씨의 우려를 해소하고 재평가받을 수 있는 시간을 가질 권리가 있습니다.

이 상황에서 사례 작성자의 역할은 미약합니다. Jenny 씨는 Kevin의 현장 슈퍼바이저이며 추가로 부서장이 있습니다. 제 첫 번째 생각은 Kevin이 참석하지 않은 상태에서 Jenny 씨, 부서장 및 사례 작성자 간에 학교상담 부서 회의를 요청하는 것입니다. 회의의 목표는 현 상황과 우려를 논의하는 것일 수 있습니다. 아마도 Jenny 씨는 현장 슈퍼바이저가 어떻게 해야 하는지 몰랐을 수 있으며, Kevin에게 부정적인 최종 평가를 하기 전에 문제를 제기했을 수도 있습니다. 이와 같이 결론을 내리기 전에 동료들과 문제를 논의하는 것이 중요합니다. 이러한 회의에서 세 사람은 Kevin이 실습기간이 끝난 후 미칠 영향에 대해서도 논의할 수 있습니다. Kevin의 학생 내담자, 진행 중인 프로젝트, 학교와 지역 대학과의 관계를 어떻게 될까요?

학교가 향후 실습생을 받아들여야 하는지에 관하여, 저는 슈퍼비전 모범 사례를 따르지 않고 실습생을 유치하는 것은 비윤리적이라고 생각합니다. 의심스러운 비윤리적 관행에 따르는 것보다는 실습생을 거절하는 것이 더 낫습니다. 직업적으로 환원하는 것도 중요하지만, 실습생들에게 긍정적이고 건강한 업무 환경을 선사하는 것도 중요하다는 점에 동의합니다. 만약 당신의 학교가 향후 학교상담 실습생을 유치한다면, 실습생이 업무를 시작하기 전에 이러한 모범 사례를 다루는 정책을 만드는 것이 필수적일 것입니다. 예를 들어, 상담실은 슈퍼바이저의 이름과 연락처, 슈퍼비전 전략, 평가 전략, 슈퍼비전을 수행할 시간과 장소, 슈퍼바이저의 책임, 슈퍼바이지의 책임, 적법한 절차 정보를 포함하는 사전 동의서를 작성할 수 있습니다. 이 문서는 실습생과 현장 부서 간의 계약서 역할을 할 수 있습니다.

자원 목록

보충 자료

American Counseling Association. (2014) *ACA code of ethics*. Retrieved from: http://www.counseling.org/resources/aca-code-of-ethics.pdf

American School Counselor Association. (2016). *Ethical standards for school counselors*. Retrieved from: https://www.schoolcounselor.org/asca/ media/asca/Ethics/EthicalStandards2016.pdf

Association for Counselor Education and Supervision. (2011). *Best practices in clinical supervision*. Retrieved from: http://www.acesonline. net/wp-content/uploads/2011/10/ACES-Best-Practices-in-clinical-supervision-document-FINAL.pdf

Bernard, J. M., & Goodyear, R. K. (2019). *Fundamentals of clinical supervision* (6th ed.). Upper Saddle River, NJ: Pearson.

Council for Accreditation of Counseling & Related Educational Programs. (2015). *CACREP 2016 standards*. Alexandria, VA: Author. Retrieved from www.cacrep.org/wp-content/uploads/2012/10/2016-CACREP-Standards.pdf

Caldwell, M. (2012). *Six steps to intern supervision*. Retrieved from http://soe.unc.edu/academics/med_sch_counseling/docs/asca_supervision_article.pdf

Campbell, J. M. (2006). *Essentials of clinical supervision*. Hoboken, NJ: Wiley. *Counseling Today: A Publication of the American Counseling Association*. Retrieved from http://ct.counseling.org/

DeKruyf, L., & Pehrsson, D. (2011). School counseling site supervisor training: An exploratory study. *Counselor Education & Supervision*, *50*, 314-327.

Luke, M., & Bernard, J. M. (2006). The school counseling supervision model: An extension of the discrimination model. *Counselor Education and Supervision*, *45*, 282-295.

Murphy, S., & Kaffenberger, C. (2007). ASCA National Model: The foundation for supervision of practicum and internship students. *Professional School Counseling, 10*, 289-296.

Springer, S. (2013). Confidentiality with children. In D. Heller Levitt & H. J. Hartwig Moorhead (Eds.), *Values and ethics in counseling: Real-life ethical decision-making* (pp. 77-84). New York, NY: Routledge.

Springer, S. I. (2016). When values blur the lines: Navigating an ethical dilemma in school counseling. *The Journal of Counselor Preparation and Supervision, 8*(2), Article 5. doi:10.7729/82.1082

Swank, J. M., & Tyson, L. (2012). School counseling site supervisor training: A web-based approach. *Professional School Counseling, 16*(1), 40-48.

Wood, C., & Rayle, A. D. (2006). A model of school counseling supervision: The goals, functions, roles, and systems model. *Counselor Education and Supervision, 45,* 253-266. doi:10.1002/j.1556-6978.2006.tb00002.x

온라인 자료

Association for Counselor Education and Supervision(ACES)

http://www.acesonline.net/

American School Counselor Association(ASCA)

http://www.schoolcounselor.org/

The Professional Counselor Journal

http://tpcjournal.nbcc.org/

보충 활동

성찰과 토론을 위한 추가 질문

- Kevin의 상황에 대한 당신의 내적 반응은 무엇입니까? 이 상황에서 앞으로 진행하기 전에 어떻게 감정과 생각을 표현할 수 있습니까? 실습생 경험을 생각해 보십시오. 학교상담사로서 성장하는 데 가장 도움이 되었던 점과 가장 도움이 되지 않았던 것은 무엇입니까?

- 대학이 CACREP 인증을 받았다면 이 상황은 어떻게 달라졌겠습니까? 실제 학교상담 현장 슈퍼바이저들을 위한 교육은 어떠합니까? Kevin의 실습 기간을 지원하기 위해 Kevin의 대학 슈퍼바이저와 어떻게 협력할 수 있습니까?
- 만일 Jenny 씨가 무시하는 태도로 대응하였다면 다음 단계는 어떻게 접근할 수 있습니까? 만일 부서장이 무시하는 태도로 대응하였다면, 다음 윤리적인 조치는 무엇입니까?
- 수업 중 역할극: Jenny 씨와 부서장에게 자신의 고민을 토론하는 역할극을 연습하기
- 발표 연습: 학군 내 상담 실습을 제공하는 모든 학교의 상담사를 위한 슈퍼비전 훈련을 제안하는 문서 작성하기 → 슈퍼비전 훈련에 대한 근거, 해당 교육을 위한 관련 전문 개발 기회, 학군에 대한 혜택 등 포함하기

제 10 장

학교 시스템에 갇혀 있지만 우리는 최대한 신속하게 대처한다

Kenya Bledsoe

내가 『미국 뉴스 & 세계 보고서(U.S. News & World Report)』에서 발표한 '최고의 고등학교'로 뽑힌 고등학교에서 일하게 된 것은 행운이다. 우리 학교는 약 1,000명의 학생이 재학 중이며 전 세계에서 온 다양한 사회 경제적 지위, 민족과 종교 분포의 학생들이 등록해 있다. 다행히 우리 학교에는 강력한 관리팀과 교사들로 구성되어 있으며, 대학 상담사 또는 시스템 수준의 사회복지사 중 한 명인 학교상담사를 보유하고 있다. 각 학교상담사는 대략 250~275명의 학생을 담당하며, 추가적인 책임으로는 일정 관리, 관리 감독, 또래상담 지도, 평가 관리 구축, 기타 시험 코디네이터 및 기타 할당된 역할들이 있다.

배경

매년 우리 부서는 성공적인 종합적 학교상담 프로그램(CSCP)을 구현하기 위해 프로그램을 개선할 목표를 제시한다. 이러한 목표에는 우리 학교 학생들의 요구사항을 파악하고 해결하는 것을 포함한다. 어느 해 우리 학교상담부는 주립 학교상담사 협회 시상식 RAVE(Recognition, Accountability, Verification, and Excellence)에 지원서를 제출하기로 결정하였다. 우리의 노력의 일환으로, 두 명의 학교상담사가 인근 학군에서 후원하는 하계교육 및 연례 주 콘퍼런스에서 열리는 RAVE 교육에 참석했다. 공교롭게도 우리 지역학교는 집단 대 개인의 전문 계획을 요구하기로 결정하였기 때문에 학교상담 부서에 RAVE 지원서를 제출하는 것이 자연스러웠다.

초기에는 우리의 집단 전문 기획 전략회의는 RAVE 문서와 관련된 것을 중심으로 이루어졌다. 대표적으로, RAVE 문서 제출 기준 다시 읽기, 다른 학교에서 제시한 샘플 RAVE 자료 검토, RAVE 문서를 지원하기 위해 작성되었거나 수집이 필요한 자료 출처 확인하기가 해당된다. 우리는 학교 환경 자료, 연간 수행 자료(읽기/언어/수학 개입), 규율 추천, 출석, 미국 대학 시험(ACT) 자료 및 예비 학업 적성 검사(PSAT) 자료를 포함하여 고등학교 및/또는 지역에서 이미 수집 중인 자료 출처를 브레인스토밍하였다. 분기별 회의는 작업을 할당하고, 이전에 할당된 작업에 대한 업데이트를 제공하고, 자료를 수집하기 위해 할당되었다. 또한 RAVE 문서를 업데이트하고 구성원들 간의 논의를 지속하기 위해 정기 회의를 마련하였다.

사례

4월에 RAVE 문서가 완성되어 검토를 위해 행정실에 제출하였다. 우리는 서류를 제출함으로써 학교/지역 단체 전문성 개발 요건을 충족시켰다. 우리는 'RAVE'가 준비되어 있지는 않지만 전문적인 계획 요구사항을 충족하였다고 느꼈다. 5월과 6월에 학교상담사들은(10개월 또는 12개월 계약 여부에 따라 다름) 가정 통지표, 불합격 안내문, 여름학교 및 부적격 서신을 우편 발송하느라 바빴다. 당시 학교상담사들은 온라인 학점 회복 방향 및 학교 외부 방법에 대한 전화를 걸러냈다. 10개월 계약의 상담사들은 퇴사할 예정이었고, 여름학교가 시작되면서 학교상담사들은 주요 일정을 시작하였다.

7월 중순이 되자, 모든 상담사가 다시 학교로 돌아와 업무를 하였다. 10개월 계약 상담사들은 12개월 계약 상담사들과 함께 신입생 등록, 여름 학교 학점 확인 및 검토, 학년별 학생 일정 검토 등으로 분주하였다. 추가적으로, 상담사는 등록, 신학기 회의/연수, 교사 질문 분류, 학생 등록 및 추가 업무 등에 몰두하였다. 우리의 RAVE 문서 제출 마감일인 8월 중순이 빠르게 다가오고 있었다. 주립 학교상담사 협회로부터 수정된 RAVE 요구사항이 학교상담사에게 전달되었다. 대표 학교상담사는 수정본을 학교 행정부에 제출하였다. 그녀는 대부분의 서류가 완성되었으므로 행정부에서 정식으로 RAVE에 제출을 진행할 것인지 문의하였다. 몇 번의 논의 끝에, 개정된 RAVE 제출 요구사항과 관련된 변경사항이 있는 경우 이를 확인하기에는 시간이 부족하다는 결론을 내었다. 또한 우리는 학교 환경 자료에서 교내 마약과 알코올 남용이 증가한 것을 확인하였다. RAVE 문서의 우리 버전이 '날짜가 오래된(dated)' 지침에 따라 만들어졌기 때문에, 학교상담사들은 4월에 완성된 문서에 새로운 추가 여부의 결정이 필요하였다. 작성자와 부서는 향후 진행 방법에 대해 의견이 일치하지 않았다. 한편, 대부분의 작업이 완료되었으므로 해당 부서에서 제출해야 한다는 의견도 있었다. 반면에 다른 사람들은 일주일 이내에 제출 준비를 갖추기 위해 얼마나 많은 작업이 필요할지 확신하지 못하였다.

질문들

1. 상담사들은 이처럼 강요되고(forced), 불완전한 RAVE 문서를 시간을 들여 수정된 기준과 비교하고 제출했어야 하는가?
2. 작업이 거의 완료된 후 학교상담사 대표는 RAVE를 제출하기로 결정을 내렸어야 하였는가?
3. 만일 상담사들이 자료를 면밀히 검토하지 않고 사용하며 현재 프로그램을 개선시키지 않는다면 학교 내에서 어떤 변화가 일어날 것이라고 예상하는가?
4. RAVE 제출 마감일이 학교상담사에게 1년 중 가장 바쁜 시기인 8월 말/9월 초인 이유는 무엇인가?
5. 일상적인 업무에서 벗어나 자료 검토, 토론 및 해결을 위한 작업에 전념하는 것이 어려운 이유는 무엇인가?

논평 1

Jolie Daigle

이 사례는 여러 상담사가 특정 부서에 소속되어 있고, RAVE 과정이 평가와 인정 모두에 활용되고 있으며, CSCP에서의 시간관리의 중요성 등 여러 가지 요인으로 인해 복잡합니다. 저는 모든 구성원이 처음에 RAVE 신청에 동의하였으므로, 상담사들이 개정된 기준으로 RAVE 문서를 완성한다면 그 문제는 '강요(forced)'되었을 것이라는 데 동의하지는 않습니다. 더욱 가능성 있는 전개는, 상담사들이 학교상담사 두 명을 RAVE 연수에 보내는 것을 포함하여 그 기관이 결정한 것을 끝까지 따라가는 것으로 볼 수 있다는 것입니다.

단체로 활동할 때에는 단체협약서를 검토하는 것이 중요합니다. 이 단체는 한 학년이 끝나고 새 학년의 시작되는 혼란스러운 상황이 그들의 프로그램 목표에 방해되도록 내버려 두었습니다. 동료들과 대화를 나눈 후, 부서를 대표하여 RAVE 문서를 대표 상담사가 제출하는 것이 적절하였을 것입니다. 때때로, 상담 부서의 대표는 프로그램과 구성원들을 위해 관리자로서의 결정을 내릴 필요가 있습니다.

RAVE 문서 심사자는 긍정적이고 건설적인 피드백을 제공하였을 것입니다. 저는 RAVE 문서의 세부사항으로 학교상담 프로그램의 비전과 사명 선언문, 목표, 제공되는 프로그램, 개입, 평가 및 결과의 표본에 대한 설명이 포함될 것이라고 생각합니다. 이러한 목표와 결과를 염두에 두고 학교상담사들이 적극적으로 평가 계획을 세울 때, 그 작업은 학생들에게 간접적으로 서비스를 제공합니다. 이 수준에서 학교상담사들은 "학교, 가족, 지역사회, 그리고 사회 등 개인에게 영향을 미치는 더 큰 시스템들 간의 관계와 기대를 검토합니다"(Lee & Goodnough, 2007, p. 122). 또한 이러한 조사는 접근, 성취 및 성취에 대한 정책, 절차적 장벽을 해결할 가능성이 높은 학교 내 모든 하위시스템의 상호 연결성과 상호 의존성을 강조합니다. 이해관계자에게 자료를 준비하고 보고하는 것은 학교상담 프로그램의 중요한 기능이며 프로그램을 관련성 있게 유지하는 데 필수적입니다.

RAVE 문서는 CSCP에 대한 평가일 가능성이 높습니다. 다만, 학교상담부는 평가 목적으로 RAVE 문서를 사용합니다. 그러므로 학교상담부를 대신하여 대표 상담사가 RAVE 문서를 제출하는 것이 적절할 것 같습니다. Erford(2007)가 논의한 바와 같이, 평가는 프로그램 질문에 대한 답변을 제공하고 이해관계자가 참여하며 진행합니다. 이 평가는 개별 학교상담사들의 성과를 평가하는 것에 초점을 맞추지 않습니다.

RAVE 문서는 몇 가지 이유로 초가을에 제출될 가능성이 높습니다. 첫째, 주 조직은 주 컨퍼런스 또는 회의 전에 최종 후보자를 검토하고 명단을 작성합니다. 둘째, 주 조직은 새 학년도가 시작되기 전 여름에 상담부서가 모여서, 이전 학년 자료를 검토하고, RAVE 문서 작성할 수 있도록 허용합니다. 학교상담사들이 일상적인 업무에서 벗어나 학교 차원의 자료를 논의하고 프로그램 목표에 대한 진전을 이루고 보고서를 작성하는 시간을 할애하는 것은 어려운 일입니다. 하지만 학교상담사들은 위기에 처한 학생과 함께하는 것과 마찬가지로, 자료 수집과 분석을 자신의 업무에 우선순위로 포함시켜야 합니다. 일정은 전체 일정(master calender)에 맞춰 사전에 준비할 수 있으며 위기 발생 시 때때로 대처할 수 있는 이해관계자(예: 학교 사회복지사, 관리자 또는 동료 리더)도 파악할 수 있습니다. 이렇게 하면 학교상담사들은 지속적인 자료 수집, 평가, 보고서 작성 등을 자신의 업무 일정에 포함할 수 있는 시간을 확보할 수 있습니다.

Hatch(2014)는 학교상담 프로그램의 모든 구성원을 위한 시간관리 전략으로 오늘의 상담사(a counselor of the day)를 활용하는 것에 대해 논의하였습니다. 이 전략은 대규모 학교에 있는 한 명의 학교상담사가 학생 위기, 학부모 방문, 즉각적인 필요에 대응하는 동안, 다른 상담사는 예정된 행사, 할 수 있는 대규모 학교에 효과적일 수 있습니다. 생활 지도 프로그램, 학교 수준 또는 학군 수준 회의, 자료 수집 및 분석을 교대로 대응하는 것을 가능하게 할 것입니다. Hatch(2014)가 제공하는 또 다른 전략 또는 프로그램 철학은 정보 또는 공지사항, 학생 검토, 프로그램 관리 및 학교상담사 고민으로 구성될 수 있는 동료와의 대화시간입니다. 이번 사례의 학교상담사는 봄 학기 말, 여름방학의 특정 시점, 그리고 지정된 전문 학습일에 이르기까지 예정된 동료 대화시간 또는 동료 슈퍼비전의 혜택을 받았을 것입니다. 이 예정 시간은 RAVE 가이드라인의 변경사항을 검토하고 RAVE 문서를 준비하는 작업에 할애할 수 있었습니다. 이 시간은 자료를 검토하고 완료하도록 하는 계획에 의해 프로그램으로 지정된 것으로 보이지만, 이 기간 동안 RAVE 작성을 할애되지 않았습니다. 또한 학교상담사들은 업무를 분담하여 부서장이나 다른 상담사에게 RAVE 제출 전까지 일주일 동안 서류 작업에 전념할 시간을 주는 것을 고려할 수 있었습니다.

논평 2

LaWanda Edwards

상담부에서는 RAVE 제출을 계속 진행할 것인지에 대해 논의했습니다. 그 논의 끝에 수정된 RAVE 제출 요구사항과 관련된 변경사항을 파악하기에는 시간이 부족하다고 판단하였습니다. 학교 행정부는 RAVE 제출을 요구하지 않았지만 학교상담부에서는 RAVE 제출을 금년 학년도 목표로 삼았습니다. 그러므로 학교상담사들은 RAVE 문서를 수정하고 제출하였어야 합니다. 그들이 고려하지 않은 또 다른 사항이 있습니다. 학교상담사들은 몇몇 동료들에게 수정된 요구사항을 검토하고 보고하도록 요청할 수도 있었습니다. 이 단계는 학교상담부가 RAVE 서류 제출을 하지 않기로 결정하기 전에 제출에 필요한 여러 가지 변경사항이 무엇인지 알려 주었을 것입니다.

대표 상담사는 업무가 거의 끝났기 때문에 RAVE 제출에 대한 최종 결정을 내리지 말았어야 합니다. 학교상담의 대표 책임자로서 학교상담 프로그램의 효과를 평가하는 것은 학교상담 대표의 책임이지만, 상담부는 학교상담 프로그램의 효과를 평가하기 위해 RAVE에 신청서를 제출할 필요는 없습니다. 학교상담사를 위한 미국학교상담사학회(ASCA) 윤리 기준(2016)에 따르면, 전문 학교상담사는 학교상담 프로그램이 학생들의 학업, 진로 및 사회-정서적 발달에 어떤 영향을 미치는지 평가해야 합니다. 학교상담사들은 주 학교상담사 협회의 개정된 RAVE 요구사항에 제시된 새로운 자료를 가지고 있지 않을 수도 있지만, 행정부가 검토를 위해 요구한 RAVE 문서를 작성을 완료하였습니다. 대표 학교상담사 또한 학교상담사 중 한 명일 뿐이며, 학교상담사에 요구하는 업무 외의 업무를 완수하는 것에 대한 결정을 내릴 때 다른 학교상담사의 제안을 고려해야 합니다.

일부 연구에서는 학교상담사가 불필요하다고 인식하기 때문에(Whiston, 1996), 자료를 충분히 고려하지 않았기 때문에(Topdemir, 2010), 그리고 자료가 불리하게 보고되면 부정적인 결과를 초래하기 때문에(Lusky & Hayes, 2001; Topdemir, 2010) 자료를 수집, 분석, 보고하지 않는다고 보고하였습니다. 이것은 이 학교상담부, 특히 학교상담사들이 부정적인 학교문화 자료에 대해 걱정하고 있기 때문에 사실일 수도 있습니다. 학교상담사들이 자료를 자세히 살피고 그것을 사용하여 현재의 프로그램을 개선하는 것은 윤리적일 뿐만 아니라, 학교상담사들이 학교에서 경험하는 많은 장벽을 없애는 데 도움이 될 것입니다. 만일 학교상담사들이 자료를 수집하여 학생들의 성취에 미치는 영향을 보여 주고 자료에 근거한 결정을 내린다면, 관리자들은 학교상담사의 개입과 학생들의 성취 사이의 연관성을 볼 수 있을 것입니다.

RAVE 제출은 몇 가지 이유로 8월 말/9월 초가 되었습니다. 첫째, RAVE 제출을 위해 수집된 자료에는 연간 진행 자료, 훈련 추천, 출석, ACT 및 PLAN, 그리고 PSAT 자료가 포함됩니다. 이러한 자료의 대부분은 학년 말까지 사용할 수 없고, 일부는 다음 학년이 시작될 때까지 사용할 수 없습니다. 즉, 현재 학년이 끝나야 자료를 사용할 수 있기 때문에, 학교상담사들은 다음 학년이 시작될 때까지는 해당 자료를 수집하고 분석하고 보고할 수가 없습니다. 또한 일부 학교상담사들은 9개월 또는 10개월간 계약을 맺고 있어서 여름 학기 동안에는 근무하지 않습니다. 제출 마감일이 8월 말/9월 초이므로, 학교상담사는 이전 학년도에서 수집된 자료를 분석하고 보고할 충분한 시간을 가질 수 있습니다.

학교상담사들은 여러 가지 이유로 자료 검토, 토론, 해결을 위한 작업에 전념하기 위해 일상적인 업무에서 벗어나는 것은 어렵습니다. 첫째, 학교상담사는 학생 지도가 아닌 업무에도 참여할 것을 요구받습니다. 이러한 업무에는 시험 조정자, 일정 관리자, RTI 코디네이터, 교사를 위한 수업 참여, 자료 입력, 교장 보조업무 역할 등이 포함됩니다. 학교상담사에게는 상담사 대비 학생 수 비율도 높다는 어려움에 직면해 있습니다. ASCA에서는 상담사 1명당 학생 수 250명을 권장하고 있지만, 전국 대부분의 학교들은 이보다 높은 비율에 해당합니다. 학생 수 비율이 높으면 상담사는 자료를 검토하고 사전 예방적인 프로그램을 개발하기가 어렵습니다. 학교상담사들은 대응적 서비스에 적극적으로 참여해야만 합니다. 학교상담사들이 일상적인 업무에서 벗어나기 어려운 또 다른 이유는 행정적인 자원이 부족하기 때문입니다. 자원이 부족한 것은 학교상담사를 충분히 고용하지 않고, 학교상담사 자격이 없는 인력을 고용하고, 종합적인 지도와 상담 프로그램 요구사항을 이해하지 못하는 것에서 비롯됩니다. 학교상담사의 적절한 역할과 책임에 대해 관리자에게 설명하지 않을 경우, 학교상담사에게 학생 지도외 업무가 부여됩니다. 결과적으로 자료 검토와 논의를 진행하고 종합적이고 예방적인 학교상담 프로그램 해결방안을 모색하기에는 시간이 제한적입니다.

자원 목록

보충 자료

American School Counselor Association. (2012). *The ASCA National Model: A framework for school counseling programs*. (3rded.). Alexandria, VA: Author.

Campbell, C. A., & Dahir, C. A. (1997). *Sharing the vision: The ASCA national standards for school counseling programs*. Alexandria, VA: American School Counselor Association.

Chen-Hayes, S. F., Ockerman, M. S., & Mason, E. C. M. (2014). *101 solutions for school counselors and leaders in challenging times*. Thousand Oaks, CA: Corwin Press.

Dimmitt, C., Carey, J. C., & Hatch, T. (2007). *Evidence-based school counseling*. Thousand Oaks, CA: Corwin Press.

Hartline, J., & Cobia, D. (2012). School counselors: Closing achievement gaps and writing results reports. *Professional School Counseling, 16*(1), 71-79.

Hatch, T. (2014). *The use of data in school counseling: Hatching results for students, programs, and the profession*. Thousand Oaks, CA: Corwin Press.

Kaffenberger C., & Young, A. (2013). *Making DATA work* (3rd ed.). Alexandria, VA: American School Counselor Association.

Myrick, R. D. (2003). Accountability: Counselors count. *Professional School Counseling, 6*(3), 174-179.

Sabella, R. A. (2006). The ASCA national school counseling research center: A brief history and agenda. *Professional School Counseling, 9*(5), 412-415.

Stone, C., & Dahir, C. (2011). *School counselor accountability: A measure of student success* (3rd ed). Upper Saddle River, NJ: Pearson Education.

온라인 자료

American Counseling Association(ACA)
www.counseling.org

American School Counselor Association(ASCA)
www.schoolcounselor.org

ASCA National Model
http://www.ascanationalmodel.org/

Center for Excellence in School Counseling and Leadership
http://www.cescal.org/index.cfm

EZAnalyze
http://www.ezanalyze.com/

Hatching Results
http://hatchingresults.com/

The Ronald H. Frederickson Center for School Counseling Outcome Research and Evaluation
http://www.umass.edu/schoolcounseling/past-projects.php

UMass Amherst College of Education
http://www.umass.edu/schoolcounseling/

보충 활동

학습 활동

- 지역학교 시스템의 학교상담사를 대상으로 설문조사를 실시하여 얼마나 많은 학교상담사가 학생들의 학업, 개인/사회 및 진로 발달에 영향을 미치는 프로그램의 효과를 평가하고 있는지 확인하십시오. 효과를 평가하기 위해 어떤 자료를 수집하고 분석하고 있는지 질문하십시오.
- 현장에 있는 학교상담사 패널에게 그들이 경험하는 자료 수집 및 분석, 결과 보고, 학교상담사로서 경험하는 장벽은 무엇인지 질문하여 답변을 구해 봅시다.
- ASCA 웹사이트(www.schoolcounselor.org)에 방문하여 공인 ASCA 모델 프로그램(Recognized ASCA Model Program: RAMP)을 살펴보십시오. 어떤 문서들이 수집하기 어려울 것이라고 생각하십니까? 그 이유는 무엇입니까?

제 11 장

한꺼번에 쏟아지는 문제들은 어디서부터 도와야 할 것인가

Tiffany Stoner-Harris

이 사례는 아프리카계 미국인 여고생의 트라우마와 다문화 및 협력적인 상담에 대한 필요성을 다루고 있다. 트라우마 중심적 관점에서 뿐만 아니라 다문화적 관점에서 아동기 성 학대의 영향이 통합된다.

배경

Toni Miller는 16세의 아프리카계 미국인 소녀로, 그녀의 학업 성취에 대한 영어 교사의 우려에 학교상담사인 Leman-Wong 씨에게 의뢰되었다. Toni는 기존에는 평균적으로 A/B 학점을 유지할 정도로 성적이 좋았으나 최근 며칠 동안 학교에 결석하였다. Toni는 결석으로 인해 여러 수업에서 뒤처졌다.

사례

영어 교사인 Small 씨는 또 다른 우려사항으로 Toni가 교실에서 홀로 지내는 시간이 늘고 다른 학생과의 교류가 부족한 점에 주목하였다. 30대 중반의 혼혈 백인/아프리카계 미국인 Small 씨는 어느 날 수업이 끝난 후 Toni에게 다가가서 무슨 고민거리가 있는지 물었다. Toni는 갑자기 울기 시작하였지만 괜찮다고 말하였다. Small 씨는 Toni에게 학교상담사와 이야기해 볼 것을 권유하였다. Toni는 과거에 학교상담사를 만난 적이 있었기 때문에, Leman-Wong 상담사를 찾아가 보는 데 동의하였다. Toni는 학교상담사에게 편안함을 느꼈고, 50대 중반의 백인 여성인 Leman-Wong 상담사와 좋은 관계를 맺고 있다고 느꼈다.

Toni는 자해를 한 전력이 있으며, 자신을 '칼(cutter)'로 불렀다. 학교상담사는 Toni의 과거 행위를 알고 있으며, 지난 1년간 매주 Toni와 상담을 통해 행동을 관찰해 왔다. 영어 교사의 제안 이후 Toni는 Leman-Wong 상담사와 정규 수업 시간 외에 잠시 만나기로 하였다. 이 짧은 시간동안 Toni는 학교상담사에게 자신이 8세에서 12세 사이에 삼촌에게 **성적 학대**를 당했고, 최근까지 많이 두려워하고 있다고 밝혔다. 당시 21세의 이 삼촌은 법적 친권이 없는 부모(그녀의 아버지)의 집에서 살았고, Toni는 지금도 아버지의 집에 격주로 방문한다. Toni는 자신의 부모님에게 이러한 과거의 학대를 공개하지 않았다고 말했다. 그녀는 더 이상 아버지 댁을 방문할 수 없게 되거나, 삼촌이 법적인 문제에 직면하게 될까 봐 걱정하고 있었다. Toni는 학교상담사에게 자신의 가족 구조와 기존 관계에 대해 자세히 설명하였다. 그 이야기에는 삼촌이 더 이상 아버지 집에서 살지는 않으며, Toni가 13세 이후로는 삼촌을 본 적이 없다는 것이 포함되었다. 하지만 그녀의 가족은 매우 가깝게 지내며, 종종 여러 가족구성원이 한 집에 거주하는 경우도 많았다. 이 내용을 들은 학교상담사는 Toni를 **지역 성폭력 상담 프로그램**에 의뢰하였다. 성폭력 상담사는 상담사와 옹호자 역할을 겸하여 Toni를 만나기 위해 학교로 바로 찾아오기로 동의하였다.

성폭력 상담사가 적시에 도착하여 Toni에게 상담 서비스가 적절한지 여부에 대해 결정하기 위한 평가를 마쳤다. 학교상담사는 성폭력 상담사를 Toni에게 피해자 담당 상담사 역할로 소개하였으며, 성폭력 상담사는 Toni에게 학대가 그녀의 잘못이 아니라는 것을 확신시켰다. 그리고 학생을 지지하며 내담자 중심적 관점을 가진 상담사로 소개하였다. 성폭력 상담사는 성폭력 상담 프로그램을 통해 피해자에게 제공되는 다양한 서비스에 대해 논의하였다. 학교상담사와 성폭력 상담사는 Toni가 받을 상담 서비스에는 비밀을 보장하기로 약속하였다. 학교상담사는 Toni가 상담이 필요할 때는 언제든 이용할 수 있지만, 지금은 성폭력 상담을 받는 것이 최선일 것이라고 말하며 상담실을 나갔다.

Toni는 최근 성폭력 상담사에게 성폭력 피해 전력을 다시 언급하였다. 게다가 Toni는 비록 그녀의 어머니와 아버지가 결혼을 한 적은 없지만, 그녀는 항상 그녀의 부모님과 대가족 모두와 가까운 관계를 유지해 왔다고 설명하였다. Toni는 몇 년 동안 어머니와 아버지의 집에서 꾸준히 살고 있다고 밝혔다. 그녀는 부모님 사이에서 태어난 외동딸이지만 양쪽 모두 어린 이복형제들이 있다. Toni는 형제자매들과 매우 친밀한 관계를 맺고 있다고 보고하였다. Toni는 그녀의 부모님에게 과거의 학대를 공개하는 것이 가족 간의 친밀한 관계 때문에 그녀의 가족구성원 사이에 심각한 균열을 일으킬까 봐 걱정하였다.

논의

Toni는 평균적인 키와 몸무게의 단정한 청소년으로 보인다. 그녀는 매우 상냥하고 상담 과정에 개방적인 태도를 보인다. 처음에는 소소한 대화를 나눴으며, 신고된 성적 학대에 대해서는 직접적으로 이야기하는 것을 피하는 것처럼 보인다. 상담이 진행됨에 따라 Toni는 과거의 학대와 그것이 자기 삶에 미친 영향에 대해 이야기하기 시작하면서 매우 혼란스러워하였다. 또한 그녀는 부모 중 누구에게도 이 정보를 공개할 수 없다는 우려에 대해 말하였다. Toni는 스스로 부모님과 매우 가깝고 친밀한 사랑을 받고 있다고 말하지만 이 정보에 자신의 부모가 어떻게 반응할지는 확신하지 못했다. Toni는 이 상담 회기에서 상담사에게 두 번의 월경 주기를 놓쳤기 때문에 임신하였을 수도 있다고 말하였다. 그녀는 이 정보도 부모에게 공개하지 않았다. 또한 Toni는 16세 학생인 현재의 남자친구와 피임하지 않고 성관계를 가졌다는 것도 솔직히 인정하였다.

질문들

1. 이 사례에서의 다문화 역량 주제는 무엇인가?
2. 성폭력 피해를 경험한 학생과 상담할 때, 부모의 동의가 없는 경우 법적/윤리적 문제를 어떻게 다룰 수 있는가? 부모 동의에 대한 법률(parental consent laws)은 성폭력 및 잠재적인 임신과 관련하여 어떤 역할을 할 수 있겠는가?
3. 성폭력 프로그램에서 학교상담사와 임상 정신건강 상담사 간의 협력 및 자문에 대해 기대할 수 있는 것은 무엇인가?
4. 다문화적 관점에서 학생에게 상담이 제공될 때 상담사 개인의 가치, 신념, 태도가 방해하는 것은 무엇인가? 어떻게 하면 학생에게 해를 끼치지 않을 수 있겠는가?

논평 1

Sophie Maxis

전문 상담사는 윤리적 · 문화적으로 유능해야 하며, 미국상담학회(ACA) 및 상담 및 관련 교육 프로그램 인증위원회(CACREP)에 중요한 사건을 개념화할 수 있는 적절한 다문화적 틀을 활용하여 문제를 해결할 수 있어야 합니다(Whaley & Davis, 2007). 이 사례는 학교상담사 준비 프로그램에서 필요한 다문화 역량의 훈련, 특히 인종과 문화적으로 다양한 배경을 가진 내담자와 효과적으로 협력하기 위해 필요한 인식, 지식, 기술의 발달을 강조합니다(Holcomb-McCoy, 2005). 학교상담사는 임신 가능성이 있는 학생이 정서적 · 학업적 · 사회적 · 의학적으로 대처하는 동안 학생의 주체성을 더욱 발전시키기는 방식으로 중요한 사건을 해결할 수 있습니다.

학교상담사들은 학대 피해자를 위해 즉시 학대를 신고하고 적절한 외부 서비스를 제공하도록 훈련받습니다. 다문화적 관점에서, 이 사례는 학생이 학대를 폭로하는 것을 방해할 수 있는 학생의 문화적 신념과 행동, 그리고 상담사의 아동학대 신고에 대한 법적 의무 사이의 잠재적인 갈등을 보여 줍니다. 이러한 잠재적 갈등은 신고 의무가 경감되는 것은 아니지만, 학생이 학교상담사와의 논의를 통해 자신의 가치관, 신념, 태도를 스스로 평가할 수 있는 기회를 제공합니다. 학교상담사는 Toni의 문화적 배경 및 다양한 가정의 풍요로움을 인정해야 합니다. 학교상담사는 Toni의 가족관계의 영향, 법적으로 내려져야 할 결정, 그리고 Toni가 아동기 성폭력과 임신 가능성을 밝혔기 때문에 Toni가 이용할 수 있는 선택지에 대해 함께 논의할 수 있습니다.

Toni는 성폭력 상담을 계속함에 따라 상담센터와 학교 자원을 넘어서는 강력한 지원 네트워크가 필요할 것입니다. 그녀의 임신 가능성은 과거의 학대에 대한 기억을 촉발하는 요인이 될 수 있습니다. 만약 임신이 확인되고 그 이후의 그녀의 결정에 상관없이 Toni가 부모님의 지지를 받는다면 긍정적인 결과를 얻을 가능성은 더 높습니다.

Toni와 영어 교사 Small 씨 및 학교상담사 Leman-Wong 씨는 서로 다른 세 가지 인종적 배경을 가지고 있지만, 해당 교사들은 아프리카계 미국인 청소년인 Toni와 협력적이며 문화적으로 적절한 방식으로 참여하고 있습니다. Leman-Wong 상담사와 Toni의 세대 간, 인종 간의 차이에도 불구하고, 그들은 이전에 Toni가 자해 행위에 대해 상담을 받은 적이 있기 때문에 강한 유대관계를 맺고 있는 것 같습니다. 전반적으로 Toni는 교사와 학교상담사의 도움 요청 제안에 호의적으로 반응하며, 독립적으로 행동하는 것이 Toni의 가족 역동의 집단적 성격에 반할 수 있지만 성폭력 상담 서비스를 통해 제공될 지원에 따라 행동할 가능성이 높습니다.

가족 구조에 관계없이 아동학대의 특성상 피해자가 때때로 가족 역동을 방해할 것을 두려워하며 학대를 공개하기를 두려워합니다[자원 목록의 강간, 학대 및 근친상간 전국 네트워크(Rape, Abuse, and Incest National Network: RAINN) 참조]. 가족 역동을 방해할 것에 대한 두려움은 Toni가 성폭력 담당 상담사에게 설명한 것처럼, 집단주의적 성향을 띠는 것으로 보이는 Toni의 긴밀한 가족에게는 더욱 악화될 수 있습니다. 다문화 역량 문제는 Toni의 가족 구조, 특히 아프리카계 미국인 가족들 사이에서 공통적으로 나타나는 확장된 가족이나 친족 관계망의 의미를 이해하는 것입니다. Toni의 성적 학대의 사실과 그에 따른 결과를 공개했을 때 가족이 느낄 감정에 대한 우려는 그녀의 주요 집단주의 세계관이 학대를 신고하려는 보다 독립적이고 개별화된 선택과 충돌할 수 있음을 시사합니다. 비록 Toni가 자해 행동 개인상담을 성공적으로 완수하여 독립성을 보여 주었지만, 특히 그녀의 아버지가 그녀의 삼촌과 가까운 관계를 유지한다면, 그녀는 가족에게 학대 사실을 공개하는 데 여전히 내적 갈등을 경험할 수 있습니다.

학교상담사는 법적 의무, 직업윤리, 직장 규정, 문화적 배려, 가족의 역동성, 상식 등을 균형 있게 고려하여 사안별로 윤리적 의사결정을 할 수 있도록 준비되어 있어야 합니다(Linde, 2015). Leman-Wong 상담사는 Toni의 과거 성폭력 사실을 지역 기관에 보고함으로써 적절하게 행동했습니다. Toni의 경우, 아동기 성폭력에 대한 공개가 의무화되어 있지만, Toni가 성폭력 상담 및 임신출산건강 서비스를 요청할 경우, 연방규정에 따라 그녀의 부모로부터도 그녀의 사생활을 보호할 수 있습니다(42 U.S.C. §290dd-2; 42 C.F.R. Part 2). 학교상담사는 Toni가 자기 가족을 '가까운 사이(close)'라고 묘사한다는 점을 감안할 때, Toni가 정신건강 치료를 통해 경험하는 모든 진전을 지원하기 위해 그녀의 부모에게 과거 성폭력을 공개하는 것을 고려하도록 권장해야 합니다. 비록 Toni의 정신건강 및 가능한 산전 관리를 위해 부모의 동의가 의무화되어 있지는 않지만 Leman-Wong 상담사는 Toni와 그녀의 보호된 권리뿐만 아니라, 그녀의 상황을 부모에게 공개할 경우 발생할 수 있는 잠재적인 혜택 결과에 대화를 나눌 수 있습니다. Leman-Wong 상담사는 Toni가 성적 학대 및 잠재적인 산전 치료 과정에서 자신의 경험을 부모에게 공개하기로 선택한 경우, Toni와 그녀의 부모와 함께 상담을 받을 것을 제안할 수 있습니다.

학교상담사와 성폭력 프로그램의 임상 정신건강 상담사 간의 협력적인 관계도 필요합니다. 이를 통해 Toni가 자신이 경험한 트라우마를 의미 있게 해결하기 위해 그녀의 선택권을 행사할 수 있도록 지원하고 배치하는 데 필요합니다. 학교상담사는 Toni가 학교에 다니기 때문에 학생 동의를 얻었지만, 정신건강 상담사가 성폭력 상담을 제공하려면 추가적인 정보에 입각한 사전 동의가 필요합니다(Linde, 2015). Leman-Wong 상담사는 외부의 상담이 Toni의 학교생활에 악영향을 미칠 경우 학교 환경 내에서 Toni를 관찰하고 지원할 수 있는 역량이 있습니다. 정신건강 상담사는 Toni의 적절한 동의와 허락을 받아 학교상담사가 시행하고 지원할 수 있는 치료를 제공할 수 있습니다.

Leman-Wong 상담사의 개인적인 신념과 가치에 상관없이, 그녀가 Toni나 다른 사람들에게 피해가 가지 않는 한, Toni가 권리를 행사할 수 있도록 주체성을 지원해야 합니다. 상담사의 신념과 태도의 근원에 대한 자기 성찰, 특히 그것들이 학생에게 해를 끼칠 경우, 문화적으로 유능한 학교상담사가 되기 위해 자기 성찰은 매우 중요합니다. 학교상담사는 성적 행동과 관련된 Toni의 선택과 임신 가능성과 관련된 결정에 대해 존재하거나 현재 나타나는 선입견을 더 깊이 검토하고 감시해야 할 것입니다. 또한 Toni가 자신이 어렸을 때 경험한 트라우마를 드러내지 않는 주된 이유가 가족이란 점을 고려하면, 학교상담사는 Toni의 문화와 관련된 가정과 문화에 따른 가족에 대한 대응 선택에 대해 자기 성찰함으로써 이점을 얻을 수도 있습니다.

논평 2

Jonique Childs

ACA 윤리강령, 미국정신건강상담사학회(American Mental Health Councelors Association: AMHCA) 윤리강령 및 미국학교상담사학회(ASCA)는 모두 상담관계, 비밀 유지, 전문적 책임, 다른 전문가와의 관계, 심리 평가, 슈퍼비전, 윤리적 딜레마 해결을 다루고 있습니다(ACA, 2014; AMHCA, 2010; ASCA, 2010b). 성폭력 상담사와 학교상담사는 학생과 협력하여 예외사항을 포함한 비밀 유지 서약서와 성폭력 상담을 받을 학생의 권리를 함께 살펴봐야 합니다. 상담사는 성폭력 상담에 대한 학생의 필요와 권리를 평가할 때, 성폭행에 대한 대응과 같은 예외적인 상황에서 미성년자 상담에 관한 주 법령을 숙지해야 합니다(ACA, 2014; AMHCA, 2010;

ASCA, 2010b; Remley & Herlihy, 2013). 이러한 이해는 학교상담사가 자신의 업무 범위에 제한이 있을 때 이를 인지하는 것과 성폭력 상담사에게 의뢰해야 하는 것이 포함되어야 합니다(ASCA, 2010b). 여기에는 미성년자가 스스로 상담 서비스에 동의할 수 있는 연령 요건에 대한 인식도 포함됩니다. 예를 들어, 일리노이주 법령 410 ILCS 210/3(b)에 따르면, 최소 만 14세 이상이고 성폭력 피해자인 미성년자는 부모의 동의 없이도 정신건강 상담을 받을 수 있습니다(Illinois Coalition Against Sexual Assault, 2015; Illinois General Assembly, 2015). 성폭력 상담사와 학교상담사는 모두 자신이 근무하는 지역의 구체적인 법령이 무엇인지 명확하게 이해해야 합니다. 일부 주에서는 학생이 법률에 따라 성폭력 상담 서비스에 대하여 동의할 권리가 있지만, 성폭력 상담사와 학교상담사는 실제 학대와 방임에 대한 의무적인 신고자로서의 역할도 고려해야 합니다. 이것은 직업의 관리 기관에 따라 의사결정 모델을 사용하는 것이 유익할 수 있는 상황입니다(ACA, 2014; AMHCA, 2010; ASCA, 2010b). 학생은 부모의 동의가 없으면 주 법령에 허용되는 상담 회기 수 이후에는 향후 회기가 종료됨을 분명히 이해해야 합니다. 만약 학생이 제한된 상담 회기를 초과하여 진행하려면, 주마다 정해진 미성년자 동의 제한에 따라 부모의 동의를 받아야 합니다. 이 설명에는 이러한 제한적 서비스 동의에 따른 몇 가지 우려사항과 제한사항을 학생에게 알리는 내용이 포함되어야 합니다. 특히 공개된 정보가 비밀 유지 예외사항에 해당되는 경우, 서명 페이지 작성을 포함하여 학생과 함께 사전 동의서를 면밀히 검토해야 합니다.

사례의 Toni의 언급에 따르면, 비록 그녀는 현재 추가적인 성적 학대에 대한 위험에 처한 것은 아니지만, 신고되지 않은 성적 학대를 공개하는 특성상 자녀가 향후 학대의 위험에 처하지 않도록 보호하기 위해 부모가 알아야 할 권리를 고려하기에 충분합니다. 고려해야 할 또 다른 문제는 Toni가 실제로 임신한 경우의 건강 상태입니다. 임신이 확인된 바는 없으나, 만일 그녀가 실제로 임신했음에도 불구하고 산전 서비스를 전혀 받지 못하거나, 부상을 입거나, 진료를 받지 못해 병이 났을 경우에는 의학 정보 공개가 문제가 될 수 있습니다. 기본적으로, 학교상담사는 학대의 위험과 잠재적으로 방치된 의료의 위험이 있는 사람을 보호하기 위한 윤리적 결정을 내려야 할 것입니다(ACA, 2014; AMHCA, 2010; ASCA, 2010b). 또한 신고 의무자는 학대 신고 및 의료행위의 경우 학생의 안전이 가장 우선되어야 함을 유의해야 합니다. 또 다른 고려사항은 ASCA 모델과 일리노이주 법령 410 ILCS 210/5에서 알 수 있듯이, 학교상담사가 학생의 부모 또는 보호자에게 학생과 관련된 문제를 알리도록 권장하는 것입니다(ASCA, 2010b; Illinois General Assembly, 2015).

본질적으로, ASCA(2010b)에서 지적한 바와 같이, 윤리적 의사결정 모델은 관련된 모든 개인의 권리, 책임 및 복지를 평가하는 데 활용되어야 합니다. 여기에는 비밀 유지, 학생 안전, 그리고 성폭력 상담을 받을 학생의 권리에 대한 임상적 결정과 어느 시점에서 부모에게 알릴 것인가에 대한 결정이 포함됩니다(ACA, 2014; AMHCA, 2010; ASCA, 2010b). 성적 학대와 임신 가능성에 대한 현재의 문제를 부모 또는 보호자에게 스스로 공개하는 것에 대해 학생과 협력하면서 학생의 현재 정서적 변화에 대한 요구를 가장 잘 충족시킬 수 있는 방법으로 결정을 고려해야 합니다. 이를 위해 상담사는 학생과 협력하여 부모를 포함하는 대안적인 결정을 찾아야 할 수도 있습니다(Remley & Herlihy, 2013). 예를 들어, 일부 지원 상담에는 부모 참여의 장단점, 안전 관련 문제의 식별, 부모에게 공개하는 내용의 역할극, 심지어 관계에서의 지지와 정직성에 초점을 두는 것이 포함될 수 있습니다. 여기서 상담의 목표는 학생이 상담을 받고 향후 피해로부터 안전하게 보호받을 수 있도록 하는 것입니다.

학교상담사와 성폭력 상담사 모두가 함께 협력하여 학교생활 전반에 걸쳐 발생할 수 있는 사회 정서적 요구를 해결하는 것은 도움이 될 수 있습니다(ACA, 2014; AMHCA, 2010; ASCA, 2010b; Remley & Herlihy, 2013). 이는 교실에서 학생이 수업에 집중하는 데 영향을 미치는 감정적 분출이나 괴로움의 순간 동안 대안 조치를 취할 수 있도록 학생에게 허용을 구하는 것이 포함될 수 있습니다. 예를 들어, 학생이 수업 시간 내내 트리거 또는 플래시백을 경험하고 있다면, 교사는 학생이 학교상담사를 찾아갈 수 있도록 하는 허용하는 계획을 수립하는 것이 도움이 될 것입니다. 학교상담사와 성폭력 상담사의 협력적인 관계는 학생이 성폭력 상담사와의 상담 회기 사이에 필요에 따라 학교상담사를 찾을 수 있는 능력을 조정하는 것이 포함될 수 있으며, 이는 외상에 대한 즉각적인 반응이나 자해 행동의 징후를 다루기 위한 것입니다. 또한 교실 밖의 추가 시간으로 인해 이전에 놓친 수업을 보충하는 학생의 능력을 조정하는 데 도움이 필요할 수도 있습니다. 이러한 협업은 학생의 요구사항이 완전히 충족되도록 하기 위해 협업 과정에서 동료 전문가들에게 일부(혹은 비록 최소한이라도) 정보를 제공해야 하기 때문에 학생의 허락하에 비밀 유지가 일부 이루어지지 않을 수 있습니다(ACA, 2014; AMHCA, 2010; ASCA, 2010b).

학생이 이러한 어려운 문제를 해결할 수 있도록 돕는 과정에서 상담사에게 발생할 수 있는 내적인 갈등을 해결하는 것도 중요할 것입니다. 만일 상담사가 친권, 혼전 성관계, 가족의 기대에 대한 다양성 문제 등에 대해 강한 가치관을 가지고 있다면 다소 잠재적인 문제가 발생할 수 있습니다(Sue & Sue, 2016). 만일 상담사가 부모의 알 권리에 대해 강한 감정을 가지고 있다면, 학생이 서비스에 동의할 수 있다는 전제하에 학생과 처음 만날 때 문제가 될 수 있습니다. 만약 상담사가 혼전 성관계를 용인하지 않는 가치관을 가지고 있다면, 상담사의 편견이나 가치관이 상담 과정을 방해할 수도 있습니다. 이로 인해 임신 문제를 해결하는 데 도움이 될 수 있는 지역사회의 관련 자원을 학생에게 지원하는 데 있어 대응이 부족해질 수 있습니다. 학생의 가족과 가족구성원이 서로의 삶에서 수행하는 역할에 관해, 상담사는 학생의 대가족이 하나 이상의 거주지에서 직계 가족으로 함께 살아왔기 때문에, 가족의 구조 및 관계에 영향을 미치는 다문화적 영향을 존중하고 고려하는 것이 중요합니다(ACA, 2014; AMHCA, 2010; ASCA, 2010b; Sue & Sue, 2016). 이에 상담사는 자녀가 부모에게 성적 학대의 이력을 공개함으로써 가족 구조를 방해하는 것에 대한 구체적인 우려를 이해하기 위해 노력해야 합니다. 마지막으로, 상담사는 잠재적인 학생의 요구를 객관적이고 유능하게 충족시키는 능력을 방해할 수 있는 자해에 대한 신념과 가치관을 가질 수도 있습니다. 학생의 필요에 대한 즉각적인 반응과 그에 따른 상담 과정을 통해 학생에게 피해를 주지 않도록 고려해야 할 많은 요소가 있습니다(ACA, 2014; AMHCA, 2010; ASCA, 2010b; Remley & Herlihy, 2013).

자원 목록

보충 자료

American School Counselor Association. (2010). *ASCA national standards for students*. Alexandria, VA: Author.

Council for Accreditation of Counseling & Related Educational Programs. (2015). *CACREP accreditation standards and procedures manual*. Alexandria, VA: Author.

Holcomb-McCoy, C., & Day-Vines, N. (2004). Exploring school counselor multicultural competence: A multidimensional concept. *Measurement and Evaluation in Counseling and Development, 37,* 154-162.

온라인 자료

Rape, Abuse, and Incest National Network(RAINN)
https://www.rainn.org/public-policy/legal-resources/florida

보충 활동

성찰과 토론을 위한 추가 질문

- 이 사례에서 다문화적 고려를 해야 한다면 어떤 추가적인 갈등이 발생할 수 있습니까?
- 16세 Toni의 상황에서 그녀의 사생활 보호 권리보다 더 중요한 추가적인 요인 또는 잠재적 요소는 무엇입니까?
- 학교의 내·외부 상황에서 학생들의 동의에 대한 한계에는 어떤 것이 있습니까?
- 아동학대 발생 시 교사, 학교상담사, 정신건강 상담사 간에 어떤 자문과 협력 역할을 할 수 있습니까?

제 3 부

상담사로서 어떻게 할 것인가

How I Serve as a Counselor

제**12**장

이제 일어났다면, 어떻게 살아남을 것인가

Matthew J. Beck

이 사례에서는 모든 학생을 옹호하는 학교상담사의 역할, 특히 그 옹호가 지역사회에서 인기가 없는 상황에 대해 고찰한다. 모든 학생에 대한 옹호는 학교상담사를 개인적 가치와 직업적 가치 사이에서 어려운 상황에 처하게 할 수 있다.

배경

중서부 시골 지역의 전문 학교상담사는 학교 관계자로부터 "게이라서 그래."와 같은 편향된 언어를 부정적이고 차별적인 방식으로 사용하는 초등학생들에 관한 문제를 해결하기 위한 도움을 요청받았다. 학교상담사는 '게이, 레즈비언 및 이성애자 교육 네트워크(The Gay, Lesbian and Straight Education Network: GLSEN)'의 발달에 적합하고 연구 중심적인 괴롭힘 방지 교육과정과 가족 다양성에 관한 아동 도서를 포함하는 행정 당국이 승인한 개입 방법을 결정하였다. 이러한 발달상담 수업에서는 아이들에게 괴롭힘과 편견, 가족의 다양성, 성 역할과 다양성에 대해 가르치면서 규정화된 괴롭힘을 다루었다. 하지만 Alex Lynn 씨가 실시한 모든 사람을 존중하는 학교상담 프로그램에 대해 소수의 지역사회 구성원들이 반발하면서 상황이 바뀌었다.

사례

첫 번째 학교 이사회 회의에서 '어떤 가정에는 엄마가 둘이거나 아빠가 둘이다.'라는 내용을 담은 동화책의 한 페이지에 대해 반대하는 시위자들이 모여 기도하는 철야 집회가 진행되었다. 초기 단계에서 학교 행정부는 학교상담사의 변화 노력을 지원하고 협력하였다. 교육감은 학교상담사에게 "이런 포용적 메시지는 가정에서 포용적 다양성에 대한 존중의 대화가 이루어지지 않고 있는 것이 분명하기 때문에 학교에서 진행할 필요가 있다."라고 의견을 제시하였다.

학교상담사인 Alex Lynn 씨의 초기 옹호 노력으로 학군의 공식 교육과정위원회에서 문제가 된 자료들의 근거를 설명하였다. 학부모와 교육자들은 학교에서 사용되는 자료들이 연령에 적합하고 연구에 기반을 둔 것이라고 생각하지만, 반대하는 부모들을 위해 그들의 자녀들이 대체 수업을 받도록 하는 선택권을 포함하자고 결정하였다. 이러한 타협에도 불구하고 반대는 더욱 커졌고 학교상담사가 교실에서 학생들에게 동성애 생활 방식과 성에 대해 가르치고 있다고 주장하였다. 예를 들어, 한 학부모는 '지역 학생들이 가지고 있는 고정관념의 장벽을 허물기 위한 자료로 성경을 사용할 것'을 권하였다. 학교상담사는 반대하는 지역사회 구성원들과 심지어 그들의 자녀들로부터도 언어적인 괴롭힘을 당하였다. 또한 이 단체는 지역 교회에서 모임을 가졌는데, 학부모들이 학교 관계자들에게 이러한 자료를 금지하라는 압력을 가하는 수단으로 학교상담 프로그램 발달 수업에서 자녀를 빼내도록 하는 전략을 권장하였다.

논의

이 시점에서 학교상담사는 교육이 옹호 작업의 다음 단계라는 결론을 내렸다. 이 작은 공동체를 둘러싸고 있는 괴롭힘 반대 자료들의 단절과 해석은 해결해야 했다. 첫째, 상담사는 구성원의 성정체성을 언급하는 반대 단체를 개별적으로 만나 수업은 연령에 적합하며 성은 어떤 방식으로든 언급하지 않았음을 설명하였다. 한 부모는 "수업 자체는 괜찮지만, 그 수업이 성소수자(레즈비언, 게이, 양성애자, 트랜스젠더 등) 조직에서 비롯되기 때문에, 인정할 수 없다."라고 주장했다. 둘째, Alex Lynn 씨는 이사회 회원들과 협력하여 여러 교육기관에서 승인되고 전국적으로 호평을 받는 자료를 제시하여 옹호하였다. 셋째, 학교상담사는 여러 학부모에게 자료를 미리 볼 수 있도록 수업에 참석할 것을 권유하였다.

발달상담 수업에 참여할 수 없는 학생들이 늘어남에 따라 행정부와 학교 이사회는 학교상담사 옹호 노력과 거리를 두고 결국 최소저항의 길을 선택하게 되었다. 이어 "두 엄마/두 아빠, 게이/레즈비언 가족, 동성 부모, 성소수자 자료, 성적 성향을 묘사하는 모든 자료 및 이와 관련한 학생들과의 대화는 허용되지 않는다."는 지침이 뒤따랐다. 학교상담사는 다양한 학생과 가족에 대한 직업적 윤리적 의무와 사회 정의의 입장에 설 경우 직장을 잃을지도 모른다는 두려움 사이에서 갈등하게 되었다.

많은 성찰 끝에 Alex Lynn 씨는 이 학교 문화와 지역사회에 필요한 변화를 기꺼이 감수하고 모범으로 삼는 동맹들이 제한적이라는 것을 깨달았다. 학교상담사는 동료들과 상의한 후 해당 자료를 삭제하고 학교 외부의 옹호자들과 함께 협력하였다. 학교상담사의 지역사회 밖 옹호 조치는 새로운 차원으로 격상되었다. Alex Lynn 씨는 전국적인 성소수자 및 교육 단체와 함께 옹호 역할을 위한 기회를 모색하였다. 전문 협회와 성소수자 단체들은 평등을 위한 학교상담사의 목소리가 전국적으로 전달될 수 있는 플랫폼을 제공하였다. 공동체 문제를 해결하기 위해 Alex Lynn 씨는 마을 도서관에서 책 읽는 가족의 밤을 만들었다. 이를 통해 가족과 아이들이 학교 밖에서 이런 존중받을 만한 이야기를 들을 수 있는 기회가 마련되었다.

언론이 이 이야기를 보도한 후, Alex Lynn 씨의 옹호 활동은 학교 관계자들의 전면적인 LGBT 금지 조치가 가져올 차별적이고 비윤리적인 영향에 대한 강력한 메시지를 전달하며 걷잡을 수 없이 커졌다. 전국적인 논쟁이 벌어지고 있는 가운데 지역 학교 내부에서도 갈등이 커지고 있었다. 교사들은 자신들의 두려움, 충격, 그리고 분노를 표현하였으며, 일부 교사들은 초등학교를 전국적으로 주목을 받게 한 학교상담사의 행동을 비판하였다. 몇 달 동안, 이 사건에 대한 양측의 논쟁이 벌어졌다. 학교 이사회는 성소수자 관련 '자료' 사용 금지를 절대 해제하지 않았다. 자기 성찰 끝에, Alex Lynn 씨는 개별 학생과 가족들을 돕기 위한 목적으로 정체성을 인정하는 자료가 다시 상담실에 비치되었음을 알리는 서한을 학군에 보냈다. Alex Lynn 씨는 다문화 인구와 함께 일할 때 학교상담 전문가 윤리강령을 준수하기 위해서는 이것이 필요하다고 느꼈다. 학교상담사는 자료를 복원하여 옹호함으로써 변화를 일으켜 모든 학생에게 긍정적이고 존중받을 만한 결과를 가져올 수 있다고 확신하였다. 교육청이나 관리자들은 전혀 응답하지 않았다.

질문들

1. 이 사례에서 잠재적인 윤리적 또는 법적 문제는 무엇인가? 학교상담사는 교육청이 직업 윤리강령을 준수하지 않을 때 어떻게 전문 상담사는 그것을 준수할 수 있는가?
2. 전문 학교상담사는 학교와 대항하지 않으며 어떻게 옹호 활동을 수행하는가? 변화 노력에서 특히 상담사의 옹호 노력이 '보이지 않는 곳에서(behind the scenes)' 이루어진다고 하였을 때 미디어의 역할은 어떻게 영향을 주는가?
3. 전문 학교상담사는 LGBT 학생과 가족을 위해 이를 인정하지 않는 공동체 문화에 균형을 맞추면서 이러한 괴롭힘을 어떻게 해결하고 성소수자 학생과 기록에 대한 존중을 도모할 수 있는가?

논평 1

Darcie Davis-Gage

전문 학교상담사의 업무는 때때로 힘들고 어려울 수 있습니다. Alex Lynn 씨는 이 학교에서 그것을 직접 배우고 있습니다. 이 문제를 다루기 위해서는 학교상담사의 전문적인 역할을 명확히 하고, 사건 처리의 본질적인 어려움을 해결하며, 구체적인 행동 방향과 실행 계획을 제시하는 것이 중요합니다. 첫째, Alex 씨는 전문 학교상담사로서 자신의 역할을 전달하는 것이 중요합니다. CACREP 기준(2016)에 따르면 전문 학교상담사는 학교에서 리더로 활동하고 시스템 변화 대리인으로서 옹호하며, 형평성을 지원하고 촉진하는 전략을 구현합니다(Standard G.2.a., G.2.j., G.3.k.). 또한 Alex 씨는 현직 학교상담사로서 미국상담학회(ACA) 윤리강령(2014)을 준수해야 합니다. 이 강령은 상담사가 학생들을 옹호하고(A.7.a.), 차별하지 않으며(C.5.), 확립된 전문적이고 윤리적인 기준과 의무를 지키도록(D.1.d.) 정하고 있습니다. 뿐만 아니라, 대부분의 주에서는 지역교육청에 학교상담사를 교직원으로 둘 것을 요구합니다. Alex 씨가 전문 학교상담사로서의 역할을 완수하기 위해서는 LGBT 학생들과 가족들의 요구를 지원하고 해결하며 모든 학생에게 안전한 학습 환경을 조성해야 합니다. Alex 씨는 학교 행정부가 자신에게 제기하는 문제를 해결하기 위해 개발한 적절한 자료를 제시함으로써 이러한 기준을 유지하고, 학생, 교사, 학교 행정부, 학부모, 지역사회 구성원들에게 자신의 접근 방식을 설명하며 학교 밖에서 프로그램을 지지하고 발전시켰습니다.

윤리강령과 규정 조항, 학교 정책이 Alex 씨의 역할, 사전 조치 및 책임을 지원하고 있지만, 이것은 쉽지 않은 작업입니다. 많은 학교상담사가 비슷한 문제로 어려움을 겪고 있으며, 때때로 이러한 어려운 상황에서 지원이 희박한 경우도 있습니다. Alex 씨가 학군 내 다른 전문 학교상담사들에게 연락하여 지원과 슈퍼비전을 받는 것이 중요합니다. 또한 주 또는 전국 상담기관이나 지역의 상담사 교육 전공 교수진에게 연락하여 지침을 구할 수 있습니다. 이들은 지원을 제공할 수 있을 뿐만 아니라 추가적인 자원을 제공할 수도 있습니다. 궁극적으로 이 상황은 정서적, 심리적으로 지칠 수 있으므로 이 기간 동안 지원을 받고 적절한 자기 관리를 하는 것이 중요합니다.

Alex 씨가 지원 시스템을 마련한 후에는 행동 방침을 결정할 때 윤리적 의사결정 모델을 사용하는 것이 중요합니다. ACA 윤리강령(2014)은 상담사가 이 모델을 사용하도록 요구하고 있는데, 이는 상담사들이 철저하게 생각하고 단계별 계획을 수립하는 데 도움이 될 수 있기 때문입니다. Alex 씨가 자신과 자신의 행동을 가장 잘 통제할 수 있음을 기억하는 것이 중요합니다. 그녀는 전문적인 수준에서의 자신의 선택을 지지할 수 있어야 합니다. Alex 씨는 LGBT 학생들을 지속적으로 옹호하고 학교와 지역사회 내에 지원과 적대감이 혼재된 상황에서 안전한 환경을 제공해야 하는 어려움에 직면해 있습니다.

Alex 씨에게는 어려운 상황이지만 옹호, 관계 형성 및 전문적인 성장을 위한 많은 기회가 존재합니다. 학교 시스템 내에서 학생을 옹호하는 것은 까다로운 균형 작업이 될 수 있습니다. Alex 씨는 전문 학교상담사이자 모든 학생을 위한 옹호자로서의 역할을 수행해야 하며, 동시에 학군의 정책을 준수해야 합니다. 가능한 조치 과정은 설명한 대로 앞으로 관리자들과 다시 만나 자신의 역할과 책임을 검토하고, LGBT 학생과 가족에 대한 우려를 해결하기 위한 서면 계획을 제시하고, 지역 학군이 이 계획을 시행하는 데 어떻게 지원할 수 있는지 논의하는 것입니다.

Alex 씨는 이러한 우려를 해결하고 계획을 수립하는 데 도움이 되는 여러 가지 방법으로 적절하게 옹호해 왔습니다. 전문 학교상담사로서 학생, 가족, 학교 행정부와의 소통이 핵심입니다. 첫째, Alex 씨는 학교상담사로서의 의무가 모든 학생을 위한 동등한 기회와 보호를 옹호하는 것이 포함된다는 것을 사람들에게 상기시킬 수 있습니다. 옹호하는 것은 선택이 아니라 책임입니다. 즉, 단순히 어떤 학생을 지원할지 고르고 선택할 수 없습니다. 학교 관계자가 그녀에게 “부정적이고 차별적인 방식으로 편향된 언어를 사용하는 초등학생들의 증가가 우려된다."라고 통보하였기 때문에, 그녀는 전문 학교상담사로서의 의무에 따라 해당 우려를 해결해야 하였습니다. 둘째, 그녀는 모든 학생을 위한 다양한 서비스를 제공할 수 있습니다. 그녀는 LGBT 학생들을 위한 자료를 계속 제공할 수 있으며, 개별 상담을 실시할 수 있고, 지원 그룹을 만들 수 있으며, 차이에 대한 존중을 주제로 한 교실 지도 프로그램을 만들 수 있습니다. 또한 어떤 교사나 교직원이 이러한 노력을 지지할 수 있는지 확인하는 것이 중요하며, 그들은 학생과 가족구성원을 지원하고 교수진이나 이사회에서 옹호하는 것을 도울 수 있습니다. 게다가 차별 방지 정책과 괴롭힘 방지 프로그램을 검토하여 성정체성과 성적 지향을 보호 계층으로 다루는 문구가 포함되어 있는지 확인하는 것도 중요합니다. 만일 이러한 문구가 포함되지 않은 경우 Alex 씨는 관련 교직원은 해당 문구를 포함시키도록 주장할 수 있습니다.

Alex 씨는 학교 밖에서도 옹호 활동을 계속할 수 있습니다. Alex 씨는 지역사회 자원을 제공하고 그러한 활동에 참여함으로써 학생들을 위한 포용성의 모범을 보여 줍니다. 또한 많은 학생이 행동의 결과가 아니라 그녀의 행동을 통해 옹호자로서의 그녀를 배우고 있다는 것을 기억해야 합니다. Alex 씨는 대부분의 부모가 그들의 자녀가 배우기를 원하는 행동인 정중하게 옹호하는 방법과 학교와 지역사회에서 리더가 되는 방법을 보여 주고 있습니다.

옹호는 학교상담사의 의무에서 중요한 요소입니다. Alex 씨는 이미 학생들을 위한 안전하고 친근한 환경을 구축하기 위한 조치를 취하였습니다. 요약하면 Alex 씨는 학생, 교사 및 관리자에게 자신의 역할과 구체적인 임무를 설명해야 합니다. 그녀는 교장 선생님과 별도로 만나서 지지를 얻는 것이 도움이 될 수 있습니다. '만약 프로그램이 실행된다면' 대신, '실제 프로그램이 실행될 때'라는 태도로 신중하게 제시하는 것이 도움이 될 수 있습니다. 또한 Alex 씨는 다른 학교상담 전문가뿐만 아니라 그녀의 학교에서 견고한 동맹지원 시스템을 구축함으로써 이익을 얻을 것입니다. Alex 씨는 학교 시스템과 지역사회 내에서 LGBT 학생들을 지원하는 프로그램에 계속 참여하는 것을 권장합니다.

논평 2

S. Kent Butler

여기에 설명된 사례를 종합적으로 검토한 결과, 몇 가지 윤리적 및 법적 문제는 명백해 보입니다. 무엇보다도 학교관계자들이 교육 자료의 사용을 금지 조치한 것은 차별적이고 비윤리적인 행동의 여지가 있습니다. 또한 전문 학교상담사의 옹호 노력과 거리를 둔 학교 행정부와 학교 이사회의 모습은 매우 우려가 됩니다. 교직원과 학생 단체 구성원을 지지하지 않을 뿐만 아니라, 그들의 행동은 학생과 다른 사람을 위험한 상황에 빠트릴 수 있는 매우 유해하거나 적대적인 업무 및 교육 환경을 조성할 수 있습니다. 특히 소송이 많은 사회에서, 그들이 당면한 문제의 처리 방법을 고수하는 것은 법적 조치로 이어질 수 있고, 이 사건에 대한 추가 조사를 유발할 수 있습니다.

옹호하는 측의 입장에서는 해당 자료를 복원하는 것도 문제가 될 수 있습니다. 모든 학생에게 긍정적이고 존중받는 변화를 만드는 것이 목적이지만, 사안의 중대성 때문에 해를 끼칠 가능성도 있습니다. 비록 그렇게 하는 것은 전문 학교상담사의 윤리적 권리에 속하는 일이지만, LGBT를 옹호하는 자료를 다시 학교상담실에 두는 것은 애초에 이러한 자료를 그곳에 두는 목적을 훼손할 수 있는 무수히 많은 방해 행동으로 이어질 수 있습니다. 가정하자면 이러한 방해 행동은 학생, 교사, 상담사 및 관리자에게도 법적 문제를 초래할 수 있습니다.

ASCA 학교상담사를 위한 윤리 기준 E.1.a. 및 E.1.c.에 따르면, 전문 학교상담사는 높은 수준의 보살핌을 제공하고 자신의 행동에 대한 책임을 수용하면서 개인의 전문 역량의 경계 내에서 행동해야 합니다. 추가적으로, 표준 G.2 조항(Standard G.2)은 직업의 윤리가 반영되지 않은 정책을 수용해야 하거나 조건에 따라 일을 해야 할 경우에 올바른 경로를 통해 상황을 개선하기 위해 노력해야 한다고 제시합니다. 이를 위해 전문 학교상담사가 ASCA의 윤리 기준을 준수하고 학교 환경 내에서 그들의 옹호 노력의 균형을 맞추는 가장 좋은 방법은 완전히 투명성을 유지하는 것입니다. 투명성을 통해 전문 학교상담사는 학생 개개인의 권리 보호와 관련된 사안인 만큼 학교 행정부와 열린 의사소통의 통로를 유지하기 위해 노력하고 있음을 공개적이고 정직하게 보여 줄 수 있습니다. 이것은 여기에 기술된 사례의 경우에 특히 준수해야 할 중요한 사항입니다. 학교 관계자들에게 투명함을 유지하고 언론 매체에서 학교 정책에 대해 반대하는 발언을 공개적으로 하지 않음으로써, 학교상담사는 논란의 중심에 서지 않고 자신의 고용 상태도 보호받을 수 있습니다. 어쨌든, 이렇게 하는 것은 전문적인 학교상담사가 법에 따라 보호받을 수 있는 좋은 위치에 있게 됩니다.

이런 경우 언론의 역할이 필수적입니다. 그러면 이 이야기의 중심에서 전문 학교상담사의 손에서 벗어나며, 공표되는 문제에 대해 공식적인 성명을 발표할 필요가 없습니다. 학교상담사를 위한 미국학교상담사학회(ASCA) 윤리 기준 표준 F.1.f.에 따르면, 상담사가 세계 시민으로서 자신의 진술 및 행동과 학교상담사로서 이루어지는 진술 및 행동을 명확히 구별해야 한다고 말합니다. 모든 학생의 권리를 둘러싼 언론의 관심과 분위기가 조성됨에 따라 학부모를 비롯한 이해관계자들을 포함한 외부의 옹호자들이 대변인이 되어 잘못된 행동에 대한 감정을 표출하기 시작할 가능성이 높습니다. 또한 언론은 대중에게 신화와 거짓을 불식시키는 훌륭한 자료를 제공하여 저항하는 사람들에게 당면한 문제와 관련된 사실을 교육할 수 있는 기회를 제공하기 바랍니다. 일단 이들과 연결되면, 학교 행정부의 손이 묶여서 그들의 위치에 목소리를 낼 수 밖에 없습니다.

ASCA 학교상담사를 위한 윤리 기준 E.2.a.부터 E.2.g.까지는 전문 학교상담사가 성희롱을 해결하고 LGBT 학생과 가족에 대한 존중을 조성하는 데 도움이 되는 다문화, 사회정의 옹호 및 리더십과 관련된 기준을 훌륭하게 제공합니다. 각 기준은 또한 상담사가 적극적인 방법으로 LGBT를 옹호하지 않은 공동체 문화의 균형을 맞출 수 있는 좋은 기회를 제공합니다.

두 입장 간의 원활한 협력을 위해서는 전문 학교상담사가 다문화 및 사회정의 옹호 인식, 지식, 기술 및 관련된 모든 사람에게 판단하지 않고 공정하고 공평할 수 있는 역량을 지원하기 위한 조치를 취할 수 있는 능력을 강화하는 것이 필수적입니다(Ratts, Singh, Nassar McMillan, Butler, & McCullough, 2016). 전문 학교상담사는 모든 형태의 편견과 억압이 학교 공동체에 어떤 영향을 미치는지 이해해야 하며, 이는 문화적으로 구체적이고 관련성 있는 전문적인 발전 기회를 획득함으로써 쉽게 달성될 수 있습니다. 또한 다양한 문화적 · 언어적 정체성을 확인하고 공평한 학교 및 학교상담 프로그램 정책과 관행을 옹호하기 위해 노력해야 하며 포용적이고 문화적으로 책임 있는 언어를 사용하고, 문화적으로 관련성 있는 워크샵을 제공해야 합니다. 그리고 학교상담사는 학생들의 성공을 촉진하는 긍정적인 학교 환경을 조성하기 위해 그 이해를 높이고자 가족들에게 정보를 전파하는 방법에 참여해야 합니다. 또한 학교 내 옹호자이자 리더로서 높은 학생 성취도를 지원하기 위해 고안된 형평성 기반 학교상담 프로그램의 개념을 장려할 수 있습니다.

다문화 상담 및 발달 협회(Association for Multicultural Counseling and Development)에 새롭게 채택된 **다문화 사회 정의 상담 역량**과(Ratts et al., 2016), 학교상담사를 위한 ASCA 윤리 기준 내에 있는 다문화 사회정의 옹호 리더십 지침을 함께 활용하는 것은 모든 학생이 학교 공동체 내에서 잘 지낼 수 있도록 하는 매우 실질적인 방법으로 보입니다. 전문 학교상담사들은 긍정적인 학교 환경을 조성하는 데 필요한 건전한 지도를 제공하기 위해 학교 안에서 매우 독특하고 강력한 위치를 차지하고 있습니다. 학교 행정부와 다른 이해관계자들과 함께 전문 학교상담사는 이 벅차지만 동시에 보람 있는 작업을 자신 있게 완수할 수 있습니다. 비록 많은 노력이 필요하지만, 모든 인간에 대한 다문화적 존중을 위한 강한 의지가 중요하며, 모든 학생은 이러한 원칙에 입각한 결단력을 가질 자격이 있습니다.

자원 목록

보충 자료

Bidell, M. P. (2011). School counselors and social justice advocacy for lesbian, gay, bisexual, transgender, and questioning students. *Journal of School Counseling, 9*(10) 1-22. Retrieved from http://jsc.montana. edu/articles/v9n10.pdf (Note: This article has a comprehensive list of internet resources [p. 21] for school counselors working with LGBTQ youth.)

Black, J., & Underwood, J. (1998). Young, female, and gay: Lesbian students and the school environment. *Professional School Counseling, 1,* 15-20.

Diaz, E. M., Kosciw, J. G., & Greytak, E. A. (2010). School connectedness for lesbian, gay, bisexual, and transgender youth: In-school victimization and institutional supports. *The Prevention Researcher, 17,* 15-17.

King, S. (2008). Exploring the role of counseling support: Gay, lesbian, bisexual, and questioning adolescents struggling with acceptance and disclosure. *Journal of GLBT Family Studies, 4,* 361-384.

Munoz-Plaza, C., Quinn, S. C., & Rounds, K. A. (2002). Lesbian, gay, bisexual and transgender students: Perceived social support in the high school environment. *The High School Journal, 85,* 52-63.

Palma, T. V., & Stanley, J. L. (2002). Effective counseling with lesbian, gay, and bisexual clients. *Journal of College Counseling, 5,* 74-89.

Singh, A. A., & Kosciw, J. G. (Eds.). (2017). School counselors transforming schools for LGBTQ students [Special issue]. *Professional School Counseling, 20*(1a).

온라인 자료

Advocates for Youth. Resources for Gay, Lesbian, Bisexual and Transgender Youth: Select Organizations, Web Sites, Videos

http://www.advocatesforyouth.org/component/content/ article/727-resources-for-gay-lesbian-bisexual-and-transgender-youth-select-organizations-web-sites-videos

American Civil Liberties Union. Library: LGBT Youth & School Resources

https://www.aclu.org/library-lgbt-youth-schools-resources-and-links?redirect=lgbt-rights_hiv-aids/library

Amplify

amplifyyourvoice.org/youthcampaignsandprograms

American School Counselor Association(ASCA) Position Statement on LGBT Youth

https://www.schoolcounselor.org/asca/media/asca/PositionStatements/PS_LGBTQ.pdf

Centers for Disease Control and Prevention. LGBT *Youth Resources*

http://www.cdc.gov/lgbthealth/youth-resources.htm

DoSomething.org

www.dosomething.org

GLBT National Help Center Hotline: 1-888-THE-GLNH (843-4564),

Youth Talkline: 1-800-246-PRIDE (246-7743)

Human Rights Campaign

www.hrc.org

IMPACT: The LGBT Health and Development Program

www.impactprogram.org

It Gets Better Project

www.itgetsbetter.org

LGBT Youth Allies

www.youthallies.com

Live Out Loud

www.liveoutloud.info/

Point Foundation

www.pointfoundation.org

Stop Bullying(government campaign)

http://www.stopbullying.gov/at-risk/groups/lgbt/

Thinkb4youspeak

https://www.glsen.org/participate/programs/thinkb4youspeak

보충 활동

학습 활동

- 보충 자료를 검토한 후, 모든 학생의 평등권에 대한 학교 정책을 개선하거나, 학군 지침을 제정하기 위해 어떤 조치를 취할 수 있겠습니까?

제 **13** 장

준비가 되었든 아니든 어떤 문화가 결정하는가

Na Mi Bang

배경

학교상담 실습생인 Amber(어드바이저가 정해 준 미국 이름)는 30세의 아시안 여성이다. Amber는 유명한 아시안 교사 상담 프로그램에서 학부 교육을 받았고, 미국으로 와서 학교 상담 석사 학위를 취득하기 전에 아시아에 있는 초등학교에서 3년간 상담교사로 일하였다. Amber는 학교상담 과정 초반에 언어 장벽과 상담 및 관련 교육 프로그램 인증위원회(CACREP)에서 인증한 상담사 준비 프로그램의 엄격한 코스 때문에 어려움을 겪었다. 학교상담 프로그램의 두 번째 해에, Amber는 사례 개념화(case conceptualization)에서 서양 문화적 적응(Western acculturation)에 약간의 어려움을 겪었지만, 모든 과목에서 뛰어난 성적을 거두었고, 교수진은 만장일치로 그녀가 임상 실습 경험을 할 준비가 되었다고 결정하였다.

사례

현재 Amber는 백인 학교상담사인 Dounuf 씨의 지도하에, 초등학교에서 유치원부터 6학년 학생들을 담당하며 상담 실습을 하고 있다. 학교상담사 실습생은 직업, 학업, 정신건강 및 가족 관련 문제 영역에서 훈련을 받지만, LGBT 관련 주제에 대한 훈련은 제한적이다. Amber는 실습 과정에 참여하자마자 즉시 3학년 여학생인 Kylie와 개별 상담을 하게 되었다. 처음과 두 번째 회기에서는 Kylie의 학업 성취에 대한 어려움을 중점적으로 다루었다. Amber는 학교상담 환경에서 다양한 학업 관련 주제에 대한 기술을 배웠기 때문에, 학업 관련 주제를 확인하고 Kylie를 지원하는 데 자신감을 가졌다. 그러나 다섯 번째 회기에서 Kylie는 Amber와 유대감을 형성하면서, 성정체성 문제를 드러내기 시작하였다. Kylie은 자신이 레즈비언이라는 정체성을 인식하긴 했지만 성정체성에 대한 혼란스러움을 표현하였다. Kylie의 얘기(disclosure)를 듣고 나서, Amber는 LGBT 관련 주제에 대한 훈련 및 노출 부족으로 인해 Kylie의 성정체성 문제를 다루기에 준비되지 않은 것 같다 생각하고, 불편하다고 느꼈다. Amber는 현장 슈퍼바이저와 대학원 슈퍼바이저에게 이 학생을 도와주는 것에 자신이 없다고 말했다. Amber는 이 학생을 자신의 현장 슈퍼바이저인 Dounuf 씨에게 의뢰(refer)하는 것이 윤리적 책임이라고 생각하였다(feels confident).

질문들

1. 성정체성과 LGBT 관련 문제에 대처하는 학교상담사의 교육에서 동양 문화와 서양 문화는 어떻게 다른가?
2. 학교상담 실습 또는 실습 과정 슈퍼비전에서 아시안 수습생과 백인 슈퍼바이저 사이의 잠재적인 장애물은 무엇인가?
3. 학교 환경에서 LGBT 문제를 다루는 학교상담사를 교육하기 위해 CACREP에서는 어떤 필수사항을 요구하나?
4. 서로 다른 문화적 배경을 가진 학교상담 실습생의 성장을 지원하기 위해 어떤 교육적 지원이 필요한가?

논평 1

Joel M. Filmore

이 사례는 복잡하고 다양한 면이 있는 **다문화 상담 슈퍼비전**으로, 개별적인 면과 동시에 다양한 문제를 고려해야 합니다(Colistra & Brown-Rice, 2011). 우리의 토론을 위해, 우선 전통적인 아시아 문화 내에서 성 및 성적 지향은 '금기' 주제로 간주되기 때문에 공개적으로 논의되지 않는다는 것을 먼저 이해하고 수립하는 것이 중요합니다(Nakamura, Chan, & Fischer, 2013). 이러한 금기된 주제가 논의되지 않기 때문에, 아시안 문화 내의 학교상담사들은 성소수자에 특화된 문제에 대해 정보를 충분히 알지 못할 수 있으며 잘못된 편견 때문에 이들에 대해 오해를 할 수도 있습니다(예: LGBT 정체성을 갖는다는 것은 에이즈 감염과 같다는 것).

따라서 동양 문화적 배경에서 교육을 받은 학교상담사들이 LGBT에 특화된 교육을 받는 것은 극히 드물다는 것이 사실입니다. 미국 내의 CACREP에서 인증된 상담 프로그램에서 교육을 받았다고 하더라도, 상담 실습생들은 LGBT 문제에 대한 교육과 경험을 제한적으로 받는다는 연구가 있습니다(Biaggio, Orchard, Larson, Petrino, & Mihara, 2003; Phillips, 2000). Amber가 그녀의 학생을 Dounuf 씨에게 의뢰한 것은 그녀가 스스로 인식한 역량 수준(또는 결여)이나, 그녀의 문화적 부끄러움 또는 불편함과 이해 부족으로 인한 자신감의 결여 때문일 수 있습니다.

Amber와 그녀의 슈퍼바이저 사이의 문화적 차이 때문에, 슈퍼비전과정에서 몇 가지 중요한 이슈가 나타납니다. 이는 그녀의 **문화적 규범**, **전문적 책임**, 그리고 **내담자의 요구**를 어떻게 처리할 것인가에 대한 문제입니다. 우선 Amber와 그녀의 슈퍼바이저 간에 의도적인 대화가 필요합니다. 이를 통해 슈퍼바이저는, 그녀가 슈퍼비전 과정에서 무엇을 해야 하는지를 이해하도록 돕는 것이 중요합니다. Bernard와 Goodyear(2004)는 슈퍼비전은 한 전문 직군의 초심자나 회원들에게 숙련자인 회원이 제공하는 개입이라고 하였습니다. 이 관계는 평가적이며 시간을 거쳐 이루어짐과 동시에 초심자의 전문적 기능을 향상시키고, 그들이 보는 고객에게 제공되는 전문 서비스의 품질을 모니터링하고, 특정 직업에 진입할 사람들을 위한 관문 역할을 하는 목적을 가지고 있습니다(p. 8).

CACREP의 표준은 상담 전문가가 다문화 능력을 갖추기 위한 요구사항을 매우 명확하게 보여 주고 있습니다(CACREP, 2009). 또한 상담사는 성적 취향을 포함하여 차별하지 않는다고 명시되어 있습니다. 슈퍼바이저가 자신의 책임을 다하기 위해, 그리고 Amber가 슈퍼비전 경험에서 최대한의 이익을 얻기 위해, 슈퍼바이저는 Amber를 다문화주의와 자신감을 향상시키는 과정에서, 이 기회를 '가르칠 수 있는 순간'으로 활용해야 합니다.

슈퍼바이저는 상담관계 내에서 Amber와 성 및 성적 취향과 관련하여 어떻게 이야기할지에 대한 주제를 다루어야 합니다. 이 고의적인 행위에서 Amber와의 대인관계적 불편함과 부정적인 의사소통을 최소화해야 합니다(Toporek, Ortega-Villalobos, & Pope-Davis, 2004). Amber에게는 이 대화가 불편할 수 있지만, 미국에서 실무 심리치료사가 되기 위해서 이 역량을 이행하는 것에 대한 중요성이 강조되어야 합니다. 슈퍼바이저는 Amber에게 문화적으로 민감하게 접근하도록 최선을 다해야 하지만, 우선순위는 내담자와 내담자의 권리 보호여야 합니다(Constantine & Sue, 2007).

LGBT상담사 역량에 관한 연구는 제한적이지만, Filmore(2014)의 최근 연구에서는 상담사 후보의 역량에 기여하는 세 가지 요인을 발견하였습니다. 상담 프로그램에서의 성소수자에 대한 교육, 실습 및 실습 과정 중 성소수자와의 임상 경험, 그리고 살아가는 동안 성소수자와의 개인적인 친분관계 경험입니다. 이는 성소수자와 관련된 상담사 역량에 대한 이전 연구의 결과를 뒷받침합니다(Bidell, 2005; Farmer, 2011; Graham, Carney, & Kluck, 2012). Amber의 슈퍼바이저는 그녀가 성소수자 친구를 사귈 수 있도록 할 수는 없지만, 연구들은 임상 경험과 의도적인 성소수자 교육이 상담사 후보의 자신감과 역량 인식을 향상시킨다는 것을 분명히 보여 주었습니다. 따라서 그녀의 슈퍼바이저는 그녀가 자신에게 내담자를 의뢰하도록 허용하는 것이 자신감과 역량을 갖춘 학교상담 전문가가 되기 위해 필요한 인식, 지식, 기술을 발전시키는 데 있어서 역효과적일 것이므로 권장하지 않습니다.

논평 2

Erin Lane

사례를 검토한 결과, 여러 가지 주목할 점이 있습니다. 첫째, 강점 중심적인 시각을 적용해 볼 때, Amber가 과업수행에 대한 우려가 있을 수 있음에도 불구하고, 강력한 관계 구축 기술을 갖고 있다는 사실을 알아야 합니다. Kylie는 단지 4회의 짧은 회기 동안 Amber와 함께 상담하면서 심각한 개인적인 고민을 털어놓을 수 있게 되었습니다. 이 회기들은 주로 학업에 관련된 것이었습니다. Amber의 본국에서의 교육과 실습 덕택에 이 분야에 대해 더 잘 준비된 것일 수 있겠지만, 여전히 인상적입니다. 둘째, Amber는 과제 수행을 충분히 잘해 왔으며, 상담사가 따라야 할 윤리적 규정을 이해하고 인식할 만한 수준입니다. 아마도 개인적인 성찰뿐만 아니라 자문이 필요할 것이지만, 윤리적 규정을 신중히 고려한 점은 이 직업의 초보자로서 긍정적인 발전으로 인정되어야 합니다. 셋째, 자문의 한 요소로 상담 참여자의 상담사와 협의를 포함한 윤리적 결정 모델을 사용함으로써 Amber의 지도자인 Dounuf 씨는 보다 통찰력 있는 윤리적 결정을 내릴 수 있도록 도움을 줄 수 있었을 것입니다. 그는 이 기회를 통해 자신의 편견을 검토하는 과정과 지식 및 인식의 향상에 대해 더 알려 줄 수 있어야 합니다. 그러나 양측의 지위를 고려할 때 이 관계에서 작용하는 권력과 문화적인 역동성을 기억하는 것이 중요합니다. 마지막으로, Amber의 슈퍼바이저와 교수들은 Amber와 다른 외국인 학생들이 학교상담 석사 프로그램에서 직면하는 구체적인 문제에 대해 보다 더 인식해야 합니다.

국가별로 학교상담사 양성 프로그램은 많이 다릅니다(Hohenshil, Amundson, & Niles, 2013). Amber의 출신 국가를 알 수 없으므로, Amber의 본국에서의 이전 교육에 대한 기본적인 지식을 바탕으로 아시아 여러 국가에 관한 지식들을 일반화해야 합니다. 예를 들어, 많은 아시아 국가에서 학교상담사는 주로 상담 및 발달의 기본을 배우는 교사들입니다. 그들은 징계 문제(예: 무단결석), 학업에 관련된 문제, 정신건강 또는 사회-정서적 발달 및 교육 등을 다룰 수 있습니다. 대부분의 아시아 국가에서 학교상담사는 가치 있는 위치를 가지고 있다고 인식되지만, 학생들을 위한 전문 상담사의 부족은 여전히 남아 있습니다(Grabosky, Ishii, & Mase, 2013; Guo, Wang, & Combs, 2013; Lee & Yang, 2013; Lim & Lim, 2013; Tuason & Arellano-Carandang, 2013; Yeo, Tan, & Neihart, 2013). 학교상담사는 학생들을 위해 기본 상담을 시행하고 지도 수업을 제공하는 방법을 배우게 됩니다. 아시아의 일부 학교상담사 교육 프로그램은 다양성 및 차별 금지 정책과 강의를 포함하고 있지만, 성적 지향성은 일반적으로 포함되지 않습니다(Kwok, Winter, & Yuen, 2012). 성정체성과 성적 지향성에 대한 문제를 다룰 때, 많은 아시아 문화는 전통적인 유교적 또는 기독교적 가치를 따르며, 동성애는 생식에 반하는 것으로 여겨지기 때문에 비도덕적이고 받아들일 수 없는 것으로 해석됩니다(Kwok et al., 2012; Lim & Lim, 2013). 게다가 많은 아시아 문화는 집단 중심적인 성향을 가지고 있기 때문에 동성애자는 자신뿐만 아니라 가족에게도 수치스러운 존재로 여겨집니다. 그래서 동성애는 종종 금기로 여겨지며, 아시아 국가의 많은 학교상담사 교육 프로그램은 동성애자(comrade 또는 tongzhi라고 부르는 중국과 홍콩의 경우) 학생들이 직면하는 문제에 대한 어떠한 지원 방법도 다루지 않습니다(Kwok et al., 2012; Lim & Lim, 2013). 이 모든 배경을 고려하면, 우리는 Amber의 본국에서의 이전 교육이 상담의 기본사항인 관계 구축과 아동 발달 및 학업에 대한 일반적인 이해를 포함할 것으로 생각됩니다. 그러나 아마도 그녀는 학생들의 성정체성에 대한 어려움을 다루는 방법에 대한 교육을 받지 못하였을 것입니다.

이를 염두에 두면, LGBT 문제에 대한 교육 부족으로 인해 Amber가 자신의 슈퍼바이저에게 해당 학생을 의뢰하는 것이 윤리적 의무라고 생각한 것을 이해할 수 있습니다. 이 사례를 고려할 때, Amber는 아마도 미국상담학회 윤리강령(ACA, 2014) A조에 언급된 상담사가 내담자를 돕는 데 역량이 부족한 경우 내담자를 종료하거나 의뢰하는 것을 참고하였을 것입니다. 그러나 모든 학생 상담사가 완전히 준비되지 않은 새로운 상황과 사례를 지속적으로 경험할 것임을 이해하는 것이 중요합니다. 상담사 준비 프로그램에서 요구되는 실습 및 실습생 경험은 학생들의 이해와 옹호를 구축하는 데 필수적이고, 직접적인 지식, 기술 및 인식을 습득하는 데 중요합니다. CACREP 기준(2009)은 특히 학생 상담사들이 성정체성을 비롯한 다문화적 상담 문제를 학습하고 학생들의 성취에 어떤 영향을 미칠 수 있는지에 대한 요구사항을 명시적으로 언급합니다. 게다가 학생들은 스스로 완전히 이해하지 못한 경우 필요에 따라 자문하거나 의뢰하는 능력을 보여 줄 수 있도록 준비되어야 합니다(CACREP, 2009). 2016년 CACREP 기준은 2009년 판만큼 명확하지 않지만, 학생 상담사들이 다문화적 상담 능력과 정체성 발달을 인식하고 대응해야 한다는 요구사항을 언급하고 있는데(CACREP, 2016), 이는 이 사례에 필요한 능력을 직접적으로 언급하는 것입니다.

CACREP 기준(2009, 2016)의 맥락에서 이 사례의 구체적인 내용을 고려할 때, Amber의 윤리적 결정을 재검토하는 것이 현명할 것입니다. 이 경우, CACREP 프로그램의 학생으로서 Amber는 실습 경험의 일부로 정체성 발달 문제를 다루고 다문화적 상담 기법을 시행해야 할 것으로 예상됩니다. 또한 ACA 윤리강령(2014)은 상담 윤리의 근본적인 원칙 중 하나로서 상담사는 내담자에게 해를 가하면 안 된다는 것을 명시하고 있습니다. Amber는 자신의 교육 또는 가치 부족으로 인한 불편함보다는 관계의 중대성과 내담자에게 미치는 잠재적인 영향을 고려해야 합니다(ACA 윤리강령의 A조). 이 경우, Amber와 Kylie 모두가 전문적인 관계를 유지하는 것이 가장 좋을 것입니다. Kylie는 분명히 Amber와의 관계를 형성하면서 짧은 시간 안에 중요한 고민을 드러낼 수 있었으며 이러한 문제에 대해 계속 이야기하는 것이 도움이 될 것입니다. Kylie가 깊은 개인적인 문제를 밝힌 직후 Amber가 갑작스럽게 상담관계를 끊음으로써 Kylie에게 의도치 않게 해를 끼칠 수 있고, 혼란이나 불확실함이 받아들여지지 않는다는 메시지를 전할 수도 있습니다. 게다가 Amber는 실습 및 프로그램 슈퍼바이저에게 자문을 구해야 합니다. 이는 어려울 수 있지만, Amber는 성정체성 문제에 대해 많은 것을 배우게 되며, 이와 다른 가치관이 개입되는 상담 상황에서 자신의 가치관을 배제하는 데 더 잘 준비될 것이며, 슈퍼바이저의 안내를 따라 Kylie의 질문에 도움을 줄 수 있을 것입니다.

그러나 이 사례를 탐구할 때 실습 슈퍼비전 관계에서의 역동성을 고려하는 것이 중요합니다. Dounuf 씨는 미국 출신인 백인 남성이고, Amber는 아시안 여성입니다. 이들은 성별과 출신 국가에 따라 크게 다른 문화적 기준과 가치를 가지고 있을 것으로 예상됩니다. 특히 사례의 경우, Dounuf 씨가 Amber를 효과적으로 감독하기 위해서는, 먼저 신중하고 집중된 노력을 기울여 신뢰와 존중을 바탕으로 한 관계를 구축해야 합니다. 이를 위해서는 서로에 대한 문화적 추정과 가치를 이해하고 인정하는 것이 중요합니다. 또한 양측 모두가 Amber의 서양에서의 문화 적응 수준을 이해해야 합니다. 이는 그녀가 특정 상황을 어떻게 인식하는지에 영향을 미칠 것입니다. 이 사례에서 Amber가 아직 서양 사례 개념화에 어려움을 겪고 있다는 것을 알고 있으므로, 그녀의 문화 적응 수준이 그리 높지 않다고 가정할 수 있습니다. 또한 우리는 연구를 통해 Amber가 슈퍼비전 회기에서 슈퍼바이저와 솔직하게 의논하지 않을 가능성이 높고, 질문된 내용에 대해서만 공유할 것이라는 것을 알고 있습니다(Reid & Dixon, 2012). 이러한 다양한 요소가 Amber의 이 사례에 대한 경험에 영향을 줄 수 있으므로, 슈퍼바이저는 이러한 요소들을 인식해야 합니다. 사례 개념화, 개인 가치와 문화적 기준, 언어 장벽과 같은 문제들이 Amber에게 이 상황에서 우려를 불러일으킬 수 있으며, Dounuf 씨는 이러한 문제들을 Amber를 존중하면서 공개적으로 다루어야 하며, Amber가 이러한 문제들을 편안하게 의논할 수 있도록 해야 합니다. 마지막으로, 이 슈퍼비전 관계에서 Dounuf 씨가 Amber에 대한 명확하고 명시적인 기대를 가져야 하며, 그녀가 그의 감독 아래 실습생의 역할을 이해하도록 보장해야 합니다.

게다가 대학원에서는 추가적인 지원이 필요합니다. 무엇보다도, 교수들은 Amber가 단순히 소수민족 학생이 아니라 더 구체적으로 외국인 학생임을 이해하는 것이 중요합니다. 그녀의 필요는 미국에서 자란 소수민족 학생들과는 다를 것이며, 교수들과 슈퍼바이저들은 이 사실을 계속 인식해야 합니다. 그녀는 언어 장벽을 더 많이 경험할 것이며 (특히 속어나 구어적인 표현의 사용에 있어서), 미국적인 시각에서 사례를 개념화하는 데 집중적인 교육이 필요할 것입니다. 외국인 학생들은 보다 엄격한 학업 과정으로의 전환뿐만 아니라 문화 적응의 단계를 겪고 있습니다. 집단 중심적 문화 출신 학생들은 학교와 교실의 개인 중심적인 분위기를 포함한 즉각적인 지원 체계 부재로 인해 미국 문화에 적응하는 데 훨씬 어려움을 겪을 수 있습니다(Reid & Dixon, 2012). 마지막으로, 교수들과 슈퍼바이저들은 외국인 학생들이 출신 국가와 개인적 특성에 따라 미국에서의 학교 생활에 대해 크게 다른 경험을 할 것임을 이해해야 합니다. 무엇보다도, 신뢰와 존중을 바탕으로 한 관계의 형성이 학교상담 교육 프로그램에서 외국인 학생들의 성공에 핵심입니다. 이 전문적인 관계를 통해 오해와 가치 확인에 대한 문제를 솔직하게 논의할 수 있으며 피해를 두려워하지 않고 이야기할 수 있습니다.

자원 목록

보충 자료

Byrd, R., & Hays, D. G. (2012). School counselor competency and lesbian, gay, bisexual, transgender, and questioning (LGBTQ) youth. *Journal of School Counseling, 10*(3), 1-28. Retrieved from http://jsc.montana.edu/ articles/v10n3.pdf

Hall, W. J., McDougald, A. M., & Kresica, A. M. (2013). School counselors' education and training, competency, and supportive behaviors concerning gay, lesbian, and bisexual students. *Professional School Counseling, 17*(1), 130-141.

Rainey, S. (2007). *Affirmative school counseling: Working with gay, lesbian, and questioning students*. Retrieved from http://www.shsu.edu/~piic/ summer2007/rainey.htm

Rudrow, H. (2013, January). *Resolution of EMU case confirms ACA Code of Ethics, counseling profession's stance against client discrimination*. Retrieved from http://ct.counseling.org/2013/01/resolution-of-emu-case-confirms-aca-code-of-ethics-counseling-professions-stance-against-client-discrimination/

온라인 자료

Teaching Tolerance(includes classroom and professional resources, understanding biases) https://www.tolerance.org/classroom-resources/tolerance-lessons/ analyzing-how-words-communicate-bias

제14장

부족한 교재와 너무 많은 학생

Maiko Xiong

배경

지난 30년 동안 링컨/더글라스 학군에서 링컨중학교가 유일한 중학교로 운영되어 왔다. 최근에는 그 중학교 옆, 울타리 뒤에 백만 달러짜리 주택들이 몇몇 건설되었다. 최근의 성장으로 인해 학군은, 그 동네에 또 다른 중학교를 건설하였으며, 그곳에 대부분의 자금과 자원이 투입되고 있다. 링컨중학교의 예산은 크게 삭감되었으며, 그 결과 교사 수가 줄어들고 수업 선택 수가 줄어들었다.

사례

800명의 학생을 담당하는 유일한 학교상담사인 Steph Conner 씨는 학교 전체 스케줄을 작성하고 학생들을 수업에 배치하는 책임이 있었다. 과목 제공에 제한이 있어 학교 전체 스케줄에 대한 변경 가능성이 거의 없었다. 교사들은 학급 내 학생 수 증가로 좌절감을 느꼈다. 많은 교사에게는 노조 계약에 따라 최대 학생 수가 정해져 있지만, 일부 교사들은 최대 학생 수를 초과해서 가르치고 있었다. 학군이 예산을 계속해서 삭감하면서 링컨중학교 폐쇄에 대한 논의가 나왔다. 이 폐쇄는 새로운 학교를 만들기 위한 것이었다. 링컨중학교 교사들은 불만사항을 제기하고 학생 과부하에 대한 추가 보수를 요청하였다. 이로 인해 노조 계약에 따른 최대 학생 수를 가진 학급에 학생을 배치하는 것을 중단하도록 교육기관 관리자들에게 압력이 가해졌다.

10월에 8학년 학생인 Mai와 Mai의 어머니인 Thao 여사는 Mai의 수업 일정에 대해 상담사와 면담하러 왔다. 학교상담사인 Conner 상담사는 Mai와 친밀한 관계를 가지고 있었다. Conner 상담사는, 지난해 어드바이저로 일한 동남아시아 문화 클럽에서 처음 Mai를 만났다. Mai는 3학년때 1년을 더 이수하고, 계속해서 학업에 어려움을 겪었다. 7학년에 들어가서 Mai는 대부분의 학우보다 나이가 많다는 것을 깨달았고, 이를 계기로 더욱 학업에 집중하게 되어 고등학교를 조기졸업할 수 있도록 노력하기 시작하였다. 시험 점수, 학점, 행동에서 뚜렷한 개선이 있었다. Mai의 영어 교사는 "Mai가 동남아시아 문화 클럽에 가입한 이후로 학교생활에 더욱 집중하고, 수업에서도 리더십을 보이고 있습니다."라고 말하였다. Mai는 현재 Liner 선생님의 8학년 과학 수업을 수강하고 있다. Liner 선생님은 효과적인 교사로 알려져 있지 않다. 하지만 교육기관에서 20년 이상 근무하고 있기 때문에 선배 교사로 인정받고 있다. Mai와 Mai 어머니는 Liner 선생님의 가르침이 Mai의 학습에 효과적이지 않다는 것을 우려하고 있었다. Mai는 "교재가 부족해서 숙제를 할 수 없고, 질문에 대한 대답을 해 주지 않아요. 그냥 우리에게 소리치고 책을 읽으라고 말해요."라고 말하였다. Mai는 과제를 도와달라고 요청하였을 때 Liner 선생님이 그녀를 "멍청하다."라고 했다고 보고하였다. Mai와 Mai 어머니는 둘 다 Mai의 수업 일정을 변경하고 싶어 하였다.

논의

학교상담사는 Mai와 Thao 여사의 고민에 공감하며 일단 이 문제를 교장과 상의해야 한다고 말하였다. 교장과 면담하기 전에, Conner 상담사는 Liner 선생님과 이 문제에 대해 이야기하였다. Liner 선생님은 "그런 일은 기억하지 못해요. 제 반에 학생이 너무 많고 교재가 부족해요."라고 대답하였다. Conner 상담사는 교장과 이 문제에 대해 논의하기 시작하였다. 학교상담사는 Mai의 일정 변경에 대한 승인을 받았지만, 교사당 최대 인원을 준수하기 위해 다른 학생의 일정도 변경해야 한다.

질문들

1. 한 명의 학생뿐만 아니라 다른 학생에게도 영향을 미치는 이러한 변경을 할 때, 고려해야 할 사항은 무엇인가?
2. 선배 교사로는 인정받지만 수업에서 효과적이지 못한 교사와 학교상담사는 어떻게 협력해야 하는가?
3. 학생들에게 충분한 교재가 없는 학교에 대해 학교상담사는 어떤 조치를 취할 수 있겠는가?
4. 이러한 한정된 자원으로 어떻게 창의적으로 일할 수 있겠는가?
5. 학교상담사는 학교가 처한 문제 상황을 어떻게 다룰 수 있겠는가?

논평 1

Norma Day-Vines

이 사례는 미국에서 불공정이 얼마나 심각한지 보여 주는 예시입니다. 예를 들어, 지역 학군은 지난 몇 년간 일종의 낙후 지역이 개발되는 과정을 경험하며 Mai와 같은 물질적으로 불리한 상황에 처한 학생들에게 부정적인 영향을 미쳤습니다. 사실, Anyon(1981)의 연구에서는 가난한 지역 출신 아동과 소수민족 출신 아동들이 교육적 불평등에 영향을 많이 받는다는 강력한 증거를 제시합니다. 아마도 젠트리피케이션으로 인해, 학교상담사에게 가장 분명하게 영향을 끼치는 점은, 미국학교상담사학회(ASCA, 2013)에서 권장하는 학교상담사/학생 비율을 초과한다는 것입니다. ASCA는 1:250의 최적 비율을 권장하고 있습니다. 이보다 높은 비율은 상담사가, 학생들의 각자의 배경과 상관없이, 그들의 학업, 직업, 개인-사회적 발달을 촉진하기 위해 다른 학교상담사와 함께 협력하는 것을 방해할 수 있습니다.

Conner 상담사는 지역과 주 내의 다른 학교상담사와 학교상담 지도자들과 함께 일해서, 교사들이 교사 학생 비율을 줄이기 위해 성공적으로 옹호한 것과 유사한 노력을 기울여야 할 것입니다.

작년 동안 Mai는 많은 학업적인 발전을 이루었습니다. 게다가 학교 내에서 제공되는 자원들은 Mai의 자신감 수준과 인종정체성 기능을 높이는 데 도움이 되었습니다. 그러나 Mai가 이룬 발전은 과학 교사인 Liner 선생님의 유해한 대인관계 방식으로 인해 손상될 수 있습니다. 안타깝게도 Liner 선생님은 비효과적인 교사로 여겨지지만, 그의 선배 교사 지위로 인해 아직 행정부에서 징계를 받지 못하고 있습니다. Conner 상담사는 Mai를 위해 대변하였지만, Mai의 사회적 정의 요구사항에 대해서는 다루지 않았습니다. Conner 상담사가 Mai의 과학 수업 변경을 교장에게 요청할 때, 유해한 교실 분위기에 대해서는 언급하지 않았습니다. 그녀는 교장과 만나기 전에 Liner 선생님에게 접근하였지만, Liner 선생님의 교실 상황에 대해서는 교장에게 알리지 않았습니다. 이 정보를 공유하지 않음으로써, 그녀는 행정부가 감독, 평가 및 개선을 제공할 기회를 놓칠 수도 있습니다.

학교상담사들에게 있어서 주요 내담자는 학생들입니다. 불행하게도 Conner 상담사는 Liner 선생님과 암묵적인 동맹을 맺어, 그가 심각하게 의존하는, 문제적인 교실 관리 방법을 계속해서 보존시키고 있습니다. Conner 상담사는 Bemak과 Chung(2008)이 언급한 '친절한 상담사 증후군'에 시달리는 것으로 보입니다. 이는 사회 정의 옹호자로서 기능하는 것을 꺼리며, 시스템적 장벽에 반대하여, Mai의 학업 준비도, 성공도, 그리고 이로 인해 모든 학생의 성공에까지 부정적인 영향을 미치는 것 같습니다. 안타깝게도 Conner 상담사는 학생들을 위한 시스템적 장벽을 제거하기 위해 노력하는 대신 동료들과의 호감 얻기에 더 관심을 가지고 있는 것으로 보입니다. Conner 상담사는 문화 다양성 능력의 한계, 현 상황에 도전하는 것에 대한 두려움, 문제 제기자로 인식될까 봐 걱정, 동료들로부터의 소외, 무관심, 불안, 혹은 직장 안정성에 대한 우려 때문에, Liner 선생님의 문제적인 교수 스타일을 무시할지도 모릅니다(Bemak & Chung, 2008; Griffin & Steen, 2011).

Bemak과 Chung(2008)은 **사회 정의 옹호 전략**을 권장합니다. 여기에는 1) 학교상담 프로그램에 다양성/사회 정의 옹호 및 조직 변화 서비스를 조화시키기, 2) 데이터 기반 전략을 활용하기, 3) 사회 정의 옹호 및 조직 변화 서비스에 대한 타인의 반응에 의연하기, 4) 친절한 상담사 증후군의 해로운 영향을 인식하기, 5) 그리고 부당함에 대처하는 용기와 결단력을 가지기의 전략이 있습니다.

마지막으로, Conner 상담사는 교장에게 Mai의 과학 수업 변경을 촉구하였습니다. 그 결과로 Mai는 Liner 선생님의 수업에서 제외되었습니다. 이 변경은 개별 지향적 전략을 대표하는데, 이는 Liner 선생님이 교사로 있는 학생들과 과학 지식 습득이 그의 비효과적인 교수법으로 인해 저해될 수 있는 체계적 문제를 해결하지 않았습니다. 상담사들은 옹호, 사회 정의, 그리고 체계적 변화를 지향해야 합니다. Conner 상담사는 학생들의 더 넓은 요구사항을 고려하지 않았습니다. 그녀는 오로지 Mai의 개별 지향적 요구에만 초점을 맞추었습니다.

Conner 상담사는 교사, 학부모, 학생, 지역사회 구성원, 그리고 행정관리자와 같은 이해관계자들을 동원하는 방식으로 이 문제에 더 전략적으로 대처해야 합니다. Holcomb-McCoy(2007)는 공정성 점검의 중요성을 다루며, 불공정한 학교 기반 문제를 추적하고 식별 및 후속 개입이 필요한 것을 강조하였습니다.

논평 2

Tina Anctil

이 사례에서 학교상담사는 개별 학생(Mai Thao)에 대한 **공정성과 옹호**의 구체적인 문제와 함께, 지역사회와 지역 내 교사 노동 문제와 뒤섞인 젠트리피케이션의 보다 큰 맥락적 영향과 마주하게 됩니다. 학교 시스템적인 관점에서 개별 학생의 시간표 변경 요청은 교사들, 교장, 그리고 수업 크기 제한을 고려하여 시간표를 변경해야 하며, 다른 학생에게까지 영향을 미치는 파급 효과를 가지고 있습니다.

학교상담사에게 가장 좋은 접근 방법은 개별 학생 영역에서 시간표 변경의 영향, 교사와의 관계, 그리고 교장과의 관계도 함께 고려하는 것입니다. 각 영역이나 관계 내에서는 대규모 수업, 제한된 교재, 그리고 상담사의 다량의 업무량으로 인한 공정성과 접근성이 학교상담사의 대응을 결정합니다. 게다가 이 사례는 공정성과 접근성 문제가 종종 인력과 물리적 자원이 제한된 환경에서 발생한다는 점을 강조합니다. 이러한 환경은 빠르게 정치적으로 갈라지고 불안정하기 때문에 해결책이 항상 분명하지 않을 수 있습니다. 학교상담사는 교사나 학교 관리자가 아니기 때문에 모든 당사자를 만족시킬 옵션이 없이 결정을 내릴 수 있는 상황에 처할 수 있습니다. 교육 신탁(Education Trust)이라는 기관의 학교상담 혁신을 위한 국립센터(National Center for Transforming School Counseling: TSC)는 공정성 문제에 직면할 때 특히 유용한 도구를 학교상담사에게 제공합니다(http://www.edtrust.org).

Mai의 시험 점수, 성적 및 행동의 개선은 학교상담사가 주최하는 동남아시아 문화 클럽에 참여한 결과로 해석될 수 있습니다. 학교상담사는 학교 후원 환경에서 학생들이 자신의 민족적 정체성을 탐구할 수 있는 구체적인 기회를 제공한 데 대해 칭찬받아야 합니다. 강한 민족 정체성은 학업 성취와 관련된 중요한 보호 요소입니다(Altschul, Oyserman & Bybee, 2006).

또한 Mai의 나이를 고려하면 Mai는 자신의 민족성과 정체성을 이해하고 기를 수 있는 중요한 발달 기간에 있습니다. 사실, 이 집단에 참여하는 학생들이 심리적 변화를 경험하며(예: 자신과 '비슷한' 사람들과 상호작용을 원하는 욕구), 그 변화가 학교 개입의 필요성을 일으킬 수 있다는 것은 놀라운 일이 아닙니다.

Mai는 어머니의 지지를 받아, 감정적으로 안전한 환경에서 질문을 하고 적절한 자료에 접근할 수 있다면 과학 수업에서 성공할 수 있다는 메시지를 전달하고 있습니다. 학교상담사는 권위와 권력을 가진 사람에 맞서 자신을 지키기 위해 노력하는 학생을 적절하게 옹호하고 있습니다. 학생의 행동은 자기 효능감의 중요한 표현이며, 학교상담사는 Mai와 어머니의 요청을 듣고 수업 일정과 교사 변경 요청을 처리하며 그들의 노력을 정적으로 강화하고 있습니다. 요청이 허용되었든 그렇지 않았든, 학교상담사는 Mai와 어머니에게 결정과 관련된 제약 요소에 대해 직접적이고 투명하게 전달해야 합니다. 이렇게 한다면 학교상담사는 경쟁 우선순위와 제한된 자원이 있는 큰 시스템 내에서 어떻게 변화를 실현하는지에 대한 본보기를 Mai에게 제공할 수 있습니다.

효과적인 학교상담사는 교사와 관계를 개발하고 유지할 수 있으며, 이는 교육 환경 내에서 상담사의 자문가로서의 역할 기반을 제공합니다. 의심할 여지 없이, 학생의 성적 향상을 이루기 위해 교사에게는 더 큰 압력과 높은 기대감이 따르며, 종종 더 적은 자원을 활용해야 하는 상황이 오기도 합니다. 큰 교실 규모, 다양한 요구를 가진 학생들, 그리고 점점 적어지는 자원은 일반 교사들이 직면하는 영속적인 문제 중 일부에 불과합니다. Liner 선생님(Mai의 교사)에게 공감함으로써 학교상담사는 그의 교실에 학생이 너무 많고 교재가 부족하다는 사실을 알게 됩니다. 이 정보를 가지고 학교상담사는 이제 교사에게 자문을 제공하여 학생과 학부모와의 관계를 관리하는 창의적인 방법을 탐색할 수 있습니다. 학교상담사들은 고려해야 할 대상 교육기관의 주요 이해관계자들과 협력하여 다양한 인종 학생들 및 경제적으로 어려운 학생들의 교육 환경과 성과를 개선할 수 있습니다(예: Griffin & Steen, 2011 참조).

이 사례와 관련하여 교장은 단체 교섭, 예산 편성과 교육 환경에서의 교육 및 학습에 대한 공정성, 그리고 접근성 문제에 관여합니다. 학교상담사는 이러한 문제와 관련된 증거를 제공하도록 요청받을 수 있습니다. 특히, 학교상담사는 특정 학생 그룹[예: 유색인종 학생, 성취도가 낮은 학생, 개별 교육 계획(Individualized Education Plans for Learning Disabilities: IEP)을 받는 학생, 혹은 무료 또는 할인된 급식을 받는 학생]의 학교 성적을 어떻게 평가할지에 대해 주목해야 할 것입니다. Mai가 Liner 선생님에 대한 불만을 제기한 것이 그의 교실에서 특정 학생 집단을 향한 행동 패턴을 시사한다면, 학교상담사는 교장과 협의를 해야 할 수도 있습니다.

아마도 특이한 사례일 것이지만, 학교상담사의 역할은 패턴을 확인하려고 할 때 이러한 문제를 다루는 것을 포함합니다. 예를 들어, Liner 선생님이 아시아계 미국 학생이나 소수 인구 학생들과 협력할 때 민감도 교육이나 지원이 필요한지 검토하는 것은 적절합니다. 그렇다면 이는 학생 인구의 특성을 고려할 때 그의 수업에 참여하는 학생 유형에 어떤 영향을 미칠 수 있을까요? 여러 가지 답변은 조합 규칙에 의해 결정될 수 있지만, (a) 교실 내 공정성 문제에 대해 인식하고, (b) 학생들이 느끼는 또는 실제로 경험하는 불공평함을 줄이기 위해 전략과 해결책을 탐색하도록 교장을 돕는 것이 상담사의 책임입니다.

자원 목록

보충 자료

Griffin, D., & Steen, S. (2011). A social justice approach to school counseling. *Journal for Social Action in Counseling and Psychology, 3*(1), 74-85.

온라인 자료

The Education Trust

http://www.edtrust.org

National Education Association

http://www.nea.org/

보충 활동

학습 활동

- 교사가 경력 순위표에서 높은 위치에 있고 교재가 충분하지 않을 때 어떻게 대응해야 할까요?
  - 미국국립교육학회 웹사이트를 탐색하여 교실 내 공정성 문제에 대해 인식해 봅니다.
  - 학생들이 느끼는 또는 실제로 경험하는 불공평함을 줄이기 위한 전략과 해결책을 탐색하십시오.
  - 교실 활동: 작은 그룹으로 나눠, 교재를 위한 추가자금을 확보하는 방법을 탐색하십시오. 출판사는 학교에 어떤 인센티브를 제공하고 있나요? 이 문제를 해결하기 위한 혁신적인 방법은 무엇인가요?

제 **15** 장

과학 시간에 터져 버리든지, 아니면 시스템 안에 갇히든지

Rafe McCullough

배경

나는 미국 남서부에 위치한 주의 한 중학교에서 일한다. 학생들은 극심한 빈곤과 여러 가지 지속적인 제도적 장벽을 경험하고 있다. 학교가 위치한 지역사회는 심각한 약물 남용 및 폭력적 범죄를 포함한 범죄 문제 등을 겪고 있다. 종종 학생들은 학교를 오고 가는 동안 안전하지 않다고 느낀다. 많은 학생이 이러한 문제들에 어떤 방식으로든 영향을 받았는데, 최근에는 해당 지역에서 청소년들이 관련된 몇 건의 총격 사건이 있었고, 올해에는 우리 학교의 한 학생이 납치되었다. 학생들과 가족들은 지역 경찰로부터 인종차별, 차별, 그리고 많은 부정적인 상호작용을 경험하였다. 그래서 종종 범죄 사건들이 신고되지 않는 경우도 있다.

이 중학교에는 대략 800명의 학생이 있다. 학생들의 거의 절반은 영어를 사용하지 않는 가정 출신이다. 학생 인구의 약 20%가 특별 교육 서비스를 받을 자격이 있으며 개별 교육계획(IEP)을 받는다. 매해 대략 15%의 학생들만이 읽기와 수학 표준을 충족한다. 학생 중 약 95% 이상은 다양한 인종 배경을 가진 학생들이며, 교직원은 98%가 백인이다. 읽기와 수학에서 어려움을 겪는 학생들에게 제공되는 개입 방법은 제한적이다. 학생이 연속적으로 3년 동안 읽기와/또는 수학 표준을 통과하지 못하면 학교는 특별 교육 서비스를 제공한다. 종종 이 학생 집단에는, 미국에 오랜 기간 거주하였지만, 아직 학문적 언어 능력을 달성하지 못한 영어학습자(English language learners)들도 포함된다.

세 명의 학교상담사로 구성된 우리 학교상담팀은 각자의 담당 학생의 학업 진행 상황을 추적관찰하고 있다. 우리는 성적 및 출석 자료를 분석하여 몇 가지 우려스러운 추세를 발견하였다. 하나의 추세는 IEP를 받은 학생들 중 반 이상이 과목에서 낙제하고 있었으며, 이에는 자체 포함 특별 교육 수업(self-contained special education class)도 포함되어 있다. 낙제 점수를 받은 학생들의 출석률은 낙제 점수가 통보된 학기 바로 이후에 크게 감소하였다. 또한 읽기와 수학 모두에 특별 교육을 받을 자격이 있는 많은 학생이 과학과 사회 과목에서도 낙제하고 있었다. 우리는 우려사항을 논의하기 위해 교장 선생님과 회의를 예정하였다. 구체적으로, 우리는 읽기와 수학 모두에 대한 특별 교육 서비스를 받는 학생들이 과학과 사회 과목과 같은 다른 수업에서 충분한 지원을 받지 못하고 있다는 점에 우려를 표명하였다. IEP를 받는 학생들은 추가 지원이 필요하지 않은 다른 학생들과 동일하게 대우되어야 한다. 하지만 우리 교장은 이러한 공정성 문제에 대해 인식하지 못하였다.

사례

그 주 후에, 내가 3년 동안 알고 있던 학생인 Angel이 과학 수업에서 내 사무실로 보내졌다. 이는 그가 '분노폭발(angry disruptions)'로 인해 세 번째로 퇴출되는 경우였다. Angel은 독서, 쓰기 및 수학 학습장애에 대한 특별 교육 서비스를 받고 있었다. 그는 5학년 때, 지역의 영어학습자 프로그램을 종료하였지만 학업적으로 여전히 어려움을 겪고 있다. 그는 더 이상 영어학습자 서비스를 받을 자격이 없지만, 우리 영어학습자 프로그램 코디네이터는 그가 여전히 학문적 영어 유창도에 도달하는 데 어려움을 겪고 있어서 가끔 그를 체크하곤 한다. Angel의 부모님은 다른 나라에 거주하며, 그와 그의 자매는 우리 학교 서비스 지역 내에 친척들과 함께 살고 있다. 그는 7세 때 미국에 왔고, 그의 가까운 가족 중 아무도 고등학교를 졸업한 사람이 없다.

Angel이 내 사무실로 들어와서 그의 선생님인 Swenson 선생님에 대해 "멍청하고 불공평하다."라고 소리쳤다. 그런 다음 얼굴이 붉어지며, 울기 시작하였다. "내가 얼마나 힘든지 아무도 이해 못 해요. 나는 읽기도 못하고, 수학도 못하겠어요. 난 너무 멍청해요." 분노가 치밀은 Angel은 그의 과학 과제를 조각내고 바닥에 던졌다. "나는 못 하겠어요. 이렇게는 더 이상 못 해요." 그는 앉아서 고개를 떨구고, 눈물이 고이자, "바닥을 망쳐 놔서 죄송해요. 상담 선생님이 도와주려고 하는 거 알아요. 제가 치울게요."라고 말했다. 나는 다른 상담 선생님과 상의를 하였다. 그러나 현재의 시스템 내에서 어떻게 도와주어야 할지 몰랐다.

그다음 주에는 Angel이 두 번이나 내 사무실에 왔다. 그는 "어떻게 내가 이 수업을 들을 수 있을까요? 책을 읽지도 못하는데요. 아무도 도와주지 않아요. 거기로 돌아가지 않을 거예요. 나는 그만둘 거예요. 선생님도 나를 다시 학교에 돌아가게 할 수 없어요."라고 말하였다. 그는 과학 수업으로 돌아가기를 거부하고 다음 3일 동안 수업에 나오지 않았다. 우리는 그의 특별 교육 사례 담당자, 교장 선생님, 그리고 개입팀과 회의를 예정하였다. 사례 담당자는 과학 수업에서 그를 어떻게 지원할지 확신하지 못하였다. 사례 담당자는 그 시간에 다른 수업을 가르치고 있었으며, 다른 교육 보조교사는 없었다. 과학 선생님은 35명의 학생 중 9명이 특별 교육 서비스를 받는 수업을 진행하고 있었다.

자원 부족으로 인해, 아무도 Angel을 지원할 방법을 생각해 내지 못하였다. 개입팀은 그가 과학 수업으로 돌아가야 한다고 결정하였으며, Angel이 수업에 참여하면 D학점을 주기로 하였다. 나는 그와의 관계를 이용하여 그를 과학 수업으로 다시 돌아가도록 설득해야 하였다. 그러나 그 노력이 실패하고 그가 여전히 거부했을 때, 이것은 불공정하다는 것을 그에게 말하고 더 나은 계획이 마련될 때까지 그를 다시 그 수업에 돌려보내지 않겠다고 약속하였다. 우리는 그를 과학 수업에서 뺄 수 있다는 생각이 들었다. 우리 학교에서 과학은 '필수'가 아니었기 때문이다. 우리는 변경해야 하는 시스템이 있었지만, Angel은 지금 이 현실을 경험하고 있는데 어떻게 해야 할까?

논의

Angel의 보호자와의 많은 논의 끝에, 나는 Angel을 과학 수업에서 빼는 것을 주장하였다. 나는 그가 Stone 선생님의 6학년 과학 수업에서 교사 보조로 일하도록 제안하였다. 그녀는 친절하고 온화한 교사이다. 모두가 주저했지만 동의하였다. Angel은 Stone 선생님의 수업으로 갔다. 처음에는 위축되어 있었지만, 그녀의 격려로 인해 자신보다 어린 후배 학생들이 실험을 할 때 도와주기 시작하였다. 자신감이 증가함에 따라 교실을 돌아다니며 질문에 답하게 되었다. 학기가 끝날 때, Angel에게 8학년 과학 수업으로 돌아가서 새로운 교실에서 새로운 시작을 하도록 권유하였다. 그는 열심히 노력하고 C−학점을 받았지만, 8학년 과학 수업 한 학기를 놓치게 되었다. 나는 아직도 이 결정에 대해 생각하며 가장 공정하고 윤리적인 결정을 내렸는지 궁금해진다.

그는 아직도 읽기를 이해하는 데 어려움을 겪고 있고, 실험실 지침을 읽을 수 없어 과학 공식에 포함된 수학을 수행할 수 없는 것처럼 보였다. Angel의 8학년 과학 선생님은 누군가 단순히 지침을 설명해 주면 Angel이 모든 수학 문제를 독립적으로 해결할 수 있음을 알아챘다. 선생님과 나는 그가 학업 언어 능력에 여전히 어려움을 겪고 있다고 의심하였기 때문에, 그의 특별 교육 사례 담당자와 영어학습자 코디네이터와의 회의를 요청하였다. 회의의 목적은 Angel이 여전히 영어학습 지원이 필요한지, 그리고 그의 영어 유창성에 대한 지속적인 어려움이 그에게 학습장애가 있는 것처럼 보이게 하고 그의 좌절과 분노 표출을 더욱 악화시키는지를 확인하는 것이었다.

질문들

1. 학교상담사가 Angel을 지원하는 데 어떤 자료가 도움이 될 수 있었는가?
2. **제도적 장벽**이 고려되는 상황에서, Angel의 피해를 최소화하고 학업적 성공을 증가시키기 위해 어떤 다른 결정들이 가능했겠는가?
3. 현재 학생들의 성공을 돕기 위해 시스템을 충분히 빠르게 수정할 수 없는 경우 학교상담사는 어떤 조치를 취해야 하는가?
4. 수업 갈등이 학교상담사의 주의를 끌기 전에, **종합적 학교상담 프로그램**(CSCP)의 평가 요소가 어떻게 Angel과 같은 학생들을 체계적으로 식별할 수 있는가?

논평 1

Tim Poynton

학교상담사는 지원과 관심이 전폭적으로 필요한 학생들을 대상으로 어려운 환경에서 일하고 있습니다. 학생들의 요구와 자원에 대한 인식 및 행동의 필요성 사이에서 균형을 맞추는 것은 매우 중요합니다. 이 학교상담사들이 수집한 자료는 Angel의 사건을 예측하고 예견하였습니다. 이러한 자료는 학교 내에 Angel과 유사한 학생들이 더 많이 있으며, 그들은 참여하지 않음으로써 자신들의 어려움을 스스로 해결하려고 하고 있을 가능성이 높다는 것을 나타냅니다. Angel과 같은 학생들이 학교의 시스템에 의해 어떻게 도움을 받는지 이해하는 데 유용한 자료로는 읽기 및 수학 점수 향상도이고, 이러한 자료는 특별 교육 서비스 및 영어학습자 서비스에 대한 자격 증명과 같은 특성을 감안해서 분석되어야 합니다(현재 또는 과거 포함).

Angel이 학업 중단의 위기에 처하였을 때, 그를 학교에 참여시키고 가능한 한 많이 출석시키는 것이 주요 고려사항입니다. 학생들은 출석하지 않으면 학문적으로 진전할 기회가 없습니다. 학교상담사가 Angel을 학교에 머무르도록 유지하기 위해 후배들을 위한 과학 교실의 교사 보조로 배치한 선택은 창의적이며 학문적으로 관련성이 있다는 증거로, 나중에 나타난 Angel의 8학년 과학 수업에서의 상대적인 성공이 그것을 보여 줍니다. 그러나 만약 사건이 처음에 발생하였을 때 새로운 과학 교실로 가는 것이 가능하였다면 어떻게 되었을까요? 교사의 보조 없이도 과학 수업에서 성공할 수 있었을까요? 학생과 선생님이 단순히 '안 맞는 조합'이었다고 추측하기는 쉬울지 모르지만, 이 선생님 또한 극도로 어려운 환경에서 일하고 있었음을 기억해야 합니다. Swenson 선생님 반에는 35명의 학생뿐만 아니라 Angel을 포함한 8명의 특별 교육 서비스가 필요한 학생들도 있었습니다.

여기에서 볼 수 있는 창의적인 해결책은 장기적인 해결책이 실행될 때까지 일시적으로 효과적인 대책으로 작용할 수 있습니다. 그렇지 않으면 문제에 대한 관심과 해결책 실행을 계속해서 주장하는 것이 모든 학생의 성공을 돕기 위해 해야 할 일입니다.

예방적인 방식으로 자료를 수집하고 분석하는 것은 이러한 사건이 '한계점'에 도달하기 전에 사건들에 대응할 수 있게 돕습니다. 학교상담사들이 수집하고 분석한 자료들은, Angel에게 시간 내에 도움을 주지 못한 시스템적 문제와 불평등을 부각시켰습니다. CSCP에서는 데이터가 주기적으로 수집되고 분석되어 주목이 필요한 영역을 정확하게 파악하고 개입의 효과를 평가하는 데 사용됩니다. 이 학교상담사들이 이미 수집한 데이터를 사용하여 학교의 각 학생에 대한 '위험 지수'를 만들 수 있습니다. 다시 말해, 개입이 필요한 학생들을 쉽게 식별할 수 있습니다. 다음 단계는 문제를 해결할 개입(또는 개입들)을 설계하는 것입니다. 이 사건에서 언급된 개입은 모두 체계적인 성격을 띠고 있습니다. 이 필요한 체계적인 개입 외에도 나는 학교상담사가 진행하는 어떤 개입들이 이 문제를 해결하는 데 도움이 될 수 있을까 궁금합니다. 다양한 개입 방법이 존재하지만, 이 학교의 맥락을 고려하면 제안할 수 있는 두 가지는 세컨 스텝 폭력 예방 교육과정(Committee for Children, 2011)과 학생 성공 기술(Lemberger, Brigman, Webb, & Moore, 2013)입니다. 이 두 개의 과정은 그 효과성을 뒷받침하는 근거가 있습니다.

이 사례의 학생인 Angel은 학문적으로 성공하는 능력에 영향을 미치는 여러 가지 스트레스를 겪고 있는 것 같습니다. 과학 수업에서 발생한 사건을 야기한 학문적 어려움 외에도,

그가 사는 지역은 폭력, 범죄 및 약물 남용으로 어려움을 겪고 있으며, 학교 내 교직원들의 인종 구성은 그가 서비스를 받는 지역의 인종 구성과는 다릅니다. 그리고 그는 부모님으로부터 떨어져 있습니다. 이는 진단된 학습장애 없이도 알 수 있는 힘든 상황입니다. 이와 같은 상황에서 활동하는 학교상담사의 초점은 CSCP의 일부로 희망을 촉진하는 방향을 선택할 수 있을 것입니다. Pedrotti, Edwards와 Lopez(2008)가 언급한 바에 따르면 희망의 개념은 개별 상담, 그룹 및 교육과정 개입에 통합될 수 있으며, 그들이 검토한 연구는 희망이 개인/사회적, 학업적 및 직업 관련 결과와 긍정적으로 연결됨을 보여 주었습니다.

논평 2

Anita Young

미국학교상담사학회(ASCA)의 역할 진술서(2018)에 따르면, 학교상담사는 학생들의 성공을 극대화하는 데 중요한 역할을 합니다. **리더십, 옹호 및 협업 기술**은 자료와 책무성 전략을 활용하여 평등과 견고한 교육 경험에 대한 접근을 촉진하는 데 사용됩니다(Chen-Hayes, Ockerman, & Mason, 2014). 학교상담사는 학업 상담과 직업 상담만 담당하는 것이 아니라 **건전한 사회-정서적 상담**도 제공합니다(ASCA, 2012a). 그들은 상담 이론의 구성 요소에 근거해 훈련받았으며, 학교의 교육 비전 및 미션과 일치하도록 K-12 학생 및 학부모/보호자와 협력하여 교육 환경 내에서 협력적으로 작업하는 것이 특징입니다. 학교상담사들은 학생 성공을 촉진하는 학교상담 서비스의 시작과 일상적인 제공에 도전하는 다양한 문제에 직면해 있습니다. 그러나 학교상담사들은 CSCP를 통해 모든 학생의 필요를 충족시키는 공평하고 문화적으로 관련된 서비스에 대해 책임을 져야 합니다.

장벽을 제거하고 학생 기회를 증가시키기 위해 데이터를 수집하고 분석하는 것은 모든 학생을 대상으로 포괄적인 프로그램을 설계하고 실행하는 계기가 되어야 합니다(Hatch, 2013). 이 사례에서 학교상담사는 학생들의 학업 진전을 모니터링하고 학년과 출석에 따라 데이터를 분석하였습니다. 이로써 학교상담사들은 학문적으로 어려움을 겪고, 아마도 수업 중 방해가 되며 종종 학교에 출석하지 않는 장애 학생들과 영어학습자들을 식별할 수 있었습니다. 이 연구에서 학교상담사들의 노력, 즉 학년과 출석에 따라 데이터를 분석하고 교장에게 알리는 성실함은 언급할 만합니다. 그러나 Angel을 대변하는 데 도움이 될 수 있는 추가적인 데이터 요소와 절차들이 있었을 수 있습니다.

예를 들어, 학생 성취를 촉진하기 위한 헌신은 모든 이해관계자에게 책임이 있습니다. 교장이 학교에서 유일한 교육 리더 및 문제 해결자로 기대되지 않습니다. Angel을 위해 우회하고 개입하는 데 중점을 둔 분산 리더십 접근은 그의 학업 성취를 높이고 출석을 개선하며 자기 효능감을 기반으로 할 수 있었을 것입니다(Janson, Stone, & Clark, 2009). 이 접근법은 모든 이해관계자에게 그들의 시각에서 문제를 정의하고 해결책을 생각하며, 다양하고 소외된 인구에서 특히 모든 학생과 함께 작업의 성공을 소유하는 기회를 제공합니다. 더 중요한 것은 용감한 대화를 나누며 신념에 대해 도전하고 시스템적 관점에서 불평등한 정책을 다루며, 불안정한 행동에 기여하는 사회 문제에 대처함으로써 학생 성공에 문제가 될 수 있는 데이터 요소를 밝혀낼 수 있습니다. 그러므로 학교 개선 계획(school improvement plan), 징계 자료(양적), 교사와의 대화(질적)와 같은 데이터 포인트들은 학교상담사들이 학생지원팀을 시작하거나 학교-가정-지역 협력 파트너십 또는 긍정적 행동 개입 및 지원(PBIS) 프로그램과 같은 학교 전체적 개입을 주도하는 리더십 역할을 하도록 안내할 수 있습니다. 학교상담사들은 사회-정서적 격차를 검토하기 위해 중요한 데이터에 접근해야 하며, 이를 통해 멘토링이나 회복력 프로그램의 필요성을 시사할 수 있습니다. 이러한 프로그램은 Angel에게 해소 방법을 제공하고 징계적 표출을 우회하는 데 도움을 줄 수 있었을 것입니다. 학교상담사의 의도는 학생의 학업 및 사회-정서적 성장을 극대화하는 것입니다(ASCA, 2010b). 학교상담사는 Angel의 보호자들과 상담하여 과학 수업에서 그를 제외하는 것에 대해 논의하였지만, IEP 회의는 케이스 매니저와 영어학습자 부서장의 전문적인 조언이 미비한 상태에서 열렸습니다. 케이스 매니저, 영어학습자 교사 및 학부모들은 해결책을 완화하는 '자원'으로 간주됩니다. 과학 수업이 학문적 노출과 대학 진학 준비를 증진시키는 엄격한 핵심 교과목이므로, 과학 수업에서 Angel을 제외하는 것은 일시적이고 받아들일 수 없는 '해결책(fix)'이었습니다. 그런 결정이 내려졌다는 것을 고려할 때, 학교와 가정에서 인지-행동 기술을 사용하는 것이 학생이 자기 규제 행동을 증가시킬 수 있는, 그리고 답답하고 도전적인 상황에 직면하였을 때 대처 기제을 제공하는 '자원'으로 활용될 수 있었을 것입니다.

학교상담사들은 사회 자본을 가지고 학교의 모든 구성원과 상호작용합니다. 체계적인 변화는 공통의 비전을 가진 이해관계자들의 파트너십 노력을 통해 시간이 지남에 따라 이루어집니다. 모든 학생이 최적의 결과를 달성할 수 있도록 장애와 불평등을 제거하기 위한 노력입니다. 학교상담사들이 교사, 행정관리자, 학부모/보호자 및 지역사회 구성원들과 관계를 형성하고 연계를 구축할 때, 그들은 교육 리더로서 영향력을 행사하고 변화를 이끌어 낼 수 있습니다(Young & Bryan, 2015). 학교상담사는 체계적 장애에 대처하기 위해 학교에서 가장 적합한 위치에 있으며, 데이터는 변화의 계기가 될 수 있습니다. 학교 내 어떤 개인이 모든 학생과 접촉할까요? 교사, 사회복지사 및 학교 심리사는 학생들과 함께 작업하지만, 그들은 자주 자신의 콘텐츠 전문 지식과 관련된 특정 학생 인구와 함께 작업합니다. 학교상담사들은 모든 학생을 대상으로 하며, 오늘날의 학교에서 제기되는 공평성과 접근성 문제를 다루어야 할 중요한 역할을 수행합니다(Holcomb-McCoy, 2007). 따라서 학교상담사들은 학생들을 대학 및 기타 대학 재학 기회로 이끄는 공평한 기회를 창출하는 리더 및 옹호자로서 앞으로 나아가야 할 것입니다(분산되지 않은 상태로). 학교상담사들은 불평등과 현상 유지에 도전하고 끊임없이 노력해야 합니다. 학교상담사가 학습 환경에 필수적인 자원이 되려면, 그들은 학교의 교육 미션과 명확한 책임 있는 결과물과의 연계를 도모해야 합니다. 효과적인 프로그램 평가는 학생 서비스를 어떻게 개선할지 결정하기 위해 양적 및 질적 방법을 통한 지속적인 형태적 및 종합적 평가를 포함합니다. 평가는 여러 차원에서 이루어져야 합니다. 예를 들어, 프로그램 평가를 통해 학교상담사들은 프로그램의 강점과 약점을 확인하고 단기 및 장기 목표를 설정할 수 있습니다. 격차 해소 보고서 작성은 소외된 대상을 위한 적절한 서비스를 제공하는 데 도움이 될 수 있습니다. 격차가 확인되면 데이터를 사용하여 학교상담사와 모든 직원의 전문 개발 필요사항을 식별하는 데에 활용할 수 있습니다. 분명히 직원들은 학생들, 특히 문화적으로 다양한 배경을 가진 학생들과 효과적으로 작업하기 위해 그들의 기술을 다 소진해 버린 것 같습니다.

자원 목록

보충 자료

Galassi, J., & Akos, P. (2007). *Strengths-based school counseling: Promoting student development and achievement.* Mahwah, MJ: Erlbaum.

Lemberger, M. E., Brigman, G., Webb, L., & Moore, M. M. (2013). Student Success Skills: An evidence-based cognitive and social change theory for student achievement. *Journal of Education, 192*, 89–100.

Masten, A. S., Herbers, J. E., Cutuli, J. J., & Lafavor, T. L. (2008). Promoting competence and resilience in the school context. *Professional School Counseling, 12*(2), 76–84.

Pedrotti, J. T., Edwards, L. M., & Lopez, S. J. (2008). Promoting hope: Suggestions for school counselors. *Professional School Counseling, 12*(2), 100-107.

온라인 자료

American School Counselor Association(ASCA)

http://www.schoolcounselor.org

The Education Trust

http://www.edtrust.org

Intercultural Development Research Association

http://www.idra.org/

Second Step

http://www.cfchildren.org/second-step.aspx

Student Success Skills

http://www.studentsuccessskills.com/

보충 활동

학습 활동

- 교육부의 지역 학교 구역 두 군데에 대한 공개된 데이터를 검토하여 유사점과 차이점을 확인하십시오. 가능하면 한 학교는 다른 학교보다 상대적으로 높은 성과를 보이는 학교로 설정하십시오. 데이터를 검토할 때 학업 성취도, 출석, 대학 진학 계획 및 결과, 그리고 자금 지원에 차이가 있는지 확인하십시오.
- 학생들에게 서로 다른 학생 인구를 대상으로 하는 두 학교를 방문하게 하고 학교상담사와 인터뷰하도록 하십시오.
- 학생들에게 학교상담사들의 작업을 비교 대조하고, 가장 시급한 도전 과제를 어떻게 인식하는지, 그리고 현재의 대학원 교육이 양쪽 환경에서 작업할 준비를 하는 데 어떻게 도움이 되는지를 조사하도록 하십시오.

제16장

내가 무엇을 알아야 하고, 어떻게 답을 얻을 수 있는가 '참견이 많지 않은' 학교상담사의 요구도 평가

Jennifer Sharp

새 학교상담사는 학교상담 프로그램 설계를 위해 요구도 평가를 실시할 계획이다. 요구도 평가를 통해 수집한 자료는 프로그램 개발을 촉진하는 데 도움이 될 것이므로, 학교상담사는 학교 문화를 탐색하면서 요구도를 평가하는 방법을 고민한다.

배경

나는 대학원 수료 후, 첫 학교상담직을 위해 이사하여 시골 지역에서 근무하는 1년 차 중학교 상담사이다. 7~8학년은 300여 명, 중학교/고등학교(7~12학년)는 3,200여 명인 지역구에 위치한 중학교/고등학교 통합과정학교에 근무하고 있다. 고등학교 상담사 중 지역사회와 밀접한 관계를 가지고 있는 상담사가 2명 있는데, 그 상담사들은, 학교상담사들을 위해 명시된 부적절한 지도 활동들을 하고 있다(ASCA, 2012a). 최근에 지역 교육청은 초·중등 학교상담 프로그램 지원금 확보를 통해 초등학교 상담사를 추가하였다. 지역 교육청에서는 학교상담사 추가를 만장일치로 지지하지는 않았는데, 실제로 일부는 학교가 학생과 가족의 사생활에 간섭하지 말아야 하고 상담사가 간섭해야 한다는 입장을 공공연히 밝혔다. 일부 학부모와 학교 교직원들은 학교상담사 추가에 환영하지만, 학교상담을 의심하는 사람들도 적지 않다.

7학년과 8학년 학생들과 함께 일하기 위해 고용된 첫 상담사로서, 나는 학교상담사의 존재와 관련하여 지역사회의 양면성과 긴장감을 경험하였다. 우리 학교 교장 선생님은 대체로 지지적이지만, 학교상담사의 역할을 주로 사회–정서적 필요에 초점을 맞추는 것으로 개념화하고, 진로 발달과 학업에 영향을 미치는 내 역할을 지속적으로 축소해 왔다. 지역사회에 몇 세대 동안 거주해 온 가정의 학생들과 최근에 지역사회로 이주한 학생들(대부분 멕시코 출신) 사이에는 추가적인 긴장감이 존재한다. 지역사회는 지난 5~10년 동안 멕시코 이민자들의 대규모 유입을 경험하였으며, 지역구는 학교 인구의 변화에 적응하기 위해 고군분투하였다.

사례

나는 학교에 필요한 평가 기준을 만들고 있으며, 지역사회에 아직 많이 입문하지 않았기 때문에 조심스럽게 접근해야 한다고 생각한다. 자문과 연구를 통해 몇 가지 모범적인 요구도 평가를 찾았다. 교사와의 비공식적인 자문을 통해 불안, 괴롭힘, 스트레스 관리 및 갈등 해결이, 학생들이 어려움을 경험하는 핵심 영역임을 알아내었다. 나는 개인적·사회적 발달 필요가 교장 선생님의 우선사항이기 때문에 그것을 우선시하고 싶지만 또한 나는 진로와 학업 영역에서 학교상담사의 영향력을 정립하고자 한다. 학생들이 응답할 수 있도록 네 페이지 분량의 설문조사를 개발하였고, 이를 학년도 첫 달 생활 지도 수업 시간에 시행할 계획이다.

논의

지역사회의 학교상담사에 대한 양가감정을 감안할 때 요구도 평가 과정을 능숙하고 수완 있게 탐색하는 것이 중요하다. 중학교 상담 활동에 참여하고자 하는 관심을 표명한 고등학교 상담 실습생이 있다. 그녀는 고등학교 운동부 코치를 맡고 있고, 나보다는 지역사회의 내부 인사이기도 하다. 나는 요구도 평가의 개발과 관리를 위해 그녀와 협력할 수 있는 방법과 기본 요구도 평가 데이터를 수집하는 데 가장 효과적인 방법은 무엇일지 고민하고 있다.

질문들

1. 학교상담사들이 참견이 많다는 인식과 그 지역 문화을 고려할 때, 학교 내 요구도 평가를 어떻게 접근하여야 하는가?
2. 학생 인구의 약 40%가 영어를 제2외국어로 사용한다는 점을 고려할 때, 그것이 요구도 평가 내용에 어떤 영향을 미치는가? 평가를 구성할 때 무엇을 고려해야 하는가?
3. 요구도 평가 과정에는 학생 이외에 어떤 이해관계자가 참여해야 하는가?
4. 요구도 평가를 개발하고 관리하기 위해 누구와 협력할 수 있겠는가?
5. 설문조사는 자료를 수집하는 가장 적절한 방법인가? 요구도를 평가하는 데 다른 어떤 방법을 사용할 수 있는가?
6. 협업 및 자문을 통해 요구도 평가 과정 및 프로그램 개발을 어떻게 지원할 수 있는가?

논평 1

Brandie Oliver, Tom Keller, & Nick Abel

우리는 이 상담사의 포괄적이고 예방적인 학교상담에 대한 헌신에 박수를 보내며, 그녀가 요구도 평가 과정을 잠재적인 장애물이 아닌 기회로 보도록 장려합니다. 이상적으로는 개인보다는 팀이 설문조사의 작성과 관리를 수행하기 때문에, 이를 학교상담 자문 위원회를 구성하기 위한 기회로 여길 수 있습니다. 이 위원회는 교사, 행정관리자, 부모, 학생, 고용주 및 지역사회 구성원과 같은 주요 이해관계자로 구성될 수 있습니다(ASCA, 2012a). 자문 위원회가 설립되면 상담사는 '참견이 많다'에 대한 우려를 완화시키기 위해 학생, 교직원 및 부모들에게 조사가 자발적이며 개별 응답은 익명(이름이나 식별 정보 없음) 및 기밀임을 보장할 수 있을 것입니다. 그렇기는 하지만, 해당 노력의 유용성을 이해관계자들에게 입증하기 위해 세분화된 설문조사 결과를 널리 공유하는 것은 매우 중요할 것이며, 또한 결과에 나타난 다양한 주제와 관심사를 다루기 위한 상담사의 계획도 설명해야 합니다.

최근 이 학교 지역에 멕시코 이민자가 유입되고 있는 상황에서 학생 및 교직원들의 다양성 인식 및 다문화 인식 수준을 탐색하기 위해 학교 문화에 대한 질문을 포함하는 것을 권장합니다. ESL(제2언어로서의 영어)을 위한 영역을 따로 만들어, 그들의 고유한 필요를 파악하고, 그들이 학업, 사회-정서적, 그리고 대학/진로의 성공에 중요하게 여기는 것들을 확인하는 것이 좋습니다. 비록 이 학생들은 모두 ESL에 속해 있지만, 각각 간과해서는 안 될 독특한 도전과 개인적 자원이 있습니다(Rance-Roney, 2009). 이상적으로, 요구도 평가는 대부분의 학생들이 편안하게 읽을 수 있는 수준으로 완전히 번역되거나 조정되어야 합니다. 또 다른 가능성은 ESL 학생들이 추가적인 지원이 가능한 ESL 수업 동안 설문조사를 완료하도록 허용하는 것입니다. 이 인구의 발달 연령을 고려하여, 모든 학생에 대한 요구도 평가를 최대 두 페이지로 편집하는 것도 좋습니다.

앞서 언급한 바와 같이, 이 업무는 팀(예를 들어, 자문 위원회)에 의해 수행되는 것이 이상적입니다. 팀을 구성할 때, 상담사는 평가 결과에서 나타난 학생/학교 요구도를 충족하는 데 결국 기여할 수 있는 잠재적인 당사자를 고려해야 합니다. 특정 지역사회 기관들(즉, ESL 학생들과 가족을 지원하는 기관, 잠재적인 고용주들, 지역 대학들)이 학생들의 요구도를 충족시키는 데 도움을 줄 수 있고 그러므로 조사를 만드는 과정에 관련되어야 합니다. 또한 학부모를 그 과정에 포함시키는 것이 현명하며, 학부모들이 학교상담사의 역할과 필요성을 이해하고 이를 기반으로 종합적 학교상담 프로그램(CSCP)을 개발하는 중요성을 이해하는 데 도움이 될 것입니다. 또한 학생 응답 중 일부가 다른 발달 수준에서의 개입 및 프로그램에 영향을 줄 수 있으므로 고등학교와 초등학교에서의 동료와 협력하는 것이 중요하다고 생각합니다.

이상적으로, 설문조사를 최종화하기 전에 이해관계자 집단(자문 위원회와 같은)과의 협력이 이루어져야 합니다. 많은 사람이 설문조사 내용에 통찰을 제공할 수 있으며, 상담사는 설문조사를 최종화하고, 배포하기 전에 가능한 한 많은 사람에게 연락하고 제안을 통합하는 것이 중요합니다. 다음은 상담사들이 협력할 수 있는 이해관계자의 예시입니다. 교사들(내용 및 조사를 실시할 편리한 시간에 대해), ELL(영어 학습 지원) 교사(질문 2 참조), 고등학교 상담 실습생(사회 및 기존 관계에 대해), 관리자(관리자들은 포괄적이고 예방적인 프로그램을 설계하는 데 필요한 요구도 평가가 중요하다는 확신을 가져야 함), 그리고 상담 교육자(설계 또는 데이터 분석에 대한)가 있습니다.

설문조사는 빠르고 효율적이며 분석하기 쉬운 방식으로, 다양한 대상으로부터 대량의 데이터를 수집하는 훌륭한 방법이지만, 전반적인 설문조사의 목표에 따라서 항상 '최상의' 방법이 아닐 수 있습니다. 데이터 수집을 위한 다른 가능한 방법이 많이 있습니다. 포커스 그룹은 이야기와 개인적 경험을 담은 풍부한 서술 데이터를 제공할 수 있습니다. 포커스 그룹 인터뷰는 주제를 탐구하는 데 여러 관점을 얻기에 특히 적합합니다. 다른 기존 학교 자료

(예: 징계 조치, 출석, 표준화된 시험 점수 등)는 학교상담사가 쉽게 접근 가능하며, 프로그램 개발에 중요한 정보를 제공하는 데 중요합니다.

학교의 모든 상담사가 교육 지원청 수준의 팀을 구성하는 것이 유리할 것입니다. 이 요구도 평가에 대한 참여를 얻기 위해 중학교 상담사는 고등학교 및 초등학교 상담사와 협력하여 그들의 실천에 도움이 되고 전 학년(K-12)에서 학생 이동을 지원하는 데 도움이 될 두세 가지 질문을 개발할 수 있습니다.

답변 부분 내내 언급된 대로, 이 과정에서 핵심 이해관계자들의 지원을 확보하는 것이 중요합니다. 내년에는 학교상담사의 비전을 지원하기 위한 활동으로 (a) 학교상담사 역할에 대한 교직원과 지역사회 교육(ASCA의 학교상담사 역할 진술, ASCA 국가 모델 등을 사용), (b) 교직원 회의에서 발표를 주관, (c) 교사들로부터 공유된 주제 중 하나에 대한 학부모 교육의 밤을 제공, 그리고 (d) 학부모, 학교 교직원 및 지역사회에 배포할 뉴스레터를 시작하여 학교상담사의 작업을 소개할 수 있을 것입니다.

이 상담사의 첫해이므로 학년, 징계, 출석 등의 접근 가능한 자료를 활용하고 학교의 연간 계획과 일치하는 몇 가지 자료 기반 목표를 개발하기 위해 학교 행정관리자에게 자문을 받을 수 있습니다. 이러한 목표에 작업을 집중함으로써 학생 성과에 미치는 영향을 입증하고 이러한 결과를 사용하여 다음 단계인 학교 전체의 요구도 평가를 지원할 수 있습니다.

마지막으로, 일반적으로 지역사회의 신뢰를 얻기 위해 시간이 허용하는 한 학교 전체 위원회/프로젝트 및 지역사회 그룹에 참여하여 자본을 구축하고 교직원 및 지역사회 구성원과 상호작용을 시작하는 것이 좋습니다.

논평 2

Richard E. Cleveland

이 사례는 CSCP의 기초 구성 요소를 확립하려는 열정적인 학교상담사를 보여 주며, 종합적 프로그램 범위 내의 다양한 이해관계자와의 적극적 협력의 중요성을 인식합니다(ASCA, 2012a). 시골 지역에서 학교상담을 다루는 문헌 대부분은 날짜가 오래되었거나 주관적인 의견으로 이루어져 있다고 볼 수 있습니다(예: Carter, Spera, & Hall, 1992; Sutton & Pearson, 2002). 그러나 상대적으로 최근에 증가한 근거 기반 학교상담으로 인해 시골 환경에서의 연구의 우수한 부분들이 나타났습니다. 예를 들어, 시골 고등학교 환경에서 CSCP 영향에 대한 연구에서 Carey, Harrington, Martin과 Hoffman(2012)은 낮은 정학 및 징계율, 높은 출석률, 그리고 높은 수학 및 읽기 능력과 같은 연계된 이점을 강조하고 있습니다.

시골 지역 내 학교는 종종 지역사회의 정서적 중심지로 간주되기 때문에(Sutton & Pearson, 2002), 새로운 학교상담사(및 그의 또는 그녀의 프로그램 변경을 시행하려는 의지)가 일정한 저항에 마주칠 수 있다는 것은 놀라운 일이 아닐 수 있습니다. 생태학적 학교상담 관점(McMahon, Mason, Daluga-Guenther, & Ruiz, 2014)을 받아들이는 것은 학교상담사가 지역사회의 일원으로 인식 및 수용되기 위해 필요한 시간, 에너지 및 자원을 투여하는 데 도움이 될 수 있습니다. 이러한 관점은 학교상담사를 미시 체계, 중간 체계 및 거시 체계의 일원으로 배치하여 CSCP 구현 목표와 관련된 체계 구성원 및 힘을 조명합니다.

Monteiro-Leitner, Asner-Self, Milde, Leitner와 Skelton(2006)이 설명한 대로, 다양한 체계 구성원(예: 이해관계자)은 학교상담사가 '해야 할' 역할과 '실제로' 하는 역할, 그리고 그 둘의 역할에 소요되는 시간에 대해 현저하게 다른 견해를 가질 수 있습니다. 미시 체계(예: 학교) 또는 거시 체계(예: 지역사회)에서 체계 내 구성원을 인식하고 그들의 체계적 영향과 믿음 또는 인식의 잠재적 차이를 인식하는 것은 시골 환경에서 학교상담사가 체계적 변화 대리인이 되기 위해 적극적으로 노력할 때 이득이 될 것입니다.

이 사례에서 중요한 고려사항 중 하나는 요구도 평가의 작성 및 관리를 둘러싸고 협력할 이해관계자를 식별하는 것입니다. 요구도 평가(주로 리커트 척도 및/또는 개방형 응답 형식의 설문조사 형태가 가장 일반적)는 프로그램의 범위와 개입을 평가하고 체계적 필요를 확인하며 체계 구성원으로부터 피드백을 얻는 효과적인 도구입니다(Dimmitt, Carey, & Hatch, 2007). 요구도 평가 설문은 체계 내의 중요한 문제와 우려사항을 정제하는 데 유용하지만, 동시에 일반적으로 체계적 영향을 제한적으로 가지고 있는 인구(학생, ESL 인구 등)에게 의견과 대리권을 제공하는 도구로도 작용합니다. 따라서 학교상담사의 협력 내에서 여러 체계 집단의 대표성을 보여 주는 것만으로도 체계적 변화를 이끌 수 있을 것입니다.

그러나 이러한 협력에서 여러 체계 구성원을 초청하는 것이 유익할 수 있지만, 현실 상황을 고려할 때 구성원의 역할과 책임이 다를 수 있음을 기억하는 것이 중요합니다. 예를 들어, 최소한의 모집 활동으로 학교 미시 체계의 적극적이고 정기적으로 인정받는 구성원[예: 학교운영위원회(Parent Teacher Association) 위원, 보조교사, 교사 등]은 자발적으로 참가할 수 있을 것입니다. 상대적으로 제한된 책임이 있더라도 이러한 구성원은 그들의 내재적인 체계 영향력 때문에 프로세스에 미치는 영향이 큰 경우가 있습니다.

한편, 증가하는 ESL 인구로부터의 자원 봉사자들은 CSCP의 성공적인 실행과 관련된 중요한 정보와 경험을 가지고 있을 수 있지만, 거의 또는 전혀 체계적 영향력을 가지지 못할 수 있습니다. 이러한 이해관계자들은 요구도 평가의 내용과 관련성 문제에 대한 의견을 제공하고, 도구 번역과 관련된 필요 범위 및 번역 기기에 대한 지원 서비스 관련 상담을 제공할 수 있을 것입니다. 이 사례에서 학교상담사는 시골 지역사회 시스템 특히 시스템적 기대를 뛰어넘는 개인을 찾는 데 상당한 시간과 노력을 기울여야 할 수 있습니다.

체계 구성원의 이러한 스펙트럼을 따라, 상담 실습생은 대표적인 예로서 역할과 CSCP 범위에 대한 유사한 비전을 공유할 것으로 예상됩니다. 또한 고등학교 운동부 코치로서 그들은 해당 커뮤니티의 학교 교육 체계의 미묘한 차이를 알고 있을 것입니다. 실습생들이 자신의 비전문가적 지위(예: 아직 자격증을 받지 않았거나 전일제 역할이 아닌 경우)로 제한된 의사결정 권한을 가지는 것이 일반적이라 할지라도, 이 사례에서의 실습생은 지역사회 내에서 '내부인'으로 인정받기 때문에 실제로 더 큰 체계적 영향력을 나타낼 수 있습니다. 이곳에서의 협력은 상호 이익이 있는 기회를 제공하며 실습생의 역할과 책임이 실습 경험을 향상시키는 동안(예: 설문조사 실증, 항목 정제, 조사 조정, 데이터 입력/분석) 학교상담사는 체계 구성원의 지식/인식 및 다른 체계 구성원에 대한 접근과 같은 체계적 '자본'을 효과적으로 활용합니다.

마지막으로, 학교상담사는 CSCP 노력을 교육 자료와 관련되게끔 조율하는 방법을 탐색하는 것이 도움이 될 것입니다. 학년에 관계없이 학생 결과는 모든 학교 교육 체계 전반에 걸쳐 상당한 영향력을 미칩니다. 초기 기초 구성 요소(예: 요구도 평가) 내에서도 관련 교육 선제 표준과의 조율(학교 개선 계획, 교육청 표준, 공통 핵심 국가 표준 등)이 CSCP 구현 및 확장에 도움이 될 수 있습니다. 학교 전체 협력과 함께 자료의 효과적 활용은 프로그램 옹호 및 서비스의 증가로 이어질 수 있습니다(Gruman, Marston, & Koon, 2013).

자원 목록

보충 자료

American School Counselor Association. (2015). *Back-to-school resources.* Retrieved from https://www.schoolcounselor.org/school-counselors/ professional-development/learn-more/back-to-school-resources

Hatch, T. (2014). *The use of data in school counseling: Hatching results for students, programs, and the profession.* Thousand Oaks, CA: Sage.

Kaffenberger, C., & Young, A. (2013). *Making DATA work* (3rd ed.). Alexandria, VA: American School Counselor Association.

Morgan Consoli, M., Consoli, A., Orozco, G. L., Gonzales, R., & Vera, E. M. (2012). Barriers experienced by Mexican immigrants: Implications for educational achievement and mental health. *Association of Mexican-American Educators Journal, 6*(2), 37-47.

Seddon, J. (2015). *School counselor support for the academic, career, personal, and social needs of ELL students* [Culminating Projects in Community Psychology, Counseling and Family Therapy, Paper 8]. Retrieved from http://repository.stcloudstate.edu/cgi/viewcontent.cgi?article=1007&context=cpcf_etds

온라인 자료

ACA School Counselor Connection
https://www.counseling.org/knowledge-center/school-counselor-connection

American Counseling Association(ACA)
https://www.counseling.org

American School Counselor Association(ASCA)
http://www.schoolcounselor.org

ASCA SCENE
http://scene.schoolcounselor.org/home

Center for School Counseling Outcome Research & Evaluation (CSCORE) http://www.umass.edu/schoolcounseling

보충 활동

학습 활동

• 소규모 그룹으로 학교상담 요구도 평가를 찾아보고 검토하십시오. 이 서식의 형식, 질문 및 전반적인 개요를 토론하십시오. 어떤 질문을 추가하겠습니까? CSCP 개발에 도움이 될 다른 정보는 어떤 것이 있을까요? 학교 지역사회 내 ESL 학생들에 대한 잠재적인 어려움은 어떤 것이 있을까요? 또한 이 학교 지역사회에 최근 이민한 멕시코 이민자들과 탐구해야 할 다른 영역은 무엇일까요? 학교상담사가 이러한 학생들을 가장 잘 옹호하려면 어떻게 해야 할까요? 다양한 이해관계자는 학교상담 프로그램 개발을 위해 중요한 정보를 제공할 수 있습니다. 부모/보호자로부터 어떤 정보를 수집하고 싶은가요? 교사로부터는 어떤 정보를 얻고 싶은가요? 이러한 정보가 프로그램 개발에 어떻게 도움이 될 수 있을까요?

• 학교에서의 생태학적 관점(ESC) 보기

플립러닝(flipped-model) 접근법을 활용하여 학생들에게 생태학적 체계 관점을 설명하는 관련 문헌과 학술 논문을 할당하십시오. 학생들은 생태학적 학교상담사(Ecological School Counselor: ESC)가 무엇을 의미하는지 설명하도록 합니다(필기 과제, 사이트 웹페이지를 위한 자기소개 등). 학생들은 이 정보를 소그룹 토론 및 전체 수업 공유를 통해 수업에서 발표합니다. 지역사회 환경에서의 학교상담사의 경우 사례를 할당받은 학생들은 생태학적 체계 관점을 통해 사례를 분석하는 작업을 맡게 됩니다. 체계 구성원은 누구인가요? 역할은 무엇인가요? 다양한 구성원은 어떤 영향력을 가지고 있나요? 체계의 상태는 어떤가요? CSCP 변경사항은 체계에서 어떻게 받아들여질 수 있을까요? 생태학적 관점은 체계적 변화를 어떻게 실현할 수 있을까요?

• 요구도 평가 작성

입문 수준의 기초 수업(즉, 학교상담 소개)에서 학생들은 자신만의 '도구 상자' 내에 편성할 설문 자원(기존 설문조사, 항목, 도구 및 분석 방법 등)을 찾는 작업을 합니다. 학생들은 (a) 가상의 학교 현장 사례를 받거나 (b) 지역 학교 현장을 선택하십시오. 학생들은 찾은 자원과 자료를 활용하여 해당 학교 현장에 적합한 요구도 평가 도구를 작성합니다. 학생들은 완성된 설문조사를 전체 수업에 제시합니다. 후속 과정은 이전에 다룬 주제를 강화하기 위한 나선형 커리큘럼 접근법을 따릅니다. 예를 들어,

– 증거 기반 데이터 중심 방식: 설문 항목은 어떻게 결정되었나? 그들은 어떻게 관련되나? 어떤 통계적 고려사항이 관련될 수 있을까? 이것은 어떤 연구 패러다임 내에 맞을까? 프로그램 평가 패러다임은 어떤가?

– 권리 보장: 이 요구도 평가는 CSCP와 학교 현장 내의 잠재적 불평등을 식별하는 진단 도구로 어

떻게 활용될 수 있을까?

– 생태학적 체계: 이 요구도 평가를 위해 어떤 체계 구성원이 관련되나? 이 요구도 평가는 그들의 체계적 영향력을 어떻게 증가 또는 감소시킬 수 있을까?

– 실행계획: 학교 현장의 어떤 측면이 요구도 평가의 성공적인 실행과 관련이 가장 큰가? 어떤 체계 구성원이 가장 가치 있는 자원일 것으로 예상되나? 실행, 분석 및 발표/보고에 대한 일정은 어떻게 보일까?

제 17 장

Amy의 어려움은 끝나지 않았다. 그녀를 위한 대안은 무엇인가

James Gondak

배경

나는 대도시 외곽에 위치한 고등학교에서 근무하는 학교상담사이다. 우리 학교의 학생 수는 1,350명으로, 학군에서 가장 작은 학교이다. 학교에는 전일제 학교 심리학자를 포함하여 총 4명의 학교상담사가 있다. 이 지역은 중산층과 빈곤층도 포함된 노동 계층 지역사회이다. 우리 학생들의 약 80%는 백인이고, 나머지 20%는 아프리카계 미국인과 히스패닉계 학생으로 나뉜다. 지난 10년 동안, 학교에서 무료 급식 및 할인된 가격의 점심 식사를 제공받는 학생이 거의 3분의 1까지 증가하였다. 나를 포함한 교내 대부분의 교육자들은 더 많은 학생이 할인된 가격이나 무료 급식을 받을 자격이 있다고 생각하지만, 가족들은 자존심 때문에 신청하지 않는다. 학습을 방해하는 이러한 환경적 요인에도 불구하고, 우리 학교는 매년 주 정부에서 실시하는 평가에서 충분한 진전을 유지할 수 있었다. 전통적으로 출석, 성적, 정서적 문제, 훈육 문제가 있는 대부분의 학생은 빈곤층 또는 빈곤층 경계에 있는 가정 출신이다. 이런 맥락에서 Amy의 상황은 더욱 흥미로웠다.

Amy는 노동 계층의 백인 가정 출신이다. 그녀의 부모님은 함께 살고 있다. 부모 모두 일을 하고 자녀에 대한 적절한 수준의 관심을 보이고 보살핀다. Amy는 이란성 쌍둥이 자매가 있는데, 둘은 사이가 좋은 것 같다. Amy는 학업에서 학년 이상의 성취 수준을 유지하면서 초등학교를 다녔다. 기록을 검토한 결과, 그녀의 초등학교 선생님은 Amy가 상냥하고 배려심이 많은 좋은 학생이라고 평가하였다. Amy는 일주일에 15시간씩 아르바이트를 해야 하기 때문에 교내의 다양한 활동에는 참여하지 않는다. 그녀는 독서를 즐기고 학교에서 연극을 제작하는 동아리의 회원이다.

중학교 때, Amy는 7학년에서 고등학교 과정을 시작하였던 300명 이상의 학생 중 특히, 대수학 1을 수강한 30명의 학생 중 한 명이었다. 그녀는 8학년 때는 기하학과 스페인어 1, 두 과목에서 고등학교 수준의 과정을 계속 수강하였고 B를 받았다. 9학년 때, 그녀는 거의 고민을 털어놓지 않았고, 나는 학업 상담과 생활 지도 수업에서만 그녀를 만났다. 고등학교 1학년이 된 후, 그녀는 평균 3.75 학점을 받았다.

Amy의 생활은 10학년이 되면서 달라지기 시작하였다. 약간 과체중이었던 Amy는 아버지에게 자신이 괴롭힘을 당하고 있다고 불평하기 시작하였다. 그녀의 아버지는 나에게 딸에 대한 걱정을 이야기하였다. 가장 큰 걸림돌은 누가 자기를 괴롭히고 있는지 Amy가 우리에게 말하지 않는다는 사실이었다. 그녀의 쌍둥이, 아버지, 어머니, 학교 행정실이나 나에게도 말하지 않았다. 그녀의 선생님도 보지 못하였고, 친구들 중 아무도 누가 그랬는지 모른다고 말했다. 얼마 지나지 않아, Amy는 섭식장애로 지역 정신건강의학과 병동에 처음으로 입원하였다. Amy는 일주일 정도 학교를 쉰 뒤 돌아왔고, 그 후 몇 달 동안은 학교에서 모든 일이 순조로웠다. 늦봄에 같은 사례가 다시 반복되었고, 그녀는 또 한 번 지역 병원에 갔다가 청소년 섭식장애 병동으로 갔다.

고등학교 2학년에서 3학년 사이 여름에, Amy의 아버지가 나의 사무실로 찾아왔다. 그는 의사들이 Amy를 섭식장애 병동에서 치료하고 있는데, 주로 보험을 목적으로 치료하고 있다고 말하였다. 그는 의사들이 Amy가 경계선성격장애를 앓고 있다고 느끼기 시작하였지만, 청소년에게 그러한 진단을 내리지는 않을 것이라고 말하였다. Amy의 아버지는 딸이 조기에 졸업하고 자신을 괴롭히는 사람들로부터 벗어나는 것이 최선이라고 느꼈다. 그 전략은 딸이 고등학교 연극 동아리를 그만두고, 더 많은 자유와 자율이 있는 지역 2년제 대학에서 수업을 들을 수 있게 하는 것이었다.

Amy의 조기 졸업 신청이 승인되면서 학년을 순조롭게 시작하였지만, 예전의 어려움이 금세 다시 불거졌다. 괴롭힘은 약 한 달 만에 시작되었다. 이번의 차이점은 Amy가 부모님에게 그 학생들의 이름을 말하였다는 것이다. 안타깝게도 그녀가 "괴롭힘을 당하고 있다."고 처음으로 말한 사람은 그녀의 쌍둥이였고, 아버지는 의구심을 표명했다. 나는 우리 학교 심리학자에게 경계선성격장애에 대해 자문한 후, 아마도 이것이 그런 경우일 가능성이 높다는 것을 깨달았다. 조사 후, 괴롭힘은 일어나지 않았다고 판명되었고, Amy는 또다시 병원에서 치료를 받았다. Amy는 시련을 겪는 동안에도 좋은 성적을 유지하였다. 심지어 수학과 언어 SAT에서 1,200점을 받기도 하였다. 그녀가 학교로 돌아왔을 때, 그녀의 아버지와 나는

Amy가 다시 한번 외부에서 상담을 받고 약을 꾸준히 복용하며, 대학 진학을 위해 멀리 떠나지 않아야 한다고 이야기하였다. 집에서 45분 이내에 많은 대학이 있고, Amy는 자신의 치료를 준수하는지 확실히 하기 위해 감독을 받을 필요가 있다. 마지막 고비는 3학년 봄에 찾아왔다. 상황이 다시 시작되었을 때, 우리는 Amy가 고등학교 생활을 마무리하고 병원에 가지 않도록 하기 위해서는 가정과 병원에서 가르치는 것이 최선의 조치라고 결정하였다. 심리학자로부터 주요 우울증, 불안, 그리고 섭식장애에 대한 진단을 받은 후, 우리는 Amy를 가정과 병원에서 학습할 수 있도록 배치하였다.

사례

졸업 후에야 Amy가 4시간 거리에 있는 주립대학에 최종 성적증명서를 보내달라고 요청하였다는 것을 알게 되었다. 2년 간의 힘든 시간을 보내고 Amy의 아버지와 관계가 형성된 후, 나는 우려를 표명해야 할 의무감을 느꼈다. Amy의 아버지는 나의 우려를 받아들이지 않았고, Amy가 대학에서 치료를 계속할 것이며, 쌍둥이 여동생도 대학에 다니면서 Amy를 돌볼 수 있을 것이라고 말하였다. 나는 이것이 여동생에게는 불공평하고 부모가 무책임하다고 느꼈지만, 가족들은 이미 결정을 내렸다. 내가 다음으로 생각한 것은 '경고 의무(duty to warn)' 규정을 사용하여 대학의 입학 담당자에게 연락하는 것이었지만, Amy의 권리를 침해하고 싶지는 않았다. 교육 위원회의 학생서비스팀에 연락한 결과, 나는 다음과 같은 조언/지시를 받았다. Amy의 가족은 나에게 고등학교 생활 기록이나 추천서를 요청하지 않았고, 대학에서도 나에게 어떤 정보를 요청하지 않았기 때문에, 나의 우려를 표명하기 위해 연락하는 것은 허용되지 않았다.

논의

그 후, 나는 그토록 지지적이었던 Amy의 부모님이, 평생 힘들고 어려운 진단을 받을 가능성이 있는 아이를 그렇게 멀리 떠나도록 내버려 두는 것이 흥미로웠다. 아마도 자녀와의 끊임없는 싸움에 지친 것이었을까? 어느 쪽이든, 10년 이상의 경험을 가진 학교상담사로서, Amy는 항상 건강하게 잘 지내고 있는지 궁금한 학생 중 한 명이다.

질문들

1. 당신은 학생서비스팀의 슈퍼바이저의 지시를 따랐을 것인가?
2. 우리 학교 학적 담당자가 대학에 성적표를 보냈다고 해서, 이것이 대학에서 나에게 중학교 학교생활 기록을 요청하는 것으로 해석할 수 있는가?
3. 당신은 그녀를 가정과 병원에서 가르치는 것이 그녀의 개인적 · 학업적 필요를 충족시키는 가장 좋은 방법이라고 생각하는가?
4. 그녀를 의뢰할 수 있는 추가적인 외부 자원은 무엇이었는가?
5. 어떤 추가적 평가 또는 데이터가 유용하였을 것인가?

논평 1

Linda Foster

정신건강 전문가들이 내담자들을 치료하는 데서 어려움을 겪는 것처럼, 학교상담사들도 학생들의 정신건강 요구를 다루는 데 있어 어려움을 겪습니다. 미국학교상담사학회(ASCA) 국가 모델(2012a)에 기술된 대응 서비스에 따라 학생들의 요구를 다루는 어려움 중에 상담과 위기 대응의 여러 측면이 포함될 수 있습니다. 학교상담사의 또 다른 어려움은 여러 제공자와 이해관계자가 있는 시스템에서 일하는 많은 상담 전문가를 괴롭히는 역할 혼동일 수 있습니다(Osborn, 2004). Amy의 경우, 이 학생의 안녕을 위해 헌신적으로 관여하고 있는 여러 이해관계자가 있습니다. 학교상담사는 Amy의 미래에 대해 열정적이고 관심을 가지고 있는 것이 분명하지만, 학교상담사의 대응을 결정하는 윤리적 · 법적 지침과 평가 질문에 대한 명확성이 있어야 합니다.

첫째, 자체 규정과 '지휘 체계(chain-of-command)' 지침을 가지고 있는 학교 시스템 내에서 근무한다는 것은 학교상담사가 간접적인 학생 서비스를 위한 자문 및 협력 시스템을 유지해야 한다는 것입니다(ASCA, 2012a). 무엇보다도, 학교상담사들은 어떤 의뢰, 자문, 협력 및 학생 정보 공유와 관련하든지 학교상담사를 위한 ASCA 윤리 기준(2010b)을 준수하도록 각별히 주의해야 합니다. Amy의 사례에서, 학교상담사는 자신의 우려사항에 대해 '무선 침

묵(radio silence)'을 유지하라는 방침을 받았습니다. 이 슈퍼바이저의 지시는 학생(및 학부모)의 비밀 보장을 유지하는 것이었습니다. 또한 ASCA 윤리 기준(2010b)은 학교상담사에게 비밀 보장 문제에 대해 명확한 지침을 제공합니다. 특히 윤리 기준 A.2.d는 학교상담사에게 '비밀 보장에 대한 그들의 일차적인 의무는 학생에 대한 것임을 인식하되, 그 의무와 학부모/후견인의 법적 및 고유한 권리, 특히 가치가 수반되는 문제에서 자녀의 삶에서 지도자가 될 수 있는 권리에 대한 이해의 균형을 유지해야 한다.'고 언급하고 있습니다. Amy의 경우, 부모는 학교상담사에게 Amy의 미래에 대해 원하는 바를 명확하게 전달하였습니다. 비록 학교상담사가 무엇이 Amy에게 최선인지에 대해 확고한 감정, 생각, 아이디어를 가지고 있었을지라도, 미성년자와 관련된 법적 요소들과 정보 공개에 있어서 부모의 역할을 기억해야 합니다.

저는 학교상담사가 정보를 공개하였다면 비밀 유지를 침해하였을 것이라고 생각합니다. 학교상담사는 '경고 의무'가 존재한다고 믿었습니다. 그러나 다시 한번, ASCA 윤리 기준(2010b)의 A.7.에서는 본인 또는 타인에 대한 위험을 초래할 경우 비밀 보장을 위반하는 것이 허용되는 상황을 명확하게 설명합니다. '전문 학교상담사는 학생이 자신 또는 타인에게 위험을 초래할 경우 부모/보호자 및/또는 해당 당국에 알린다. 이는 다른 상담 전문가들과 면밀한 검토와 자문을 거쳐 이뤄져야 한다.'는 내용이 그것입니다. Amy의 사례에서는 자신이나 타인에게 명백하고 임박한 위험이 발생하지 않았고, 학교상담사는 다른 상담 전문가와의 자문과 관련해 기준을 따르지 않았습니다.

논의의 포인트 중 하나는 가정과 병원에서 교육하는 것에 대한 결정이 적절하였는지 여부입니다. 학교상담사는 혼자 일하지 않으며, 다시 말하지만, ASCA 국가 모델(2012a)은 간접적인 학생 서비스와 관련하여 학교상담사에게 명확한 지침을 제공합니다. 국가 모델은 어떻게 학교상담사가 모든 학생의 요구를 해결하고 학업 성취를 지원하기 위하여 학생, 학부모, 교사, 관리자, 교직원 및 지역사회 이해관계자와 협력할 수 있는지를 보여 줍니다. Amy의 사례에서 작성된 계획이 학업 요구와 부모님의 바람을 충족시키는 것처럼 보였습니다.

학교상담사는 Amy가 고등학생이었을 때 Amy와 부모에 대한 의무가 있었고, Amy와 부모 모두를 위한 지원 단체 등 외부 자원을 제공할 수 있었을 것입니다. 학교상담사의 배려와 관심은 분명하였지만, Amy가 졸업하고 나서 부모는 더 이상 학교상담사의 조언을 받기를 꺼려 하는 것으로 보입니다. Amy의 졸업 후, 학교상담사는 더 이상 외부 자원이나 대학 계획에 대한 지도를 제공할 의무가 없어졌습니다.

추가로, 또 다른 논의점은 다른 평가나 데이터가 있다면 어떤 것이 도움이 될 수 있었는지에 대한 것이었습니다. 사용 가능한 평가 도구 중 하나는 종합적인 생물심리사회적 평가 또는 접수면접입니다. 접수면접은 학교에서 Amy의 학업적 · 개인적 · 사회적 성과에 영향을 미칠 수 있는 여러 가지 요인에 대한 정보를 수집하기 위한 효과적인 도구이며, 학교상담사가 '큰 그림(big picture)'을 볼 수 있게 합니다. 접수면접은 가족력 및 인구 통계부터 현재 생활 상황, Amy에게 잠재적으로 영향을 미칠 수 있는 의료 정보에 이르기까지 수많은 정보를 수집합니다. 심층 인터뷰를 통해, 학교상담사는 학대 가능성, 가정 내 폭력, 섭식장애, 우울, 불안, 주의력결핍과잉행동장애의 가능성 등과 같은 다른 영향 요인이 있는지 여부를 파악할 수 있었습니다(Neukrug & Fawcett, 2015).

마지막으로, 전문 상담사로서 우리 업무의 한계를 인식하는 것이 중요합니다. 상담 전문가는 자신의 안녕을 보호하고 전문 지식과 관련하여 자신의 한계를 인식해야 합니다. Amy의 학교상담사의 경우는 열정과 관심을 가지고 있었던 것이 분명합니다. Osborn(2004)은 상담사들에게 효과적인 상담사가 되려면 내담자들을 돕기 위해 할 수 있는 것과 할 수 없는 것을 인식해야 한다는 것을 강조하였습니다. 또한 Osborn은 우리의 실무와 전문성에 의미 있는 관점을 만들기 위한 방법에 있어 유용한 제안을 하였습니다. 학교상담사들은 공교육과 사교육에 대한 경제적 제약 때문에 종종 '더 적은 돈으로 더 많은 것을 해야 한다'는 도전을 받습니다. 결과적으로, 우리는 경계를 설정하고 자신의 한계를 인식하는 것이 우리 자신의 건강을 증진시키는 데 도움이 되고, 이는 다시 효과적인 상담 전문가가 될 수 있는 우리의 능력을 증진시킨다는 것을 상기시킵니다.

논평 2

Bradley T. Erford

이 사례에서, 전문 학교상담사는 교육위원회 슈퍼바이저의 지시를 준수해야 하며 Amy가 지원한 대학에 연락해서는 안 됩니다. Amy가 자신이나 다른 사람들에게 위험하다는 징후가 없었기 때문에 '경고 의무' 규정은 적용되지 않습니다. 따라서 학생의 정보와 상황에 대한 비밀 보장은 법적 요청이나 추가 정보 전달에 대한 부모의 동의가 얻어질 때까지 유지되어야 합니다. 진단되지는 않았지만 잠재적인 경계선성격장애는 다양한 정신건강 진단(예: 섭식장애, 불안장애)만큼 심각할 수 있고, 미국 인구의 상당수가 정신 또는 정서장애 진단을 받아 왔습니다. 그러나 많은 사람이 지지적인 상담과 약물치료 요법을 통해 건강하고 생산적인 삶을 영위할 수 있습니다(Assistant Secretary for Planning and Evaluation, U.S. Department of Health and Human Services, 2008).

성적증명서에 대한 요청은 단지 요청일 뿐입니다. 만약 대학이 추가 정보를 요청한다면, 학교는 적절한 법적 가이드라인을 따르면서 요청된 추가 정보를 제공할 수 있습니다. 그러나 학교가 요청된 성적증명서보다 원치 않는 정보를 더 많이 보내면 연방법 및 주법률(예: 「가족 교육 권리 및 개인 정보 보호법」「건강 보험 이동 및 책임에 관한 법률」), 규정, 심지어 학교 위원회 정책까지 위반할 수 있습니다. 이를 다른 방향에서 살펴보면, 전문 학교상담사가 대학 입학 담당자에게 연락하여 부모나 학생의 동의 없이 비밀 정보를 공유한다면, 그리고 보호되고, 요청되지 않은 정보에 근거하여 Amy의 입학이 거부된다면, 학교 시스템(및 학교상담사)은 Amy나 부모가 소송을 제기하는 경우 법적 책임을 져야 할 수 있습니다.

가정과 병원에서 교육하는 개입이 최적이었는지 여부는 당시 Amy의 구체적인 교육적 · 정서적 필요에 따라 달라질 수 있습니다. 가정과 병원에서 가르치는 것은 학부모나 학생의 요구를 묵인하는 것이 아니라 개별 학생에게 최선의 이익이 되기 때문에 이루어집니다. 일반적으로 이러한 대안적인 교육 기회는 학업의 엄격함을 낮추지만, Amy는 이미 학교에 결석한 날이 많고, 학교 환경을 적대적으로 여기며(그녀의 인식이 현실에 근거한 것인지 아닌지에 관계 없이), 성적이 좋고, SAT-I에서 1,200점을 받은 것으로 알려졌기 때문에, 보다 개별화된 학습 경험의 혜택을 받을 수 있습니다. 또한 이것은 앞의 두 가지 질문과 대학과 합법적이고 윤리적으로 의사소통하는 방법을 이어 주는 자연스러운 다리 역할을 합니다. 가정과 병원에서의 교육과정 변경은 거의 모든 대학 입학처에 적신호가 켜지며, 대학 직원은 가정 및 병원에서의 학교 교육, 지속적인 치료, 그리고 이러한 상황이 Amy의 대학 학부 경험에 어떠한 영향을 미칠 수 있는지 이해하도록 위해 실사를 수행해야 할 책임이 있습니다. 즉, 이 교육과정 변경사항은 성적증명서에 문서화되어야 하며, 대학 입학 담당자는 왜 Amy가 가정 및 병원에서의 교육을 통해 고등학교 과정을 이수해야 했는지 문의해야 합니다(실제로 많은 대학이 조사하고 문서화합니다).

Amy가 자신의 치료에서 어떤 역할을 해 왔는지, Amy가 기꺼이 응하는지 아는 것이 중요합니다. 만약 그녀가 지속적인 치료에 응하도록 동기부여되고 긍정적인 지원 시스템이 대학에 마련되어 있다면, 긍정적인 결과를 얻을 수 있는 가능성이 높아집니다. 많은 대학 상담센터는 특히 섭식장애 또는 스트레스/불안 관리 등과 관련된 정신건강 진단을 받은 학생들을 위한 상담 및 지원 그룹을 제공합니다. Amy가 대학 경험으로 쉽게 전환할 수 있도록 지역사회 지원 자원도 모색해야 합니다.

돌이켜 보면, 이것은 고등학교와 전문 학교상담사가 Amy의 상황을 체계적인 관점에서 보고 학교, 가족, 지역사회 자원(예: 병원 직원, 1차 진료 의사, 정신건강 상담사)의 협력적 상호 의존 모델을 사용하여, 참여하는 모든 사람이 문제를 이해하고, 특정 교육 및 치료 목표를 식별하고, 개입을 계획하며, 다양한 역할을 통해 개입을 수행하고, 진행 상황을 모니터링하고 평가하기 위해 모여서 자문에 참여할 수 있는 완벽한 기회였습니다. 이 **협력적 상호 의존 자문 모델**은 가장 비용 효율적인 방식으로 여러 상황에 걸쳐 다양한 원인이 있는 문제를 해결하기 위하여 만들어진 맞춤 모델입니다. 이 모델에서 학교상담사는 종종 학제간 자원의 조정자 및 중개인이 되어 전문가팀을 모아 학부모와 학생이 다학제적 개입을 계획, 시행 및 평가하도록 돕습니다. 여러 전문가가 중복된 서비스를 제공하고 서로 소통하지 않아 서비스의 중단—매우 비효율적인 자원의 사용—을 초래하는 경우가 종종 있습니다. 자원과 서비스를 중개하고 조정하면 Amy가 이웃 동네, 이웃 주 또는 전국에 있는 대학에 진학할 때와 같이 현재의 요구사항을 충족하고 향후 학생과 함께 전환할 수 있는 통합 서비스 전달 모델을 제공합니다.

마지막으로, Amy의 성격과 정신건강 문제를 심층적으로 살펴보는 종합심리평가가 실시되었는지 여부가 불분명하였습니다. 어떤 유형의 섭식장애(예: 폭식장애, 신경성 폭식증, 신경성 식욕부진증)와 불안장애(예: 범불안장애, 공황장애, 사회불안장애, 광장공포증)가 증거로 제시되었습니까? 병원 임상의들이 Amy가 경계선성격장애의 증상을 보이고 있다는 인상을 받은 이유는 무엇입니까? 일반적으로 심리평가는 입원 기간 동안 접수 시점에 이뤄집니다. 만약 이러한 평가가 Amy의 병원 기록에는 존재하지만, (부모의 적절한 서면 동의와 허락을 받은 후) 전문 학교상담사와 학교 심리사에게는 공유되지 않았다면 안타까운 일이 아닐 수 없습니다. 이는 협력적 상호 의존 모델(Erford, 2019)의 사용을 통해 해결될 수 있었던 와해된 서비스의 또 다른 사례입니다.

자원 목록

보충 자료

Erford, B. T. (Ed.). (2019). *Transforming the school counseling profession* (5th ed.). Columbus, OH: Pearson.

Family Educational Rights and Privacy Act (34 C.F.R., Part 99; Final Rule, 2008). Retrieved from http://www.ed.gov/legislation/FedRegister/finrule/2008-4/120908a.pdf

Haddock, L. R. (2014). *Borderline personality disorder*. Retrieved from https://www.counseling.org/docs/default-source/practice-briefs/borderline-personality-disorder.pdf

Kress, V. E., & Paylo, M. J. (2015). *Treating those with mental disorders: A comprehensive approach to case conceptualization and treatment*. Columbus, OH: Pearson.

보충 활동

학습 활동

- 협력적 상호 의존 모델 같은 서비스가 얼마나 도움이 될 수 있는지 부모, 교사 및 지역사회 조직이 이해하는 데 도움이 되도록 이 모델을 설명하는 1분짜리 정보 광고를 개발하고 녹화하십시오.
- 협력적 자문은 돌봄 시스템 전반에 걸친 협력을 우선시하는 통합적 접근 방식을 지원합니다. 전문 학교상담사로서 알아야 할 사회 기관에 대한 정보를 인터넷이나 지역 도서관에서 찾아보십시오. 특정 학교에서 더 복잡한 문제(폭력, 마약, 십대 임신 등)를 해결하는 데 도움이 될 수 있는 지역사회 기반 기관의 목록을 만드십시오.
- (다음 중 하나를 골라서) 학생을 위해 모의 협력적 상호 의존적 자문 회기를 수행하십시오. (뚜렛 증후군이 있는 학생, 주의력결핍과잉행동장애가 있는 학생, 결손 가정 학생, 알코올 중독이 있는 아버지를 둔 학생, 부모가 맞벌이인 학생, C에서 D까지 범위에서 성적을 받지만 기능 시험에서는 상위 백분위수 점수를 받는 학생, 화장실에서 마리화나를 피우는 학생들 사이에서 적발된 학생)
- 로어고등학교는 문화적으로 다양한 교외 지역에 위치해 있습니다. 이 고등학교에서 10대 임신이 최근 증가하였습니다. 최근 십대 임신의 증가를 줄이기 위해 학생, 교사, 지역사회 단체 및 학부모와 어떻게 협력할 것인지 서술하십시오. 노숙 학생을 옹호할 때 어떤 이해관계자를 참여시키고 싶은가요? 학생과 그 가족을 위해 어떤 자원을 확보하고 싶은가요?

제 18 장

유서를 가지고 왔나요

Tracy L. Jackson

배경

나는 교육청 코디네이터로서, 교육청에 소속된 수많은 학교상담사에게 임상 슈퍼비전을 제공하는 것이 주요 업무이다. 어느 날, 한 중학교 상담사가 내게 전화를 걸어 자신의 교장 선생님은 자살 생각을 가진 학생이 더 이상 자살하지 않을 것이라는 외부 전문가의 소견서가 없으면 학생의 학교 복귀를 허용하지 않을 것이라고 말하였다고 전하였다. 나는 그 중학교 상담사에게 그렇게 할 수는 없고, 그 학생이 학교로 복귀하도록 허용하겠다고 말하였다. 약 한 달 후, 한 고등학교 상담교사가 나에게 전화를 해서, 자신의 교장 선생님도 자살 충동을 가진 학생이 더 이상 자살 충동을 느끼지 않는다는 심리치료사의 소견서가 없으면 학생의 학교 복귀를 허용하지 않겠다는 말을 하였다고 전하였다. 다시 한 번, 나는 상담사에게 그렇게 할 수 없고, 그 학생의 학교 복귀를 허용하겠다고 말하였다.

나도 몰랐던 사실이지만, 교육청의 행정관리자들이 준수하는 불문율이 있어서 자살 생각이 있는 학생들이 심리치료사의 허락을 받지 않는 한 학교로 복귀하지 못하도록 하는 것 같았다. 그 주 후반, 나는 화가 난 고등학교 교장 선생님으로부터 한 통의 전화를 받았다. 교장은 학생이 수업 일에 자살하는 것을 원하지 않으며 심리치료사에게 소견서를 요청하는 것은 그 책임이 학교에 있지 않다는 것을 확실히 하는 것이라고 말하였다. 나는 교장에게 학생의 무상교육 및 공교육을 거부할 수 없고, 소견서를 받을 때까지 출석을 거부하는 것은 귀중한 수업 시간을 놓칠 수 있고 출석 기록이 손상될 수 있으며 부모가 일하는 동안 집에 혼자 두는 것이 어쩌면 더 우려스러운 일이기 때문에 학생에게 최선의 이익이 되지 않는다고 설명하였다. 그 전화를 받은 후에 나는 그 도시의 응급 정신건강 기관에 연락하여 학생들에게 소견서를 제공하는 것에 대해 이야기하였다. 기관장은 나에게 기관이 얼마나 많은 소견서 요청을 받았고 제공을 거부하였는지 말하였다. 그런 다음 기관장은 학생이 더 이상 자살 생각을 갖고 있지 않음을 확인하는 서면 소견서가 윤리적이지도 허용되지도 않는 일이라는 경고를 교육청에 전달해 달라고 요청하였다.

사례

한 학부모가 자신의 아이 Sharon이 정신건강 전문가나 의사의 진료를 받지 않으면 학교에 돌아갈 수 없다고 학교상담사가 말한 것에 몹시 화가 나서 나의 사무실로 전화하였다. 의사에게 Sharon이 더 이상 자살에 대한 생각이 없으며 학교로 돌아가는 것이 적합하다고 생각된다는 소견서를 받아야 하였다. 학교상담사는 학부모에게 이것이 학교 관리자의 방침이며, Sharon은 소견서를 가지고 돌아올 때까지 집에 머물러야 할 것이라고도 말하였다. 모든 정보를 기록한 후, 나는 학부모에게 나의 관리자에게 연락하고 다시 전화하겠다고 말하였다.

논의

Sharon은 다음날 버스를 타고 학교로 돌아왔다. 그녀는 더 이상 자살을 시도하지 않는다는 정신건강 서비스 제공자의 소견서를 가지고 있지 않았다. 학교상담사가 Sharon에게 의사를 만난 적이 있냐고 물었을 때, 그녀는 방문하였지만 의사가 소견서를 써 주지 않았다고 말하였다. 그녀의 어머니는 직장에 가야 하였고, 함께 집에 있을 수 없었기 때문에 그녀를 학교에 보냈다. 마지못해, 학교상담사는 학교 관리자에게 Sharon이 소견서 없이 학교에 돌아왔다고 알려야 하였다.

질문들

1. 자살 생각이 있는 학생이 집에 혼자 있지 않고 학교에 돌아와야 한다는 것을 아는 상황

에서 학교 관리자를 어떻게 대할 수 있는가?

2. 공식적인 정책이 마련되지 않은 상황에서 어떻게 학생들을 옹호할 수 있는가?

논평 1

Malik S. Henfield

학교 관리자와 함께 일하는 것은 때때로 상당히 어려울 수 있습니다. 이러한 어려움의 대부분은 전문 학교상담사의 역할과 기능에 대한 이해의 부족 때문일 수 있습니다. 예를 들어, 이 사례는 자살 충동을 경험하는 학생이 학교에 다닐 권리가 있다는 것을 학교 관리자가 이해하도록 도와줌으로써 학교상담사가 학생을 대신하여 옹호해야 하는 분명한 예에 해당합니다. 무엇을 해야 하는지는 분명하지만, 이 일을 관리자가 이해할 수 있는 방식으로 어떻게 정중히 수행할 것인지는 더 어려울 수 있습니다.

학교 관리자는 학교상담사의 수련 기준을 알지 못할 수 있으며, 상담사가 상담뿐만 아니라 교육 및 상담 관련 법률과 윤리 등에 대해 제대로 이해하고 있다는 사실을 간과할 수 있습니다. 따라서 이러한 상황은 학생과 학교상담 전문가를 동시에 옹호하는 기회가 될 수 있습니다. 학교상담사는 가능한 한 많은 사실 정보를 관리자에게 전달하는 것부터 시작하는 것이 중요할 것입니다. 교육청이 활용하는 정책의 불문율적 특성과 학교에서의 졸속 실행은 무시할 수 없는 주제일 뿐만 아니라 반드시 짚고 넘어가야 할 문제입니다. 관리자는 실제로 학생들에게 잠재적으로 해를 끼칠 가능성이 있고, 더욱이 법정에서 변호할 수 없는 비공식적인 정책을 준수하는 것과 관련된 불안정성에 대해 더 잘 이해해야 합니다. 학교는 1973년 「재활법」 504조와 「장애인 교육법」과 관련된 규정을 포함하여 모든 교육 규정을 준수하는 것이 가장 중요합니다. 안타깝게도, 이 사례에서는 명백한 합법성보다 학군 문화가 우선시된 것으로 보입니다.

학교상담사의 수련 배경을 고려할 때, 이것을 학교 관리자에게 알려서 학생들의 이익을 옹호하는 것은 학교상담사의 업무 범위 내에 있습니다. 그러나 진지하게 받아들여질 가능성을 높이려면, 자살 충동을 이유로 학생들의 등교를 막는 것은 비윤리적일 뿐만 아니라 불법이라는 것을 명확하게 보여 주는 구체적인 규정으로 무장하고 관리자에게 접근하는 것이 좋습니다. 다음 단계는 해결책의 일부가 되겠다고 자원하여 리더십을 발휘하는 것입니다.

이를 위해 학교상담사는 법적 가이드라인에 부합하는 자살 예방 및 개입 정책과 절차 개발을 담당하는 위원회를 이끌거나 최소한 그 위원회에 기여해야 합니다. 종합적이고 체계적인 계획이 없는 경우, 자살 충동으로 어려움을 겪고 있는 모든 학생의 요구를 옹호하고 충족할 수 있는 생활 지도 수업, 집단상담 커리큘럼, 개인상담 기법, 전문성 개발 활동과 같은 프로그램 개발에 도움이 되는 자료를 참조하는 것이 도움이 될 것입니다.

논평 2

Laurie A. Carlson

상담사-교장 간 관계를 효과적으로 탐색하려면, 특히 이와 같은 상황에서는 의도와 수완이 필요합니다. 첫 번째 질문은 학교상담사의 전문화된 수련 교육 및 적절한 역할에 대해 행정관리자들을 교육하는 조치를 통해 잘 다루어질 수 있습니다. 뿐만 아니라, 학교상담사로서 학생이 최대한 신속하고 안전하게 복귀하도록 돕는 책임을 맡을 것임을 행정관리자들에게 확신시키는 조치를 통해 잘 해결될 수 있습니다. 학교상담사가 자살 위기에 대처하는 훈련을 받았고, 학생지원팀에 참여하고 심지어 이끌려는 욕구가 있다는 것을 이해하는 행정관리자는 학교상담사가 이러한 상황을 다룰 때 지도적인 역할을 맡도록 훨씬 더 편안하게 허용할 것입니다. 대부분의 관리자는 「장애인 교육법」 및 「재활법」 504조의 영향을 받는 학생을 포함하여 모든 학생의 무료 및 공교육 접근에 관한 법적 의무를 잘 알고 있을 것입니다. 그러나 학교 내 자살을 예방하기 위한 주 법령에 대해서는 잘 모를 수도 있습니다. 미국자살예방재단에서는 학교 내 자살 예방을 위한 주 법령에 대한 온라인 가이드를 다음 웹사이트(http://afsp.org/wp-content/uploads/2016/04/Suicide-Prevention-Statutes-Schools-2.pdf.)에서 제공하고 있습니다. 또한 행정관리자는 학교상담사가 그러한 법적 기대치를 뒷받침할 수 있는 준비가 되어 있는지 아는 것도 중요합니다.

이제 막 자살 위기를 경험한 학생이 위기 이전의 생활 활동으로 안전하게 돌아갈 수 있도록 지원하는 것은 매우 중요합니다. 저는 행정관리자들이 기본적으로 이것을 이해하고 있다고 생각하지만, 학생을 위해 무엇이 옳은지에 대한 생각은 무엇이 기관에 최선의 이익이 된다고 생각하는지에 의해 흐려질 수 있습니다. 학교상담사는 학교 복귀 과정에 적극적으로 참여함으로써 행정관리자의 걱정을 덜고 학생의 복귀를 용이하게 할 수 있습니다. 이러한 참여는 학생과 그 가족의 구체적 요구에 따라 협의되어야 하지만 학생과의 정기적 만남 같은 책임이 포함될 수 있습니다. 학생의 부모 및/또는 심리치료사와의 연락 유지, 교사를 포함한 다른 교육팀원 간의 적절한 연계 제공 등 이러한 책임은 공식적인 「재활법」 504조 계획의 일부일 수도 있지만 별도의 학교 복귀 또는 안전 계획의 일부일 수도 있습니다. 자살하려는 학생을 돕는 것은 학교상담사의 적절한 대응의 한 측면일 뿐입니다. 두 번째는 학교 정책에 대한 참여를 통한 광범위한 옹호이며 모든 학생을 위한 체계적인 변화로 이어집니다.

학교상담사가 학교 복귀 계획에 적극적으로 참여하여 특정 학생의 요구를 해결하도록 도움을 주고 나면, 학교는 이런 사례에 대한 공식적인 정책을 개발할 수 있는 기관의 역량이 생깁니다. 미국 청소년의 정신건강 필요성에 대한 인식이 높아짐에 따라, 모든 학생이 포괄적이고 수준 높은 교육 경험의 혜택을 누릴 수 있도록 공정한 방식으로 학생들을 지원할 뿐만 아니라 제도와 전문가를 보호하는 문서화된 정책을 수립하는 것이 그 어느 때보다도 중요합니다. 최근에 저도 학생이 학교로 복귀하는 데 필요한 심리치료사 소견서와 관련된 유사한 정책에 대해서도 알게 되었습니다. 학교상담사 교육자로서, 저는 이 정책의 실제 출처가 어디인지, 어떻게 한 교육청이 그런 방식으로 출석을 거부하면서 모든 아이를 교육해야 하는 의무를 충족하도록 관리해 왔는지 궁금하였습니다. 약간의 조사를 통해, 저는 미국자살예방재단이 배포한 자살 예방에 관한 모범 교육청 정책 모델(Model School District Policy on Suicide Prevention)에 이 절차가 수록되어 있는 것을 발견하고 다소 놀랐습니다. 저는 미국학교상담사학회(ASCA)가 이 문서의 공동 저자로 등재되어 있다는 것을 알고는 더욱 흥미로웠습니다. 학교 복귀 절차에 관한 항목 2의 실제 문구에는 "부모 또는 보호자는 학생이 검사를 받았고 더 이상 자신 또는 타인에게 위험하지 않다는 정신건강 관리 제공자로부터의 문서를 제출합니다."(p. 6)라고 명시되어 있습니다.

전문 학교상담사는 학교 정책을 개발하는 데 있어서, 특히 학생들의 학업적, 사회-정서적 또는 진로 요구와 관련하여, 앞장서서 리더십을 발휘해야 합니다. 잘 구현되고 명확하게 표현된 정책은 학생과 기관을 보호하는 동시에 형평성과 모범 사례를 보장하는 역할을 할 수 있습니다. 반대로, 앞에서 소개한 것처럼, 만약 제대로 시행되지 않고 비공식적으로만 표현되는 정책은 학생에게 장벽이 되고 지속적인 불평등을 초래할 수 있습니다. 명확한 목적이 없는 정책은 후자에 속할 가능성이 가장 높습니다. 현행 정책을 고려할 때, 이 정책을 만드는 데 관여하는 사람들은 그 목적을 고려한 다음, 정책이 의도된 목적에 부합하도록 충실하게 문서화되고 실행되도록 하는 것이 무엇보다 중요합니다. 정신건강 전문가에게 이러한 문서를 요구하는 것은, 이론적으로는 학생을 위한 광범위한 지원 네트워크를 보장하기 위해 학교에 불리한 책임에 대한 법적 보호를 포함하여 여러 가지 다른 목적을 충족할 수 있습니다. 잘 시행되고 명확하게 문서화된다면, 어쩌면 부모가 서명한 법적 면책 조항이 더 적절할 것입니다. 그렇지 않다면, 왜, 학생이 외부에서 서비스를 받고 있다는 것을 단순히 서류로 입증하는 대신 더 이상 위험하지 않다는 것을 명문화하는 조항을 포함해야 할까요? 교육팀은 학교 정책을 만들 때 이처럼 어렵고 미묘한 차이를 고려해야 합니다.

자원 목록

보충 자료

Granello, P. F., & Juhnke, G. A. (2010). *Case studies in suicide: Experiences of mental health professionals.* Upper Saddle River, NJ: Pearson.

Juhnke, G. A., Granello, D. H., & Granello, P. F. (2011). *Suicide, self-injury, and violence in the schools: Assessment, prevention, and intervention strategies.* Hoboken, NJ: Wiley.

온라인 자료

Model School District Policy on Suicide Prevention: Model Language Commentary and Resources
https://afsp.org/wp-content/uploads/2016/01/Model-Policy_FINAL.pdf

Preventing Suicide: A Toolkit for High Schools (HHS Publication no. SMA-12-4669) Center for Mental Health Services, Substance Abuse and Mental Health Services Administration
http://store.samhsa.gov/shin/content/SMA12-4669/SMA12-4669.pdf

보충 활동

학습 활동

- 자살 예방 전문성을 갖춘 기관들과 협력하고, 전문성 개발 활동을 주도하도록 이들을 학교로 초청하십시오.
- 자살 예방에 대한 수업 지도의 일환으로, 학생들에게 자살 예방에 대해 더 많이 배우고 싶어하는 교육자와 교사를 위한 자료가 수록된 안내지를 만들게 하십시오.

제 19 장

전문가 딜레마 가르치기 힘든 선생님?

Jason Durrell

배경

나는 중학교 상담사이다. 내가 근무하는 공립학교는 부유한 인구가 많은 교외 지역에 있다. 전체 규모는 800명의 학생으로 이루어져 있으며, 백인이 95%, 아프리카계 미국인과 아시아인(인도인 포함)으로 구성된 소수민족이 약 5%로 구성되어 있고, 두 명의 학교상담사가 모든 서비스를 제공한다. 우리 학생들 중 70명이 학습장애를 위한 개별 교육 계획(IEP)을 받고 있다. 전체 학생 중 약 40%가 네 가지 핵심 과목(읽기, 수학, 과학, 사회) 중 한 가지 이상에서 영재로 분류되었다. 우리 학교는 주 정부의 학교 평가에서 계속 '우수(excellent)' 등급을 받거나 'A'를 달성하고 있다.

이러한 학생들과 함께 상담하면서, 나는 "다른 선생님의 수업으로 바꿀 수 있나요?"라는 질문에 자주 직면하게 되는데, 이는 대개 학생이 과제물을 제출하고, 공부하고, 수업을 준비하는 데 '요구사항이 많은' 교사들의 수업에서 비롯되는 경우가 많다. 일부 중학생은 잔디는 항상 더 푸르고, 새로운 선생님은 자신에게 더 많은 동기를 부여하며, 자신의 업적은 아인슈타인과 피카소를 합친 것보다 훨씬 더 많은 것을 성취할 것이라는 별나게도 틀에 박힌 사고방식을 가지고 있다. 나는 위대함을 향한 새로운 계획을 가지고 찾아오는 모든 학생을 동등하게 대하고, 학생의 관심사를 경청하면서, 전형적으로 학습에 초점을 맞추는 반응을 한다. "우리 모두는 우리의 목표를 달성할 수 있도록 함께 협력하고 친해져야 할 선생님이나 직장 동료들이 있을 거예요. 고등학교와 대학에 여러분이 듣고 싶은 수업을 가르치는 선생님이 한 분뿐일 수도 있어요. 그럼 어떻게 하겠어요? 주변 사람들에도 불구하고 어떻게 성공할 수 있을까요?"와 같은 내 질문에 대한 반응으로 학생들은 대개 "그 수업을 그만두겠어요." (나는 "너의 꿈을 포기한다고?"라고 반문한다) 또는 "직장을 그만두고 다른 데로 가요."와 같이 얄밉게 답을 한다. 이 토론에 이어 몇 가지 안내된 성찰이 뒤따르며, 학생과 나는 어떻게 하면 학생이 더 성공을 거두고 교사의 수업에 남을 수 있을지에 대한 계획을 세운다.

사례

그러나 우리 학교에는 매년 반복되는 주제가 있는데, 학생이 선생님을 두고 '비열하고, 무신경하며, 학생이나 학생의 일에 관심이 없다'는 이유로 다른 선생님으로 바꿔 달라며 요청하는 경우가 있다. 나는 학생이 선생님의 이름을 밝히기 전에 어떤 선생님에 대해 이야기하는지 알 때가 많다. 한 선생님을 떠올려 보면, 나는 그녀와 친하지는 않는데, 우리는 공통점이 별로 없는 것 같아 보이기 때문이다. 일반적으로 말하면, 나는 그 선생님이 성품이 온화하고, 정직하게 자신이 할 수 있는 최고의 선생님이 되려고 노력하는 분이라고 생각한다. 그녀는 대부분의 경우 유쾌하지만, 학생들 때문에 좌절하는 모습을 보았고, 사춘기의 짜증(adolescent tantrum)을 내는 형태로 내재된 감정이 금방 표면으로 드러나는 것도 보았다. 그럴 때, 나는 그녀가 학생들에게 "글쎄, 이 일은 네가 알아서 처리해야지. 내가 도와줄 수 없어."라고 말하는 것을 들었다.

이 선생님은 자신의 행동에 대한 학생들의 개인적인 의견이 전달되고 있다는 것을 깨닫지 못하는 것 같다. 나는 수년 동안 그 선생님과 몇 명의 학생에 대해 전문적으로 이야기를 나누었다. 처음에, 그녀는 학생과 함께 계획을 수립하는 데 참여하고 그 과정의 일부가 된 것을 진심으로 기대하며 학생과 함께 상황이 바뀔 것이라는 희망을 품는 것처럼 보였다. 그러나 이러한 낙관론은 금세 시들해진다. 몇 주 만에, 학생은 수업을 바꾸기 위해 다시 내 사무실로 돌아온다.

이 선생님은 중학교에서 15년 이상 영어와 언어학을 가르치고 있다. 재직 기간 동안, 학생들의 성적을 보면 대부분의 학생이 이 선생님과 함께 한 해에 1년 치의 성장을 이룬 것으로 나타났다. 하지만 그녀가 어려워하는 학생들도 있고, 그 학생들이 1년 동안의 성장을 달성하는 데 있어 일관성이 없어 보인다. 학교 관리자들은 그녀의 직업윤리를 잘 알고 있으며 일부 학생이 그녀의 수업을 언급할 때, "우리는 연습문제지만 풀어요. 배우는 게 없어요."라고 지적한다고 말하였다.

논의

나는 이런 상황에서 동료 학교상담사와 상의하였고, 우리 둘 다 이 교사가 자신의 좌절감을 개선할 수 있도록 (그리고 간접적으로 학급의 학생들을 도울 수 있도록) 몇 가지 권장사항을 제시하였다. 우리는 이 교사가 자신의 수업에서 어려움을 겪고 있는 학생들을 이해하기 위해 더 많은 시간을 할애하고, 학생의 다른 교사들과 이야기하여 비슷한 문제가 있는지 확인하며, 학생들을 재평가하여 어떤 특정 학습 기술이 부족할 수 있는지 파악하고 이를 도와줄 것을 제안하였다. 다시 그녀는 예전의 습관이 되살아나서 날카로운 모습으로 돌아간 것 같아 보였다. 이러한 상황에서 갈등을 일으키는 것은 교사 자신의 성격인 것처럼 보이기 때문에, 민감한 주제이다.

질문들

1. 이 교사가 도전적인 학생들을 어떻게 대하고 있는지에 대해 허심탄회하게 대화를 나눌 때가 된 것인가? 이 교사는 의지가 강하고 다른 교사들과도 잘 어울리기 때문에 그녀가 바뀔 것이라고 너무 낙관하지 않는다.
2. 이러한 상황은 종합적 학교상담 프로그램(CSCP) 내의 결과, 자료, 그리고 평가 측면에서 어떻게 개념화될 수 있는가?
3. 학교상담사는 이 교사의 변화를 촉진하기 위하여 평가 및/또는 자료를 어떻게 사용할 수 있겠는가?
4. 이 상황에 교장이 개입해야 하는가? 교장에게 상황을 설명할 때 어떤 자료를 포함하면 좋겠는가?
5. 어려움을 겪고 있는 모든 학생을 이 교사의 수업에 넣어 그녀가 도전적인 학생들과 함께 일하는 방식을 개선하도록 해야 하는가?
6. 이 상황을 개선할 수 있는 다른 방법이 있는가(만약 해결할 수 없다면)?

논평 1

Richard E. Cleveland

이 사례는 발달적으로 예상되는 오해(예: 교사 '요구사항')에 의해 영향을 받는 것처럼 보이는 경우에도, 자신을 옹호(예: 수업/일정 변경 요청)하는 데 익숙한 학생 집단을 나타냅니다. 이 사례에서 학교상담사는 단순한 전문가적 요령 이상으로 상황에 접근하며, 이런 상호작용에서 성장 가능성을 인식하고 있습니다. 동료 교사에게도 비슷한 접근 방식이 쓰일 수 있는데, 이는 단순히 학생의 학교 생활을 돕는 것을 넘어 교사와의 자문을 통해 교실 환경 자체를 변화시킬 수 있는 체계적인 대응을 반영할 것입니다(Dinkmeyer & Carlson, 2006). 그러나 데이터 기반 상담을 향한 아이디어를 구체화하기 전에, 학교상담사의 역할과 자문 초점이라는 두 가지 항목에 대해 간략히 살펴볼 필요가 있습니다.

의심할 여지 없이 많은 학교상담사와의 대화는 '진심을 터놓고' 이루어지는 대화로 간주할 수 있지만, 앞서 언급한 사례는 대화가 행정 책임의 영역으로 들어가는 것을 암시합니다. 미국학교상담사학회(ASCA) 웹사이트는 상담사와 행정관리자의 상호작용을 다루는 자료를 제공합니다. 학교상담사의 역할에 대해 설명하면서, '학교상담사를 위한 적절한 (그리고 부적절한) 활동'이라는 제목의 도표는 '교장실에서 직무를 보조하는' 항목이 부적절한 것으로 수록되어 있습니다. 학교상담사는 교직원 배치 결정에 대한 권한이나 책임이 없습니다. 그러나 우리는 모든 학생을 옹호하고 그들이 유치원 전 단계(pre-K)부터 12학년까지의 환경에서 성공을 경험할 수 있도록 도울 권한과 책임이 있습니다. 나열된 '적절한(appropriate)' 의무는 '학교장이 학생의 쟁점 사안, 요구 및 문제를 파악하고 해결하는 것을 돕는 것'으로, 학생들과 그들의 관심사를 중심으로 한 행동을 반영합니다. 이것은 중요한 점을 강조하기 때문에 유익합니다. 어떤 상황에서는 상담사가 수행하는 업무 및/또는 조치가 동일하지는 않더라도 비슷해 보일 수 있지만, 틀림없이 '적절성'을 구별하는 것은 그러한 행동의 초점입니다. 현재 사례는 이러한 차이를 보여 줍니다.

자문이 교사와 일대일로 이루어지든 행정과 연계하여 이루어지든 자문은 전문적[교육과정, 교육학, '어려운(difficult)' 학생을 다루기 위한 자원 등]으로 뿐만 아니라 정서적(감정을 인정하기, 교사의 감정과 생각을 경청하기, 비판적 관점이 아닌 강점 기반의 관점을 통하여 성장의 영역 인식하기 등)으로도 제공할 수 있습니다. 교직은 소진의 가능성이 상당하고 스트레스가 심한 직업으로 인식되고 있으며, 정서적 고갈은 학생들의 냉담한 비인격화를 불러일으킬 가능성이 있습니다(Tatar, 2009). 이 교사의 수업에 의도적으로 더 어려운 학생들을 배치하려는 제안을 만약 실행한다면 비전문적이고 비윤리적인 행동이 될 수 있습니다. 사례에서 지적한 바와 같이, 이 교사는 교직 의무(예: 교육학, 학생과의 관계적 상호작용)에 부정적인 영향을 미칠 정도의 개인적인 그리고 직업적인 좌절을 경험하고 있습니다. 학교상담사의 불만 수준도 비슷하게 표면화되는 양상이 나타나고 있습니다. 이는 비판을 하기보다는 공감을 보여줄 수 있는 기회를 제공한다는 점에서 주목됩니다. "좌절감을 느끼는 것 같네요."와 같은 (필요한 보살핌과 존경심을 담은) 감정 반영은 다음과 같은 상담사의 자기 개방으로 이어질 수 있습니다. "학생들이 과제량에 대해 불평하는 것을 듣고 학업에 어려움을 겪는 것을 보면 좌절감을 느껴요. 우리의 협업 전략이 그 학생들을 위해 교실에서 효과가 없다는 말을 들을 때, 무력감을 느껴요. 특히 선생님이 이 아이들이 고등학교와 그 이후에도 성공하기를 바란다고 이야기하는 것을 들었을 때요." '신뢰성'을 입증한(Tatar, 2009) 상담사들은 '문제'를 재구성하고 학생들의 성공을 옹호하는 노력을 계속하면서 교사와 보다 솔직한 토론에 참여할 수 있습니다.

자료는 학생 성과와 종합적 학교상담 프로그램(CSCP) 평가 측면 모두에서 학생을 옹호하는 데 반드시 존재해야 하며, 이번 사례도 예외는 아닙니다. 일화적인 증거, 실패한 학생 개입 계획 자료, 학생의 학업적 성장에서 불일치 등을 통해 상담사의 우려가 커졌기 때문에, 분명히 이런 상황에 대한 자료는 이미 존재합니다. 그러나 현재 사례와 관련된 결과 자료를 개발하고 수집하는 것에 대해 생각할 때, 다시 한번 우리의 초점을 고려하는 것이 중요합니다. 즉, 우리가 제공하는 모든 자료는 학생, 그들의 요구사항, 관심사, 그리고 (궁극적으로) 성공을 경험하는 데 필요로 하는 것을 중심으로 구성되어야 합니다. 이를 위해, 학교상담사의 자료 기반 자문을 안내하는 두 가지 주제를 제안합니다. 첫째, 자문가로서 학교상담사는 중간 및 거시 체계의 관점에서 여러 정보 제공자의 관점(및 잠재적 불일치)과 균형을 맞춰야 합니다(Johnson & Hannon, 2014). 이 사례의 상담사는 개별 학생의 학업 성장을 학년 수준의 추세와 비교하면서 이미 이러한 노력을 시작하였습니다. 학업 외에도, 학교 차원의 요구 평가는 학교 전체 풍토와 관련된 거시적 수준의 상황별 자료를 제공합니다. CSCP 및 **개입반응중심접근법**(Response to Intervention: RTI)의 개념적 틀과 통합된(ASCA, 2012a, 2014a, 2014d) 이러한 자료는 학교 전체와 비교하여 해당 교사의 학급을 평가하는 환경 자료를 제공할 수 있습니다.

둘째, 자료 기반 자문은 필수 교육 기준(학교 개선 계획, 공통 핵심 주 정부 기준 등)을 위해 정기적으로 수집된 현장 및/또는 학군 자료를 통합할 수 있습니다. 자문은 행동적인-개입 관점을 활용하여, 교사가 이미 명시된 결과를 기반으로 학생 과제에 대한 목표(양, 질 등)를 확인하도록 권장할 수 있습니다. 그럼 다음 개별 학생의 필요에 따라 원하는 목표를 향한 진도를 비계로 설정할 수 있습니다.

논평 2

Laurie A. Carlson

이 상황에서 학교상담사는 학생들에 대한 열정과 그들의 교육 경험에 대해 깊은 관심을 가지고 있음이 분명합니다. 교사와 학생들의 상호작용과 관련된 이런 상황은 복잡하며, 학교상담사로서 학생들을 옹호하는 것과 동료와의 건전하고 협력적인 관계를 유지하는 것 사이에서 균형을 맞추려고 노력해야 하기 때문에 매우 어려운 일이 될 수 있습니다. '진심을 터놓고' 대화하는 것은 언제나 적절합니다. 그러나 그녀가 어려운 학생들을 어떻게 대하는지를 중심으로 대화하는 것은 도움이 되지 않을 수 있으며 적절한 상담사 역할의 경계를 넘을 수 있습니다. 물론, 학교상담사는 교사의 수업에서 도전장을 내밀고 나온 학생들의 학업 진도에 대해 선생님과 '진심을 터놓고' 대화를 나누는 것이 적절할 수 있습니다. 비록 이것은 적절한 대응일 수 있지만, 첫 번째로 수행하는 조치가 되어서는 안 됩니다.

학교상담사로서, 그리고 지금은 상담사 교육자로서, 저는 다섯 가지 윤리 원칙에 기초하여 개입하는 경향이 있는데, 그 기본 원칙 중 하나가 자율성입니다. 가능하면 언제든지 학생들이 스스로의 이익을 옹호하고 직면한 문제를 극복할 수 있도록 권한을 부여하여 효능감을 높일 수 있도록 돕는 것이 최선의 실천입니다. 저에게 효과적이었던 두 가지 접근법은 해결중심단기상담(solution-focused brief counseling)과 교류분석(transactional analysis)입니다. 이런 사례들에 특히 유용한 해결중심단기상담 접근법 내의 주요 전략은 척도 질문과 예외 찾기입니다. 척도 질문을 활용하면 학생이 현재 상황에서 잘 작동하지 않은 것을 조작화한 다음, 일이 잘 풀릴 때의 모습을 그려 볼 수 있도록 도와줍니다. 종종 학생이 교사와 더 건강한 의사소통을 시각화하면, 학생의 인식이 구체적으로 나타남에 따라 상황이 개선될 수 있습니다. 예외를 찾는 전략은 학생들이 과거 비슷한 상황에서 자신에게 효과적이었던 행동과 의사소통 패턴을 발견하는 데 도움이 됩니다. 이를 통해 학생들은 더 긍정적인 관계를 맺을 수 있으며, 현재 상황에서 간과하고 있지만 이미 어느 정도 성공을 거두어 온 특정한 행동들이 있다는 것을 깨닫게 됩니다. 교류분석은 의사소통 패턴의 분석에 중점을 두고 학생에게 의사소통은 양방향이라는 것을 이해하도록 돕기 때문에 유용합니다. 즉, 학생은 의사소통의 효과성 또는 비효과성에 대해 어느 정도의 힘을 가지고 있습니다. 의사소통이 중단되기 시작할 때 학생이 교사에게 반응하는 방식에 따라 상황이 불안정해질 수도 있고 안정될 수도 있습니다. 이러한 상황에서 이 접근법의 강점은 이러한 학생들 중 다수가 이론적 개념을 이해하고, 한 상황과 환경에서 다른 환경으로 학습 내용을 전이할 수 있는 영재이고 재능이 있는 학생으로 분류된다는 사실에서도 뒷받침됩니다. 또한 이것은 상담사가 교사의 행동 중 일부를 '사춘기의 짜증' 형태로 파악하고 있다는 점에서 적절한 접근법이 될 것으로 보입니다. 아마도 '사춘기의 짜증'은 '비판적인 부모'의 어조에 대한 반응일 가능성이 높으며, 그 상황에 상담사가 '비판적인 부모'의 관점으로 문제에 접근하는 것은 지양해야 할 것입니다. 학생 개입을 통해 이 사안을 다루는 접근법에 대한 마지막 한 가지 의견은 이러한 전략을 생활지도 수업을 통해 모든 학생에게 가르칠 수 있고, 학생들에게 미치는 영향을 더욱 높일 수 있다는 것입니다.

학교상담사는 이러한 우려와 관련하여 과정, 인식 및 결과 자료의 사용을 고려해야 합니다. 과정 자료에는 학생이 이러한 문제를 탐색하도록 돕기 위해서 학교상담사가 사용한 시간의 양과 영향을 받은 학생 수에 대한 기록이 포함됩니다. 학생들과 함께하는 개별 작업도 중요하지만, 더 중요한 것은 소그룹 및 교실 환경에서 이러한 전략의 전달과 관련된 과정 자료입니다. 한 특정 교사에게 구체적인 인식 자료들을 수집하는 것은 어렵고, 어쩌면 비윤리적일 수도 있습니다. 그러나 적절한 대규모의 수집 기법은 일반적으로 학생들이 교사와의 관계를 성찰하고 평가할 수 있도록 하는 설문조사가 포함될 수 있습니다. 마지막으로, 결과 자료와 관련하여, 사례에서 지적된 성취도 차이와 관련된 내용을 계속 측정하고 모니터링하거나 추천 및 학생의 수업 변경 요청에 대한 변화를 기록할 수도 있습니다.

교육팀은 학교 및 학군 개선 계획을 충족시키기 위해 노력하기 때문에 교육 개선을 위한 자료 활용은 어느 학교에서나 일반적인 관행이 되어야 합니다. 자료 검토 및 프로그램 수정과 관련되는 정기적인 교직원 개발 활동은 지속적인 개선이 의무화될 뿐만 아니라 격려받는 문화를 조성합니다. 이 과정에서 학교상담사의 역할은 관리자가 평가 결과를 이해하고 해당 결과에 대한 교직원의 의사결정을 용이하게 하는 데 도움을 주는 것입니다. 학교상담사가 교직원에게 '또 다른 관리자'로 인식되지 않는 것이 중요하지만, 교직원은 학교상담사들이 그러한 결과를 분석하고 해석하는 데 필요한 훈련과 기술을 가지고 있음을 이해할 필요가 있습니다. 학생 평가 결과와 관련하여 특정 교사의 변화를 촉진하는 데 있어 그 촉진은 학교상담사와 관리자뿐만 아니라 동료 교사들로부터의 조언과 함께 협력적인 과정을 통해서 이루어질 때 가장 효과적인 경향이 있습니다. 학생의 성취도 차이를 파악하고 문제를 해결하는 것은 모든 교직원의 책임입니다.

이 사안은 다각적인 접근을 통해 가장 잘 해결될 것으로 보입니다. 저는 관리자가 전체 교직원과 성취도 차이에 관하여 광범위한 토론을 촉진하도록 돕는 것 외에도 학교상담사가 질문 1에 대한 답변에 명시된 학생 기반 개입에 초점을 맞추는 것이 중요하다고 주장하고 싶습니다. 학생들이 모든 교사와 긍정적이고 도움이 되는 관계를 형성할 수 있는 역량을 키우면 특정한 교사와의 문제도 긍정적인 영향을 받을 수 있습니다. 제기된 우려의 수준으로 볼 때 교장이 이 교사의 문제를 아직 인지하지 못하고 있을 가능성은 거의 없어 보입니다. 만약 학교상담사가 영향을 받는 학생의 정신건강이나 안전 또는 해당 교사의 정신건강에 대해 우려하고 있다면, 당연히 교장에게 이러한 우려를 표현하는 것이 적절한 조치일 것입니다.

고군분투하는 모든 학생을 한 교사의 수업에 넣는 것은 비윤리적일 뿐만 아니라 교사와 학생 모두에게 해롭습니다. 윤리적인 행동은 자율성, 선의, 비해악성, 공평성, 정의라는 기본 원칙에 기반을 둡니다. 고의적으로 학생과 동료를 잠재적인 실패로 몰아가는 것은 어떤 상황에서도 용납될 수 없습니다.

여기서 떠오르는 다른 두 가지 가능성이 있습니다. 첫째, 이전 전략의 결과와 관계없이 실제로 도움이 되는 전략일 것입니다. 학생, 학부모, 교사와 상담사는 모두 적절한 수업 변경과 관련하여 사려 깊고 명확하게 표현된 학교 정책을 통해 혜택을 받을 수 있습니다. 정책에는 변경 요청에 대한 허용 가능한 상황뿐만 아니라 반드시 따라야 하는 적절한 절차도 포함되어야 합니다. 학생이 학교상담사에게 가기 전에 먼저 교사와 사안을 논의하고, 그 후에 학부모와 논의하도록 노력하면 부적절하거나 '편의적인' 요청을 제한하는 데 도움이 됩니다. 교사, 학부모, 학생이 의사소통 기록에 서명하도록 하면 이러한 단계를 준수하고 각 학생의 교육을 둘러싼 협력적인 환경을 만드는 데 도움이 됩니다. 이 과정을 통해 학생과 주요 성인 사이에 반드시 대화가 이루어졌는지 확인할 수 있으며, 변경 승인을 위한 여지가 포함될 수 있습니다.

둘째, 애초에 학생들이 수업에 분포되는 방식을 고려해야 합니다. 만약 학생이 스스로 선택한다면, 학교상담사는 학생이 과목 영역뿐만 아니라 학습 스타일과 학업 목표를 기반으로 정보에 입각한 선택을 하고 있는지 확인해야 합니다. 아마도, 학생들이 수업을 선택하기 전에 다양한 학습 환경을 접할 수 있는 방법을 찾는 것이 도움이 될 수 있습니다. 수업 선택에 있어서 학생의 자율성이 거의 없고, 학교상담사가 다른 교직원 및 관리자와 함께 학생을 수업에 '배정'한다면, 학생을 특정 교사에게 먼저 배정하지 말고 학생의 학습 스타일, 성격, 학업 목표를 다시 한번 충분히 고려해야 합니다.

자원 목록

보충 자료

American School Counselor Association. (2012). *The ASCA National Model: A framework for school counseling programs* (3rd ed.). Alexandria, VA: Author.

American School Counselor Association. (2014a). *ASCA mindsets & behaviors for student success: K–12 college-and career-readiness standards for every student.* Alexandria, VA: Author.

American School Counselor Association. (2014b). *The school counselor and multitiered systems of supports* [Position statement]. Retrieved November 21, 2015, from https://www.schoolcounselor.org/asca/media/asca/PositionStatements/PS_MultitieredSupportSystem.pdf

American School Counselor Association. (n.d.). *Information for administrators.* Retrieved November 20, 2015, from http://www.schoolcounselor.org/administrators

Clemens, E. (2007). Developmental counseling and therapy as a model for school counselor consultation with teachers. *Professional School Counseling, 10*(4), 352-359.

Dimmitt, C., Carey, J. C., & Hatch, T. (2007). *Evidence-based school counseling: Making a difference with data-driven practices.* Thousand Oaks, CA: Corwin Press.

Dinkmeyer, D., & Carlson, J. (2006). *Consultation: Creating school-based interventions* (3rd ed.). New York, NY: Routledge.

Johnson, K. D., & Hannon, M. D. (2014). Measuring the relationship between parent, teacher, and student problem behavior reports and academic achievement: Implications for school counselors. *Professional School Counseling, 18*(1), 38-48.

Kaffenberger, C., & Young, A. (2013). *Making DATA work* (3rd ed.). Alexandria, VA: American School Counselor Association.

Pelsma, D. M. (2000). School counselors' use of solution-focused questioning to improve teacher work life. *Professional School Counseling, 4*(1), 1-5.

Tatar, M. (2009). Teachers turning for help to school counsellors and colleagues: Toward a mapping of relevant predictors. *British Journal of Guidance & Counselling, 37*(2), 107-127. doi:10.1080/03069880902728564

Tatar, M., & Bekerman, Z. (2009). School counsellors' and teachers' perceptions of their students' problems: Shared and divergent views. *Counselling & Psychotherapy Research, 9*(3), 187-192.

보충 활동

학습 활동

- 신념, 비전, 기준(Beliefs, Vision, Standards)

ASCA 국가 모델(ASCA, 2012a)을 소개한 후, 학생들을 소그룹으로 나누어 가상의 학교 이름, 학년, 마스코트를 만들도록 합니다. 그러고 나서 학생들은 교육과 관련하여 모든 집단 구성원에게 공통적인 네 가지 신념에 대해 토론하고 설명하도록 합니다. 학생들은 학급 전체와 공유합니다. 다음으로, 학생 집단은 작성한 집단 신념을 바탕으로 학교상담 프로그램에 대한 비전 선언문을 작성하도록 합니다. 다시, 학생들은 학급 전체와 공유합니다. 마지막으로, 학생들은 학교상담 프로그램에 대한 다섯 가지 학생 성과를 작성하도록 합니다. 학생 성과는 다음과 같아야 합니다. 측정 가능하고, 학교 수준에 발달적으로 적합해야 하며, 학생의 신념 및 학교 비전 선언문과 관련되어야 합니다. 완료되면, 학생들은 학급 전체와 함께 나눔에 참여합니다.

- SMART 실행(SMART Action)

학생들은 가상의 현장 또는 참조용으로 현재 현장 경험(예: 상담 실습 또는 인턴십)을 기반으로 이 활동에 참여합니다. 학생들에게 학교 전체의 학생 결과 자료(현장에 따라 가상 또는 실제 데이터)를 검토하여 불일치를 확인하도록 합니다. 확인된 불일치를 바탕으로 학생은 학교의 CSCP를 안내하는 세 가지 실행 계획을 작성하도록 합니다(ASCA, 2012a; Kaffenberger & Young, 2013). 세 가지 실행 계획은 모두 확인된 불일치를 해결해야 하고, SMART(예: 구체적, 측정 가능한, 달성 가능한, 결과, 시간) 목표를 활용해야 하며, RTI 개념적 틀(예: 하위 계층에 대한 실행 계획, 중간 계층에 대한 실행 계획, 상위 계층에 대한 실행 계획)의 각 수준에 개별적으로 초점을 맞춰야 합니다. 완성되면, 학생들은 학급 전체에 발표할 하나의 실행 계획을 선택합니다.

제20장

하지만 그녀는 유명해질 거예요!
제3문화권 학생의 출석 문제 해결

Sebastien Laroche

배경

나는 일본 내 미군 기지에 위치한 200명 이상의 학생이 재학 중인 소규모 미국 국방부 부설 학교의 초등학교 상담사이다. 국방부 부설 학교는 해외에서 근무하는 미군 장병과 국방부 직원의 자녀에게 미국 교육과 관련 서비스를 제공한다. 국방부 부설 학교는 국방부의 교육 활동 하에 운영되며, 국방부 본부로부터 모든 교과과정 및 정책 지침을 받는다. 또한 국방부 부설 학교들은 본부에서 정한 지침을 따르지만, 특정 지역과 군기지의 지부에서 개설한 요건도 충족해야 한다. 각 기지는 자체적으로 자급자족하는 공동체로 기능하며, 기지마다 다른 규칙과 기대치를 가지고 있다. 우리 학교의 학생들은 주로 현역 공군 대원과 임관 장교의 자녀들이다. 이 학생들 중 대다수가 '제3문화 아이들(third culture kids; 부모의 문화와 다른 문화에서 자라는 어린이)'이다. 우리 학교의 대다수 학생은 백인(43%)이며, 나머지 학생은 아프리카계 미국인, 아시아인 및 혼혈 학생들로 구성되어 있다. 국방부 정책에 따르면 한 학교에 학생 300명당 한 명의 상담사가 배치된다. 그 결과, 나는 현재 이곳에서 유일한 학교 상담사로 일하고 있다.

가을학기가 끝나갈 무렵, 한 유치원 교사가 한 학생의 과도한 결석에 대해 자문을 요청하였다. 이 학생은 3개월 동안 무단결석이 30회 이상 누적되었다. 최근 우리 학군은 학생이 한 학기 내에 5회 이상 무단결석할 경우 학부모와의 면담을 의무화하는 보다 엄격한 출석 정책을 시행하고 개입 계획을 시행하기 시작하였다. 긴급한 상황을 제외하고, 가족 휴가, 모델 오디션, 부모나 후원자의 서면 확인서가 없는 비후원 스포츠 활동 등과 같은 결석은 무단결석으로 간주한다. 이 정책은, 학교상담사로서의 의무와 관련하여 내게 개입할 의무를 부여하였다.

자문하는 동안, 우리가 우려하고 있는 학생이 형제자매가 많고, 미국인 아버지와 주둔국 어머니를 둔 대가족 출신이라는 것을 알게 되었다. 뿐만 아니라, 이 학생의 주 언어는 영어가 아니었고, 그녀가 ESL 서비스를 받는 날에는 대부분 결석하고 있었다. 교사의 일화에서도 가정의 지원과 참여가 적다는 것을 알 수 있었다. 교사는 나에게 2주 후에 열릴 학부모-교사 회의에 참석할 것을 요청하였다. 나 역시 교사의 고민을 함께 나누었고, 참석하는 것이 학생의 이익에 가장 부합한다고 느꼈다. 학부모에게 제시할 적절한 개입을 준비하기 위하여, 나는 더 많은 정보를 수집하기 시작하였다.

담임교사와 자문한 후, 다음 단계는 ESL 교사와 대화하여 그녀의 의견과 관찰 결과를 확보하는 것이었다. ESL 교사는 한 학기 동안 그 학생과 산발적으로 몇 번만 수업을 하였기 때문에 학생의 능력 수준을 정확하게 파악할 수 없었다고 말하였다. 추가 기록 확인을 통해 학생의 배경과 결석에 관해 논의한 내용이 확인되었다. 나는 회의 전에 그 학생을 관찰하고 의미 있는 상호작용을 해서, 가능한 한 학생의 전체를 묘사할 수 있는 정보를 얻기를 바랐다(개학 후 3개월 동안 지금까지 그 학생을 만나거나 그 학생에 대해 들어본 적이 없다고 생각하면 안타깝다).

이틀 후에 만날 기회가 찾아왔다. 그 학생의 담임교사는 학생들의 글쓰기 수업이 진행 중인 컴퓨터실로 나를 불렀다. 나는 매우 친절하고 행복한 아이처럼 보이는 그 학생에게 내 소개를 하였다. 학생의 행동은 그녀가 읽고 쓰는 다양한 활동에 흥미 있게 집중하고, 적절한 때, 반 친구들과 즐거운 대화를 나누는 것이 관찰되는 등 학교를 좋아한다는 것을 보여 주었다. 이러한 관찰은 교사의 초기 우려를 뒷받침하였다. 학생이 꾸준히 출석하기만 하였더라면, 학교에서 즐기고, 성취하고, 성공할 수 있었으리라는 것 말이다. 전체 집단 수업 동안, 학생은 동기부여가 되었고 참여에 열심이었지만, 만족할 만한 답변을 하는 데 필요한 숙련도나 이해력을 보여 주지 못하였다. 장애가 없고 특정 주둔국의 민족성을 반영하는 많은 ESL 학생과 마찬가지로, 그녀의 학업적 강점 중 하나는 수학이었다. 하지만 대화할 때는 말하기 표현과 이해력이 학년 초부터 서비스를 받고 있던 같은 반의 다른 ESL 학생들에 비해 현저히 낮았다. 그녀는 다른 학생들이 하는 대답을 앵무새처럼 따라 하고, 이따금 스스로 독립적인 대답을 하려고 할 때 앞뒤 조리 없이 말하기도 하였다.

드디어 학부모 회의 시간이 다가왔다. 담임교사와 나는 학생의 아버지를 만났다(어머니는 참석하지 않았다). 회의 동안, 교사는 학생의 강점과 수업에서 학생의 상호작용에 대한 관찰 내용을 아버지와 공유하였다. 나는 학생이 결석한 날의 대부분이 학생의 학급에 예정된 상담 시간과 겹쳤기 때문에, 많은 피드백을 제공할 수 없었다는 점을 공유하였다. 우리는 아버지에게 출석 자료, 평가 결과(딸이 출석하였을 때), 그리고 학년 초부터 그녀가 놓친 개념들을 보여 주었다. 이에 대해 아버지는 학생의 결석 이유를 미디어 출연을 위해 다양한 오디션을 많이 봤기 때문이라고 설명하였다. 우리는 아버지의 선택을 정중하게 인정하였지만, 결석이 그녀의 성취에 얼마나 심각한 영향을 미치고 있는지 알아야 한다는 점을 강조하였다. 아버지는 우리의 걱정을 이해하였지만, 특히 딸의 미래 진로를 위해 TV와 영화계에서 경력을 쌓으려고 진지하게 준비 중이라는 점을 분명히 하였다. 부모가 조건부로 자녀를 학교에 데려오도록 의무화할 수 있는 국방부 부설 정책이 없기 때문에, 우리가 할 수 있는 일은 ESL 일정을 학생이 주로 학교에 다니는 날(화, 수, 목요일)로 변경하는 것뿐이었다. 우리는 또한 아버지에게 출석률이 거의 또는 전혀 개선되지 않으면, 봄에 행정부서와 아버지의 지휘관과 함께 회의를 열어 (학군 학교 정책에 따라) 개입 계획을 수립해야 한다고 경고해야 했다. 아버지는 이해한다고 하였고, 우리는 아무것도 이루지 못한 것 같은 기분을 느끼며 회의를 마쳤다.

사례

그 해의 3번째 학기가 되자, 학생의 불규칙한 출석은 지금까지 총 수업일수의 절반 이상을 결석할 정도로 악화되었다. 다음 학년을 위한 성적과 학급 배정을 고민해야 하는 시기였기 때문에 이 학생의 유급을 고려하는 것이 현실이 되고 있었다. 이전에 학생의 아버지에게 개입 계획을 문서화하였으므로, 학생지원팀이 후속 조치를 취해야 할 때였다. 먼저, 나는 학생의 아버지에게 국방부 부설 출석 정책에 따라 그의 직속 지휘관을 참여시켜야 한다고 알렸다. 아버지는 이 사실에 불쾌해하며 "왜 그렇게까지 해야 합니까? 아무것도 바뀌지 않을 텐데."라고 거듭 물었다. 결국 그는 회의에 참석하는 데 동의하였다. 학생지원팀 회의 참석자에는 교장, ESL 교사 및 담임교사도 포함되었다. 회의가 진행되는 동안, 우리는 출석 자료와 학업 진행 상황을 참석자들과 공유하였다. 아버지는 회의 내내 화를 내며 그에게 제공된 정보를 보려고 하지 않았다. 그는 이 행동 방침이 공정하지 않다고 단호하게 말하였다. 우리 학교에 자신의 자녀들을 둔 그의 지휘관은 아버지에게 학교의 우려를 다시 한번 강조하려고 하였다. 지휘관은 장기 결석이 학생에게 미치는 부정적인 영향을 강조하는 시도를 여러 번 하였고, 그 아버지에게 우선순위를 재고하라고 설득하였지만, 아버지는 전혀 듣지 않았다. 아버지는 딸을 학교에서 자퇴시키고 내년에 다시 등록하겠다고 위협하였다. 그에 대한 응답으로, 우리는 그녀의 과도한 결석으로 인해 학업적으로 1학년 진급이 부적격하며 학년 배치 정책에 따라 유치원을 다시 다녀야 한다고 설명하였다. 아버지는 특히 이 사실에 화가 나서 회의에서 빠져나갔다. 그는 해결책을 가지고 다시 연락하겠다고 말하였다.

논의

2주가 지난 후에도, 여전히 그 아버지로부터 연락이 없었다. 또한 그 학생이 회의 이후로 학교에 전혀 출석하지 않았다는 보고도 받았다. 나는 아버지에게 전화를 걸기로 하였고, 아버지는 아내와 함께 딸을 자퇴시키고 홈스쿨링을 하기로 결정하였다고 내게 통보하였다. 나는 아버지에게 우리가 여전히 그의 딸이 학교에 다니는 것을 환영할 것이며, 언제든지 도움을 받을 수 있다고 답하였다. 아버지는 냉소적으로 나의 대답을 받아들이고 작별 인사를 하였다.

질문들

1. 학교가 연초에 더 적극적으로 문제를 제기하였어야 하였는가?
2. 학교상담사가 이 상황에 어떻게 다르게 접근할 수 있었는가?
3. 이 문제는 가족 옹호 프로그램(family advocacy program; 아동 보호 서비스의 기본 버전)에 연락해야 하는 것이었는가?
4. 아이를 회의에 데리고 와서 무엇을 하고 싶었는지 묻는 것은 부적절하였는가?
5. 이러한 상황들이 제3문화권 학생의 정체성 발달에 어떻게 영향을 미치는가?
6. 학교상담사가 학생을 옹호하는 데 어떤 추가적인 자료가 도움이 되었는가?
7. 교사가 학교상담사에게 출석 문제나 학업 문제들을 가져오기 전에 종합적 학교상담 프로그램(CSCP)의 평가/사정 요소들은 어떻게 그녀와 같은 학생을 체계적으로 파악할 수 있었는가?

논평 1

Jared Lau & Chris Wood

이 사례의 핵심은 학생 출석 문제가 모든 학교상담사의 단골 관심사라는 점이지만, 이 사례에는 또한 국방부 부설 학교에서 근무하는 학교상담사가 겪는 몇 가지 독특한 어려움이 부각되고 있습니다. 예를 들어, 국방부 부설 학교는 미국 이외의 주둔 국가에 위치해 있기 때문에, 일반적으로 국방부 부설 학교가 아닌 학교에서 예상되는 것보다 제3문화 학생의 수가 더 많습니다. 그럼에도 불구하고, 이것은 자료 분석 기술이 학교상담사의 대응과 어떻게 관련이 있는지를 고려할 때 특히 흥미로운 사례입니다. 제시되고 있는 정보나 자료에 대한 논의가 있지만, 그러한 자료가 어떻게 분석되었는지 알기는 어렵습니다. 따라서 사례 작성자가 제기한 질문에 대한 답변을 구성할 때, 우리는 학교상담사의 지식과 자료 분석 기술이 사례 해결과 어떤 관련이 있는지를 고려할 것입니다.

'긴급한 문제'가 무엇인지 알지 못하더라도, 우리는 학교가 출석 문제를 더 일찍 파악할 수 있었고 또 파악하였어야 한다는 데 동의합니다. 학군에서는 새로운 5회 결석 정책을 시행하고 있기 때문에, 왜 그 학생이 30회 무단결석을 할 때까지 문제를 파악하거나 해결하지 않았는지 궁금합니다. 학교상담사가 교사 및 학생과의 관계를 중요하게 생각하는 것은 분명합니다. 교사가 학교상담사에게 자문 및 협력을 요청하는 것은 학교상담사의 역량에 대한 믿음이 있다는 증거입니다.

그러나 이 학생에 대한 우려는 보다 체계적인 자료 평가를 통해 더 일찍 드러났을 수도 있습니다. 3개월 동안 30번 결석하였다는 것은 학생이 수업 가능한 시간의 3분의 1을 결석하였다는 것을 의미하며, ESL 수업에 결석하는 패턴은 학생이 일부 특정 학업 영역에서 훨씬 더 적은 시간의 수업을 받고 있음을 시사합니다. 우리는 그 학생에게 '개입 계획(intervention plan)'이 필요한 것으로 확인되기까지 3개월과 30일의 결석이 발생한 이유가 궁금합니다. '5회 이상' 결석 규칙을 설정하는 학군 정책이 없더라도, 학교상담사는 학생의 출석 경향을 분석하여 출석에 문제가 있는 학생을 파악할 수 있습니다. 이 학교상담사는 학생의 결석 대부분이 예정된 '상담 시간'에 해당하는 요일에 있었다고 언급합니다. 이 예정된 시간이 학교상담사 프로그램의 생활 지도 수업을 포함한다고 가정하면, 생활 지도 수업(들)에 대한 평가 자료에서도 학생의 출석 문제가 표시되었을 수 있습니다. 더욱이, 출석 및/또는 성취도 점수(예: 성별, 인종/민족별, 각 학년별)와 같은 학교 자료를 세분화하면 이 특정 사건뿐만 아니라 학교 내에서 동일한 출석 문제로 인해 위험에 처한 학생의 하위 집단이 있는지 여부도 파악할 수 있습니다. 우리는 CSCP 내에서 자료를 분석하고 문제를 조기에 파악하는 방법에 대해 나중에 더 논의할 것입니다.

이 사례에 접근하는 또 다른 권장사항은 자료 분석 및 제시입니다. 구체적으로는 세 가지 추가 방법, (a) 학업적 개입별로 세분화, (b) 패턴 및 경향 고려, (c) 다른 학생 및 집단과의 비교로 출석 자료를 탐색하는 것이 유용할 수 있습니다.

첫째, 학교상담사는 학생의 결석이 ESL 수업과 학교상담 교육과정을 놓치게 된 날에 해당하는 것 같다고 언급하고 있습니다. 처음 3개월 동안 수업의 30%를 결석하는 것만으로도 충분히 설득력이 있겠지만, ESL 수업과 생활 지도 교육과정의 몇 %를 결석하였는지를 추가로 파악하는 것이 도움이 될 수 있습니다.

둘째, 결석이 발생하는 특정 요일과 주에 대한 패턴과 경향을 파악하는 것이 유용할 수 있습니다. 학교상담사는 이러한 경향을 최소한 시각적으로라도 분석하여 학생에게 더 많은 지원을 제공하기 위해 ESL 일정을 조정할 필요성을 인식하였을 것입니다.

셋째, 그 학생을 구체적으로 같은 학급/학년 수준에서 학교의 다른 학생들, 가능한 경우 그녀의 형제자매들과 비교하는 것이 좋습니다. 이 자료 분석의 제시는 부모들에게 반향을 불러일으켜 변화의 촉매제가 될 수 있습니다. 또한 학생 자료가 관련 집단의 자료와 어떻게 비교되는지 아는 것은 해석을 위한 맥락을 제공하는 데 도움이 됩니다. 예를 들어, 유치원 학급의 절반이 개학 후 첫 3개월 동안 30일을 결석한 경우라면, 누구도 4회 이상 결석하지 않은 경우와 매우 다른 상황입니다. 이러한 자료를 학부모(들)에게 제시하면 교육과정 참여와 관련하여 더 큰 동기를 부여할 수 있습니다.

더욱이, 유급 개입은 학생의 필수 학업 성취도 부족이 정당화되는 경우에만 의미가 있습니다. 학생의 학업 성취도가 또래의 학업 성취도와 비슷하거나 같은 학업 결손을 가진 다른 학생들이 1학년으로 진급하는 경우, 유급의 주요 근거는 '정책'입니다.

가족 옹호 프로그램에 대한 자세한 설명은 이 사례의 대응 범위를 벗어나므로, 독자는 보충 자료, 자원 및 활동을 참조하시기 바랍니다. 우리가 보기에, 이 사례만으로는 가족 옹호 프로그램이나 아동 보호 서비스에 신고할 만한 사례는 아닙니다. 그러나 만약 결석이 더 큰 방임 패턴의 일부이거나 학생에게 '다양한 미디어 기회를 위한 많은 오디션'에서 성적 착취의 증거가 있다면, 이후 해당 기관에 연락하는 것이 분명 적절할 것입니다.

연합 행동 자문(Sheridan, Eagle, Cowan, & Mickelson, 2001)과 협력 자문 모델(Gable,

Mostert, & Tonelson, 2004)의 실행을 뒷받침하는 증거가 있습니다. 반대로, 그런 회의에 학생을 포함시키지 말라고 경고하는 연구는 많지 않은 것 같습니다. 이 장에서는 다양한 자문 모델을 광범위하게 논의할 공간이 충분하지 않으므로, 독자는 참고문헌에 수록된 Amatea, Daniels, Bringman, Vandiver(2004)와 Key, Bemak, Carpenter, King-Sears(1998)의 연구를 참조하시기 바랍니다.

이 사례에서 묘사된 학생은 혼혈인 동시에 '제3문화 아이'로 보이므로 인종/민족 정체성 발달은 이 두 가지 모두에 영향을 받았을 수 있습니다. 학교 소속감이 이민자 학생의 정서적·행동적 문제와 반비례한다는 증거가 있습니다. 더욱이, 학교 구성에서 학생의 인종/민족이 차지하는 비율은 정서-행동 문제와도 부적인 상관이 있습니다. 요약하자면, 학생의 학교 소속감을 키우고, 혼혈 및 제3문화 아동의 인종/민족 정체성 발달을 적극적으로 촉진하는 한편, 이들이 단계들(예: 저항 및 몰입)을 탐색하는 방식이 보다 개별적으로 정의된 문화 집단의 학생들과 다를 수 있음을 인식하는 것이 중요합니다.

앞에서 언급하였듯이, 이 학생의 학업 성취도를 또래 학생들과 비교하는 것은 그녀의 출석 문제가 학업 성취도에 어떤 부정적인 영향을 미쳤는지를 파악할 수 있는 한 가지 방법입니다. 그러나 만약 성취도 자료가 학생의 반 친구들에 뒤처지지 않고 따라가는 것을 시사한다면, 이 자료는 학생이 다음 학년으로 진급하도록 옹호하는 데 사용될 수 있습니다. 마찬가지로, ESL 시험 자료는 학생을 위한 서비스를 옹호하는 데 사용할 수 있을 뿐만 아니라 ESL 수업을 받는 것의 중요성에 대해 부모를 설득하는 데도 사용할 수 있습니다.

우리는 두 가지 수준의 자료 분석을 설명함으로써 이러한 질문에 답할 수 있습니다. (a) 학교 전체 자료와 (b) 개입 관련 자료, 두 가지 모두 CSCP의 일부가 될 수 있습니다. 출석, 성취도 검사 자료 및 징계 기록 등과 같은 학교 전체 자료를 세분화하여 학교 내에서 교육적으로 취약한 개인과 집단을 파악할 수 있습니다. 학교상담사 프로그램은 학교 전체 자료를 사용하여 학교 내에서 전문적인 학교상담 및 개입, 생활 지도 교육과정의 조정이 필요한 개인 및 집단을 파악할 수 있습니다. 이 사례에서 학교상담사는 교실에서 예정된 시간을 언급하였습니다. 격차 해소 활동을 기반으로 설계된 예정된 생활 지도 수업(및 CSCP의 기타 개입)을 계획할 수 있습니다(ASCA, 2012a). 이와 관련하여, 학교상담사는 생활 지도 교육과정과 같은 학교상담 프로그램의 요소와 관련된 자료를 추적(및 분석)할 수 있습니다. 미국학교상담사학회(ASCA)는 '학교상담 교육과정 결과 보고서'를 포함하여 CSCP를 지원하기 위한 양식을 제공합니다. 이 보고서는 상담 서비스를 받은 학생 수, 상담 교육과정에 대한 학생의 인식/피드백 및 결과 자료(예: 성취도, 출석률, 행동)와 같은 자료들을 추적할 수 있는 표입니다.

학교 전체 수준에서, 학교상담사는 자료를 사용하여 생활 지도 교육과정(및 학교상담 프로그램의 기타 요소)이 학교와 학생 개인에게 얼마나 긍정적인 영향을 미치는지 보여 줄 수 있습니다. 우리는 이미 학생의 개별 학업 성취도 자료를 집단의 자료와 비교해야 할 필요성에 대해 논의하였습니다. 이 비교에는 진로/대학 준비 기준과 같이 다른 결과에 대한 학생의 개별 자료(예: 앞서 논의한 결과 보고서)를 비교하는 것도 포함될 수 있습니다(ASCA, 2014a). 학생 성공을 위한 ASCA 마인드셋 및 행동에 대한 자료는 이 사례에서 논의된 학생의 희망 진로와 관련될 수 있습니다. 이러한 개인 수준에서, '학교, 가정 및 지역사회 활동의 균형을 유지하는 능력을 보여 주라'는 기준은 이 사례에서 묘사된 학생에게는 '아직 충족되지 않은' 것으로 보이며 미디어 스타로서의 미래 진로와 매우 관련이 있습니다.

요약하면, 이 사례로 인해 제기된 문제와 질문은 많지만, 학교상담사에게는 문제를 해결하고 대응하는 데 도움을 줄 수 있는 선택권들이 여전히 존재합니다. 특히, 학교상담사는 자료를 수집하고 분석하여 정보에 기반한 결정을 내릴 수 있는 CSCP를 개발하는 것이 좋습니다. 종합적이고 체계적인 학교상담 계획의 개발과 실행을 통해, 학교상담사는 특히 학생의 성취도와 관련된 실무 및 의사결정에 도움이 되는 자료를 활용할 수 있도록 더 잘 준비할 수 있습니다.

논평 2

Caroline A. Baker

여기에 제시된 사례는 문화적, 발달적, 진로 문제와 고려사항이 여러 겹으로 얽혀 있는 복잡한 문제입니다. 문화적으로, 학교상담사는 일본 사회에 있는 군사 기지에서 미국의 정책과 세계관 체계 내에서 일하고 있습니다. 기지 내 교육 관행이 미국 교육 시스템을 따르고 있음에도 불구하고 아시아의 문화 규범은 미국과는 다릅니다. 게다가 문제의 내담자는 미국인 아버지와 일본인 어머니의 두 문화적 기대를 모두 대표하는 혼혈 가정 출신입니다. 가정에는 다른 형제자매가 있지만 그들의 배경 문화, 교육/진로에 대한 기대 또는 발달 상태에 대한 맥락은 많이 제공되지 않았습니다. 학교상담사는 내담자를 '제3문화 학생'으로 설명하지만, 이 설명은 맥락을 정의하는 데 정확할 수도 있고 정확하지 않을 수도 있습니다. 내담자는 대략 5~6세의 유치원생으로 학교에 입학하였습니다. 타국에서의 짧은 생활 경험은 제3문화 학생이라는 기준을 대표하지 않을 수 있습니다.

진로 개발 필요성도 이 사례의 중요한 부분으로 드러나고 있습니다. 학교상담사는 이 사례에서 자신의 역할과 대응에 의문을 제기하고 있으며, 내담자의 가족은 아이의 진로 목표를 TV 탤런트가 되는 것이라고 정하였습니다. 여기가 가족의 문화적 맥락의 복잡성이 출석 문제에 영향을 미칠 수 있는 부분입니다. ASCA(2012a, 2014b)는 진로상담을 세 가지 영역(학문, 진로, 사회-정서적) 중 하나로 보고 이 영역과 관련하여 모든 학생의 성공을 추구하며, 일본 문화 역시 진로교육과 학업의 중요성을 주장하고 있습니다(Gong et al., 2013; Tsukuda, 2001). 그러나 가족 구조와 역할에 따라 교육 시스템과 진로 계획에 대한 반응이 달라질 수 있습니다. 이 사례 연구에서는 가족 전체와 함께 작업하면서 문화적, 발달적, 진로 요구를 염두에 두는 것이 중요해 보입니다(Bikos et al., 2014; Gong et al., 2013; Lim & Nakamoto, 2008; Roberts et al., 2014).

이 사례에서, 학교상담사는 학교가 기본 정책에 따라 학생의 성적뿐만 아니라 학교의 우려사항을 검토하기 위해 아버지와 면담 일정을 잡고, 결석을 고려하여 일정을 조정하는 방법을 보고하였습니다. 이것은 초기 상황에 대한 합리적인 접근으로 보였지만 문제를 해결하지는 못하였습니다. 학년 후반부에, 무단결석 문제와 학업 성취도가 더 큰 관심사이자 긴급 상황이 되었을 때, 아버지는 그에 따라 초래될 결과에 대해 준비가 되어 있지 않다는 방식으로 반응하였습니다. 학부모가 의사결정할 수 있는 정보를 얻을 수 있도록 학교의 요구사항, 가능한 결과, 관련될 수 있는 사람(예: 기지 지휘관)에 대한 정보에 입각하여 사전 동의 관행을 고려하는 것이 중요합니다.

또한 어머니의 역할과 관점을 이해하여 어머니를 회의에 참여시키면 가족의 입장을 더욱 명확히 할 수 있을 것으로 보입니다. 학생을 회의에 참여시키는 것은 가족의 역동과 진로 결정 및 학교 상황에 대한 발달적 이해에 따라 사례에 도움이 될 수도 있고 도움이 되지 않을 수도 있습니다. ASCA 국가 모델(2012a)의 두 가지 주제인 학부모 및 기타 교직원뿐만 아니라 가족 옹호 프로그램과의 협력과 자문은 학교상담사가 의무 보고 범위와 사용할 수 있는 자원을 파악하는 데 도움이 될 수 있습니다.

앞서 논의한 바와 같이, '제3문화 학생'이라는 용어는 이 경우 가장 정확한 것이 아닐 수 있습니다. 더 중요한 것은 학생의 진로 발달 정체성과 향후 엔터테인먼트 또는 기타 분야에서 경력을 쌓을 수 있는 학업 기술을 어떻게 강화할 것인가 하는 점인 것 같습니다. 출석, 학교 성적 및 교사 관찰에 관한 학생 자료는 학생 문제를 조기에 파악하고 대응하는 데 도움이 될 것입니다. 가족 문화와 교육적 요구사항에 대한 지식은 가족을 학교에 참여시켜 보다 협력적인 관계를 조성하는 데 도움이 될 수 있습니다. 마지막으로, 엔터테인먼트와 같은 다양한 산업 분야의 취업률에 대한 진로 자료 지식은 아버지와 나누는 대화를 향상시킬 수 있습니다.

다른 기관 및 교직원과의 협력에서부터 출석 패턴과 관련된 자료를 활용하는 것에 이르기까지, ASCA 국가 모델(2012a)을 사용하면 학교상담사들이 모든 학생에게 적극적으로 서비스를 제공할 수 있도록 힘을 실어 줍니다. 이 사례에서, 학교상담사는 출석 자료를 통해 내담자가 모든 상담일에 결석하였음이 드러났음을 보고하였는데, 이는 학교상담사가 내담자의 상황에 대해 제한적으로 인식하고 있었다는 것을 의미합니다. 이러한 자료들을 확인하면 학생과의 후속 면담을 결정하고 패턴을 조기에 발견하는 데 도움이 될 수 있습니다.

자원 목록

보충 자료

Achieve. (2013). *Implementing the Common Core State Standards: The role of the school counselor.* Retrieved from http://www.achieve.org/publications/implementing-common-core-state-standards-role-schoolcounselor-action-brief

American School Counselor Association. (2008). *ASCA school counselor competencies.* Retrieved from http://www.schoolcounselor.org/asca/media/asca/home/sccompetencies.pdf

American School Counselor Association. (2012). *The ASCA National Model: A framework for school counseling programs* (3rd ed.). Alexandria, VA: Author.

American School Counselor Association. (2014). *ASCA mindsets & behaviors for student success: K-12 college-and career-readiness standards for every student.* Retrieved from https://schoolcounselor.org/asca/media/asca/home/MindsetsBehaviors.pdf

American School Counselor Association. (2014). *ASCA National Model templates.* Retrieved from https://www.schoolcounselor.org/school-counselors-members/asca-national-model/asca-national-model-templates

Coleman, H. L. K., Cho Kim, S., & Yang, A.(2008). Cultural identity enhancement strategies for culturally diverse youth. In H. L. K. Coleman & C. Yeh (Eds.), *Handbook of school counseling* (pp. 563-583). New York, NY: Taylor & Francis.

Department of Defense. (2015). *Instruction: Family advocay program(FAP)*. Retrieved from http://www.dtic.mil/whs/directives/corres/pdf/64001p.pdf

Fields, T. H., & Hines, P. L. (2000). School counselor's role in raising student achievement. In G. Duhon & T. Manson (Eds.), *Preparation, collaboration and emphasis on the family in school counseling for the new millennium* (pp.135-162). Lewiston, NY: Edwin Mellen Press.

Galassi, J. P., & Akos, P. (2007). *Strengths-based school counseling*. Mahwah, NJ: Erlbaum.

Gray, J. (2015). Counseling without borders. *Therapy Today, 26*(2), 26-29.

Gysberg, N. C., & Henderson, P. (2012). *Developing & Managing your school guidance & counseling program* (5th ed.). Alexandria, VA: American Counseling Association.

Hines, P. L., Lemons, R., & Crews, K. (2011). *Poised to lead: How school counselors can drive college and career readiness*. Retrieved from http://edtrust.org/wp-content/uploads/2013/10/Poised_To_Lead_0.pdf

Holcomb-McCoy, C. (2004). Assessing the multicultural competence of school counselors: A checklist. *Professional School Counseling, 7*(3), 178-186.

Limberg, D., & Lambie, G. W. (2011). Third culture kids: Implications for professional school counseling. *Professional School Counseling, 15*(1), 45-54.

Miville, M. L. (2008). Race and ethnicity in school counseling. In H. L. K. Coleman & C. Yeh (Eds.), *Handbook of school counseling* (pp. 177-194). New York, NY: Taylor & Francis.

Recognized ASCA Model Program(RAMP). (2003). *RAMP up your school counseling program*. Retrieved from: https://www.schoolcounselor.org/school-counselors-recognized-asca-model-program-(ramp)

Sink, C. A., & Stroh, H. R. (2003). Raising achievement test scores of early elementary school students through comprehensive school counseling programs. *Professional School Counseling, 6*, 352-264.

Trickett, E. J., & Formoso, D. (2008). The acculturative environment of schools and the school counselor: Goals and roles that create a supportive context for immigrant adolescents. In H. L. K. Coleman & C. Yeh (Eds.), *Handbook of school counseling* (pp. 79-93). New York, NY: Taylor & Francis.

Tsukuda, N. (2001). *Country report: Career guidance in Japan*. Retrieved from http://www.spc.org.sg/9thARACD/CAREER%20GUIDANCE%20IN%20JAPAN.doc

Willkerson, K., Perusse, R., & Hughes, A. (2013). Comprehensive school counseling programs and student achievement outcomes: A comparative analysis of RAMP versus non-RAMP schools. *Professional School Counseling, 16*, 172-184.

온라인 자료

Journal of School Counseling

http://jsc.montana.edu/

Professional School Counseling journal

http://www.schoolcounselor.org/school-counselors-members/publications/professional-school-counseling-journal

보충 활동

성찰과 토론을 위한 심화 질문

- 이 사례는 국방부(DoD) 학교에서 발생하였습니다. 이 설정에서만 볼 수 있는 사례의 특징은 무엇입니까?
- 만약 이 사례가 미국의 일반적인 학교에서 일어났다면 어떤 점이 달랐습니까?
- 국방부 부설 학교에서 근무하는 것을 고려하겠습니까? 왜 그렇습니까?/왜 그렇지 않습니까?
- '제3문화 아이들'의 정의는 무엇입니까?
- 이 사례에서 논의된 학생은 '제3문화' 아이들의 표준 정의에 해당하지 않습니다. 왜 아닙니까? 그것이 사례와 어떤 관련성이 있을 수 있습니까?
- 인터넷에서 국방부 부설 학교를 조사하십시오. 얼마나 많이 있고, 어느 나라에 있습니까? 거기에는 모두 학교상담사가 있습니까? 국방부 부설 학교에 ASCA에서 인정된 ASCA 모델 프로그램 지명자가 있습니까?

학습 활동

- 당신 주의 학교 및 학군 성적표에서 제공되는 자료를 살펴보십시오. 이들은 일반적으로 주 교육부 웹사이트를 통해 확인할 수 있습니다. 어떤 자료의 원천을 파악할 수 있습니까? 이러한 자료가 이 특정한 사례와 어떻게 관련될 수 있습니까?
- EZAnalyze 자원/도구를 살펴보십시오. 학교상담사가 이 사례에서 이것을 어떻게 사용할 수 있었습니까?
- 당신 주의 성취도 자료에 대한 자료 형식을 사용하여 Microsoft Excel에 자료를 입력하고 비교하는

그래픽을 만들어 EZAnalyze를 사용하는 연습을 하십시오.

• CACREP의 평가 기준(http://www.cacre.org/section-2-professional-counseling-identity)을 살펴보십시오. 사례 논의 작성자의 권고사항에서 학교상담사가 '해야 할 일(do)'에 적용되는 구체적인 기준은 무엇입니까? 예를 들어, 사례 논의는 학교상담사에게 학생의 출석을 나머지 학급(및/또는 전체 학년 수준)과 비교하도록 요청합니다. 이를 위해서는 어떤 지식이 필요합니까?
• 몇 가지 가상 데이터를 만들어 EZAnalyze에서 자료 분석을 연습하십시오. 가상 데이터(예: 국가 성취도 시험 범주)를 사용하여 학부모-교사 회의를 준비하기 위해 자료 분석 및 후속 그래픽(막대 차트 등)을 수행하십시오.
• 이 사례에 사용할 수 있는 추가적인 평가를 찾아보십시오. 제시된 출석에 대한 우려와 관련하여 심리사회적 발달의 어떤 측면을 평가할 수 있겠습니까? 추가 조사가 필요한 잠재적 영역에 대해 ASCA 학생 역량 및 대학/진로 준비 마인드셋 및 행동을 검토하십시오.

더 많은 학습 활동

• 학생성공을 위한 ASCA 마인드셋 및 행동(2014a)을 검토하여 세 가지 영역에 대한 기준을 숙지하십시오.
• 기지 문화, 주둔국 문화, 군대 기지에 있는 학생 배경과 요구사항에 대한 개인적인 이해와 신념을 고려하십시오.
• CSCP를 지원하고 문화 정보와 전문 지식을 포함할 수 있는 자원을 수집하십시오.
• 학생 인구-제3문화 어린이를 조사하십시오. 이 대상과 함께 일할 때 학교상담사가 고려해야 할 사항은 무엇입니까?

제 21 장

평가
9학년 격차의 사례

Justin R. Fields

배경

나는 중서부 대도시 근교에 약 1,700명의 학생들이 다니는 대규모 고등학교에서 근무하였다. 일반적으로, 우리 학생의 40%는 무료 또는 할인된 가격의 점심식사를 먹는다. 우리 학교는 자료팀을 활용해 전문적 환경과 전문성 개발을 촉진하기 위해 보다 더 집중적인 노력을 기울이고 있었다. **자료팀**은 학교 내에서 중요한 사안들에 집중하기 위하여 소규모의 전문적 학습팀을 구성한 것을 말한다. 자료를 수집 및 분석하고, 학교 전체의 수업 계획, 평가 결정 및 교육 프로그램에 학습을 통합한다. 학생들에게 더 나은 서비스를 제공하고 학교와 교직원 공동체 내에서 학교상담 부서의 입지를 강화하기 위한 노력으로, 4명의 학교상담사로 구성된 우리 부서에서는 자료팀 프로젝트를 시작하였다. 우리는 출석 자료, 졸업률, 표준화 시험 점수, 대학 지원 자료 및 수업 낙제 자료 등을 검토하였다. 우리는 제때 졸업하지 못한 학생들의 상당수가 신입생 때 성적이 부진하였던 경우가 많다는 것에 주목하였다. 행정관리자들과 상의한 후, 우리는 9학년 진급 문제를 다루기로 결정하였다. 즉, 9학년 핵심 과목들(영어, 수학, 과학, 사회)에서 학점을 모두 이수하고 10학년으로 진급할 준비가 된 9학년 학생의 수를 늘리고자 하였다. 우리는 학생들이 9학년 때 하나 이상의 핵심 과목을 낙제할 경우, 최종적으로 제때 졸업하는 데에 어려움이 더 커진다는 사실을 알게 되었다.

학년말이 되자 9학년 때 1개 이상의 핵심 과목에서 낙제한 학생의 자료를 검토할 수 있었다. 우리는 그들의 고등학교 출석, 징계, 성적, 인종/민족 배경, 사회경제적 지위(SES) 등에 관한 자료를 수집하였다. 또한 학업, 징계 및 출석 자료 외에도 중학교 표준 시험 점수를 포함하여 같은 학생의 8학년 자료도 검토하였다.

이러한 자료를 사용하여, 우리는 학교에서 9학년이 되면 어려움을 겪을 것으로 예상되는 8학년 학생의 프로파일을 개발하였다. 예를 들어, 이 프로파일에는 8학년 동안 10일 이상 결석한 학생, 8학년 능력 시험에 2번 이상 통과하지 못한 학생, 8학년으로서 5번 이상 징계로 인해 교무실에 회부된 학생, 8학년 동안 2개 이상의 핵심 과목에서 낙제점을 받은 학생이 강조되어 있었다. 우리는 9학년 핵심 과목 수업 영역을 특별하게 설계하는 개입을 제안하였다. 여기에는 표준 교과과정을 가르치는 것 외에 학습, 개인적 책임감, 의사소통 및 갈등 해결과 관련된 필수 기술을 가르치고 구축할 수 있는 교실, 소그룹 및 개별 개입을 통합하고자 하였다. 우리의 목표는 이러한 개입을 통해 학교와 대인관계의 성공에 긍정적으로 기여하는 것이었다. 이러한 수업 영역에 우리가 개발한 프로파일의 기준에 부합하는 9학년 학생을 최대한 많이 포함하고자 하였다. 행정관리자들은 개입, 튜터링 및 교육을 위한 추가 기회를 제공하기 위해 이 영역에 특별 인력을 제공하려고 최선을 다하였다.

사례

우리의 프로파일에 맞는 학생들의 인구통계학적 프로파일을 자세히 분석한 결과, 흥미로운 경향을 발견하였다. 특히, 프로파일에 해당하는 학생의 절반 이상이 라틴계, 아프리카계 미국인 또는 저소득층이었다. 상담 집단은 이 개입을 설계한 대로 계속 진행하는 것에 윤리적 문제가 있다는 우려를 제기하였다. 이대로 진행하려면 거의 절반이 소수민족이나 소외된 학생들로 구성된 특별 학급이 만들어질 것이기 때문이다. 특히, 우려되는 것은 전통적으로 소외된 학생들에 대한 추적 시스템을 만들게 되는 것은 아닌지, 다른 학급의 다양성을 제한하는 것은 아닌지 하는 것이었다.

논의

수집된 자료와 제안된 개입을 진행하면, 우리는 신입생 학급 전반에 걸쳐 다양성을 제한하고 우리 학교 문화의 장점 중 하나를 빼앗는 결과를 초래할 수 있다. 또한 이러한 개입은 우리 학교가 소외된 많은 학생을 특정 집단으로 고립시킨다는 인식을 심어 줄 수 있어 많은 부정적인 반응을 불러일으킬 수 있다. 뿐만 아니라, 학업적으로나 행동적으로 부진한 학생들을 몇 개의 학급에 몰아 넣음으로써, 해당 학급을 가르치도록 배정된 교사들에게 큰 부담을 줄 수 있다.

그러나 이 개입을 통해 이용 가능한 자료로 판단할 수 있는 한, 도움이 필요한 학생 집단에게 1년 동안 목표에 맞는 개입을 제공할 수 있을 것이다. 이상적으로는, 이러한 개입을 통해 학생들이 학업적으로 도움을 받고 필수 학점을 모두 이수하여 10학년으로 진급할 수 있는 능력을 향상시킬 수 있다.

질문들

1. 일반적으로 우리 학교에서 9학년으로서 어려움을 겪을 학생의 프로파일을 개발하려는 전략이 유효했는가? 어떤 다른 접근 방식을 개발/활용할 수 있었는가?
2. 이 학생 집단을 지원하기 위해 특별히 지정된 핵심 과목 영역을 만들도록 제안된 개입을 추진하겠는가? 아니면, 우리가 개발한 식별 과정을 고려하여, 대안적인 개입(또는 개입들)을 제안할 것인가?
3. 당신은 이 프로파일 개발로 인해 잠재적으로 유해한 추적 시스템을 만들어 소외된 학생의 상당수를 전체 학교 학생들로부터 멀어지게 할 것이라는 우려에 동의하는가?
4. 일반적으로 9학년이 되면서 어려움을 겪는 학생의 프로파일에 효율적이고 적절하게 개입하기 위해 당신은 어떤 다른 방법을 제안하겠는가?
5. 자료 분석에서 발견된 추세는 집단 및/또는 학년 수준에서 해결해야 할 것인가? 아니면 그 자료가 학교 전체 수준에서 행정 관리부와 교사들이 먼저 해결해야 할 훨씬 더 우려스러운 시스템적 추세를 발견했다고 보는가?

논평 1

Christopher A. Sink

안타깝게도, 사례 연구에 제시된 상황은 도시 고등학교에서 드문 일이 아닙니다. 2001년에 제정된 「낙오 아동 방지법(the No Child Left Behind Act」(2001) 또는 이후 제정된 '최고를 향한 경쟁(U.S. Department of Education, 2009)' 법안 등 이른바 학교 개혁이 거의 20년에 걸쳐 이루어졌지만, 학생들의 시험 성적과 가족의 사회경제적 지위 사이에는 여전히 상당한 상관관계가 있습니다(Reardon, 2011; Sirin, 2005). 특히, 부유한 가정의 학생들을 가르치는 학교가 저소득층 가정의 학생들을 가르치는 학교보다 평균적인 학생 성취도가 더 높다는 연구 결과가 있습니다. 간단히 말해서, 앞에 실린 짧은 이야기와 관련하여 잘 문서화된 학문적 격차는 다음과 같이 설명할 수 있습니다. 평균적으로, 경제적으로 유리한 학생은 주 기준에 근접하거나 그 이상의 점수를 받는 반면, 경제적으로 불리한 학생은 그 반대의 경우가 많습니다. 이러한 현실은 무료 또는 할인된 비용으로 급식을 받는 소수민족 학생들의 비율이 높은 저소득층 도시 중등학교에서 더욱 극명하게 드러납니다. 지나치게 비관적으로 볼 필요는 없지만, 연구에 따르면 저소득층과 고소득층 간의 성취도 격차가 한번 벌어지면 추가적인 학업 지원, 멘토링, 개인 지도를 해도 완전히 좁혀지지 않는 것으로 나타났습니다. 성취도가 낮은 학생에게 장기적으로 미치는 영향은 아무리 강조해도 지나치지 않습니다. 실제로, 이러한 불평등은 '가진 자(haves)'와 '못 가진 자(have nots)' 사이의 기회 격차를 점점 더 벌어지게 만듭니다. 예를 들어, '성취도가 낮은(low-achieving)' 청소년이 고등교육이나 훈련을 받고 보수가 좋은 직업을 갖는 비율은 훨씬 적습니다. 정신건강 문제와 범죄 관련 가능성도 증가합니다.

이 사례 연구는 불리함이 덜한 도시 고등학교에서조차 다양한 학생 및 학교 관련 결과에서 유의미한 집단 차이가 발생한다는 것을 보여 줍니다. 이 사례에서 특히 칭찬할 만 한 점은 미국학교상담사학회(ASCA)의 국가 모델(2012a)과 수많은 책무성 관련 간행물(예: Young & Kaffenberger, 2011)에서 권장한 바와 같이 학교상담사들이 협력하여 다양한 결과 자료를 사용함으로써 격차를 문서화하였을 뿐만 아니라 그 결과를 바탕으로 실행 계획을 세우기 시작하였다는 점입니다. 상담사는 9학년 학생 중 50% 이상이 유색인종이나 저소득층 가정 출신으로 다른 유리한 조건의 학생들보다 제때 졸업할 가능성이 낮다는 사실을 인지하고 있습니다. 또한 유색인종이나 저소득층 가정 배경의 학생들은 행동 문제를 보이고 징계 의뢰를 받을 가능성이 더 높습니다.

제안된 실행 계획에는 몇 가지 권장되는 개입이 포함되어 있으며, 여기에는 **긍정적 행동 개입 및 지원**(PBIS; Flannery, Fenning, Kato, & McIntosh, 2014) 또는 **개입반응중심접근**(RTI) **프로그램**(교실, 소그룹, 개인)와 연계된 몇 가지 개입이 포함됩니다. 이 계획은 단순히 학업적인 측면에만 초점을 맞추는 것이 아니라, 많은 연구자가 제안하는 것처럼, 고등학생의 사회-정서적 학습 기술을 개발하고 강화하는 것도 포함합니다(예: Williamson, Modecki, & Guerra, 2015). 상담사들은 이 계획에서 학생들의 학습 능력 향상, 책임감, 대인관계 커뮤니케이션 및 갈등 관리를 강조하고 있습니다.

이 사례 연구는 다섯 가지 통찰력 있는 후속 질문을 제공하고 있습니다. 개별적으로 답변하는 대신 비슷한 주제로 묶어서 답변을 드리겠습니다.

처음 두 질문은 학생 평가 전략 또는 학생 학교 관련 자료를 수집하고 해석하기 위해 제안된 방법을 다루고 있습니다. 의심할 여지 없이, 학교상담사들은 상황의 요점을 이해하기 위해 귀중한 조치를 취하였습니다. 그러나 평가 작업의 타당성에 대한 질문은 해당 용어의 다양한 의미를 고려할 때 답변하기가 더 복잡합니다. 비록 지나치게 단순화되었지만, 여기에는 서로 연관된 두 가지 주요 타당도 유형이 있습니다. (a) 평가 도구와 관련된 타당도, (b) 프로파일 자료를 수집하는 데 사용된 연구 방법(과정 및 절차)과 관련된 타당도 유형입니다. 행동 연구의 목적을 고려할 때, 첫 번째 유형의 타당도는 두 번째 유형만큼 중요하지 않습니다. 상담사는 특수 교육과 같은 지정된 프로그램에 배치하기 위해 개별 학생에 대한 자료를 수집하는 것이 아닙니다. 만약 그렇다면, 배치 고사는 구성 타당도와 강한 신뢰도(유형 a 타당도)를 가져야 합니다. 오히려, 상담사는 두 번째 유형의 타당도에 적용되는 집계된 집단 자료를 수집하고 있습니다. 다시 말해, 학생 정보를 수집하는 방법은 어떤 종류의 자료를 요청할 때 편견을 피하고, 학생의 익명성을 유지하며, 측정 도구를 신중하게 관리하고 채점하는 등 타당한 절차와 과정을 사용해야 합니다.

좀 더 구체적으로, 사례 연구에서 설명한 것과 같은 상황에서 연구자(상담사)의 목표가 학생의 성적 추세를 밝히는 것이라면, 연구자는 자료 패턴이 전체 집단에 적용되는지 아니면 소수의 작은 하위 집합에 적용되는지 여부를 결정할 필요가 있습니다. 상담사들은 쉽게 구할 수 있는 정량적 정보(아카이브 자료라고 함)를 수집하였는데, 이는 범위가 좁았습니다. 그러나 자료의 원천은 적절한 분석과 해석을 시도하기 전에 본질적으로 더 포괄적이어야 합니다. 예를 들어, 수치적 추세 자료를 보강하기 위해 상담사들이 상황의 복잡성을 더 파악할 수 있도록 정성적 정보를 추가할 수 있었을 것입니다.

측정 전문가 Jerome Sattler(2014)는 다양한 맥락에서 내담자/학생 속성을 연구할 때 평가의 네 가지 요소를 사용해야 한다고 하며, 이 권장사항에 대해 이야기합니다. 가능하면 관찰, 인터뷰(예: 학생, 학부모/보호자, 교사), 공식적인 측정(예: 표준화된 시험 점수) 및 비공식적인 평가 도구(예: 교실 과제 및 성적, 출석, 징계 기록)를 평가 과정에 포함해야 합니다. 따라서 학생 평가 자료의 타당도를 향상시키려면(즉, 상황을 보다 완벽하게 파악하려면), (a) 9학년 학생들에게 크게 방해가 되지 않고 영향이 적은 수업 관찰을 실시하고, (b) 학교의 핵심적인 이해관계자들(교사, 관리자 및 학생)과 여러 차례 포커스 그룹을 진행하는 것이 가장 좋습니다. 이상적으로는, 학부모/보호자도 선별적으로 인터뷰하여 그들의 관점을 파악하는 것이 좋습니다. 상담사가 자료 수집 과정을 다시 살펴보고 다른 정보 출처를 추가할 수 있다면, 두 번째 질문에 더 잘 답할 수 있을 것입니다.

이 질문은 잠재적인 윤리적 고려사항을 다루고 있습니다. 행동 계획을 실행하기 전에, 상담사들은 학업 성취도가 낮고 위험에 처한 특정 집단의 청소년들을 선별하여 이들에게 '특별한' 개입을 제공해야 하는 잠재적인 윤리적 딜레마와 씨름하였습니다. 비록 그들이 ASCA(2010b)나 ACA(2014) 윤리강령 중 어떤 것이 위반될 수 있는지를 구체적으로 명시하지는 않았지만, 이미 소외된 학생들을 특별 학급으로 '격리'하는 것이 가져올 수 있는 해로운 영향을 고려해야 하는 상황이었기 때문입니다. 수업 시간에 어려움을 겪고 있든지 아니든지, 학생이나 학생 집단을 개인적으로 식별하는 것은 문제가 될 수 있습니다. 청소년은 또래에게 둘러싸여 있는 학교 환경에서 더 취약하다고 느끼는 것이 일반적입니다. 그러나 추가적인 관심이 아무리 좋은 의미일지라도, 교육자가 청소년의 학업 결손에 주목하면 이미 취약한 자아 개념이 더 낮아질 수 있습니다. 연구에 따르면 유색인종 학생들은 정규 수업에서 제외되어 특별 서비스를 받을 때 부정적인 영향을 받을 가능성이 더 높습니다(예: Campbell-Whatley & Comer, 2000).

제안된 실행 계획(위험에 처한 학생을 특정 학급으로 추적)이 학생, 교실 또는 학교 차원에서 장기적으로 부정적인 결과를 초래하여 이 계획의 윤리에 의문을 제기할지 여부는 현재로서는 알 수 없습니다. 만약 상담사 모두가 이 계획을 실행하는 것이 최선의 조치라는 데 동의한다면, 이 과정에는 학생의 자아 개념 및 관련 개인적 특성에 대한 실질적이거나 잠재적인 위협을 최소화하기 위해 많은 세심함과 독창성이 요구됩니다. 그러나 일반적으로, 고등학생, 특히 유색인종 및 낮은 사회경제적 배경의 청소년을 추적한다고 해서 학업 성취도와 졸업률이 낮은 패턴을 되돌리지는 못합니다(Werblow, Urick, & Duesbery, 2013).

질문 4와 5는 이 사례와 관련된 개입 문제를 다루고 있습니다. 안타깝게도, 학교와 조직 구조, 과정 및 절차는 각 학생의 고유한 요구에 적응할 만큼 충분히 유연하지 않습니다. 결과적으로, 학생의 문제가 무엇이든 간에 성급하고 통제되지 않은 대규모 집단 개입은 일반적으로 측정 가능한 성공을 거의 거두지 못합니다. 그러나 학생의 학업 및 행동 문제에 대해 잘 설계되고 구현된 체계적 접근 방식 또는 학교 전체에 대한 접근 방식이 효과적일 수 있다는 연구 결과가 계속 나오고 있습니다. 아마도 PBIS 또는 RTI와 같은 연구 기반의 다층적 접근 방식을 적용하면 시간이 지남에 따라 도움이 될 것입니다(Burns & Gibbons, 2013; LaVigna, 2012). 고등학교에 이 둘 중 한 가지가 있다고 가정하면, 두 선택지 모두 종합적 생활 지도 및 상담 프로그램에 쉽게 통합할 수 있습니다(예: ASCA, 2012a; Ockerman, Mason, & Hollenbeck, 2012).

증거 기반 개입을 위한 다른 실행 가능한 권장사항은 온라인과 교육 및 학교 기반 상담 문헌에서 널리 찾아볼 수 있습니다. 예를 들어, 어떤 체계적 개입 접근 방식(예: RTI 또는 PBIS)을 선택하든, 상담사는 기존 교실에 있는 모든 9학년 학생을 대상으로 학교 교육과정을 보다 성공적으로 탐색하고 성취 동기와 학습 노력을 극대화하기 위해 필수적인 학업 및 대인관계 기술을 개발하도록 지원해야 합니다. 아마도 앞에 소개된 사례에서 언급된 소외된 학생들 중 상당수는 학습 활동 중에 친구와 협상하고 협력하는 데 능숙하지 않을 뿐만 아니라 어려운 교육 환경에 직면하였을 때 정서적 자기 관리 능력이 떨어지고, 세심하고 배려심 있는 교사나 행정관리자의 도움을 받지 못하는 경우가 많습니다. 이러한 문제는 계획에서 반드시 다루어져야 합니다. 또한 청소년들은 겉으로 보기에 무리한 학습량, 학부모/보호자의 지원 부족, 불충분한 학교 및 사회 서비스 등에 직면하였을 때 자신을 적절하게 옹호하는 데 필요한 기술을 습득해야 합니다.

교실 수준에서 개입한 후, 추가로 학업 및 사회-정서적 학습(SEL) 지원이 필요한 9학년 학생들은 '긍정적 리더십(positive leadership)' 집단에 참여하도록 초대할 수 있습니다. 이러한 심리 교육 소그룹들은 다양한 학업 및 SEL 기술 수준으로 구성됩니다(예: 중간 수준에서 높은 수준의 요구를 가진 학습자 5명과 우수한 학생 1~2명 포함). 참가자는 도움 요청, 책임감, 대인 관계 의사소통 및 갈등 관리와 같은 필수 SEL 전략에 대해 토론하고 역할극을 합니다. 요약하면, 풍부한 증거에 따르면 SEL 기술이 모든 학년 수준에서 학업 성취도를 지원하므로 학급 및 소그룹 개입은 성취도가 낮은 학생에게 제공되는 모든 학업 지원과 통합되어야 합니다(예: Durlak, Weissberg, Dymnicki, Taylor, & Schellinger, 2011; McCormick, Cappella, O'Connor, & McClowry, 2015; Williamson et al., 2015). 이 장의 마지막에 독자를 위한 몇 가지 추가 후속 질문과 여러 가지 보충 자료 및 읽을거리를 제공하였습니다.

논평 2

Richard T. Lapan & Catherine Griffith

이런 현장의 학교상담사는 학교의 교육적 사명에 헌신하고 개선을 촉진하는 수단으로 자료에 기반한 의사결정 과정에 참여한 것에 대해 칭찬받아야 합니다. 자료팀의 존재는 학교상담 프로그램 내에서 활동을 계획하고 평가하는 데 있어서 ASCA 국가 모델을 훌륭하게 통합한 것입니다. 결과 프로파일에는 출석, 시험 성적 부진, 규율 문제, 중학교 주요 과목 미이수 등 흔히 빨간 깃발이 달린 조기 경고 지표의 특징을 가지고 있습니다. 이러한 발견은 학교상담사들이 고등학교 마지막 학년 이전에 제때 졸업하지 못하는 학생 문제를 인식함으로써 보다 예방적인 접근을 고려하게 되었습니다.

그러나 이러한 접근 방식이 흔들리는 지점은 자료가 나타내는 문제와 학교의 적절한 대응이 수반하는 문제 사이의 연결 지점입니다. 이 사례에서는 자료에서 본질적인 추세를 파악한 다음 고등학교 상담사로서의 관점과 내재된 관점만으로 해결책을 도출하였는데, 자료는 실제로 전체 학군이 고려해야 할 근본적인 시스템 문제를 강조하는 경우입니다. 발견된 자료 추세는 교육 위원회에 대한 프레젠테이션을 포함하여 모든 수준에서 다루어야 합니다. 이는 학군과 관련된 모든 사람이 적극적으로 대처하여 문제를 실제로 해결할 수 있는 효과를 가진 포괄적인 개입을 개발하고 실행해야 하는 시스템 전반의 위기입니다. 고등학교 상담사 혼자서 행동하는 것만으로는 충분하지 않습니다.

또한 이 학교의 상담사는 이러한 학생들을 위한 별도 과정 영역을 제안함으로써, 각 트랙의 요구사항을 가장 잘 충족할 수 있도록 자원을 할당하기 위해 전반적인 성취 수준(예: 평균 이상, 평균, 평균 미만)에 따라 학생들을 여러 과목의 집단으로 분리하는 '학교 추적(school tracking)'의 사용을 옹호하고 있습니다. 표면적으로 학교 추적은 학생들이 현재 필요에 따라 교과과정을 받을 수 있도록 학교 교육을 맞춤화하는 유망한 방법인 것처럼 보입니다. 우수한 학생은 교육과정에서 더 발전할 수 있고, 추가 지원이 필요한 학생은 지원을 받을 수 있습니다. 학교 추적을 지지하는 사람들은 이 방법을 통해 교사가 능력에 따라 수업을 더 구체적으로 구성할 수 있고 학생들이 비슷한 능력 수준에서 또래와 함께 공부함으로써 자존감을 높일 수 있다고 주장합니다. 그러나 학교 추적은 유색인종 학생, 특별한 도움이 필요한 학생, 낮은 사회경제적 배경 학생들에게 부정적인 영향을 미치는 문제가 있는 관행으로 밝혀졌습니다. 이러한 학생들은 성취도가 낮은 트랙에 불균형적으로 배정되어 대학 진학 트랙에 배정된 학생들보다 학교를 중퇴할 가능성이 더 높습니다. '재능 있는(gifted)' 상위권 트랙 학생을 제외한 모든 학생에게 학업 성취도 추적이 도움된다는 연구 결과는 거의 없는 반면, 하위권 트랙의 학생들은 자신의 능력에 대한 자신감을 잃을 가능성이 더 높습니다. 이 특정 사례에서 확인된 학생들이 라틴계, 아프리카계 미국인 또는 저소득층일 가능성이 훨씬 더 높다는 점은 지역사회의 더 큰 시스템 문제를 말하며, 학교 추적은 이러한 성취도 격차를 확대할 가능성이 있다는 점에서 문제가 됩니다.

그러나 차별화된 교육이 필요한 학생을 물리적으로 분리하는 것만이 이 문제를 해결할 수 있는 유일한 방법은 아닙니다. 대안인 유연한 집단화는 학습 스타일, 준비도 및 과목 관심도별로 일시적으로 집단화하는 수단입니다. 그것은 한 수업 내에서 짧은 기간 동안 또는 한 학기 동안 더 오래 지속될 수 있습니다. 예를 들어, 교사는 교실을 학생들의 수준이 다양한 세 개의 집단, (a) 수업을 시작하기 전에 사전 정보를 검토해야 하는 학생, (b) 새로운 자료를 학습할 준비가 된 학생, (c) 새로운 자료를 더 도전적인 방식으로 학습할 준비가 된 학생으로 나눌 수 있습니다. 수업 방법에는 전체 학급, 소그룹 수업, 교사가 주도하는 활동에서 학생 혼자 작업하기, 학생 주도의 협력 집단이 포함될 수 있습니다. 따라서 학생들은 오랜 시간 동안 정규 수업에서 분리되지 않으며, 이 방법은 집단 간 이동을 장려하기 때문에 학생들이 발전하고 있다면 반드시 오랜 시간 동안 기술 수준에 갇혀 있지 않아도 됩니다. 학생들은 필요에 따라 비공식적으로 집단을 나누고 재편성하는 과정을 끊임없이 반복합니다.

또한 우리는 고등학교 수준에서 보다 체계적인 접근 방식을 권장합니다. 예를 들어, 고등학교 상담사 네 명 중 한 명에게 자료에 의해 어려움을 겪을 가능성이 있는 것으로 확인된 8~9학년 학생들을 위한 전환 프로그램을 개발하고 조정하는 책임을 맡길 수 있습니다. 이 프로그램은 이러한 '위기에 처한' 학생들이 학교에서 배우는 내용을 개인적으로 가치 있고 원하는 진로와 연결하는 4년 간의 개별 학습 및 졸업 계획을 개발하도록 돕는 데 중점을 둘 수 있습니다. 학생들이 11학년과 12학년 때 수강할 수 있는 실무 기반 학습 기회를 파악하여 4개년 계획에 포함시킬 수 있습니다. 이 상담사는 또한 학생들이 9학년을 시작하기 전에 이러한 긍정적인 미래 계획을 지원하기 위해 각 학생 및 그 가족과 개별화된 작업동맹 관계를 발전시킬 수 있습니다. 상담사는 고등학교 첫 학기 동안 이러한 학생들을 위한 전환 자문 시스템을 제공할 수 있습니다. 9학년이 되면 학점 복구 선택권, 유연한 집단화 전략(앞서 설명한 대로) 및 필요한 경우 일대일 개인 지도를 포함하는 계층형 모델을 구현할 수 있습니다. 이러한 포괄적인 노력의 가장 중요한 원칙에는 다문화 상담과 학생 및 그 가족과의 신뢰관계 구축에 대한 근본적인 노력도 포함되어야 합니다. 관련된 모든 사람을 위해 공유된 비전과 실현 가능하고 개인적으로 가치 있는 목표를 개발해야 합니다.

이 사례에서 학교상담사가 처음에 제안한 사회-정서적 구성 요소는 아마도 학생의 필요 수준에 따라 교실, 소그룹 및 개별 구성 요소를 통합하는 다층형 지원 시스템을 암시합니다. 그러나 우리는 이 접근 방식이 학교 전체 수준에서도 시행된다면 훨씬 더 효과적일 수 있다고 생각합니다. 그러한 노력은 모든 학생이 사회-정서적 기술 구축의 혜택을 받을 수 있을 뿐만 아니라, 학교 전체가 예방에 전념한다면 더 많은 시간이 소요되는 개입 전략을 제공해야 할 필요성을 확실히 줄일 수 있을 것입니다.

마지막으로 이러한 상황은 더 광범위한 수준에서의 문제를 반영하는 것이므로, 학교상담사가 고등학교 교장의 지원을 받아 학군 전체(교육감, 중학교 및 초등학교 상담사, 교장 포함)의 회의를 소집하여 자료의 추세를 논의한 다음, 진정으로 발전적이고 예방적인 시스템적 접근 방식을 설계할 것을 제안합니다. 이 사안에는 유치원 전(pre-K)부터 12학년까지의 학생들을 위한 다양한 안전망을 갖춘 다층적 시스템 대응이 필요합니다. 초등학교, 중학교, 고등학교 상담사와 교사를 연계하여 8학년을 중도에 그만두는 청소년들이 졸업할 때까지 실질적인 지원을 받을 수 있도록 조율된 접근 방식이 필요합니다.

자원 목록

보충 자료

Galassi, J., & Akos, P. (2007). *Strengths-based school counseling: Promoting student development and achievement*. New York, NY: Taylor & Francis.

Holcomb-McCoy, C. (2007). *School counseling to close the achievement gap: A social justice framework for success*. Thousand Oaks, CA: Corwin Press.

McKillip, M., Rawls, A., & Barry, C. (2012). Improving college access: A review of research on the role of high school counselors. *Professional School Counseling, 16*(1), 49-58.

Moore, J. L., III, & Lewis, C. W. (2012). *African American students in urban schools: Critical issues and solutions for achievement* (Educational Psychology: Critical Pedagogical Perspectives, Vol. 4). New York, NY: Peter Lang.

Oakes, J., & Guiton, G. (1995). Matchmaking: The dynamics of high school tracking decisions.

American Educational Research Journal, 32, 3-33.

Parks, A., & Schueller, S. (Eds.). (2014). *The Wiley-Blackwell handbook of positive psychological interventions*. Malden, MA: Wiley Blackwell.

Rowell, L., & Hong, E. (2013). Academic motivation: Concepts, strategies, and counseling approaches. *Professional School Counseling, 16*(3), 158-171.

Silbereisen, R. K., & Lerner, R. M. (Eds.). (2007). *Approaches to positive youth development*. Thousand Oaks, CA: Sage.

Werblow, J., Urick, A. & Duesbery, L. (2013). On the wrong track: How tracking is associated with dropping out of high school. *Equity & Excellence in Education, 46*(2), 270-284.

Williamson, A. A., Modecki, K. L., & Guerra, N. G. (2015). SEL programs in high school. In J. A. Durlak, C. E. Domitrovich, R. P. Weissberg, & T. P. Gullotta (Eds.), *Handbook of social and emotional learning: Researh and practice* (pp. 181-196). New York, NY: Guilford Press.

Wilson, W. J. (2012). *The truly disadvantaged: The inner city, the underclass, and public policy*. Chicago, IL: University of Chicago, IL: University of Chicago Press.

온라인 자료

Ability grouping, tracking and grouping alternatives[Video]
https://www.youtube.com/watch?v=tItvMjRxL_c

American School Counselor Association(ASCA)
https://www.schoolcounselor.org/
여러 자원이 있는 국가 기관(예: ASCA 마인드셋 참조)

ASCA Urban Professional Interest Network
https://www.schoolcounselor.org/school-counselors-members/about-asca-(1)/professional-interest-networks

Collaborative for Academic, Social, and Emotional Learning(CASEL)
https://casel.org/
유치원, 초 · 중 · 고등학교를 위한 효과적인 사회 및 정서 프로그램

Center on the Social and Emotional Foundations of Learning

http://csefel.vanderbilt.edu/

교사와 보호자를 위한 사회 및 정서 학습을 위한 실용적인 전략(유치원)

Counselors for Social Justice

https://counseling-csj.org/

Edutopia

https://www.edutopia.org/

자녀의 학업 발달을 돕고자 하는 부모를 위한 정보 및 자원

The Ronald H. Fredrickson Center for School Counseling Outcome Research & Evaluation (CSCORE)

www.cscor.org

유색인종 및 저소득층 학생의 학업 성취도를 전반적으로, 특히 학생들의 학업 성취도를 향상하는 데 있어 증거 기반 관행을 다루는 다양한 기사를 포함한다.

Technical Assistance Center on Social Emotional Intervention for Young Children(TASCEI)

http://challengingbehavior.cbcs.usf.edu/TACSEI/index.htm

교직원을 대상으로 한 사회-정서적 프로그램에 대한 증거 기반 관행, 시청각 프레젠테이션을 포함한다.

WINGS: Helping Kids Soar

https://www.wingsforkids.org/

5개의 감정지능군으로 분류되는 서른 가지 SEL 기술을 가르치기 위한 자원

보충 활동

성찰과 토론을 위한 심화 질문

- 상담사가 다루어야 할 다른 유형의 학생 집단 간 격차에는 어떤 것이 있습니까?
- 초등학교 또는 중학교 상담사는 학교의 잠재적 성취도 격차를 어떻게 평가할 수 있습니까?
- 앞에서 제시된 제안이 적용될 수 있습니까?

- 초등학교 또는 중학교 상담사는 학교의 성취도 격차를 어떻게 해결할 수 있습니까?
- 앞에서 제시된 제안이 적용될 수 있습니까?
- 만약 저소득층 학교에 ASCA(2012a) 국가 모델이 잘 구현된 경우에도 여전히 학생 집단 간에 성취도 및 기회 격차가 존재합니까? 설명하십시오.
- 이러한 문제들을 다루는 데 긍정적인, 강점 기반 상담 방법(예: 동기 강화 상담, 감사 질문)이 어떤 역할을 할 수 있습니까?

학습 활동

- 집단 작업 대화 시작하기:
  (a) 유치원 전(pre-K)~12학년까지 '학교 추적(school tracking)' 시스템에 속해 있었습니까? 만약 그렇다면, 이 시스템의 일부로서 어떤 장점이나 단점을 경험하였습니까? (b) 이 질문에 대한 답변은 교육감, 학교상담사 및 초 · 중 · 고등학교의 교장을 포함한 학군 전체 회의를 제안하는 것으로 이어질 수 있습니다. 이 행사를 조직하기 위해 어떤 조치를 취하겠습니까?
- 성취도 격차에 대한 학교상담사의 생각을 인터뷰하십시오. 그들은 이 문제가 학교에서 발생하는 것을 어떻게 인식하고 있으며, 이를 해결하기 위하여 어떤 조치를 취하고 있습니까?

제 22 장

"그 외에는요, Lincoln 부인, 연극은 어땠어요?" 진로 발달

Allison List

배경

나는 주에서 두 번째로 큰 도시에 위치한 학군에서 7년 동안 학교상담사로 근무하였다. 우리 학군은 백인 학생과 히스패닉 학생이 거의 균등하게 분포된 약 63,000명의 학생들이 계속 거주하고 있었고, 전체 학생의 약 절반이 무료 및 급식 할인 서비스를 받고 있었다. 나는 초등학교와 중학교 상담사로 일하였으며 근무 경력의 대부분을 중학교에서 보냈다. 내가 근무하였던 중학교에는 교육 전담 교직원이 있었다. 교사 이직이 드물고, 많은 교사가 한때 그 중학교에 다녔다. 절반 이상의 교직원이 20년 이상 그 학교에서 가르친 경험이 있다. 그 기간 동안, 그들은 학생 인구가 변하고 처음 일을 시작했을 때와는 거의 몰라볼 정도로 전체 학생 구성이 달라지는 것을 목격하였다. 예를 들어, 이 중학교의 원래 학생 인구는 중상류층의 백인 비히스패닉계 학생이었다. 지난 10년 동안, 이 학교는 백인 비히스패닉계 학생과 라틴계 학생이 정확히 나뉘었다. 학생 인구의 거의 4분의 3이 무료 및 급식 할인 서비스를 받을 수 있는 대상이다. 8년 전, 이 학교는 전면 개편을 겪었고, 새로운 교장이 부임하면서, 학교의 초점도 새롭게 바뀌었다. 학교의 새로운 초점은 각 교과과정의 핵심 영역에서 사전 심화 배치(Pre-AP)라는 교과과정을 채택한 것이었다. 팀 접근 방식을 채택하였는데, 교사들이 7학년과 8학년 모든 학생과 함께 순환 수업을 진행하였다. 학생들은 교사 및 상담사와 진학 계획에 대한 대화를 나누고, 대학 진학 설명회에 참여하게 되었으며, 진학하고 싶은 대학을 연초에 파악하게 되었다. 결과는 작성하여 복도에 걸어두고, 매 학기가 끝날 때마다 다시 방문하였다. 각 학년은 Pac-12* 학교의 이름을 딴 두 팀으로 나뉘었다. 학생들은 팀교가를 배우고 금요일에는 팀 티셔츠를 입을 수 있는 권한을 부여받았는데, 이는 일상복에서 벗어나는 휴식 같은 시간이었다. 학교 곳곳에 Pac-12 학교 로고를 그려 넣어 대학 진학을 장려하였다. 교사들은 학교의 새로운 비전을 충실하게 구현하였지만, 대부분의 학생들은 대학 진학에 관심이 없었고 중학교 환경에서 GPA(평균 평점)나 학점이 무엇을 의미하는지 알지 못하였기 때문에 제 역할을 하지 못할 것이라는 우려의 목소리를 자주 표명하였다. 특히 한 학생이 떠오르는데, 그는 중학교 시절 청소년 발달의 복잡한 특성뿐만 아니라 학생들의 미래에 가장 중점을 두는 학교 시스템에서 자신의 자리를 찾는 데 어려움을 겪고 있는 학생들의 복잡한 특성을 상기시킨다.

나는 Marisol이 13세 때 처음 만났다. 그녀는 라틴계이며, 4남매 중 맏이로 한부모 가정에서 살았다. 당시 Marisol의 어머니는 임신 중이었고 약혼한 상태였다. Marisol은 미술을 제외한 대부분의 수업에서 낙제점을 받았다. 그녀는 반항적이고 무례하다는 이유로 교무실로 보내졌다. 교무실에서 교감선생님이 그녀의 행동에 대해 질문하였을 때, Marisol은 반응이 없었고 입을 다물었다. 교감선생님이 나에게 전화를 걸어 그녀와 이야기할 수 있는지 물었다. Marisol과 나는 한 번도 만난 적이 없었는데, 내가 담당하는 학생이 아니었기 때문이었다. 그러나 상담 동료들과 나는 어느 학생이든 문을 열고 들어오는 학생이라면 누구든 유연하게 대하였다. Marisol은 1시간 동안 자신이 12세 때 어머니의 전 남자친구에게 성폭행을 당하였고 자가 치료를 위해 약물과 알코올을 사용하였었다고 털어놓았다. 그녀는 남자 교감선생님과 만나는 것이 불편하다고 말하였다. Marisol은 성폭행의 결과로 낙태를 하였으며, 어머니에게 두 가지 경험을 모두 숨겨 왔다고 말하였다. 우리가 이 과정을 함께 진행하는 동안, Marisol은 자신과 어머니가 불법체류자이기 때문에 이 정보를 누구에게도 공개하지 말아 달라고 부탁하였다. 그녀는 마약 카르텔이 아버지를 살해한 후 멕시코에서 탈출하였기 때문에, 정치적인 상황을 고려할 때, 가족에게 무슨 일이 일어날지에 대해 두려워하였다. Marisol은 무슨 일이 일어날지 두려웠지만, 1년 넘게 이 짐을 짊어지고 있고 엄마와의 관계도 악화되고 있었기 때문에 엄마에게 성폭행 사실을 알리고 싶어 하였다. 또한 학교 공부를 잘하고 싶지만, 선생님과 좋은 관계를 맺지 못하였기 때문에 어떻게 시작해야 할지 모르겠다고도 하였다. 상담 내내, Marisol이 이미 학교를 너무 많이 결석해서 언제 수업에 들어

* 역자 주: 전미대학체육협회인 NCAA 소속 콘퍼런스임. 스탠퍼드대학교, UCLA대학교 등을 포함한 12개 대학교가 참여하였으나 대부분 탈퇴하였고, 현재 오레곤주립대학교, 워싱턴주립대학교만 남아 있음.

오는지 궁금해하는 선생님들의 전화가 여러 번 왔었다.

사례

이 사례에 대한 보고는 내가 의무 신고자였음에도 불구하고 많은 윤리적 고려사항을 야기하였다. 그들의 신분을 보호하기 위해 당국에 보고하고 싶지는 않으면서도, Marisol이 열심히 참여하지 않은 이유가 설명될 수 있도록 선생님들과 정보를 공유해야 한다는 것은 부담스러운 일이었다. 나는 의무 신고자로서, 신고의 특성상 경찰서에서부터 시작하였다. 나는 그 과정에서 몇 시간 동안 전화를 주고 받으며 가족의 안녕에 대한 우려를 표명하였고, 그들의 신분이 노출되지 않도록 조심하였다. 이날은 금요일 오후였고, 경찰은 Marisol의 어머니에게 월요일까지 연락을 취해 무슨 일이 있었는지 알려 주겠다고 말하였다. 경찰은 내가 Marisol의 엄마에게 연락하는 것이 더 편할 것 같으면, 가능한 한 빨리 연락하라고 말하였다. 나는 Marisol의 현재 상태와 안전상의 우려를 알고 있었기 때문에 통역사를 통해 Marisol의 어머니에게 전화를 걸어 학교로 와 달라고 요청하였다. Marisol은 회의에 참석하고 싶었지만, 정보를 공유하는 것은 나에게 도와달라고 부탁하였다. 통역사를 이용해야 하였기 때문에 이것은 어려운 일이었다. Marisol의 어머니는 멕시코에서 탈출하였고, 공격적인 전 남자친구가 있었음을 확인하였다. Marisol의 어머니는 공유된 사건에 충격을 받았지만, Marisol이 뭔가 잘못되었다는 걸 알고 있었고, 그것은 단순한 청소년기의 고뇌 이상인 것 같았기 때문에 어떤 면에서는 안도감을 느꼈다고 말하였다. 그녀는 경찰서에 전화를 걸어 딸을 위한 상담 자원을 요청하였다. Marisol의 어머니는 초등학교 때 우등생이었던 딸의 성적에 대해서도 우려를 표하였다.

나는 비밀 유지의 한계에 대해 가족들과 자세히 이야기하였다. 나는 Marisol의 현재 행동에 대하여 선생님들에게 제공할 모호한 진술서를 작성할 수 있을지 물었다. Marisol이 교실에서 성공할 수 있을지에 대한 통찰력을 얻기 위해서는 교사에게 도움이 되는 정보가 필요하다는 것을 알고 있었기 때문이다. 가족들도 동의하였다. 우리는 함께, Marisol이 현재 가정에서 정신적 외상 사건을 겪고 있으며, 그 결과로 특정 행동을 보일 수 있다는 내용의 포괄적인 진술서를 작성하였다. Marisol은 이미 미술 선생님에게 힘든 시간을 보내고 있다고 털어놓았다고 나에게 알려 주었다. 나는 학년 내내 Marisol과 그녀의 가족과 계속 함께 작업하였다. 또한 나는 주간 치료 시설, 정신의학적 검사, 약물/알코올 상담을 의뢰하였고, 우리 학교 캠퍼스에서 두 차례의 약물 소지 체포로 인한 법원 명령에 따른 후속 조치를 취하였다.

이러한 행동 문제가 발생할 때마다, 그녀의 교사들은 더욱 낙담하고 좌절하였다. 그녀의 가족과 내가 작성한 진술서가 교사들에게 약 일주일 정도는 도움이 되었지만, 과제 제출이 중단되자, 나는 그녀의 수업을 관찰하기로 결정하였다.

논의

정신건강 지원과 학업을 병행하는 데 따르는 고충과 복잡성이 명백히 드러났다. 나는 이것이 Marisol이 일상적으로 느꼈을 감정이라는 것을 깨닫게 되자 패배감에 휩싸였다. 조용하고 작은 사무실의 안락함 속에서 Marisol과 나는 진전을 이룰 수 있었지만, 학생들이 일어서서 가고 싶은 대학은 어디인지, 무엇을 공부할 계획인지, 그리고 거기에 가기 위해 연간 향상도 점수(MAP)를 얼마나 올려야 하는지에 대해 발표하는 것으로 꽉 찬 영어 수업에서는 그러한 기술을 발휘할 수 없었다. Marisol에게는 수업 과제는 고사하고, 중등교육 이후의 계획에 대한 생각은 존재하지도 않았다. 어떻게 하면 Marisol의 선생님들에게 Marisol이 무관심하다는 인식은 그녀가 겪은 슬픔, 트라우마, 두려움을 숨기기 위한 가면일 뿐이라는 것을 보여 줄 수 있을까?

질문들

1. 학교상담사는 사회-정서적 지원과 학업 시스템 사이의 격차를 어떻게 해소할 수 있겠는가?
2. 학교상담사는 어떻게 하면 교사와 행정관리자가 학교의 사명을 수호하는 것과 학생들의 사회-정서적 요구를 지원하는 것 사이의 미묘한 경계를 이해하도록 도울 수 있겠는가?
3. 당신이라면 그녀의 선생님들에게 알리는 측면에서 상황을 다르게 처리하였겠는가?
4. Marisol이 미술 선생님에게 비밀을 털어놓을 수 있었던 이유는 무엇이라고 생각하는가?
5. 상담사는 어떻게 하면 관계에 근거한 교육에 익숙하지 않은 교직원들에게 관계의 힘을

알려 줄 수 있겠는가?

6. 트라우마를 경험한 학생들에게 중등 과정 이후의 계획이 어떤 영향을 미칠 수 있는가? 그들의 미래를 계획하기 위하여 어떤 종류의 접근 방식을 사용할 수 있겠는가?
7. 교직원들이 학생 인구의 변화를 경험하였다는 사실을 알고 있다면, 학교의 목표와 학생 인구 통계를 연결하는 데 도움이 되기 위해서는 어떤 종류의 전문성 개발이 유용하겠는가?

논평 1

Wendy Hoskins & Katrina Harris

미국학교상담사학회(ASCA)는 개인-사회적, 학업, 진로 세 가지 상담 구성 요소를 기반으로 한 모델을 구축하였습니다(ASCA, 2012a). 흔히, 실무자들은 이 세 가지 상담 영역을 별개로 봅니다. 그러나 성공적인 학교상담사는 두 개 이상의 영역에서 동시에 일합니다. 이 중요한 사례에서 사회-정서적 지원과 학업 시스템 간의 격차를 해소하기 위해, 상담사는 특히 학생의 학업 성공을 가로막는 민감한 문제와 관련하여 학생의 학업 문제를 논의하면서 사회-정서적 기술을 활용합니다. 시간을 내어 상담사가 학생의 가치관과 신념 체계에 귀를 기울이면, 학업 시스템에 대한 공동의 이해를 발전시키기 위한 공감대와 유사한 '언어'를 알아내는 데 도움이 될 수 있습니다.

때로는 학생을 옹호하는 가장 좋은 방법은 학교상담사의 역할과 기능에 대해 이해관계자들을 교육하는 것입니다. 적극적으로 나서서 학교 이사회 회의, 교직원 모임, 학부모-교사 회의에서 발표할 기회를 만드십시오. 상담사가 학생들과 협력하여 개인-사회적 요구를 논의하는 방법과 긍정적인 결과를 통해 학생의 학업 및 진로 목표를 향상 시킬 수 있는 방법에 대해 학교 시스템의 구성원을 교육하십시오. 상담사가 사회-정서적 요구를 해결함으로써 학생들이 학교의 사명과 목표를 향해 나아가도록 도울 수 있는 방법에 대한 개념적 틀을 제공하는 것은 장기적인 이점을 얻을 수 있습니다.

교사는 본질적으로, 학생들과 학생의 복지에 관심이 있습니다. 학생들을 위한 안전한 공간을 조성하려면 교직원, 학생, 보호자 간의 건강한 의사소통을 발전시켜야 합니다. 학교상담사는 학생과 어머니와 함께 교사들에게 보내는 초기 진술문을 작성함으로써, 열린 의사소통을 촉진하였으며, 학생은 자신의 학업적 요구를 옹호함으로써 힘을 얻었습니다(Astramovich & Harris, 2007). 이 중요한 사례를 계속 진행하면서, 학교 담당자를 위해 학부모 및 학생과 함께 개발한 주기적인 업데이트를 계속 진행하십시오. 학교 시스템을 위한 다음 단계에는 이해관계자들을 교육하고 종종 해결되지 않은 트라우마 또는 위기와 관련된 '파괴적 행동'의 근본적인 특성에 대한 공감을 강화하는 것이 포함될 수 있습니다.

이 중요한 사례가 강조하듯이, 학생 인구 통계는 교직원의 인구 통계보다 대체로 더 빠르게 변화하고 있습니다. 교직원과 학생 인구 간의 유사점 또는 차이점을 강조하는 것은 이해관계자의 이해를 높이는 데 놀라운 출발점이 될 수 있습니다. 다문화 인식과 문화적으로 적절한 조치는 연중 내내 전체 학교 시스템의 모든 측면에서 고려되고 통합되어야 합니다. 매년 다문화 프로그램 평가를 활용하면 모든 학생이 학교의 사명과 원하는 교육적 성과를 향해 나아갈 수 있도록 돕는 개념적 틀을 마련할 수 있습니다. 문화적으로 유능한 프로그램 평가 모델을 구성하는 것은 학생 인구의 특정한 요구사항을 이해하는 데 초점을 맞춘 평가를 개발하는 것으로 시작됩니다. 그런 다음, 일년 내내, 학교상담사는 가장 높은 요구사항을 해결하는 교과 활동, 교실 생활 지도 및 상담 구성 요소를 개발하는 데 도움을 줄 수 있습니다. 효과성에 관한 자료를 수집하고, 결과를 전달하고, 이해관계자의 피드백을 얻는 것은 교직원이 학교의 전략적 계획, 사명 및 목표를 재평가하는 데 도움이 될 것입니다(Astramovich, Hoskins, & Coker, 2013).

이해관계자들은 도움이 필요한 학생에게 제공할 수 있는 혜택을 항상 인식하고 있는 것은 아니지만, 학교 공동체의 구성원은 희망과 회복력 있는 미래를 추구하는 학생들에게 다리를 제공할 수 있습니다(Flom & Hansen, 2006). 교사가 교실 밖에서 학생들과 소통할 때, 롤모델이나 멘토가 되는 것은 불편할 수 있습니다. 하지만 아이들은 의지하고 신뢰할 수 있는 어른이 필요합니다. 아이들은 우리가 그 역할을 할 준비가 되어 있는지 여부에 관계 없이 우리를 선택할 수 있습니다. 학교상담사는 긍정적인 교육 경험과 일상생활의 개인-사회적 요구 사이의 관계에 대해 이해관계자들을 교육할 수 있습니다.

교직원과 긍정적인 관계를 갖는 것은 학생들에게 유대감과 소속감을 제공할 수 있고, 이것은 더 높은 교육적 포부와 성취라는 결과를 이끌어 낼 수 있습니다.

트라우마는 까다롭습니다. 트라우마가 반드시 모든 행동이나 감정적 반응의 최전선에 머무르는 것은 아닙니다. 개인이 '트라우마가 없는' 것처럼 보일 수 있는 기간이 있을 수 있습니다. 그러나 트라우마의 장기적인 영향은 아동의 세계관이 변화함에 따라 달라집니다. 학교상담사는 아동이 성숙하고 새로운 렌즈를 통해 그 사건을 볼 때 과거의 트라우마를 경청하고 처리할 준비가 되어 있어야 합니다. 이 중요한 사례에서 데이트, 호르몬 변화, 정체성 문제, 안전한 공간을 떠나고 싶다는 생각은 새로운 트라우마와 관련된 반응을 불러 일으킬 수 있습니다. 학교상담사는 최초 트라우마 사건의 기념일, 환경적 요인, 기타 관련된 개인 등과 같은 유발 요인을 알고 있어야 합니다. 트라우마로 인해 장기적인 영향이 있을 수 있다는 것을 알기 때문에, 목표 대상과 목표가 있는 개념적 틀은 학생이 안정감을 느끼는 데 도움이 될 수 있습니다. 진행상황과 성취감을 보여 주는 현실적인 작은 목표를 포함한 개별화된 중등 과정 이후의 계획을 개발하여 가이드로 활용하십시오. 트라우마가 다시 나타나고 학생이 일시적인 좌절을 경험할 때, 숨을 쉴 수 있는 공간, 과거 성공의 증거, 미래의 목표를 설정하여 학생이 다시 정상 궤도에 오를 수 있도록 도와주십시오.

논평 2

Cass Dykeman

Allison List는 21세기 학교상담사에게 흔하지 않은 복잡한 사례를 제시하였습니다. 이 사례에서는, 여러 세계가 충돌하고 있습니다(인종, 민족, 사회경제적 지위, 세대 차이, 이민자 신분, 트라우마와 성별 등의 교집합).

질문 1(정서/학업 격차)과 관련하여, 학교상담사가 할 수 있는 첫 번째 일은 오늘날 K-12(초등~고등학교) 학생들 사이에서 만연한 **아동기 부정적 경험**(adverse childhood experience)에 대한 교육을 받는 것입니다. 아동기 부정적 경험이라는 용어에는 다음과 같은 다양한 경험이 포함됩니다. (a) 부모의 이혼, (b) 중독자와의 동거, (c) 신체적 학대 등이 있습니다. 전체 목록은 다음 웹사이트를 참조하십시오(http://www.cdc.gov/violenceprevention/acestudy/pdf/BRFSS_Adverse_Module.pdf). 아동기 부정적 경험이 학습에 미치는 해로운 영향은 이미 알려져 있고 누적되고 있습니다(Bethell et al., 2017). 아동기 부정적 경험이 많을수록, 학습에 더 많은 영향을 미칩니다. 미국에서는 청소년의 54%가 아동기 부정적 경험 중 한 가지를 경험하였고, 28%는 두 가지 이상을 경험하고 있습니다(Soleimanpour, Geierstanger, & Brindis, 2017). 학교상담사가 너무 잘 알고 있는 예외도 있지만, 대부분의 학교 교사는 성공하기를 원합니다. 정신건강과 교육학의 세계를 아우르는 학교의 교육자로서, 학교상담사는 교사가 교실에서 성공으로 가는 길은 아동기 부정적 경험의 정서적 촉진 요인을 다루지 않고 우회

할 수 없다는 것을 인식하도록 도와야 할 의무가 있습니다.

질문 2와 관련하여, 학교의 학문적 사명과 학생들의 정서적 지원 사이의 상호관계를 교사들이 이해하도록 도우려는 학교상담사에게는 두 가지 장벽이 존재합니다. 이러한 장벽은 학교상담사가 학생의 아동기 부정적 경험이 어떻게 학습에 영향을 미치는지에 대해 교사를 성공적으로 교육한 후에도 존재합니다. 첫 번째 장벽은 실용적인 측면입니다. 아동기 부정적 경험을 가진 학생을 가르치려면 기존의 교사 교육 프로그램에서 가르치지 않는 개념적 틀과 기술이 필요합니다. 이러한 개념적 틀과 기술을 트라우마 정보 교육이라고 합니다. 영향력 있는 심리학자 Albert Bandura(1997)는 우리가 효과가 있다고 인식할 때 행동에 참여할 가능성이 가장 높다고 언급하였습니다. 훈련을 받지 않은 교사가 트라우마 정보에 입각한 교육을 할 가능성은 전혀 없습니다. 이 중요한 사례 대응의 마지막에 있는 자원 영역에는 트라우마 정보에 기반한 교육의 구체적인 개념적 틀과 기술에 대한 정보가 포함되어 있습니다.

두 번째 장벽은 교사 자신과 관련이 있습니다. 회피는 우리가 고통스러운 정서에 대처하는 주요 방법의 하나로 알려져 있습니다. 대처 전략으로서 회피의 문제는 고통을 줄이는 것이 아니라 오히려 불을 붙인다는 것입니다. 미국 교실에서는 학생들만이 아동기 부정적 경험 이력을 가지고 있는 것이 아닙니다. 많은 교사도 아동기 부정적 경험이 있습니다. 또한 교사가 아동기 부정적 경험이 있든 없든, 교사는 아동기 부정적 경험을 가진 학생과 함께 하면서 대리 트라우마를 경험할 수 있습니다. 따라서 트라우마 정보 교육에 대한 교육에 대리 트라우마에 대처하는 전략이 포함되지 않는다면, 이러한 직무 연수는 아무 소용이 없을 것입니다.

질문 3(학생 정보를 교사에게 알리는 것)과 관련하여, 청소년은 프라이버시에 대한 기본적인 도덕적 권리를 가집니다. 그러나 청소년은 성인과 다른 프라이버시 감각과 다른 프라이버시 요구사항을 가질 수 있습니다. 학교상담사가 특정 정보에 대한 교사의 지식이 학생에게 도움이 될 수 있다고 생각하는 경우, 학생에게 해당 정보를 공유할 수 있는 권한을 요청하고 그러한 공유에 대한 근거를 제시하기만 하면 됩니다. 학생이 허락하면 두 가지 이점이 있습니다. 첫째, 교사는 학생의 행동을 이해하기 위해 더 큰 맥락을 얻을 수 있습니다. 둘째, 어떤 정보를 누구와 공유할 수 있는지에 대한 목표와 과제 협상을 통해 청소년과 학교상담사 간에 작업동맹을 구축할 수 있습니다. 청소년은 프라이버시에 대한 기본적인 도덕적 권리를 가지지만, 학교상담사-학생 간의 비밀 유지에는 예외가 있습니다. 학교상담사는 상담에 참여하기 전에 이러한 제한사항을 학생에게 알려야 할 의무가 있습니다. 이러한 예외가 무엇인지에 대해, 저는 상담 교육자이자 변호사인 Ted Remley의 상담 윤리에 관한 저서를 학교상담사들에게 추천합니다(Remley & Herlihy, 2016; Remley, Rock, & Reed, 2017). 이러한 교재들을 항상 손이 닿는 곳에 두지 않는 학교상담사는 현명하지 못한 사람입니다.

질문 4와 5(관계의 힘)와 관련하여, 학교상담사는 작업동맹이 그들의 성공에 미치는 영향에 대해 잘 알고 있습니다. 대부분의 학교상담사가 모르는 것은, Ed Bordin(1979)이 작업동맹에 관한 중요한 논문에서 자신의 이론이 교실에서도 동일하게 적용될 수 있다고 주장하였다는 사실입니다. 후속 연구를 통해 그의 주장이 옳다는 것이 입증되었습니다(Toste, Heath, & Dallaire, 2010). 앞서 언급한 대로, 대부분의 교사들은 성공하기를 원합니다. 직무연수에서 교사에게 작업동맹에 대한 지원을 제공하는 학교상담사는 교실 내 관계에 대한 관련성을 구축할 수 있습니다.

질문 6과 7(트라우마 및 중등 교육 이후 계획)과 관련하여, 저명한 진로 이론가 Donald Super는 다른 모든 진로 활동보다 계획능력을 강조하였습니다. 실제로, 그는 그 단어 자체를 만들기도 하였습니다(Savickas, 1994). 계획을 세우려면 다양한 기억 기능을 사용할 수 있어야 합니다. 그러나 아동기 부정적 경험은 이러한 기억 기능의 대부분을 소비합니다(Ford, 2005). 따라서 학교상담사는 수반되는 트라우마 작업이 이루어지지 않으면 아동기의 부정적 경험을 가진 학생들과의 진로 계획에 실패할 수밖에 없습니다. 학교상담사가 치료를 받지 않은 아동기 부정적 경험이 있는 학생을 대학에 진학시킬 수 있다고 해도, 학업, 정신건강 및 직업적 결과는 문제가 될 수 있습니다(Karatekin, 2017; Schilling, Aseltine, & Gore, 2007). 청소년에게 효과적이며 학교 상황에 적합하고 다문화적 효과가 입증된 트라우마 상담의 한 가지 접근 방식은 내러티브 노출 치료입니다(Ruf et al., 2010).

자원 목록

보충 자료

Brinson, J. A., & Smith, S. D. (2014). *Racialized schools: Understanding and addressing racism in schools.* New York, NY: Routledge.

Substance Abuse and Mental Health Services Administraion. (2018). *Adverse childhood experiences.* Rockville, MD: Author. Retrieved from https://www.samhsa.gov/capt/practicing-effective-prevention/prevention-bahavioral-health/adverse-childhood-experiences

온라인 자료

Narrative Exposure Therapy(NET)

http://www.vivo.org/en/ueber-vivo

Resources for School to Help Students Affected by Trauma Learn

https://www.traumainformedcareprofect-org/resources/bibliography%20of%20resources%20for%20schools%20to%20be%20trauma%20informed.PDF

Truma-Informed Care for Children Exposed to Violence: Tips for Teachers

https://www.justice.gov/sites/default/files/defendingchildhood/legacy/2011/09/19/tips-teachers.pdf

Trauma and Learning Policy Initiative(TLPI)

https://traumasensitiveschools.org/

보충 활동

학습 활동

- 여러분은 학교상담사로서, 학년 내내 주기적으로 제공할 중등과정 이후 설명회, 워크숍, 팟캐스트 또는 비디오를 개발하는 임무를 맡게 될 것입니다. 다음 주제를 고려하여 정보를 어떻게 배포할 것인지 결정하십시오.

  –대학을 향하여!

  K–12 학교들이 학생들에게 고등 교육 및 훈련 기회를 제공하려는 수요가 증가하고 있습니다. 여러분의 지역에서 대학에 진학할 수 있는 1세대 학생은 몇 명이나 됩니까? 이것이 학생들에게 흥미로운 전망입니까? 가족들이 자랑스러워합니까? 가정에서의 대화가 미래 계획보다는 다음날을 어떻게 보낼 것인가에 관한 것이 더 많습니까? 학생들은 자신의 미래에 대한 상반된 메시지 사이에서 어떻게 균형을 잡을 수 있습니까? 이러한 질문에 대한 답을 찾고 유용한 정보를 어떻게 전달할 수 있습니까?

  –진로의 날!

  여러분의 진로 인식 목표는 다양한 직업에 종사하고 다양한 고등교육기관을 대표하는 학생 인구통계를 반영하는 더 높은 비율의 전문가를 포함시키는 것입니다. 이 목표를 달성하려면 어떤 정보가 필요합니까? 이벤트를 만들고 설정하기 위해 행정관리자와 교사로부터 어떤 도움과 지원을 받고 싶은가? 지역사회에서 어떤 어려움에 직면할 수 있습니까?

–배운 것을 활용하시오!

난민 또는 서류 미등록 가정이 교육이 가능하고 이동 가능하다는 것을 이해하도록 돕기 위해서는, 전통적인 틀에서 벗어나 생각할 필요가 있을 것입니다. 여러분의 거주 지역에서 중등 이후 고등학교 교육과 훈련을 위한 어떤 선택권이 있습니까? 이 선택권 중 현지에 머물 계획이 있는 개인에게만 제공되는 선택권은 몇 개나 됩니까? 단기 체류하는 개인이 고등교육 목표를 달성하는데 어떤 시스템이나 기관이 도움이 될 수 있습니까? 전 세계 또는 온라인에서 어떤 선택권을 고려할 수 있습니까?

–이해관계자의 참여!

프로그램 평가는 이해관계자에게 정보를 제공하고 더 나은 학교상담 프로그램을 개발하는 데 도움이 될 수 있습니다. 이해관계자에게 여러분의 역할과 효과에 대해 설득하는 것으로 프로그램 평가를 어떻게 활용할 것입니까? 프로그램 평가의 어떤 측면을 이해관계자와 공유하는 것이 가장 유익합니까? 학생의 성공과 대학 준비를 강화하기 위해 프로그램 평가를 어떻게 통합할 것인지 설명하십시오.

제 **4** 부

상담사로서 변화를 만들기 위해 할 수 있는 것은 무엇인가

What I Can Do to Make a Difference as a Counselor

제23장 … 아동기에 겪은 부정적 경험의 영향에 대해 알아야 한다

제24장 … 사이버 괴롭힘에서 '우리'

제25장 … 두 국가 간의 대사

제26장 … 어떻게 하면 우리가 함께 더 강해질 수 있을까

제27장 … 나도 편견이 있는 걸까: 편견 기반 괴롭힘

제28장 … 시스템이 무너지면, 그다음은?

제29장 … 제발 나를 도와주세요, 하지만 아이를 어떻게 키우란 말은 하지 마세요

제30장 … 만약 우리가 포함되지 않는다면, 어떻게 같이 일할 수 있을까

제23장

아동기에 겪은 부정적 경험의 영향에 대해 알아야 한다

Jodi L. Saunders

배경

Lucas는 6세의 아프리카계 미국인 남자아이로, 교사들은 Lucas가 사회-정서적 기술과 행동이 부족해서 유치원을 다시 다녀야 한다고 판단하였다. 성격이 밝고 숫자와 문자 인식과 같은 핵심적인 학업 능력 면에서는 발달이 잘 이루어지고 있음에도 불구하고, 사회-정서적으로는 발달이 지연되고 있다.

사례

양어머니인 Karis 씨가 학교에 데려다 줄 때, Lucas는 종종 그녀가 떠나는 것을 원하지 않고 아픈 척(예: 두통, 기침)을 한다. 이것이 Lucas가 Karis 씨와 함께 있어야 하는 이유로 제시된다. Lucas는 심각한 주의력결핍과잉행동장애(ADHD)로 인해 행동과 감정 상태 또한 다소 예측하기 어려운 복잡하고 저체중인 남자아이이다. 올해 한 예로, Lucas의 유치원 반이 보도에서 다른 반을 지나가고 있을 때, 갑자기 손을 뻗어 다른 반의 어린 여자아이를 덤불 속으로 밀어버린 적이 있었다. 그럼에도 불구하고 교사들은 Lucas를 반에서 가장 친절하고, 도움이 되며, 마음씨 좋은 어린이 중 한 명이라고 말하였다. 또한 Lucas는 새로운 상황이나 공공장소에서 극도로 경계심을 가지며, 종종 한 자리에 서서 천천히 돌아보며 눈을 빠르게 굴리면서 방안을 훑어보곤 하였다. 올해 유치원 첫날 Karis 씨는

Lucas를 데려다 주면서, 교실에 있는 모든 아이에게 Lucas를 소개해야 한다고 말하였다. Karis 씨는 그러면 Lucas가 조금 긴장을 풀고 교실에 있는 모든 사람의 이름을 영원히 기억할 것이라고 말하였다. Lucas의 선생님은 Lucas가 수줍음이 많고 혼자 또는 한 사람하고만 노는 것을 선호하는 아이라고 설명하였다. 선생님은 Lucas가 여러 차례 교육을 받았음에도 불구하고, 집단에 함께하는 방법(같이 놀 수 있는지 물어보기 등)을 모르는 것 같다고 하였다.

Lucas의 양어머니는 Lucas가 유치원 과정을 다시 다니는 것에 동의하지만, 어떻게 하면 그를 가장 잘 도울 수 있을지 걱정하고 있다. Karis 씨를 만난 결과 Lucas는 생후 15개월 때 위탁 가정에 맡겨졌다는 사실을 알게 되었다. 그는 한밤중에 마약 단속을 하던 중 무기와 마약 관련 도구들로 가득한 허름한 집에서 발견되었다. Lucas가 양어머니에게 맡겨졌을 때 말을 하지 않았고 조리대 위에 있는 음식을 집어 먹었으며, 슬프게도 독립적이었다고 말하였다. 침대에 혼자 가서 눕고, 안기기를 거부하며, 심지어 심하게 다쳤을 때도 결코 울지 않았다. 분명히, Lucas와 그의 양어머니는 애착관계에 있어 큰 진전을 이루었지만, 여전히 문제가 드러났다. Lucas의 과잉 경계는 가능한 한 안전하게 지내기 위해 아주 어린 나이에 발달한 대처 기제인 것으로 보인다. 어린 시절, Lucas는 친부모의 집에서 분리되었을 때 여러 가지 약물 검사에서 양성 반응을 보인 적이 있었다. 의사들은 ADHD와 같은 추가적인 신경학적 결과가 발생할 가능성을 우려하였다.

Lucas는 15개월에 위탁 보호에 맡겨졌지만, 친권 종료가 결정되기까지 거의 2년 동안 친가족과의 면회가 계속되면서 사건은 장기화되었다. 양어머니인 Karis 씨는 Lucas의 위탁 가정의 부모이기도 하였다. 그녀는 정신건강의학과 의사 및 소아과 의사와 긴밀히 협력하고 집중적인 부모–자녀 상호작용 치료에 참여하여 Lucas와 그의 새 가족을 지원하였다고 보고하였다. 또한 Karis 씨는 Lucas를 스포츠 동아리나 이와 유사한 지역사회의 활동 같은 집단 활동에 참여시키려고 시도하였지만, Lucas는 그녀의 곁을 떠나기를 거부하고 활동에 참여하는 대신 지켜보는 것에 만족하는 듯 보였다고 보고하였다. Karis 씨는 Lucas가 여전히 '다른 엄마'와 '할아버지'에 대해 이야기하였지만(긍정적인 기억과 부정적인 기억을 둘 다 가지고 있음), 친 가족을 만날 때마다 자신이 위탁 가정(현재는 입양) 부모에게 돌아가지 못할까 봐 두려움을 표하였다고 보고하였다. 또한 Lucas는 Karis 씨(백인, 대학 교육을 받은 전문가, 약물 사용 없음, 안전 문제가 없는 이웃)와는 매우 다른 환경과 문화(아프리카계 미국인, 빈곤, 약물 남용, 안전하지 않은 동네)에서 벗어나게 되었으며 이러한 변화의 영향에 대해서도 우려하고 있다고 말하였다. Karis 씨는 학교상담사에게 Lucas가 지역사회에서 특히 또래와의 상호작용과 관련하여 성공적인 학교 생활을 도와줄 자원, 도움, 파트너를 요청하였다.

질문들

1. Lucas의 요구사항을 어떻게 평가할 것이며, 이에 가장 잘 대응할 수 있는 방법은 무엇인가?
2. 치료 이외의 어떤 자원이나 활동들이 도움이 될 수 있을까?
3. 여러분은 Lucas가 애도/상실 치료를 통해 도움을 받을 수 있다고 생각하는가? 만약 그렇다면, 어떤 기법이나 활동이 가장 도움이 될까? 그렇지 않다면, 어떤 접근법을 추천하겠는가? Lucas가 상실을 극복하는 데 도움이 될 수 있는 다른 지원에는 어떤 것이 있는가?
4. Lucas가 사회-정서적 영역에서 발달적으로 '따라잡는' 데 도움이 될 것이라고 생각하는 자원, 활동 또는 다른 접근법이 있는가?
5. 지역, 문화 등의 변화가 Lucas에게 어떤 영향을 미쳤다고 생각하는가?
6. Lucas가 인간관계에서 겪는 어려움을 어떻게 설명할 수 있으며, 가능한 원인과 해결책을 구체적으로 어떻게 다룰 것인가?

논평 1

Amanda Dreisbach Rumsey & Catherine Y. Chang

Lucas의 사례는 복잡하며 가족, 학교, 지역사회 간의 협력이 필요합니다. Lucas, 그의 가족과 함께 일하는 학교상담사로서, 여러분은 그의 문화유산, 그의 입양 가족의 문화유산, 그리고 여러분 자신의 문화적 배경을 염두에 두고 싶을 것입니다. 이러한 모든 요소는 여러분이 이 가족과 어떻게 상호작용하고, 이 사례를 개념화하느냐에 영향을 미칩니다. 학교상담사로서, Lucas의 필요를 평가하는 첫 번째 단계는 Lucas와 대화하고 그를 관찰하는 것입니다. 또한 Lucas의 선생님과 그의 양어머니인 Karis 씨, 그리고 가능하다면, Lucas의 이전 정신건강의학과 의사나 심리학자와도 협의할 것입니다. 저는 그 정보가 Lucas의 현재 기능에 어떤 영향을 미칠 수 있는지 신중히 고려하고, 강점과 약점을 파악하고, 정보 격차가 있는지 여부를 판단할 것입니다.

Lucas는 마음씨가 착하고, 잘 도우며, 독립적이라는 장점을 가지고 있음을 확인하였습니다. 또한 그에게는 지지하는 부모 같은 인물이 있고 그는 총명합니다. Lucas의 필요에 대응하기 위한 전략을 파악할 때 이러한 강점을 고려해야 합니다. Lucas의 초기 아동기 경험—부모의 애착이나 유대감이 의심스러운 불안전한 환경에서 생활하고 약물을 복용한 경험—이 사회적 · 정서적 발달에 영향을 미쳤을 가능성이 높습니다. 현재 Karis 씨와의 유대감은, 때때로 어렵기는 하지만, 애착 형성을 위한 긍정적인 단계로 볼 수 있습니다. Lucas가 중증 ADHD 진단을 받았다는 점도 고려해야 할 요소입니다. 저는 Lucas가 ADHD에 대한 적절한 의료 및/또는 행동 개입을 받을 수 있도록 지원하기 위해 Karis 씨와 Lucas의 의사와 협력할 것이며 유치원 과정을 유급하는 것이 ADHD의 증상을 변화시키지 않는다는 점을 명심할 것입니다. 또한 Lucas의 사회적 · 정서적 발달을 지원하기 위해 Karis 씨가 개인상담과 가족상담 등 외부 상담을 받는 것도 고려해 보도록 권하고 싶습니다.

저는 Lucas의 선생님과 상의하여 어떤 개입이 이미 시도되었는지 확인하고 지원을 위한 새로운 전략을 파악하였을 것입니다. Lucas의 선생님 외에도 저(학교상담사), Karis 씨(양어머니), 학교 심리학자, 학교 관리자를 포함하되, 이에 국한되지 않는 사람들로 팀을 구성하여 참여하고, 계층화된 **개입반응중심접근**(RTI) 프레임워크를 사용하여 자료를 평가하고 개입 계획을 진행할 것입니다. RTI 과정은 '위험에 처한 학습자를 조기에 식별하고, 적절한 연구 기반 개입에 연결하고, 필요에 따라 이런 학생들에게 추가 지원을 유연하게 제공하는 방법'입니다(Wright, 2007, p. 10).

상담 외에 어떤 자원이나 활동이 도움이 될 것인지 생각할 때, 저는 Karis 씨가 이전에 Lucas를 집단 작업에 참여시키려고 시도하였지만 성공하지 못한 것을 고려하고 싶습니다. Lucas는 도움이 되는 것을 즐기는 것으로 보이고 핵심 학업 기술은 잘 따라가고 있습니다. 교실 환경에서, Lucas에게 책 정리, 연필 깎기 또는 학급 반려동물 먹이주기와 같은 도우미 역할을 부여하면, 스스로를 도움이 되는 사람이라고 느끼고 긍정적인 참여를 유지할 수 있습니다. '친구'와 함께 점심을 먹는 것은 유용한 방법이 될 수 있는데, 이를 위해 상담실에 올 학생 한두 명을 뽑아서 가끔 Lucas와 함께 점심을 같이 먹는 것을 시도해 볼 수 있을 것입니다. 지역사회에서는 시각 예술, 신체 활동, 연극, 음악과 같은 표현 예술 활동에 참여하는 것을 권하고 싶습니다. 이러한 활동은 사회성 및 정서적 기술 발달을 지원하는 위협적이지 않은 방법을 제공할 수 있습니다. 또한 수영, 태권도 또는 체조와 같은 구조화된 신체 활동을 고려할 것입니다. 그 활동들은 본질적으로 개인적이지만 다른 사람들을 포함하는 것이라서 Lucas가 그들과 관계 맺기를 시작할 수도 있습니다. 이러한 유형의 활동은 Lucas의 신체적 성장과 발달을 돕는 동시에 에너지를 발산할 수 있는 배출구를 제공할 수 있습니다.

Lucas는 애도 또는 상실 치료에 참여함으로써, 특히 다른 개입과 함께 놀이치료 접근 방식으로 수행된 경우라면 도움이 될 수 있을 것입니다. Lucas의 나이가 어리고 Karis 씨와의 애착이 형성되고 있기 때문에, 애도와 상실에만 초점을 맞추는 것은 바람직하지 않고 가족 상담과 사회 기술 훈련 활동도 포함할 수 있을 것입니다.

Lucas에게는 사회-정서적 영역에서 발달적으로 '따라잡기'를 돕기 위해 지속적인 지원이 필요할 것으로 보입니다. Lucas는 자기 인식, 자기 관리, 사회적 인식, 관계 형성 및 책임 있는 의사결정을 위한 활동에 참여함으로써 도움을 받을 수 있을 것입니다. 이를 위해서는 Lucas의 성장을 지원하기 위한 협업 전략과 함께 안전하고 안정적인 환경이 필요합니다. 이러한 전략에는 교사가 주도하는 교실 내 개입뿐만 아니라 기타 교직원 및 가정에서 Karis 씨의 추가 지원이 포함될 수 있습니다. 몇 가지 전략으로는 학급 내 전략적 그룹화, 긍정적 보상 시스템의 사용, 돕는 역할의 기회 확대, 강화를 통한 긍정적인 사회적 행동에 대한 명확한 교육 등이 있습니다.

Lucas가 친가족을 떠나 입양 가족에 합류한 결과로 경험한 문화적 변화는 나중에 아동기 후반이나 청소년기에 그에게 더 큰 영향을 미칠 수 있습니다. 그는 환경의 변화를 고려하고 두 가지 서로 다른 문화 속에서 자신의 정체성을 이해하려고 시도할 때 갈등을 느낄 수 있습니다. Lucas의 빈약한 사회-정서적 기술과 도전적인 행동은 우리가 그의 과거에 대해 알고 있는 것과 직접적으로 연관되어 있을 수 있습니다. 안전하지 않은 환경에서 살았던 그의 경험은 새로운 상황에 대한 과잉 경계로 이어졌습니다. 그는 안전을 위해 상황을 독립적으로 평가해야 하며 새로운 환경에서 자유로울 수 없다는 것을 배웠습니다. Karis 씨에 대한 애착은 그가 관계를 맺고 형성하는 능력이 있다는 것을 보여 줍니다. 하지만 아직 완전히 신뢰할 수는 없습니다. 현재 그의 친부모와의 관계는 혼란과 상실 중 하나입니다. 이러한 경험은, Lucas가 도움을 받으면 관계에서 건강한 경계와 애착을 형성할 수 있음을 보여 주지만, Lucas와 함께 작업할 때는 주의를 기울여야 합니다. Lucas가 신뢰하기 시작할 수 있도록 안정감, 안전, 일관성을 보여 주는 어른들이 필요합니다. Lucas가 성장하는 데 건강한 경계와 애착이 뒷받침될수록, 자기 인식과 또래관계가 개선될 가능성이 높습니다.

논평 2

Tom Keller, Brandie Oliver, & Nick Abel

Lucas의 사례는 전문 학교상담사가 자문, 협업, 상담을 포함하여 문화적으로 호응하는 관점을 통해 보이는 모든 것에 다양한 기술들을 사용하도록 요구하고 있습니다. Lucas가 생후 6년 동안 겪은 어려움들은, 놀랄 것도 없이, 그의 발달에 영향을 미쳤습니다. Erikson(Fiore, 2011에서 인용)에 따르면, 어린 시절에 안정적인 애착을 형성하지 못한 아이들은 불신에 빠지기 쉬우며, 이는 Lucas가 새로운 상황에 참여하거나 집단 활동에 참여하는 것을 꺼리는 데서 분명하게 드러납니다. Erikson 모델의 후기 단계에서는 아이들이 어떻게 자율성을 발달시키고 자신의 행동에 책임이 있다는 것을 이해하기 시작하는지 자세히 설명합니다. 두 가지 특성 모두 Lucas의 발달에는 부족한 것으로 보입니다. 또한 우리는 사회 학습 이론의 렌즈를 통해, 성격 형성 시기에 Lucas에게 적절한 사회-정서적 기술들이 모델링되지 않았을 가능성이 있다는 사실을 지적할 수 있으며, 이것이 사회적 상호작용에 문제를 일으켰을 수도 있다는 사실도 지적할 수 있습니다(Broderick & Blewitt, 2015).

Lucas의 많은 발달 문제에도 불구하고, 우리는 그가 유치원 과정을 유급해야 할지 고민하고 있습니다. 연구에 따르면 유급은 기껏해야 약간의 효과적인 개입에 불과하고, 행동장애 증가, 또래관계 악화 및 자존감 저하 등의 실제와 관련이 있다는 연구(Jimerson, 2001)들을 통해 최악의 경우 명백히 해로운 것으로 나타났습니다(National Association of School Psychologists, 2011). 또한 아프리카계 미국인 남성들은 다른 인종 배경을 가진 학생들에 비해 유급률이 불균형적으로 높게 유지되고 있으며(National Center for Education Statistics, 2010), 이는 학교들이 해결해야 할 지속적인 형평성 문제입니다.

Lucas의 사례는 어렵지만, 우리는 여러 관계자와 협력하여 Lucas의 친사회적 행동을 향상시키기 위한 다양한 개입을 진행한다면 이 청소년에게 변화를 가져올 수 있다고 생각합니다. 다음으로는, 학교상담사가 자문, 협력 및 문화적 대응에서 자신의 기술을 활용하여 어떻게 그러한 노력을 이끌 수 있는지에 대해 논의하고자 합니다.

이 사례에서 우리의 첫 번째 단계는 Karis 씨와 직접 상담하는 것입니다. 이 역할에서 학교상담사(자문가)는 애착과 같은 Lucas의 발달 문제를 해결하기 위해 가정에서 실행할 수 있는 개입 또는 일련의 개입을 개발하기 위해 Karis 씨(의뢰인)와 만나도록 주선할 수 있습니다. 이 경우, 한 가지 가능한 개입은 Lucas가 학교에서 문제(등교할 때 분리의 어려움, 기대를 벗어난 행동과 그에 따른 결과를 문서화하는 것 등)가 없었던 주의 금요일에 어머니(또는 신뢰할 수 있는 다른 성인)와 함께 점심을 먹을 수 있는 보상 체계입니다. Karis 씨와 담임교사가 시도할 수 있는 또 다른 전략은 체계적 둔감화로, 어머니가 학교 건물에 들어올 필요가 없는 시점에 도달할 때까지 몇 주에 걸쳐 점진적으로 아침 배웅에 관여하지 않도록 하는 것입니다. 개입이 시도되는 동안, 학교상담사는 Karis 씨 및 담임교사와 협력하여 각 개입의 효과를 평가하고 필요한 경우 새로운 가능성을 개발할 수 있습니다.

이 사례는 학교상담사가 혼자서 처리하기에는 너무 벅찰 것입니다. 대신, 학교상담사, 교사, 관리자(들), 학부모(들), 기존 돌봄 서비스 제공자 및 지역사회 단체를 포함한 많은 사람의 협력이 분명히 필요합니다. 비록 학교상담사가 개인으로 구성된 팀을 조직하고 조정하는 데 '주도적'일 수는 있지만, Lucas, Karis 씨 및/또는 담임교사를 지원하는 유일한 원천이 될 수 없으며, 그렇게 되어서도 안 됩니다. 학교에 학생지원팀 또는 개입반응중심접근팀이 있는 경우, Lucas의 사례는 지속적인 행동 모니터링, 긍정적 행동 개입 및 지원(PBIS) 전략, 보상 시스템 및 상담 개입 등을 포함하는 다층적인 지원 시스템에 대한 논의와 개발을 위해 즉시 의뢰해야 합니다. Karis 씨는 Lucas의 초기 발달에 대한 그녀의 통찰력(가정과 이전 교육 및 사회 환경에서 시도된 개입 포함)이 매우 중요하기 때문에 Lucas의 사례를 조사하는 모든 팀에서 중요한 역할을 담당해야 합니다. 또한 Lucas의 사례에 관련된 모든 전문가(의사, 심리치료사 등)에게 연락하여 개입의 효과를 계획하고 모니터링하는 데 참여할 수 있도록 상담사에게 Karis 씨의 '정보 공유 동의(consent to share information)'를 구하도록 조언할 것입니다. 이러한 전문가들은 또한 Lucas가 「장애인 교육법」 또는 1973년 「재활법」 504조에 따라 특별 서비스와 편의를 받을 수 있는지 Lucas의 ADHD(및 기타 기저 장애)에 대해서도 자문할 수 있습니다.

이 사례에서는 문화적 차원을 이해하는 것이 중요한 구성 요소입니다. 비록 우리는 학교 공동체의 문화적 구성에 대해서는 잘 모르지만, Lucas가 여러 수준(예: 사회경제적 지위 및 인종)에서 이전 가정 환경과 문화적으로 다른 가정 환경에서 성장하고 있다는 것을 알고 있습니다. 이 사례에 누락된 또 다른 핵심적인 정보는 Lucas의 삶에 남성 역할 모델이 있는지 여부입니다. 우리가 추천하는 한 가지 전략은 Lucas의 멘토, 가급적이면 아프리카계 미국인 남성을 멘토로 삼는 것입니다. 멘토링을 받은 청소년은 행동, 정서, 사회성, 학업 영역 등 발달 전반에 걸쳐 향상된 성과를 보이는 것으로 나타났습니다(DuBois, Portillo, Rhodes, Silverthorn, & Valentine, 2011). Lucas의 발달 과정 내내, 상담사는 Karis 씨가 인종 정체성 발달을 포함한 고유한 정체성 발달 과정을 이해하도록 돕고, Lucas가 두 세계에 발을 딛고 성장하면서 자신의 출신 문화와의 관계를 발전시키고 기를 수 있도록 Karis 씨에게 도움을 청할 수 있습니다. 비록 애도는 이 과정에서 자연스러운 부분일 수도 있지만, 우리는 Lucas가 상실에 대한 의미 형성 과정을 돕는 것이 중요하다고 생각합니다. 의미 형성은 학생이 상실 이후 정체성 발달, 상실에 대한 이해, 마지막으로 상실 후에 얻을 수 있는 이점을 발견하는 데 도움이 됩니다(Neimeyer, 2005). 의미 형성의 이러한 세 가지 요소는 Lucas가 어린 시절에 경험한 상실에 계속 대처하고 건강한 관계를 구축하며 다른 사람들과 협력적으로 상호작용하는 동안 도움이 될 것입니다.

자원 목록

보충 자료

Brigman, G., Mullis, F., Webb, L., & White, J. (2005). *Consultation in schools; Building counselor skills for working with parents, teachers, and other school personnel*. Hoboken: NJ: Wiley.

Merrell, K. W., & Gimpel, G. (2014). *Social skills of children and adolescents: Conceptualization, assessment, treatment*. New York, NY: Psychology Press.

Wright, J. (2007). *RTI toolkit: A practical guide for schools*. Port Chester, NY: Dude Publishing.

온라인 자료

ASCA SCENE

http://scene.schoolcounselor.org/home.

이 웹사이트는 전문 학교상담사를 위한 네트워킹 사이트로 아이디어와 수업 계획을 공유하고 질문을 할 수 있는 훌륭한 웹사이트이다.

Center on Response to Intervention: An American Institute for Research

http://www.rti4success.org.

이 센터는 RTI에 대해 더 자세히 알아보고 실행하려는 사람들을 위한 지원을 제공한다.

Intervention Central

http://www.intenventioncentral.org.

이 웹사이트는 교사, 학교 및 학군에게 어려움을 겪고 있는 학습자를 돕기 위한 자원을 제공한다.

Positive Behavioral Interventions and Supports(PBIS)

https://www.pbis.org/school/rti

이 웹사이트는 추가 서비스가 필요한 학생의 성과를 체계적으로 문서화하는 방법인 RTI와 관련된 정보와 자원을 제공하고 학생의 필요에 따라 개입을 제공한다.

Positive parenting

http://positiviparenting.com/

이 웹사이트는 부모와 공유할 수 있는 훌륭한 자원이며 육아 조언과 온라인 육아 수업을 제공한다.

제24장 사이버 괴롭힘에서 '우리'

Stephannee Standefer

이 사례에서는 학교상담사가 학생의 학업, 진로 및 개인-사회적 발달을 촉진하기 위해 교직원, 학부모, 지역사회 구성원으로 이루어진 효과적인 실무팀을 구축하는 방법을 알고 있는지 살펴본다. 이 사례의 주제는 학생들 사이의 괴롭힘/관계적 공격성을 줄이고 학교 안팎에서 학생들의 안전감을 높이기 위한 다층적인 이해관계자의 노력을 다룬다.

배경

학교상담사인 Sandoval 씨가 '긴급' 회의를 위해 교장실로 불려 간 것은 일주일 사이에 세 번째였다. 긴급 회의는 학생의 안전이 위태로운 상황(예: 폭력, 약물, 성적인 사건, 도난)임을 의미하였다. 회의는 보통 교장, 학교 보안관(경찰관), 부장교사들(교감급), 학교 사회복지사, 학교상담사가 참석하였다. 리드중학교에는 학생이 700명 이상이고, 부장교사 3명, 경찰관 1명, 학교 사회복지사 1명, 학교상담사 1명이 근무하고 있다.

사례

Sandoval 상담사는 교장실에서 Peersnot 교장 앞에 여학생 LeVida가 겁에 질린 채 앉아 있는 것을 보았다. 교장의 컴퓨터 화면에는 LeVida와 다른 학생 Jamila 사이에 오간 것으로 보이는 문자 대화를 캡쳐한 사진이 있었는데, 이 두 여학생이 지난 이틀 동안 주고받은 내용이 문서로 정리되어 있었다. 사건을 조사한 결과 지난 이틀 동안 이 두 여학생 간에 500건 이상의 문자 메시지가 교환된 것으로 드러났다. LeVida와 Jamila는 남학생 Bob을 두고 싸우고 있었다. Jamila는 "그(Bob)가 너(LeVida)를 볼 때 흉터만 보이도록 너의 얼굴을 베어 버리겠다."고 협박하고, LeVida에게 "그에게서 떨어지지 않으면 내가 너의 삶을 영원히 바꿔 버릴 거야."라고 경고하였다. LeVida는 "나는 네가 두렵지 않아. 이 ○○아, 네가 먹는 음식에 신경쓰는 게 좋을 거야. 쥐약은 맛이 없으니까."라고 응수하며 그 도발에 맞섰다.

LeVida의 어머니가 이 대화들을 발견하였다. 어머니는 모든 문자의 스크린샷을 Peersnot 교장에게 보냈다. 교장인 Peersnot은 학생들이 등교하자마자 긴급 회의를 소집하였다. 학교 팀은 LeVida, Jamila, 그리고 남학생 Bob을 위한 안전 계획을 수립하는 등 사건 조사에 착수하였다. 위협의 강도가 높았기 때문에 경찰의 개입이 필요하였다. 또한 팀은 학교의 행동 강령에 따라 학생들을 적절하게 징계하는 방법도 결정해야 하였다. 더욱이, 우리는 학생의 부모들에게도 말해야 하였다. LeVida의 어머니는 즉각적인 대답을 요구하고 있었다. 우리는 교사들에게도 교실이나 복도에서 이러한 학생들과 부적절한 행동을 경계하도록 알려야 하였다.

이 사건은 처리하는 데 몇 시간이 걸렸다. 그것은 이번 주에 발생한 세 번째 심각한 사건이었다. 학교상담사는 처리해야 할 서류 작업이 산더미처럼 쌓여 있었고, 머리가 지끈거렸으며, 일주일 동안의 사건으로 인해 피곤하였고 녹초가 되었다. 수업이 끝나고 책상으로 돌아와 보니 역사 교사인 Roth 씨가 보낸 이메일이 도착해 있었다. Roth 교사는 오늘 아침에 반에서 몇몇 학생 사이에 '긴장감'이 있었다고 확신하였다. Roth 교사는 어떻게 해야 할지에 Sandoval 상담사가 자문해 줄 수 있는지 알고 싶어 하였다. Roth 교사는 이 '긴장감'이 학생들의 학업에 방해된다고 생각하였고 즉시 문제를 해결하고 싶어 하였다.

논의

지난 주 매달 열리는 '교장과의 커피'라는 학부모의 밤 행사에서, 학부모들은 가정과 학교 모두에서 학생 안전에 대한 우려를 표명하였다. 스냅챗, 인스타그램, 페이스북과 같은 온라인 기술 응용 프로그램의 사용으로 인해 괴롭힘과 관계적 공격이 다른 차원으로 발전하였다. 학생들도 끊임없이 문자를 보냈다. 학부모들은 자녀들로부터 어떻게 대처해야 할지 모르겠다는 이야기를 듣고 있었다. 학부모들은 학교상담사에게 답변, 지도, 지원을 기대하고 있었다.

스쿨버스 기사들도 버스 내에서 발생한 사건을 어떻게 처리해야 할지 모르겠다는 내용을 보고하고 있었다. 스쿨버스 운송 회사는 학교 교직원과 만나 버스 기사들이 버스 내에서 발생한 사건에 대처할 수 있는 절차를 만들고자 하였다. 교장은 버스 기사들이 학생의 발달 능력을 고려할 수 있도록 학교상담사인 Sandoval 씨에게 이 과정에 참여하도록 요청하였다. 교장은 학교상담사의 공헌을 높이 평가하였으며 이 과정을 위한 계획에 그녀를 포함시키고자 하였다.

마지막으로, 모든 이해당사자는 신체적 · 정서적 안전에 더 관심을 두는 문화에서 학생들이 학업적으로 성공할 수 있을지 전반적으로 우려하고 있다.

질문들

1. 학교상담사와 자문가의 관점에서 이러한 문제들을 어떻게 개념화할 수 있을까?
2. 여러분은 이 사례에서 학생의 학업, 진로 및 개인-사회적 발달의 여러 계층에서 어떻게 우선순위를 정할 것인가?
3. 이해관계자는 누구인가? 개념화 과정에서 그들을 어떻게 참여시킬 것인가? 그들의 참여를 확보하기 위해 어떤 조치를 취할 것인가?
4. 이 사례에서 시스템적 강점과 한계는 무엇인가? 어떤 강점을 활용할 수 있는가? 계획의 장애물은 무엇이라고 생각하는가?

논평 1

Brandie Oliver, Nick Abel, & Tom Keller

전직 학교상담사로 일하였던 사람으로서, 우리는 학생-상담사 비율(700:1)이 높고, 위기가 끊이지 않는 학교상담사 Sandoval 씨의 고충에 공감합니다. 비록 이 사례는 복잡할지라도, 한 가지는 분명합니다. 어떤 학교상담사도 혼자서 이 문제를 해결할 수 없다는 것입니다. 이렇게 큰 규모의 시스템적 문제는 유능한 팀 구축자이자 선구자가 이끄는 헌신적인 개인들로 이루어진 집단 간의 협력이 필요합니다. 우리는 자문, 협력, 옹호 및 종합적 학교상담 프로그램(CSCP)의 실행에 숙련된 학교상담사가 이러한 노력을 주도할 수 있는 이상적인 인물이라고 믿습니다.

여기서 가장 큰 문제는 학교와 지역사회에 괴롭힘과 일반적인 학교 풍토에 대한 우려가 널리 퍼져 있다는 것입니다. 학업과 진로 발달에 대한 우려는 이해할 수 있지만, 사회-정서적 문제가 학교에서의 안전감을 위협하는 일이 잦다면 학생들이 이러한 영역에서 잠재력을 발휘하는 데 어려움을 겪는 것은 당연한 일입니다. 따라서 우리는 학생들 간의 갈등과 괴롭힘의 빈도를 줄이기 위해 학교 분위기를 개선하는 것에 중점을 두고 있습니다. 이러한 문제에 대해 모든 것을 충족하는 접근 방식은 없지만, 잘 설계된 CSCP(ASCA 국가 모델에 기반한 것과 같은 경우; ASCA, 2012a)의 맥락에서 다층적인 대응이 가장 합리적입니다.

많은 학교상담사와 마찬가지로, Sandoval 상담사도 위기를 예방하기보다는 위기에 자주 대응해야 하는 불편한 처지에 놓여 있습니다. 또한 현재 상황이 압도적으로 느껴지지만, CSCP를 설계하고 실행하는 데 필요한 출발점을 제공할 수 있을 것입니다. 이는 궁극적으로 그녀의 업무를 보다 관리하기 쉽게 만들 것입니다. 첫 번째 단계는 Sandoval 상담사가 학교 분위기와 관련된 더 큰 문제에 가장 잘 대응하는 방법을 포함하여 CSCP의 개발을 안내할 **자문팀**을 구성하는 것입니다. 자문팀은 보통 교사와 관리자 같은 학교 주요 직원으로 구성되는 경우가 많지만 학부모, 지역사회 지도자, 고용주, 학생과 같은 이해관계자도 포함해야 합니다. 이 사례에서, Sandoval 상담사에게는 다행히도 학부모, 버스 기사, 상담사의 의견을 신뢰하고 가치 있게 여기는 행정관리자, 학급 분위기가 학생의 학습에 영향을 미친다는 것을 이해하는 적어도 한 명의 교사를 포함하여 배려심 있고 관심을 가진 성인들의 집단이 이미 존재합니다. Sandoval 상담사는 이러한 사람들의 협조를 얻기 위해 필요한 것은 부탁하는 것뿐이라고 생각할 수 있습니다. 하지만 그녀의 초기 노력이 실패하면, 사람들의 참여를 유도하기 위한 인센티브를 찾을 수도 있습니다. 식사, 간식 또는 커피를 제공하는 것만으로도 참여를 유도할 수 있습니다. 아마도 지역사회 기관에서 이 작업에 자금을 지원하고 팀 구성원들의 시간을 보상하기 위하여 보조금을 제공할 수도 있습니다. 전국적으로 유명한 연사 또는 영화 상영을 통해 관련된 사람들의 관심을 불러일으킬 수도 있습니다.

Sandoval 상담사가 주요 이해관계자의 협력을 확보한 후, 팀의 첫 번째 과제는 자료를 수집하여 개선이 필요한 영역을 파악하고 개입의 효과를 측정할 수 있는 기준선을 설정하는 것입니다. 이 사례에서는, 교무실 호출, 출석, 정학/퇴학 등의 학교 자료가 매우 유용하겠지만 학생, 학부모 및 기타 이해관계자를 대상으로 하는 설문조사와 포커스 그룹도 안전과 환경에 대한 인식을 파악하고 요구사항을 추적하는 데 중요할 것입니다. 이러한 결과를 바탕으로 팀은 발견한 문제를 해결하기 위해 구체적이고, 측정 가능하며, 달성 가능하고, 현실적이며, 시간 제한이 있는(SMART) 목표를 수립한 후 개입 계획으로 넘어갈 수 있습니다.

이 사례의 복잡한 문제는 예방 및 대응 서비스 모두에 초점을 맞춘 다층적인 대응이 필요하다는 것이며, Sandoval 상담사는 자문가이자 상담사로서 활동할 수 있습니다. 가장 높은 수준에서는 모든 학생, 교직원, 학교 인력이 이 문제에 대해 공통적으로 이해하고 대응할 수 있도록 종합적인 괴롭힘 예방 및 개입 교육을 실시하는 등 분위기를 개선하는 것을 목표로 하는 학교 차원의 개입이 있습니다. 모든 것은 학교 안전에 대한 대혼란을 방지하기 위한 것입니다. 일단 괴롭힘과 또래 학대에 관한 공통된 언어, 정의, 절차가 마련되면, 다른 종합적인 개입을 시행할 수 있습니다. 학교 분위기를 개선하기 위한 한 가지 예는 학생의 파괴적인 행동에 대한 회복적 정의 접근 방식을 구현하는 것입니다. Sandoval 상담사는 이 학교가 회복적 정의 체계를 채택하여 학교 직원들이 갈등을 처리하고 학교의 핵심 요소인 관계 집중을 더 잘 준비할 수 있도록 교육하고 역량을 구축하는 데 앞장설 수 있습니다. 이 수준에서 또 다른 개입으로 사이버 괴롭힘 또는 온라인 안전에 대한 지역사회 행사를 개최할 수 있습니다. 이 이벤트에서 부모와 가족은 사소한 문제가 심각한 갈등으로 확대되는 것을 방지하기 위한 노력으로 자녀의 디지털 공간을 주시할 수 있는 정보와 도구를 제공받을 수 있습니다. 또한 Sandoval 상담사는 사이버 안전, 갈등 해결, 공감 교육과 같은 주제에 대한 일련의 예방 지도 수업을 개발하여, 직접 가르치거나 자문 기간 동안, 담임 시간 또는 기타 공통 시간에 강의하도록 담임교사에게 요청할 수 있습니다.

다음 단계의 개입은 추가 교육과 기술 개발이 필요한 고위험군 학생(또는 가족들) 집단을 대상으로 합니다. 이 단계에서 가능한 개입으로는 또래 중재 또는 분노 관리 같은 영역에서 일반적인 기술 구축을 목표로 하는 상담 집단, 자기 관리, 문화 인식 교육을 통한 관계 기술 구축 등 교사가 낮은 수준의 갈등을 해결하도록 촉진하는 것(회복적 정의와 같은 표준화된 방법을 사용하는 것이 바람직함)이 포함됩니다.

이 사례에서 마지막 개입 단계에는 학교상담사, 사회복지사 또는 기타 훈련된 도움 전문가가 주요 갈등에 연루된 학생에게 직접 서비스를 제공하는 것이 포함됩니다. 직접적인 서비스가 가장 필요한 학생과 매주 회기를 예약하면 기술 개발을 강화하고 학생의 삶에서 갈등의 구체적인 사례를 간략히 설명하는 시간을 제공할 수 있습니다. 지속적인 괴롭힘이나 안전 위협과 관련된 사건은 여전히 학교 행정실에 회부되겠지만, 우리는 앞서 언급한 조치들이 이러한 문제의 빈도를 줄이는 동시에 학생들 사이에서 전반적인 안전감을 개선하여, 궁극적으로 학업과 진로 발달에 더 중점을 두는 방향으로 나아갈 수 있기를 바랍니다.

논평 2

Chris Janson

학교상담사인 Sandoval 씨의 관점에서 보면, 리드중학교의 표면적인 문제는 학교 분위기와 문화뿐만 아니라 새로운 소셜 미디어가 조장하는 논쟁적이고 심지어 위협적인 의사소통과 청소년 간의 관계에 미치는 영향과도 관련이 있습니다. 그러나 이러한 중요한 문제들 아래에는 건강하고 효과적인 학교를 가로막는 훨씬 더 완고한 장애물이 존재합니다. 교육 시스템 내의 사람들은 그러한 문제에 대해 가장 잘 알고 있는 사람으로 청소년, 가족 및 지역사회보다는 자신들이 학생과 지역 문제에 대한 진정한 전문가라고 믿는 경향이 있습니다(McKnight & Block, 2010). 리드중학교의 우려사항과 문제에 대한 성공적이고 지속 가능한 해결책을 찾기 위해 Sandoval 상담사는 학교와 학생, 가족 및 지역사회 구성원과의 관계를 재구성하여 전략 및 해결책 개발을 촉진하기 위한 노력을 주도해야 합니다.

물론, 리드중학교의 학생 안전은 학교상담사 전문가 조직이 가장 중점을 두는 학업, 진로, 개인-사회적 발달(ASCA, 2012a)과 같은 학생 발달 영역에 영향을 미칠 가능성이 있습니다. 그러나 동시에 상대적으로 소홀히 여겨져 온 또 다른 청소년 발달 영역이 있으며, 이는 리드중학교에서 긍정적이고 건설적인 변화의 가장 강력한 도구로 작용할 수 있습니다. 이 영역은 여러 가지로 지칭하고 분류할 수 있지만 여기서는 고전적인 그리스어 의미의 정치적인 영역으로 부르겠습니다. 정치에 대한 우리의 개념은 원래 그리스어 폴리코스(politkos)에서 유래한 것으로, 대략 '국민의, 국민을 위한 또는 국민과 관련된'이라는 뜻으로 번역할 수 있습니다. 청소년에게 있어, 정치적 자아의 발달은 자신이 속한 지역사회, 그 안에 있는 조직(학교와 같은), 그리고 삶의 진정한 구성 요소인 관계에 대해 영향력을 행사할 수 있는 주체성 또는 능력을 향해 성장하는 것을 포함합니다.

리드중학교에서 Sandoval 상담사는 학교 안팎의 다른 사람들(학생, 보호자 및 가족, 교직원 및 지역사회 구성원)과 협력하여 모든 관련자가 기여하는 **지역사회 학습 교류**(Guajardo,

Guajardo, Janson, & Miletello, 2016)를 설계하고 촉진할 수 있었습니다. 이 학습 공동체에서는 학교 문화, 그 안에서 발생하는 괴롭힘, 이 두 가지를 모두 해결하기 위한 해결책과 전략에 대해 논의합니다. 지역사회 학습 교류는 설계와 그 안에서 이루어지는 과제를 안내하는 다섯 가지 공리를 중심으로 구성됩니다. (a) 학습과 지도는 역동적인 사회적 과정이다. (b) 대화는 대단히 중요하고 중심적인 교육과정이다. (c) 문제에 가장 가까운 사람들이 지역 문제에 대한 답변을 찾을 수 있는 최적의 위치에 있다. (d) 경계를 넘나드는 것은 발달과 교육과정을 풍요롭게 한다. (e) 희망과 변화는 지역 주민과 지역사회의 자산과 꿈을 바탕으로 구축된다(Guajardo et al., 2016, pp. 24-27).

문제와 가장 가까운 사람들이 문제를 해결할 수 있는 가장 좋은 위치에 있으며, 희망과 변화는 바로 그러한 사람들의 재능과 자산을 중심으로 이루어진다는 공리를 존중하기 위해 Sandoval 상담사, Peersnot 교장, Roth 교사는 학생, 보호자 및 학생의 가족, 지역사회 구성원들로 이루어진 소규모 팀을 선정하여 이러한 지역사회 학습 교류를 설계하고 촉진하는 데 도움을 줄 수 있도록 할 것입니다. 참여 초대장은 그들이 교류의 설계와 촉진에 전적으로 관여하는 역할을 할 수 있다는 점을 강조하기 위해 신중하게 작성될 것입니다. 그런 다음 이 다양한 팀은 다른 사람에게 참여를 독려하여 학교 문화를 개선하고, 괴롭힘을 줄이며, 리더와 학습자로서 각 참가자의 성장을 지원하기 위해 개발된 혁신적인 모임의 일원으로 초대합니다.

이 모든 것의 중심에는 Sandoval 상담사가 있습니다. 전문 학교상담사로서 그녀는 훈련, 철학, 학교 내 비공식적 · 공식적 자료의 중심축에 있는 협력자입니다(Janson & Maxis, 2015). 단순히 교직원을 넘어 가족, 지역사회 구성원, 그리고 가장 중요한 학생들까지 협력 범위를 넓힘으로써, 지역사회의 지식과 지혜를 활용할 수 있습니다. 그렇게 하는 것은 리드중학교와 학생들이 직면한 문제를 해결하는 데 필수적이며, 그 과정에서 학교와 지역사회 간의 협력관계를 심화할 뿐만 아니라 학교와 지역사회 모두가 강화될 수 있습니다.

마찬가지로, 직관에 반하는 일이지만, 학교 개선 노력에 참여할 가능성이 가장 적은 것은 학생들 자신인 경우가 많습니다(Cook-Sather, 2006). 학교가 학생의 관점과 목소리를 인정하고, 존중하며 사용할 때, 학교 내 성인과 청소년 간의 관계와 권력 역동이 변화하고 학생들이 '자신을 대신하여 발언하는 정치적 잠재력'을 경험하고 인식할 수 있는 공간이 열립니다(Lewis, 1996, p. 44). Sandoval 상담사는 리드중학교가 어떻게 도전에 대응할 수 있는지를 재구상하는 데 중요한 역할을 할 수 있습니다. 진심으로 집단적인 노력을 조직함으로써, 그녀와 다른 학교 지도자들은 리더십과 학습을 정체된 하향식 관행이 아닌 유동적이고 역동적인 사회적 과정으로 구성할 수 있습니다. 행정적 명령보다는 교육적 대화에 참여하십시오. 교직원을 학생과 지역사회로부터 분리하는 경계를 강화하기보다는 넘어서십시오. 그리고 자신의 전문성을 고집하기보다 청소년, 가족, 지역사회의 자산과 통찰력을 인식하고 활용하십시오.

이러한 접근 방식에 어려움이 없는 것은 아닙니다. 무엇보다도, 학교-지역사회 관계의 변화를 요구하며, 교육자들이 청소년과 '함께'가 아닌 청소년을 '위해' 옹호하는 전통적인 패러다임에 도전합니다. 권력 구조의 변화 자체는 교육 기관이나 소속 교육자들에게 쉽게 일어날 수 있는 일이 아닙니다. 그러나 지역사회 학습 교류의 작동 원리와 개인, 조직, 지역사회에 미치는 영향에 대한 사례는 학교와 교육자의 참여와 옹호 방식을 변화시키는 데 도움을 줄 수 있습니다. 하지만 공동체 학습 교류는 공식이 아니며, 공식이 될 수도 없습니다. 그러나 '걸어서 길을 만들기' 위하여 민주적이고 권한을 부여하는 노력을 선택하는 사람들에게 등대가 될 수 있습니다(Machado, 1978).

자원 목록

보충 자료

Freire, P. (1997). *Pedagogy of the oppressed.* New York. NY: Continuum.

Guajardo, M. A., Guajardo, F., Janson, C., & Militello, M. (2016). *Reframing community partnership in education: Uniting the power of place and wisdom of people.* New York. NY: Routledge.

Horton, M, Freire, P., Bell, B., Gaventa, J., & Peters, J. (1990). *We make the road by walking: Conversations on education and social change.* Philadelphia, PA: Temple University Press.

Horton, M., & Jacobs, D. (2003). *The Myles Horton reader: Education for social change.* Knoxville, TN. University of Tennessee Press.

MaKnight, J., & Block, P., (2010). *The abundant community: Awakening the power of families and neighborhoods.* Sans Francisco, CA: Berrett-Koehler

온라인 자료

Abundant Communities

http://www.abundantcommunity.com/

Community Learning Exchange

http://communitylearningexchange.org/

Highlander Research and EducationCenter

https://www.highlandercenter.org.

Llano Grande Center for Research and Development

http://llanogrande.org.

보충 활동

성찰과 토론을 위한 심화 질문

- 학교와 학교상담사가 학교를 둘러싼 지역사회의 강점, 자산 및 재능에 대해 더 자세히 알아볼 수 있는 방법은 무엇입니까? 타인과 지역사회를 '위한' 것이 아니라 '함께' 옹호할 때 과정과 결과의 차이점을 살펴보십시오. 학교가 학교 절차, 정책, 관행 및 문화를 알리기 위해 학생의 관점에 더 잘 경청할 수 있는 방법은 무엇입니까?

학습 활동

- 이웃과 지역사회 학습 산책
  - 동아리 활용(학습, 스터디 등)
  - 지역사회 자산 지도 제작
  - 지역사회 어르신 인터뷰

제25장

두 국가 간의 대사

Lisa Grayshield

배경

새로 부임한 중학교 상담사인 Powers 씨는 6학년 담임인 Ayala-Rivera 교사로부터 Michelle이라는 학생이 수업에 자주 결석하고 지각해서 걱정된다는 편지를 받았다. Michelle은 학교에서 약 45분 거리에 있는 연방 정부가 인정하는 부족 공동체의 일원이다. Ayala-Rivera 교사는 Michelle이 밝고 재능이 있으며 또래들과 잘 어울린다고 하였다. 또한 Michelle이 1분기* 성적표에서 모두 A를 받았고 2분기에 대부분 B와 C를 받았다고 보고하였다. 이 교사는 만약 Michelle의 성적이 계속 떨어진다면 3분기에 겨우 수업을 통과할 수 있을 것이라고 하였다. 교사의 주요 관심사는 아메리카 원주민 학생들 사이에서 어떤 추세를 발견하는 것이다. Michelle과 마찬가지로, 다른 원주민 학생들도 한 해를 시작하면서 학업 성적이 좋았다가, 중반쯤에 학업 성적이 떨어지거나 학교를 중퇴하는 경우가 있다.

Ayala-Rivera 교사는 30년 넘게 이 학교에서 학생들을 가르쳤으며, 수업에서 가르쳤던 수많은 아메리카 원주민 학생의 이름을 기억할 수 있다. 그녀는 많은 아메리카 원주민 학생이 고등학교를 중퇴하는 것을 목격하였다. Ayala-Rivera 교사는 Michelle의 경우와 같이 학교에서 '무단결석'으로 정의하는 패턴이 세대에 걸쳐 이어져 오는 것을 보았다.

과거에는 무단결석 문제를 개별적으로 해결하였지만 성공하지 못하는 경우가 많았다. 변

* 역자 주: 1년을 4개 학기로 구분하였을 때 첫 번째 학기에 해당함.

명 사유도 비슷하였다. 아이가 버스를 놓쳤는데, 학교에 데려 줄 차량이 없었다거나, 아이가 아팠거나, 병원 예약이 있었다거나, 가족이나 아이들이 밤새 이어지는 문화 행사에 참석하는 바람에 피곤해했다는 등의 이유였다. 과거의 결석 처리 정책은 현재만큼 엄격하지 않았다. 학교 무단결석 정책은 의사의 소견서가 없이는 한 학기당 3회를 초과하는 결석을 허용하지 않고 있다. 가장 가까운 아메리카 원주민 병원은 2시간 거리에 있다. Michelle은 조부모님과 함께 참석한 부족 행사로 일주일을 쉬는 것 외에 1분기의 첫 달에 3번의 결석을 모두 사용하였다. Michelle은 2분기에 첫 3주 동안 3번의 결석을 모두 사용하였고, Ayala-Rivera 교사는 학부모-교사 회의를 요청하는 편지를 집으로 보냈다. Michelle의 부모는 응답하지 않았고, 분기가 끝나기 전에, Michelle은 추가로 3일을 결석하였다.

사례

지금은 3분기가 시작되었고 Michelle은 이미 이틀을 결석하였다. Ayala-Rivera 교사는 학교상담사인 Powers 씨에게 학부모에게 연락하여 학부모-교사 회의를 다시 요청해 달라고 부탁하였다. Ayala-Rivera 교사는 학부모들에게 학교 출석의 중요성을 더욱 강조하기 위해 교장도 회의에 참여해 달라고 추가로 요청하였다. 그녀는 Michelle의 부모가 학교 결석과 무단결석에 관한 의미와 규정을 이해할 수 있도록 과감한 조치가 취해져야 한다고 생각하였다. Ayala-Rivera 교사는 학교상담사에게 과거에는 출석 문제를 보고해도 학교 출결 정책이 마을의 법률 시스템에 의해 시행되었기 때문에 거의 조치가 이루어지지 않았다고 말하였다. Michelle은 아메리카 원주민이었고 보호구역에 살고 있었다. 부족 당국의 도움 없이는 사법 체계가 보호구역 주민에 대한 관할권을 거의 갖지 못한다. 부족 당국은 초등학생과 중학생의 학교 출석 문제를 거의 다루지 않는데, 왜냐하면 그들에게는 훨씬 더 시급한 문제가 있고 무단결석 규정을 집행할 부족 경찰이 거의 없기 때문이다.

Ayala-Rivera 교사는 Powers 상담사에게 자신이 16년 전에 Michelle의 어머니를 가르친 적이 있다고 말하였다. Michelle의 어머니는 Michelle을 낳았을 때 아주 어렸다. Alyala-Rivera 교사는 Michelle의 어머니가 고등학교를 졸업하지 못하였다고 회상하였다. Ayala-Rivera 교사는 "보호구역에 있는 아메리카 원주민 부모들은 교육을 중요하게 생각하지 않으며, 원주민 부모들이 자녀를 학교에 보내도록 강제하지 않으면 아이들은 계속 학교를 중퇴하고 사회에 문제가 될 것"이라고 말하였다.

새로운 학교상담사 Powers 씨는 상담 및 관련 교육 프로그램 인증위원회(CACREP)에서 공인한 상담 프로그램을 최근에 졸업하였고 다문화 문제에 대한 교육을 받았다. 상담사는 아메리카 원주민은 아니지만, 인근 지역사회에서 자랐고 지역 부족민에 대한 지식을 어느 정도 가지고 있다. 학교상담사는 부족 공동체와 학교 간의 관계가 그다지 좋지 않다는 것을 알고 있다. 그는 이 문제가 과거에는 누구도 인정하고 싶지 않을 만큼 큰 문제였다는 Ayala-Rivera 교사의 말에 동의한다. 학교는 종종 아메리카 원주민 부모들이 공립학교 교육에 대한 가치를 두지 않는다고 비난하였다. 아메리카 원주민 부모들은 학교가 원주민 토착 문화에 대한 존중이 부족하다는 것을 학교의 탓으로 돌렸고, 아이들을 돌보지 않는 교사들을 자주 비난하였다.

Ayala-Rivera 교사는 대체로 아메리카 원주민 아이들과 학부모들에게 '좋은 선생님'으로 여겨져 왔으며 종종 자녀를 위한 교사로 요청받는 경우가 많다. 학교상담사가 Michelle의 어머니에게 전화를 걸었을 때, 어머니는 Ayala-Rivera 교사가 그렇게 걱정하고 있다는 것을 알지 못했다는 사실을 알게 되었다. 어머니는 Michelle이 Ayala-Rivera 교사의 수업에서 잘하고 있다고 믿고 있었다. Michelle의 성적이 조금 떨어진 것은 알고 있었지만 Michelle에게 문제가 있다고는 생각하지 않았다. 어머니는 Michell의 출석에 대해 이야기하기 위해 학교와 약속을 잡는 데 동의하였다.

논의

회의를 준비하면서, 상담사는 아메리카 원주민 아동은 문화적으로나 언어적으로 적절한 교육을 받을 권리가 있다는 「대통령 행정 명령 13336」이 언급된 '아메리카 원주민 학생을 위한 장벽 및 모범 사례(Barriers and Best Practices for Indian American Students)'(Grayshield, 2006)라는 기사를 떠올렸다. 이 법안은 아메리카 원주민 아동의 삶과 교육에 매우 중요하지만, 실제로 공립학교에서는 아메리카 원주민 교사의 수가 제한되어 있고, 책무성 기준으로 인해 학생들이 매년 적절한 학업 성취를 이루도록 해야 한다는 점에서 교사들에게 너무 많은 압력을 가하기 때문에 시행하기 어렵다는 것을 알게 되었다.

Powers 상담사는 체계적인 아메리카 원주민 학생의 출석 문제와 Michelle의 당면한 필요를 해결하기 위해 여러 가지 문제를 고려하였다. 회의를 준비하면서, Powers 상담사는 (a) 교사와 학부모의 편견 또는 가치관의 차이, (b) 아이들이 생산적인 사회 구성원이 되어, 학교를 마치고, 대학에 진학하고, 가족을 부양할 수 있는 직업을 갖도록 준비시키는 것과 관련된 사회 정치적 맥락, (c) 아메리카 원주민 교육의 역사적 맥락과 문제를 해결하는 데 있어 지역 학교와 부족 간의 관계에 대한 맥락 등의 사항을 고려해야 한다고 생각하였다.

질문들

1. 학교상담사는 양측의 존중과 책임을 촉진하는 구조를 확립할 수 있는 관련성 있고 적절한 정보를 어떻게 제공할 수 있는가?
2. 학군과 가족이 가족의 문화적 가치, 학교 정책의 요구사항과 Michelle의 요구를 수용하는 데 도움이 되는 자원을 찾고 수집하기 위해 어떤 조치를 취할 수 있는가?
3. 학교 출석 문제를 해결하는 데 도움을 줄 수 있는 자원에는 어떤 것이 있는가? 부족에 자원, 과외 프로그램, 출석 정책 또는 문화 프로그램이 있는가?
4. 어떤 자원들을 고려하지 않고 있는가? 성취도와 성공을 향상시키기 위하여 아메리카 원주민 아동, 학부모, 지역사회 및 학교와 지속적으로 긍정적인 관계를 조성하는 데 이러한 자원들을 고려할 수 있는가?

고려해야 할 문화별 추가 질문

5. 아메리카 원주민 지역사회와 공립학교 지역사회의 가치관에는 어떤 차이가 있으며, 실제로 그렇게 큰 차이가 있는가? 부족 의식과 지정된 행사가 학교에 다니는 아이들과 충돌하는 경우가 있는가?
6. 이 문제를 해결하기 위해 과거에 어떤 조치가 취해졌는가? 학교 지역사회와 부족 지역사회는 아동과 아동의 교육을 위해 좋은 협력관계를 조성하려고 노력을 한 적이 있는가? 만약 그렇다면, 어떻게 되었는가? 이 노력을 발전시키기 위해 배울 수 있는 것이 있는가?
7. 다른 학교/부족 지역사회는 이러한 지원을 가능하게 하는 파트너십을 성공적으로 구축하기 위해 무엇을 하였는가?
8. 이 특정 부족의 학교와 부족 자체 그리고 더 큰 주변 지역사회의 역사적 맥락은 무엇인가?
9. 아메리카 원주민 아동에게 현재 출석 관련 정책이 지켜지지 않거나 해결되지 않는 이유는 무엇인가?

논평 1

Heather J. Fye

Powers 상담사가 Michelle의 가족 및 학교와 회의를 준비할 때, 양측의 존중과 책임을 촉진하는 협력 구조를 구축하는 것이 필수적입니다. Powers 상담사는 양측이 회의에서 무엇을 다룰 계획인지 확인하는 것이 도움이 될 수 있습니다. 공식적인 회의 날짜와 시간을 협의할 때 학교는 Michelle 가족의 시간, 날짜 및 참석 가능 여부에 세심하게 반응하는 것이 중요합니다.

Michelle의 부모가 공식 회의에 도착하면, 교직원은 학부모가 회의에 대한 의지가 있고, Michell의 교육과 청소년으로서의 성장에 전반적인 지원을 하고 있음을 인정하는 것이 중요합니다. 회의가 시작되면 양측 모두에게 협력적이고, 개방적이며, 안전하고, 매력적인 환경을 만드는 것이 중요합니다. Powers 상담사는 회의 중에 양측이 Michelle의 교육적 필요와 관련하여 향후 수립하고 시행할 목표의 초안을 작성하는 데 도움을 줄 수 있습니다. 회의 중에, Ayala-Rivera 교사가 어떤 점이 도움이 된다고 생각하는지 파악하고 여러 학부모와 쌓은 라포를 바탕으로 관계를 구축하는 것이 도움이 될 수 있습니다. 학부모에 대한 존중이 부족하다고 학교를 탓하고, 부모가 학교의 입장을 이해하지 않는다고 학부모를 비난하는 것과 관련된 발언은 과거의 좌절과 앞으로 나아갈 방향에 대한 열린 토론으로 방향을 전환해야 하며, 아이들이 계속 중도 탈락하여 사회에 문제가 될 것이라는 기존의 생각을 불식시키는 것이 중요합니다. 전반적으로 Michell의 부모, 부족 공동체, 학교 간의 신뢰를 구축하고 관계를 강화하기 위한 조치를 취하는 것이 중요하며, 그것은 시간이 걸릴 수 있습니다.

Powers 상담사는 학교가 아메리카 원주민 가정과 지역사회에 제공할 수 있는 잠재적인 혜택에 대해 Michelle의 부모와 부족 공동체에게 문의할 수 있습니다. 부족 공동체를 위해 어떤 강점과 자원이 이미 마련되어 있습니까? Michelle의 부모가 학교 공부를 도와줄 수 없는 경우 누가 학업을 도와줄 수 있습니까? Powers 상담사 또는 다른 교직원이 자문할 수 있는 부족의 연락 담당자는 누구입니까? 학교는 아메리카 원주민들의 역사를 포함하여 부족 공동체의 가치를 존중하는 것이 중요합니다. Michelle의 가족과 부족 공동체가 출결에 영향을 미치는 정책을 이해하고 부족 지도자를 회의에 초대하는 등 의견을 제시하는 것이 도움이 될 수 있습니다. 가족은 독특하다는 점과 학교에는 고유한 책임이 있다는 점을 둘 다 강조하는 것이 중요합니다.

Michelle과 그녀의 가족, 부족 공동체, 학교 간의 성공을 보장하기 위한 중요한 단계는 모든 당사자와 신뢰와 라포를 지속적으로 구축하고 유지하는 것입니다. Powers 상담사는 Michelle을 개별적으로 만나 그녀의 교육 및 중등과정 이후의 선택과 삶의 목표, 학교와 가정에서의 우정, 학습의 필요성, 문화적 영향에 대해 논의해야 합니다. Powers 상담사는 Michelle의 가족에게 연락하여 문화적 영향에 대해 묻는 것이 도움이 될 수 있습니다(예: 학교에서 가족과의 회의에 부족 지도자가 함께 회의에 참석하기를 원하는가?). 학교는 부족 공동체의 문화와 부족 의식이 치러질 가능성 있는 날짜에 대한 전체적인 이해가 도움이 될 것입니다. 학교는 부족 문화에 대한 이해 증진과 관련하여 출석 정책을 검토할 수 있습니다. 학교는 아메리카 원주민 학생의 보충 학습을 지원하기 위한 기금을 받을 수 있습니까? 수업에 결석한 학생을 위해 어떤 프로그램(예: 방과 후 프로그램, 보충 또는 온라인 학습)을 제공할 수 있습니까? 문화적 · 언어적으로 적절한 교육을 포괄하는 어떤 자원을 이용할 수 있습니까? 학교는 방과 후 프로그램에 참여하는 학생들에게 출석을 보충할 수 있는 교통편을 제공할 수 있습니까? 전반적으로, 학교는 아메리카 원주민 아동과 그 가족, 학군 간의 관계를 지속적으로 구축하고 격차를 좁히는 것이 중요합니다. 또한 Michelle의 가족은 학교의 출석 정책을 지키는 것의 중요성과 어려움, 그리고 교육적인 성취가 Michelle의 장기적인 목표에 어떻게 도움이 될 수 있는지를 이해하는 것이 중요합니다.

학교는 가족과 부족 공동체가 이미 가지고 있을 수 있는 잠재적인 강점과 자원을 더 잘 이해하는 것이 중요할 것입니다. 학교는 부족 공동체와 협력하여 그들의 자원을 활용하고 구축할 수 있습니다. 만약 가족이나 지역사회가 컴퓨터와 인터넷을 이용할 수 있다면, 출석이 면제된 행사로 인해 놓친 보충 과제를 학생의 편의에 따라 완료할 수 있습니다. 학교에서 지원하는 교통편과 과외 프로그램을 통합하면 Michelle이 결석한 날을 보충하는 데 도움이 될 수 있습니다. Powers 상담사는 Michelle과 다른 학생들의 출석률이 떨어진 시점에 부족 행사와 함께 교육 환경 및 교육과정 내에서 어떤 일이 일어나고 있는지 파악해야 합니다. 이것이 문화입니까? 학교에서 알면 도움이 될 만한 문화적인 일이 있습니까? 교육에 대한 가족의 기대는 무엇입니까? Powers 상담사는 교육과정에서 아메리카 원주민 문화와 교육의 현재 상태를 평가할 수 있습니다. 교수진 개발 회의, 문화적 역량 강화, 교육과정에 아메리카 원주민 문화와 역사를 포함시키는 것은 학교가 모든 학생에게 다가가기 위해 취하는 조치일 수 있습니다. 마지막으로, Powers 상담사는 학교 분위기 내에서 문화적 역량 향상을 보완하기 위해 생활 지도 수업을 제공할 수 있습니다.

Michelle을 비롯한 다른 학생들이 학교에 다니는 데 영향을 미친 많은 문제에 대해서는 거의 강조되지 않았습니다. 버스 노선(예: 장거리 이동인가? 얼마나 일찍 승차하는가?), 적절한 교육을 위한 아메리카 원주민 아동을 위한 지원금, 학생과 가족이 이용할 수 있는 강점과 자원, 문화 존중, 지능, 교육을 받으려는 Michelle의 의지에 대한 고려가 거의 이루어지지 않고 있습니다. 가장 가까운 원주민 보건 병원은 2시간이나 떨어져 있어 가족들이 의료적 사유로 치료를 받으러 가기에는 거의 불가능합니다. 또한 법률 시스템과 부족 경찰은 학생의 무단결석 문제에 대해 가족들과 협력하지 않는 것으로 보입니다. 모든 당사자에 대한 협력적 신뢰와 존중이 구축되어, 학교에서 학생들의 출석과 관련한 문제가 줄어들기를 기대합니다.

논평 2

Chelsey Windl

Powers 상담사는 그 지역에서 성장하였다고 언급하였지만, 그는 의심할 여지없이 자신의 신념과 가치관에 영향을 준 다른 문화의 배경을 가진 사람입니다. Ayala-Rivera 교사, Michelle, 그리고 그녀의 어머니를 만나기 전에, 그는 개인적 신념과 가치뿐만 아니라 아메리카 원주민에 대해 가지고 있는 편견을 평가하는 것이 필수적입니다. 그 이유는 그것이 중립을 지키고 당면한 문제를 해결하는 데 방해가 될 수 있기 때문입니다. 그는 모든 참석자와 마찬가지로 열린 마음과 기꺼이 그들의 문화에 대해 배우려는 의지를 가지고 회의에 참석해야 합니다. 회의 전에 양측과 개별적으로 이야기하여 이 문제를 논의하는 것이 도움이 될 수 있습니다. 서로를 비난하지 않고 모두 함께 해결책을 찾는 것이 중요합니다. 만약 이런 일이 발생하면 학교상담사가 해결해야 합니다.

회의 일정을 잡을 때, Powers 상담사는 유연성을 발휘하여 Michelle의 어머니에게 편리한 시간을 찾아야 합니다. 어머니가 같은 부족의 다른 사람을 초대하도록 허용하는 것도 도움이 될 수 있습니다. 이렇게 하면 그녀를 더 편안하게 느끼고 수적 열세를 덜 느끼도록 할 수 있으며, 아메리카 원주민 문화에 대한 추가적인 관점을 얻을 수도 있습니다. Michelle의 어머니가 도착하면, Powers 상담사가 참석에 대해 감사를 표현하는 것이 도움이 될 수 있습니다. 이는 Michelle의 어머니가 딸의 교육과 미래를 소중히 여긴다는 것을 보여 주기 때문입니다. 또한 Michelle의 장점 중 일부를 강조하고 싶을 수도 있습니다. Michelle의 선생님인 Ayala-Rivera 교사도 이에 대해 이야기할 수 있습니다. 학교 관계자가 Michelle의 출석과 성적 하락에 대해 우려하는 것은 Michelle을 믿고 그녀가 성공하기를 바라기 때문임을 표현하는 것이 중요합니다. 그들은 진심으로 그녀의 마음에 가장 큰 관심을 가지고 있습니다. Powers 상담사는 딸에 대한 어머니의 희망과 두려움에 대해서도 질문할 수 있습니다. 이를 통해 학교 문화에 대한 더 깊은 대화를 이끌어 내고 학교 직원들 간에 더 나은 이해를 도모할 수 있습니다.

Powers 상담사는 Michelle의 출석 기록, 학교의 출석 정책, 규칙적인 수업 출석의 중요성에 대해 설명할 것입니다. Michelle은 귀중한 학습 시간을 놓치고 있으며 이것이 그녀의 성적에 영향을 미치고 있습니다. 가족이 정책과 그 배경에 있는 이유를 이해하는 것이 중요합니다. 그런 다음 참석자들은 Michelle의 출석을 방해하는 장애물에 대해 논의하고 이를 관리하는 방법에 대한 아이디어를 브레인스토밍할 수 있습니다. 이 집단은 함께 시간을 보내면서 Michelle의 무단결석 문제를 해결하기 위한 목표와 이 목표를 달성하기 위한 단계를 파악해야 합니다. 학교와 Michelle의 가족은 이를 실현하기 위해 지속적으로 소통하고 협력할 것임을 확인해야 합니다. 학교상담사는 또한 학교의 다른 아메리카 원주민 청소년들도 비슷한 경향을 보이고 있으며 그들도 돕고 싶다는 점을 언급할 수 있습니다. Michelle의 가족은 이 문제를 해결하기 위해 부족과 효과적으로 협력하는 방법에 대한 통찰력을 제공할 수 있을 것입니다.

현재 학교와 부족 공동체는 그다지 좋은 관계를 맺고 있지 않은 것이 분명하며 변화가 필요합니다. 이를 위해서는 양측 모두 기꺼이 협력해야 합니다. 학교가 부족 지도자에게 손을 내밀고 아메리카 원주민 청소년, 학부모 및 기타 부족 구성원으로 구성된 자문위원회를 구성하는 것이 좋은 출발점이 될 것입니다.

Powers 상담사와 다른 교직원은 아메리카 원주민 학생들에게 미치는 문화의 영향을 인식해야 합니다. 부족 행사는 학생들에게 매우 의미가 있으며 반드시 참석할 수 있어야 합니다. 하지만 이로 인해 학교를 결석하고 학업 성취도에 부정적인 영향을 미치고 있습니다. 학교는 이 문제를 해결하기 위해 무엇을 할 수 있습니까? 학교는 부족과 소통하여 이러한 행사가 언제 발생하는지 파악해야 합니다. 아마도 출석 정책이나 학생들의 일정을 조정하여 학생을 수용할 수 있을 것입니다.

Michelle과 같은 아메리카 원주민 청소년에게는 학교에서 지지받고 이해받고 있다는 사실을 아는 것이 중요합니다. 따라서 Powers 상담사는 Michelle과 일대일로 만나 그녀가 직면하고 있는 어려움에 대해 논의할 필요가 있습니다. Michelle이 학교와 부족의 요구를 모두 충족시키는 것은 매우 어려울 것입니다. 두 사람은 함께 균형을 잡는 방법을 모색할 수 있습니다. 문화적 영향뿐만 아니라 진로 포부와 미래에 대한 계획, 친구들과의 우정과 관계 등에 대해 이야기할 수도 있습니다. Michelle이 학교에 다니고 싶지 않을 수도 있습니다. 어쩌면 그녀는 다른 학생들에게 따돌림을 당하고 있을지도 모르지만 Powers 상담사는 시간을 할애해 Michelle과 만나 관계를 쌓지 않으면 결코 알지 못할 것입니다. 이는 모든 학생에게 적용되어야 하지만 소수자 청소년에게는 더욱 중요합니다.

학교와 보호구역 안에서 아메리카 원주민 청소년이 이미 이용할 수 있는 자원이 무엇인지 아는 것은 도움이 될 것입니다. 학교 직원과 부족 구성원은 이 자원이 학생들에게 효과적인 방식으로 활용되고 있는지 확인하기 위해 함께 노력할 수 있습니다. 예를 들어, 청소년이 보호구역 내에서 컴퓨터와 인터넷에 접근할 수 있는지 여부를 파악하는 것이 좋습니다. 만약 그렇다면, 학교는 학생들이 학교에 올 수 없을 때 스카이프(Skype)나 다른 방법을 통해 가상으로 참여할 수 있는 방법을 찾을 수 있습니까? 학교는 튜터링을 제공하고 있습니까? 그렇다면, 아메리카 원주민 청소년은 이 자원을 사용하고 있습니까? 튜터링 프로그램은 그들의 성적을 향상시키고, 놓친 과제를 따라잡고, 학교에서 허용한다면 결석에 대한 보충 시간으로 활용할 수 있을 것입니다. 튜터링 프로그램이 있는데 아메리카 원주민 학생들이 참여하지 않는 경우, 학생의 출석에 장애물이 될 수 있는 요소를 파악하는 것이 중요할 것입니다. 아마도 이 프로그램은 방과 후에만 제공되며, 버스 시스템으로 인해 그러한 활동에 참여할 수 없을 수도 있습니다. 이런 경우, 학교는 이러한 학생에게 교통편을 제공하거나, 학교에 있는 동안 튜터링을 제공하거나, 과외 선생님을 보호구역으로 보낼 수도 있습니다. 앞서 언급하였듯이, 학교는 부족 행사를 해결하기 위해 그들의 출석 정책을 변경할 수 있을 것입니다. 아마도, 학생들을 위해 공부방을 마련하거나, 특히 보호구역이 멀리 있는 경우, 등하교 시간을 고려하여 조금 늦게 수업을 시작하도록 허용할 수 있을 것입니다.

이런 학생들이 학교에서 인정받고 투자받고 있다는 느낌을 받는 것은 매우 중요합니다. 다양성을 존중하는 것이 중요합니다. 이를 위한 한 가지 방법은 그들의 문화를 학교 환경으로 가져오는 것입니다. 이것은 교육과정에 아메리카 원주민 역사를 추가하고, 다문화주의와 관련된 동아리를 만들고 주요 부족 행사를 위한 학교 차원의 모임이나 축하 행사를 개최하는 등 몇 가지 아이디어를 제시할 수 있습니다. 이는 아메리카 원주민 학생들이 학교와 더 유대감을 느끼는 데 도움이 될 뿐만 아니라 다른 학생들에게도 놀라운 학습 기회가 될 수 있습니다. 그것은 아메리카 원주민 학생들을 더 잘 이해하고 더 긍정적인 학교 분위기를 조성하도록 할 수 있습니다.

이 사례에서는 아메리카 원주민이 이용할 수 없거나 불편한 몇 가지 자원을 기술하고 있습니다. 의료 서비스를 받으려면 2시간 동안 이동해야 한다고 언급되어 있습니다. 이것의 문제는 두 가지 입니다. 이것은 학생들이 결석해도 의사 소견서를 받을 수 없는 이유일 수 있으며, 의료 서비스가 부족하여 질병에 걸릴 가능성이 높아질 수 있습니다. 그들은 필요한 치료와 약을 받지 못할 수도 있습니다. 보호구역의 생활 조건은 어떻습니까? 적절한 주택, 먹을 수 있는 건강한 음식 등이 제공됩니까? 만약 학생들의 요구가 충족되지 않으면 전반적인 건강과 학교에서의 학업 수행 능력에 영향을 미칠 수 있습니다. 학교가 Michelle과 같은 아메리카 원주민 청소년의 요구를 해결하기 위해 보다 총체적이고 포괄적인 접근 방식을 취할 수 있을까요?

고려해야 할 또 다른 사항은 부족 경찰의 개입입니다. 학교와 부족 당국이 이 문제에 대해 협력한다면 매우 큰 도움이 될 것입니다. 물론 이를 위해서는 먼저 두 집단이 존중과 신뢰를 바탕으로 견고한 관계를 구축해야 하므로 다소 시간이 걸릴 것입니다. 또한 등하교 교통편이 무단결석 문제에 큰 영향을 미칠 수 있습니다. 자녀를 데리고 오는 시간, 통학 소요 시간 등을 고려하는 것이 중요합니다.

마지막으로, 간과되고 있는 자원은 이미 아메리카 원주민 학생들과 긍정적인 관계를 맺고 있는 Ayala-Rivera 교사와 같은 교직원입니다. 학교는 이를 적극 활용해야 합니다. Powers 상담사는 Ayala-Rivera 교사에게 이런 학생들을 위해 어떤 일을 하는지 물어보고, 학생들에게 그녀가 다른 교사와 다른 점은 무엇인지 물어볼 수 있습니다. 그런 다음 학교는 이 정보를 사용하여 다른 교사들이 문화적으로 더욱 민감하도록 교육함으로써, 학교 환경을 개선하고 아메리카 원주민 학생들이 학교에 오는 것을 더 즐겁게 만들 수 있습니다.

논평 3

Nick Abel, Tom Keller, & Brandie Oliver

Michelle을 시작으로, 학교상담사는 각 학생과 가족 개개인이 모두 다르다는 점을 이해하는 것이 중요합니다. 각 상황에서 상담사는 학생과 가족에게 특정 문제를 공유하도록 초대하는 동시에 가족구성원의 강점과 자산, 구조 및 문화적 세계관을 강조해야 합니다. 이러한 접근 방식은 모든 당사자 간의 공유와 협력을 촉진하는 환경을 조성합니다. 회의에서 종종 어려운 '과제' 부분으로 넘어가기 전에 라포를 형성하는 데 시간을 할애해야 합니다. 아마도 Michelle과 그녀의 가족에게 Michelle의 삶에 대한 희망에 대해 물어볼 수 있을 것입니다. 그들은 5년 또는 10년 후에 그녀를 어떤 모습으로 상상하고 있나요? 고등학교 그리고/또는 대학 졸업이 그 꿈의 일부인가요? 그렇다면, 이는 교직원이 함께 만들어 가야 할 꿈이며, 그 방정식에서 중학교 교육의 중요성을 강조할 수 있습니다. 요컨대, 토론에서 Michelle의 가족을 소중한 구성원으로 느끼게 해야 합니다. 가능한 한 자주 공유하도록 초대하고, 회의 중에 브레인스토밍 부분에서 해결책을 제시하며, 법을 어겼고, 위협을 받아야 하는 적대자가 아니라 이 문제에 맞서 싸우는 파트너로 간주해야 합니다. 관련 법률과 학교 정책을 설명해야 하지만, 상담사는 라포가 형성되고 가족이 충분히 공유하고 질문할 수 있는 기회를 가진 후에야 설명해야 합니다.

상담사가 가장 먼저 해야 할 일은 부족 공동체 내의 원로 및 존경받는 지도자와 소통하는 것이어야 할 것입니다. 앞서 언급한 바와 같이, 이와 같은 문제는 부족과 학교 모두에서 관심을 갖고 문화적으로 민감한 개인이 시간을 들여 라포와 신뢰를 형성하고, 개방적이고 정직한 방식으로 문제를 논의할 수 있도록 협력해야 합니다. 학교는 아메리카 원주민(특히 학령기 청소년)이 직면한 어려움, 지역사회의 강점과 자산, 이 특정 문제에 대한 해결책, 학교에 대한 의견, 미래에 대한 희망 등 그들의 문화에 대해 공유하도록 원주민들을 초대하여 내부자적 관점의 접근 방식을 취해야 합니다. 학교는 우려사항(특히 출석률 및 중도 탈락율 관련된 사항)에 대해 솔직하게 이야기하고, 규정과 학교 정책을 설명하며, 문제를 해결하기 위한 자원과 아이디어를 제공할 필요가 있습니다. 양 당사자는 이러한 문제를 논의하고, 해결책과 자원을 공유하며 그리고/또는 체계적인 문제를 해결하기 위하여 더 큰 규모의 실무 집단을 구성하기 위해 인근 지역사회 또는 주에 있는 다른 학교 및 아메리카 원주민 인구에 연락할 수 있습니다. 상담사는 또한 아이디어, 자원, 연구 자료 등을 얻기 위하여 웹사이트를 검색할 수 있으며 또는 상담사 이메일 목록이나 아이디어 교환 게시판(예: ASCA SCENE)에 글을 올릴 수도 있습니다.

이러한 문제를 해결하기 위해 부족과 협력할 때, 학교는 앞서 나열된 것과 같은 부족의 자원을 이용할 수 있는지 물어보아야 합니다. 부족에 취학 연령 아동을 위한 추가 지원이나 프로그램이 없다면, 학교는 부족과 협력하여 튜터링이나 스포츠 또는 동아리와 같은 방과 후 프로그램을 통해 보호구역에 존재감을 드러낼 수 있을 것입니다. 학교상담사는 Michelle의 이야기를 계속 알아가면서, Michelle이 학교에서 제공하는 무단결석 프로그램과 지원으로부터 혜택을 받을 수 있다는 것을 알 수 있게 될 것입니다. 예를 들어, Michelle은 학교상담사가 정기적으로 제공하는 또래집단이나 사회적 지원 집단으로부터 혜택을 받을 수 있습니다. Michelle이 학교 출석과 관련하여 불안을 겪는 경우, 상담사는 Michelle의 불안을 완화하는 데 도움이 되는 대처 전략을 수립할 수 있도록 개인상담을 제공할 수도 있습니다.

앞서 언급한 제안 외에도, 학교는 아메리카 원주민 청소년 및 가족을 위해 제공하는 것과 관련된 학업적 교육과정과 학교 공동체의 지식, 인식 및 기술을 평가하는 것을 고려할 수 있습니다. 2014년 원주민 청소년 보고서(대통령실)에 따르면, 아메리카 원주민 청소년의 학업 성취도가 낮은 근본 원인 중 하나는 문화적으로 적합한 교육과정과 이들에게 다가가는 방법을 이해하는 문화적으로 유능한 직원이 부족하기 때문이라고 합니다. 이 문제를 바로잡기 위해 학교는 아메리카 원주민의 역사와 언어를 교육과정에 포함하도록 노력할 것을 권장합니다. 보다 협력적인 접근 방식을 개발하기 위해 학교와 아메리카 원주민 지역사회는 협력하여 새로운 수업/단원을 구성하고 새로운 교과서(해당되는 경우)와 자료를 선택하고, 모든 교직원에게 지속적인 전문성 개발을 제공할 수 있습니다. 교육 및 지역 학교 공동체와 관련된 다양한 문제에 대한 의견을 수렴하기 위해 보호구역 또는 인근에서 지역사회 포럼을 개최하는 것은 좋은 출발점이 될 수 있습니다.

자원 목록

보충 자료

American School Counselor Association. (2012). *The ASCA National Model: A framework for school counseling programs* (3rd ed.). Alexandria, VA: Author.

American School Counselor Association. (2016). *ASCA SCENE*. Retrieved from http://scene.schoolcounselor.org/home

Attendance Works. (2014). *Chronic absence and Native American students: Unique challenges*. Retrieved from http://www.attendanceworks.org/ chronic-absence-native-american-students-unique-challenges/

The Center for Native American Youth. (2011). *Center for Native American Youth at the Aspen Institute*. Retrieved from http://www.cnay.org/ Home.html

Executive Office of the President. (2014, December). *2014 Native youth report*. Retrieved from https://files.eric.ed.gov/fulltext/ED565658.pdf

The President. (2004). Executive order 13336 of April 30, 2004: American Indian and Alaska Native education. *Federal Register, 69*(87). Retrieved from https://www.gpo.gov/fdsys/pkg/FR-2004-05-05/pdf/04-10377.pdf

Quick Find On-line Clearinghouse. (n.d.). *Topic: Native American students.* Retrieved from http://smhp.psych.ucla.edu/qf/nativeamericans.htm

Reid, A. (2014). Native American identity formation in relation to educational experiences. *Social Sciences Capstone Projects,* 28. Retrieved from http://commons.pacificu.edu/cassoc/28. 231

온라인 자료

National Indian Education Association
http://www.niea.org/

Regional Education Laboratory(REL): Native American Education Research Alliance, REL Central
https://ies.ed.gov/ncee/edLabs/regions/central/NAERalliance.asp

U.S.Department of the Interior: Bureau of Indian Affairs
http://www.indianaffairs.gov/

U.S.Department of the Interior: Bureau of Indian Educaion
https://www.bie.gov

보충 활동

성찰과 토론을 위한 심화 질문

- 수업 토론을 위한 추가 문화 관련 질문(사례 작성자가 제공)
  - –아메리카 원주민 지역사회와 공립학교 지역사회의 가치관에는 어떤 차이가 있으며, 실제로 그렇게 다릅니까?
  - –부족 의식과 지정된 행사가 학교에 다니는 아이들과 충돌하는 경우가 있습니까?
  - –이 문제를 해결하기 위해 과거에 취하였던 조치는 무엇입니까?
  - –학교 지역사회와 부족 지역사회는 아동과 아동의 교육을 위해 좋은 협력관계를 조성하기 위해 노력한 적이 있습니까? 그렇다면, 어떤 일이 일어났습니까?
  - –이러한 노력에서 진전을 이루기 위해 배울 수 있는 것이 있습니까?

–다른 학교/부족 지역사회에서는 이러한 지원을 가능하게 하는 파트너십을 성공적으로 구축하기 위해 무엇을 하였습니까?
–이 특정 부족의 학교/부족 및 더 큰 주변 지역사회와 관련된 역사적 맥락은 무엇입니까?
–아메리카 원주민 아동의 출석에 대한 현재 정책이 지켜지지 않거나 해결되지 않는 이유는 무엇입니까?

학습 활동

- 아메리카 원주민 문제에 대한 전문가를 수업(또는 Skype)에 초대하여 현재 문제를 논의하십시오. 이 전문가와 함께 학생들이 해당 지역사회를 옹호할 수 있는 방법에 대해 논의하십시오. 이것을 학급 과제로 삼는 것을 고려해 보십시오.
- 학생 집단에게 Michelle 가족과의 회의에서 역할극을 하도록 배정하십시오. 가능한 역할에는 학부모(및 다른 가족구성원), Michelle, 교장, 학교상담사, 부족의 원로 등이 포함됩니다.
- 학생들에게 다양성 문제, 아메리카 원주민 문화에 대한 이해, 모든 이해관계자와의 옹호 및 협력 노력을 포함하는 생활 지도 수업을 구성하십시오.
- ASCA의 회원인 학교상담사 학생들은 학술지 논문, 수업 계획서, 출판물, 샘플 문서, 학교상담사 잡지 기사 및 웹사이트가 포함된 다양한 영역의 자료를 이용할 수 있습니다. 수업, 과제 및 체험 학습 활동에서 이러한 정보를 검토하고 포함하면 도움이 될 수 있습니다.

제 **26** 장

어떻게 하면 우리가 함께 더 강해질 수 있을까

Laura L. Gallo

배경

Anita Blue 씨는 학교상담사로 일한 지 2년 차로, 9~12학년의 총 750명의 학생이 있는 작은 교외 지역의 고등학교에서 일하고 있다. 이 고등학교에는 또 한 명의 학교상담사가 있다. 고등학교의 학생 인구는 주로 상류 중산층에서 경제적 지위가 낮은 가족이 점점 늘어나는 방향으로 지속해서 변하고 있다. 이 학군에서는 지난 몇 년 동안 연방 저소득 지침에 부합하는 가족을 위한 새로운 주택이 계속 개발되고 있다.

사례

학생 인구의 변화로 인해 교사, 행정사무관, 그리고 학교상담사들에게는 새로운 프로그램을 개발하여 학생들을 도와야 한다는 부담이 생겼다. 특히, 고등학교에는 아프리카계 미국인과 라틴계 학생들이 점점 늘고 있다. 다양성이나 다른 문화를 이해하는 것과 관련된 전문성 개발은 교직원들에게 거의 또는 전혀 제공되지 않았다.

이러한 변화가 일어나기 전과 그 과정에서 학군 내의 교사들은 테크놀로지를 교육과정에 통합하기 위해 열심히 노력해 왔다. 교사들은 학습 모듈과 온라인 연습 퀴즈를 제공하고, 완전히 온라인 교과서로 전환하여 학생들이 다양한 전자 자료에 더 많이 노출되도록 하였다. 교사의 홈페이지는 다가오는 시험, 숙제 마감일, 그리고 이용 가능한 학습 자료에 대해 학생들에게 알려 주는 데 활용되고 있다. 이러한 귀중한 자원은 많은 고등학생에게 유용하지만, 저소득 가정에서 온 학생들의 수가 늘어나면서 인터넷과/또는 컴퓨터에 대한 접근이 항상 가능하지 않았다. 교사들은 저녁에 인터넷 접속을 할 수 없는 학생들의 문제를 어떻게 해결해야 할지 확신이 없다.

또한 저소득 가정에서 온 학생들의 수가 늘어났는데, 이들은 두 개 이상의 다른 학교를 다닌 후 고등학교에 전학 왔다. 이러한 여러 번의 학교 간 이동은 학생들의 학습에 공백을 남겨, 학교 수업을 힘들게 만든다. 성적이 떨어지는 대다수의 학생이 저소득 가정의 학생들이다. 과거에는 힘들어하는 학생들을 위해 일반적으로 방과 후 도움 프로그램을 마련하였다. 힘들어하는 학생들의 더 많은 인구가 저소득 가정에서 온 것으로 보이며, 그들은 스쿨버스 이용에 의존하게 된다. 개인 교통수단이 없는 것은 그들에게 방과 후 추가 도움을 받을 기회를 박탈한다. 또한 학교상담사는 이러한 제한적 상황 때문에(교통수단이 제한적인것) 학생들의 부모들이 학부모-교사 회의, 대학 계획의 밤 또는 다른 야간 프로그램에 참여하지 않고 있다고 생각한다.

이러한 학생들에게 학교에 대한 생각을 물으면, 그들은 지원과 포용이 부족하다고 대답한다. 사실, 많은 학생이 그들에게 아무도 관심을 갖지 않거나 도와주지 않는 학교에 오기보다는 차라리 중퇴하겠다고 말한다. 학생 설문조사 결과는 공동체 내 학생 간의 응집력이 부족하다는 것을 보여 준다. 교사들도 학생들 사이에 분열을 느끼고, 힘들어하는 학생들을 위한 지원 조치가 전혀 없어서 좌절감을 느낀다. 교사들은 이러한 학생들을 도와주기 위해 무엇을 더 할 수 있을지 고민한다.

논의

고등학교 교장은 이 학군의 학생 인구의 변화에 대응하기 위한 개입책을 마련하는 데 있어 학교상담사의 지원을 바란다. 상담사는 학교가 가진 많은 장점을 인식하고 있으며, 학교 환경 내에서 이러한 자원들을 활용하는 방안을 고민하기 시작한다. 예를 들어, 지난 2~3년 동안 학교로 전학 온 고학년 학생들이 늘고 있다. 이 고등학생들은 저소득층이거나 어려운 가정 출신이다. 그들은 학교에서 성공을 거두었으며 대학 진학 계획을 세워 놓고 있다. 또한 학교 내 많은 학생이 자원봉사 기회를 찾고 있다. 학교상담사는 어떤 학생들이 수업에서 잘하고 있는지에 대해 교사들과 대화를 시작한다. 또한 학생들의 필요를 충족시키는 데 도움이 될 수 있는 지역사회 자원을 식별한다. 마지막으로, Anita 씨는 다른 학교상담사와 함께 개입 계획을 수립하기 시작한다.

질문들

1. 이 학교상담사가 직면하고 있는 다양한 문제는 무엇인가?
2. 이 학교와 학생들이 직면한 문제에 소득계층이 어떤 영향을 미치는가?
3. 학교상담사는 이 학교 시스템 내에서 변화를 창출하는 데 어떤 역할을 하는가?
4. 학교상담사가 교사들의 자문가로서 어떻게 활동할 수 있는가?
5. 이 학교에서 활용될 수 있는 개입책이나 프로그램은 어떤 것들이 있는가?
6. 학교가 이미 가지고 있는 자산을 어떻게 체계에 통합할 수 있는가?

논평 1

Carrie A. Wachter Morris

이 학교는 학생의 인구 통계적 변화를 경험하고 있습니다. 더 다양해진 학생들의 필요를 충족시키기 위해서는 학교 자체의 변화가 필요할 것입니다. 학교상담사는 점점 다양해지고 상대적으로 부유하지 않은 학생들의 필요를 충족시키는 동시에, 학생, 교사, 직원들이 서로에 대해 배우고 이해하는 데 도움을 주어야 합니다.

학교 내 다양성이 증가함에 따라, 학생들의 필요가 더 이상 충족되지 않고 있음을 인식하고 있지만, 교사들과 직원들은 다양성과 다른 문화를 이해하는 것과 관련하여 거의 또는 전혀 전문성 개발 교육을 받지 못하였습니다. 이는 학교상담사가 교사들과 직원을 위한 전문성 개발과 현장 교육 기회를 맞춤화하고 교사들과의 자문 기회를 구축하는 좋은 분야가 될 수 있습니다. 학교상담사는 교실 관찰을 하거나, 교사들이나 학생들을 대상으로 특정 소통 방법 또는 교수 접근법을 보여 주는 교실 지도 수업을 제공할 수 있습니다. 학교상담사는 교사들이 학교상담사를 자기 반의 학생들의 필요를 충족시키기 위한 동맹으로 보도록 돕고, 교사들이 전략을 변경할 시기를 알 수 있게 도우며, 더 넓은 맥락 안에서 학생들의 행동을 이해할 수 있도록 도울 수 있습니다.

구조적으로, 학교 일에 접근하는 이전 방식과 가족의 자원에 대해 추정하는 것도 변화할 필요가 있습니다. 예를 들어, 테크놀로지를 확장하고 통합하는 데 초점을 맞춘 접근 방식은 저소득층 배경을 가진 학생들에게 접근성 문제를 가져올 수 있습니다. 그리고 자주 이사를 다녀야 하는 일부 학생들에게 해결해야 할 학업 공백이 남아 있습니다. 제한된 교통 수단 하에서는, 학교 밖에서의 테크놀로지 이용이나, 현재의 방과 후 추가 학습 모델은 실현 가능하지 않습니다. 또한 교통 수단 문제는 학생 지원 회의와 고등 교육 정보 프로그램에 가족들의 참여를 감소시킵니다. 이러한 요소들은 모든 학생의 필요를 더 잘 충족시키는 방법에 대한 이해 부족과 결합하여, 학교를 지원과 이해의 장소로 보지 않는 학생들의 불만을 유발하였습니다. 비록 교통, 학업 및 기타 필요를 충족시키기 위한 새로운 프로그램이 개발될 수 있지만, 이를 위한 학교 예산에 자금이 부족하고 가족들이 추가 비용을 감당할 수 없다면, 학교에 잠재적인 자원 부담이 생길 수 있습니다.

학교상담사가 변화를 만들어 내는 역할은 학교 공동체(학생, 교직원, 직원 및 가족들)의 필요를 지속적으로 평가하는 것으로 시작됩니다. 이러한 필요는 다양할 수 있으며, 문화 이해를 돕고, 학문적 학습을 창출하며, 지지적인 학교 환경을 조성하기 위해 다양한 개입이 필요할 것입니다. 필요가 식별되면, 학교상담사는 그 필요를 우선시하고 교사들과 자문가로서 협력하여, 이용 가능한 자원이나 추가적인 자원을 확보함으로써 그 필요를 충족시키는 전략적 방법을 식별해야 합니다. 학교상담사가 혼자 모든 개입을 시행할 것으로 기대되지는 않습니다. 그녀는 또한 개인이나 집단을 지원할 수 있는 다른 자원이나 네트워크와 연결할 수도 있습니다. 그녀가 취할 수 있는 행동의 예는 다음과 같습니다.

- 새로운 프로그램이나 자원을 지원하기 위한 보조금 확보
- 학교에서 새로운 프로그램을 지원하기 위해 지역 이해관계자들에게 접근
- 테크놀로지에 대한 무료 또는 저비용 접근 정보 제공
- 식품, 주거, 의류 자원에 대한 정보 모음
- 학생들이 서로에 대해 배울 수 있도록 소규모 또는 대규모 집단상담 제공
- 모든 학생을 위한 지지적인 학습 환경 조성을 위해 교사와 협력
- 학생들을 동료 멘토나 동료 튜터로 훈련
- 학교 공동체를 지원하는 자원봉사 기회와 학생들을 매칭

특히나 학생들이 학교가 자신들을 신경 쓰지 않는다고 느끼는 점을 고려할 때, 학생들을 서로 그리고 교직원과 연결하는 개입은 매우 적절할 수 있습니다. 교사들은 협력적인 가르침이나 지도 기회를 수업 안에 통합할 수 있습니다. 예를 들어, 학생들이 짝을 이루어 최근에 소개된 개념을 서로 가르칠 수 있습니다. 이 방법으로, 각 학생은 배움에 기여하고 수업 내에서 리더십 책임을 지는 기회를 가질 수 있습니다.

학교에는 학교상담사가 학교 내외부의 연결을 구축하는 데 접근할 수 있는 다양한 자산이 있습니다. 예를 들어, 신입생이나 어려움을 겪는 학생들과 선배 동료 멘토 관계를 맺을 수 있습니다. 선배 학생들은 후배들에게 학업적 · 개인적으로 도움을 줄 수 있으며, 진로 선택에 대해서도 대화를 나눌 수 있습니다. 멘토와 멘티가 같은 동네에 거주한다면 교통 장벽 없이 의사소통, 협력 및 동료 학습의 기회가 존재할 수 있습니다. 학교상담사와 교사가 자원봉사를 하고 싶어 하는 많은 학생의 강점을 식별하는 것은, 집이나 동네에서 튜터할 수 있는 학생, 사회적 또는 정서적 지원을 제공할 수 있는 학생 또는 어려움을 겪고 있는 학생과 가족을 위한 자원이나 프로그램을 구축하는 데 도움이 될 수 있는 학생을 식별하는 데 도움이 될 수 있습니다.

논평 2

Susannah M. Wood

Anita Blue 씨와 동료들은 그들의 학교에서 함께 작업해야 할 중대한 도전과제들을 가지고 있으며, 그러한 도전과제들을 돕기 위해 그들이 식별한 여러 자산과 자원을 가지고 있습니다. 학교가 직면한 여러 문제를 식별하고 해결하는 방법을 고려할 때, Anita 씨는 자신의 석사 프로그램에서 접한 몇 가지 모델을 다시 검토하기로 결정할 수 있습니다. 예를 들어, Dahir와 Stone의 옹호를 위한 2012년 PREPARE(철학, 관계, 권력의 평등, 전문성 개발, 접근성, 자원, 평가) 자문 모델 또는 협력 및 자원 관리 CASTT(커뮤니티, 관리자, 학생, 교사 및 기술) 패러다임 등입니다. 하지만 Anita 씨의 상황에서 중요한 시스템들이 작동하고 있으므로, Mason, Ockerman과 Chen-Hayes의 2013년 '공정을 위한 변화 에이전트(Change-Agent-for-Equity: CAFE)' 모델을 사용하여 다양한 도전과제를 관리 가능한 부분으로 나누는 것이 좋을 것입니다. CAFE 모델은 학교상담사가 리더, 옹호자, 협력자 및 변화 에이전트로서 자신을 식별하는 개념에 기반을 두고 있습니다. 이 핵심 정체성을 가지고 있음으로써, 학교상담사는 '윤리적 의사결정, 다문화 역량 및 데이터에 기반한 평가를 실천할 가능성이 더 높고 잠재적 영향력의 미시적 영역과 거시적 영역을 모두 바라보는 포용적이고 체계적인 관점을 유지한다."고 말합니다(Mason et al., 2013, p. 8). 이 모델에는 사고, 협력, 행동, 평가의 네 단계가 포함됩니다(Mason et al., 2013).

사고 단계에서 Anita 씨와 동료들은 어떤 변화가 필요한지, 윤리적, 다문화적, 그리고 옹호 문제들이 어떻게 작용하는지, 기회와 접근을 포함하여 그리고 그들이 그들의 체계가 변화할 수 있는 능력을 얼마나 믿고 있는지 등을 브레인스토밍할 수 있습니다. 여기서 상담팀은 (a) 고등학교 학생들의 진로/대학 준비, 특히 재정적 자원이 제한된 가정에서 온 학생들(Johnson, Rochkind, Ott, & DuPont, 2010), (b) 모든 학생 그룹에 걸친 테크놀로지와 교통수단에 대한 공평한 접근, (c) 출석 기간 동안에 특정 학생 그룹을 돕기 위한 차별화된 학업 지원 개발, (d) 학생 성공을 위한 개입을 고안하기 위해, 상담사, 행정관리자, 교사 및 다른 동맹자들 간의 협력적 연합인 '연결망을 넓히기'(Dahir & Stone, 2012), (e) 직원을 위한 다문화 및 사회 정의 전문 개발, (f) 학생, 가족, 학교 간의 신뢰, 협력 및 의사소통에 중점을 둔 파트너십 촉진을 포함하여 관련 문제들을 식별할 수 있습니다. 비록 저는 Anita 씨와 그녀의 상담팀이 직면한 중요한 문제들을 나열하였지만, 그것들의 우선순위를 정하는 것은 그들에게 달려 있습니다. 그들은 협력 단계를 거친 후 우선순위를 정하는 것을 미루고 싶을 수 있습니다. 이 단계는 그들이 식별한 변화들을 만들 수 있도록 도와줄 다른 동맹들을 밝혀낼 수 있습니다. 도전의 성격을 고려할 때, Anita 씨는 혼자서 모든 것을 맡을 수 없습니다. 그렇게 하면 소진과 변화의 부족을 초래할 것입니다.

이 단계에서 Anita 씨와 동료들은 Mason과 동료들(Mason et al., 2013)이 제안한 것처럼 다음을 고려할 수 있습니다. '이 변화를 어떻게 하며, 누구에게 중요하게 강조해야 하는가? 변화를 촉진하는 데 있어 어떻게 주도적으로 나설 수 있는가? 누구와 어떤 다른 노력을 합하여 변화를 촉진할 수 있는가?'(p. 13) Anita 씨는 그녀의 행정관리자들, 교사들, 부모님들, 그리고 사회복지사, 학교 이사회 임원들, 지역 대학 대표들, 교통과 기술을 감독하는 교구 담당자들과 같은 다른 동맹들을 포함할 수 있는 변화 '팀'을 만들고 싶을 수 있습니다.

협력은 필수적이지만, 여기서의 목표는 이해관계자들을 변화시키는 것이 아니라, 협력을 이끌어 내고 각 당사자가 어떻게 서로를 지원할 수 있는지 결정하기 위해, 필요한 신뢰와 의사소통을 기르는 것입니다. 팀 구축에서 다문화적으로 유능한 학교상담사들은 다른 어떤 것들을 시작할 때와 마찬가지로, 편견, 권력 역학, 그리고 맹점에 대한 인식을 해야 합니다

(Dahir & Stone, 2012). Dahir와 Stone은 Bucher(2008)의 '아홉 가지 핵심 역량(nine megaskills)'을 인용하는데, 여기에는 공감, 관점 취하기, 그리고 문화 간 의사소통이 포함됩니다. Anita 씨의 지역사회, 학생 구성원들, 그리고 학교 문화가 변화하고 있기 때문에, 상담팀은 이해관계자들과 어떻게 의사소통을 하고 있으며, 어떻게 그들이 이 권한을 가지고, 안전하게 논의하고, 계획하고, 아이디어를 교환할 수 있는지 계속 성찰하는 것이 필수적입니다.

팀은 그 다음 CAFE 모델의 행동 단계로 나아가 목표를 설정하고, 변화를 촉진하는 효과적이고 효율적인 방법을 식별하며, 책임을 위임하고, 타임라인을 생성하며, 구성된 특정 계획을 중심으로 문서화 및 데이터 수집을 계획할 수 있습니다(Mason et al., 2013). Anita 씨는 이미 식별한 자산들을 이러한 대화에 도입할 수 있습니다. 팀은 현재 고등학교 학생들과 배경이 비슷한 고등학교 졸업생들을 위주로 한 대학/직업 준비 학생 패널을 만드는 것을 고려할 수 있으며, 대학에 등록하고 학자금을 지원받은 다양한 학생들의 동영상을 포함한 College Board(대학 진학정보 관련 비영리 교육기관)의 'You Can Go!' 정보를 포함할 수 있습니다(http://youcango.collegeboard.org/?navid=bf-ycg).

Anita 씨와 동료들은 자문가로의 역할을 활용하여 교사들과 함께 학교 시간 중 튜터링을 통한 특정 개별 학문 지원을 받을 학생이나, 공부 기술, 시험 응시, 대학/직업 계획 탐구를 할 수 있는 소그룹이 필요한 학생들을 식별할 수 있습니다. Anita 씨, 동료 상담사, 그리고 교사들은 책 읽기 및 성찰 활동을 통한 옹호와 사회 변화를 위해, 내부적으로 전문성 개발을 할 수 있습니다. 통학을 둘러싼 도전을 포함하여 지역사회와 학교 사이의 관계 단절을 해결하기 위해, 팀은 주택 단지를 방문하거나 YMCA와 같은 지역 기관을 활용하여 4년 고등학교 계획, 대학 준비, 직업 박람회에 대한 포럼을 주최하는 것을 고려할 수 있습니다. 팀은 또한 전문대 및 종합대학과의 파트너십을 추구하고자 할 수도 있으며, 사범대학을 포함할 수 있습니다. 교직원들과 함께 협력하면, 학교는 공동 보조금이나 기술 재활용을 통해 기술 자원을 식별할 수 있으며, 이를 사용하여 필요한 학생들과 가족들에게 컴퓨터와 노트북을 제공할 수 있습니다. 또한 대학 교직원과의 파트너십은 학교 교직원 및 직원을 위한 지속적인 전문 개발뿐만 아니라 데이터 수집에 대한 협력을 가져올 수 있습니다.

다음으로 데이터 수집은 CAFE 모델의 마지막 단계인 평가 단계를 지지합니다. 여기서, Anita 씨와 그녀의 팀은 특정 시간에 특정 데이터를 수집하는 계획을 세움으로써 변화가 발생하였거나 미래에 발생할 것이라는 것을 어떻게 알 수 있는지 식별할 것입니다. 예를 들어, 졸업률, 대학 후 계획에 대한 학생 지식을 평가하는 설문조사, 지역사회에서의 포커스 그룹 등이 있습니다. 팀은 그들의 발견을 어떻게 확산시킬 것인지, 학교가 지역사회 내부 및/또는 지역 대학과 기술과 실제 발표를 통해 취할 미래의 단계를 고려해야 합니다.

옹호자, 협력자, 리더, 자원 조정자 및 자문가는 모두 학교상담사가 수행하는 역할입니다. 만약 그들이 변화의 주체로서의 내면적 정체성과 잘 융합한다면, Anita 씨와 동료들은 그녀의 학교가 직면한 도전을 해결하기 위한 실질적인 진전을 이룰 수 있습니다. CAFE 모델을 활용함으로써 Anita 씨는 그녀가 가진 도전과 자산을 생각하고, 팀을 만들고, 변화의 영역을 식별하고, 문화 및 시스템 상호작용을 다루고, 변화를 만들기 위한 행동을 계획하고, 학교, 학생, 그리고 지역사회에 대한 변화가 가져온 진행 상황과 영향을 데이터를 통해 평가할 수 있습니다.

자원 목록

보충 자료

American School Counselor Association. (2015). *The school counselor and peer support programs* [Position statement]. Alexandria, VA: Author. Retrieved from https://www.schoolcounselor.org/asca/media/asca/ PositionStatements/PS_PeerHelping.pdf

Cole, R. F., & Grothaus, T. (2014). A phenomenological study of urban school counselors' perceptions of low-income families. *Journal of School Counseling, 12*(5). Retrieved from https://files.eric.ed.gov/fulltext/ EJ1034768.pdf

The College Board. (n.d.). *The educational experience of young men of color: Capturing the student voice.* Retrieved from https://secure-media.collegeboard.org/digitalServices/pdf/advocacy/nosca/nosca-young-men-color-student-voice.pdf

Dahir, C. A., & Stone, C. B. (2012). *The transformed school counselor* (2nd ed). Belmont, CA: Wadsworth.

Dockery, D. J., & McKelvey, S. (2013). Underrepresented college students' experiences with school counselors. *Journal of School Counseling, 11*(3). Retrieved from https://files.eric.ed.gov/fulltext/EJ1012298.pdf

Hatch, T. (2014). Advocating for systems change. Advocacy thoughts from Reese House. In *The use of data in school counseling: Hatching results for students, programs, and the profession* (pp. 188-190). Thousand Oaks, CA: Sage.

Johnson, J., Rochkind, J., Ott, A. N., & DuPont, S. (2010). *Can I get a little advice here? How an overstretched high school guidance system is undermining school students' college aspirations.* Retrieved from http://www. publicagenda.org/files/can-i-get-a-little-advice-here.pdf

Martinez, M. A. (2013). Helping Latina/o students navigate the college choice process: Considerations for secondary school counselors. *Journal of School Counseling, 11*(1). Retrieved from https://files.eric.ed.gov/ fulltext/EJ1012292.pdf

Schulz, L. L., Hurt, K., & Lindo, N. (2014). My name is not Michael: Strategies for promoting cultural responsiveness in schools. *Journal of School Counseling, 12*(2). Retrieved from https://files.eric.ed.gov/ fulltext/EJ1034778.pdf

온라인 자료

The College Board's 'You Can Go!'

http://youcango.collegeboard.org/?navid=bf-ycg

Communities in Schools

www.communitiesinschools.org

Family Promise

www.familypromise.org

Kids in Need Foundation

www.kinf.org

National Center for Children in Poverty

http://www.nccp.org

National Low Income Housing Coalition

www.nlihc.org

제 27 장

나도 편견이 있는 걸까
편견 기반 괴롭힘

Cassandra A. Storlie

배경

Miguel은 미국 중서부의 대안초등학교에 새로 온 8세 라틴계 학생이다. 그는 자기 또래 연령에 맞는 중간 체격을 가지고 있으며 매우 어두운 피부색을 가지고 있다. Miguel은 이전 공립학교에서 동급생에 대한 여러 차례 폭력 행위로 인해 대안학교로 전학 왔다. Miguel은 동급생들과의 싸움이 모두 그의 어두운 피부색과 스페인어 억양에 대해 놀림을 받은 결과라고 주장한다. Miguel은 낮은 사회경제적 지위 배경을 가지고 있으며, 그와 그의 가족은 방이 두 개가 딸린 아파트에서 살고 있다. 그는 주의력결핍과잉행동장애(ADHD) 진단을 받았으며 그에 대한 약물치료를 잘 따르고 있다. 영어는 Miguel의 모국어가 아니며 그는 2학년 수준의 영어 읽기와 쓰기에 어려움을 겪고 있다. 따라서 Miguel은 수학에서 높은 점수를 받았음에도 불구하고 학교의 특수 교육 반에 배치되었다.

사례

학교상담사는 믿을 수 있는 정보를 통해 Miguel이 현지 멕시코 갱단에 가입하기 위해 길들여지고 있다고 보고받았다. 이 지역사회에서는 10세 정도의 어린 라틴계 학생들이 자주 갱단 활동에 참여해 왔다. 지역사회지원활동 종사자들은 Miguel의 사촌들이 갱단의 리더이고 주변 지역에서 여러 차례 절도 및 공공기물 파손 사건이 발생한 사실을 확인하였다.

논의

Miguel의 부모님은 멕시코 시티 출신의 서류 미비 이민자이며, 자녀들을 위한 더 나은 삶과 가족들에게 돈을 보내기 위해 이 나라에 왔다. 그들은 모두 장시간 일하는 저임금 직업에 종사하여 Miguel과 그의 네 명의 형제자매들의 삶에 더 많이 참여하지 못하고 있다. 부모님은 맏딸에게 밤과 방과 후에 어린 동생들을 돌보게 하고 있다. Miguel은 큰누나가 잠자리에 든 후 몰래 밖으로 나가, 주로 나이가 많은 사촌과 어울리게 되었다. 학교상담사는 처음 교장에 의해 Miguel과 만난 이후로 보지 못하다가, Miguel이 학교에서 세 번째 폭력적인 언쟁으로 사무실에 오게 되었을 때 다시 만났다. Miguel은 다른 '백인' 학생이 자신의 짙은 피부색을 놀리자 "더 이상 참을 수 없었다."고 말하였다. Miguel의 선생님들은 그가 휴대용 비디오 게임을 하면서 어른들과 대화하는 것을 가장 편안하게 느낀다고 학교상담사에게 말하였다. 학교상담사는 이 기법을 사용하여 Miguel과의 관계를 발전시키기 위해 그와 만나기로 결정하였다. Miguel은 다소 호응을 보이며, 약간의 유도 끝에 학교에서 일어난 싸움에 대해 털어놓기 시작하였다. 몇 분간 이야기한 후, Miguel은 학교상담사에게 왜 자신과 이야기하고 싶어 하는지, 그리고 가장 최근의 싸움으로 인해 여전히 문제 학생인 것 같다고 느끼는지 물었다. 학교상담사는 학교상담사의 역할과 학교 내 폭력과 괴롭힘을 줄이는 목표에 대해 설명하였다. Miguel은 자신이 동네에서 노는 것이나 학교에 가는 것을 좋아하지 않는다고 밝혔는데, 그 이유는 자신의 짙은 피부색 때문에 놀림을 받기 때문이었다. 그는 "사촌들과 함께 있을 때는 그들이 나를 놀리지 않는다."라고 말하였다. 더 물어보자, Miguel은 최근에 적대적인 갱단원들이 자신의 사촌들을 공격하였다고 말하였다. 그는 또한 큰 누나가 학교에서 돌아온 후 집에만 있게 하려고 하지만, 그는 더 자주 몰래 나가고 있다고 말하였다. 잠시 후, Miguel은 자신의 사촌들이 갱단원이라는 것을 인정하였지만, 그들과 함께 있으면 '백인들'이 자신의 짙은 피부색이나 발음을 놀리지 않아 안전하게 느낀다고 하였다. Miguel은 자신이 항상 싸움에 휘말려 다른 학교에서 쫓겨났다고 이야기하였고, 형제자매들이 자신을 '검둥이'라고 불러서 벌어진 몇몇 싸움에 대해서도 잠시 언급하였다. 그 후 Miguel은 말을 멈추고, 휴대용 비디오 게임을 내던지며, "여기가 싫어! 이 학교가 싫어! 왜 다들 나를 내버려 두지 않는 거야?"라고 하였다. 몇 분 동안 Miguel의 분노를 다른 곳으로 돌리려고 시도한 후, 학교상담사는 Miguel이 폭력적으로 변하자 도움을 요청해야 하였다.

질문들

1. 이 초등학교의 리더로서, 학교상담사는 이 학교에서 편견에 기반한 괴롭힘 문제를 해결하기 위해 어떤 조치를 취할 수 있겠는가?
2. 학교상담사는 편견에 기반한 괴롭힘에 대해 교사들과 학교 직원들을 교육하기 위해 어떤 리더십 노력을 할 수 있겠는가?
3. 학교상담사는 Miguel의 폭력적 행동에 대해 그의 가족과 무엇을 할 수 있겠는가?
4. 학교상담사는 학교 밖 환경에서 Miguel과 다른 라틴계 학생들의 필요를 해결하기 위해 지역사회 구성원들과 어떻게 협력할 수 있겠는가?
5. Miguel의 지역사회에서, 갱단에 대한 취약성을 해결하기 위해 학교상담사가 해야 할 리더십 노력은 무엇인가?

논평 1

Jodi Saunders

Miguel의 가족과 지역 라틴계 지역사회 문화와 가치에 대한 이해는 Miguel과 그의 가족을 참여시키는 성공 확률을 높일 뿐만 아니라, 학교 직원들이 Miguel을 다룰 때 경험할 수 있는 좌절감을 줄이는 데에도 도움이 될 수 있습니다. 항상 그런 것은 아니지만, 싸움과 신체적 폭력은 낮은 사회경제적 지위를 가진 가족들과 지역사회의 대처 문화의 일부일 수 있습니다(Payne, 2013). 또한 갱단의 일원이 되는 것은 일종의 지지 체계입니다. Miguel의 말을 들어 보면, 그는 자신이 겪고 있는 편견에 기반한 괴롭힘으로부터 자신을 보호하기 위한 강력한 지지 체계의 중요성을 분명히 설명하며, 왜 갱단의 일원이 될 가능성에 취약한지를 설명합니다. 또한 괴롭힘의 피해자에게 미치는 부정적인 영향에 대한 확실한 이해도 중요합니다. 괴롭힘은 분노와 비행과 관련되어 있다고 알려져 있습니다(Bosworth, Espelage, & Simon, 1999). 이 정보는 학교 직원들에게뿐만 아니라, 아들의 행동에 대한 이유를 이해하지 못할 수 있는 Miguel의 부모에게도 유용한 정보가 될 수 있습니다. 가족과 함께 정보를 공유하고 그들과 협력하기 위한 기회를 갖는 것은 비난하는 것으로 보이기보다는 성공적인 협력을 이끌 가능성이 더 높습니다.

학교와 지역사회 수준에서 편견에 기반한 괴롭힘을 다루기 위해, 방관자에 초점을 맞춘 프로그램들이 성공적인 것으로 밝혀졌습니다. 괴롭힘의 80% 이상이 목격자와 방관자들 앞에서 발생한다고 추정되므로, 괴롭힘 방지 프로그램뿐만 아니라 방관자 개입 프로그램에 초점을 맞춘 프로그램을 시행하는 것은 중요한 고려사항입니다. Miguel, 라틴계 지역사회, 그리고 다른 개인이나 집단에게 건강한 지지 체계로서 역할을 할 수 있는 프로그램, 프로젝트 또는 활동을 설계하는 것도 또 다른 중요한 고려사항입니다.

개인적인 수준에서, Miguel은 많은 어려운 정보를 공유함으로써 학교상담사에게 긍정적으로 반응하는 것으로 보입니다. 회기 말미에 그의 폭발은 그가 공유한 내용이 얼마나 많은지 깨닫고 취약함을 느껴서 스스로를 보호하기 위해 다시 물러서고 상담사를 밀어냈을 가능성이 높습니다. 학교상담사와의 지속적인 상담은 Miguel에게 가치가 있을 것입니다.

논평 2

Rhonda M. Bryant & Beth A. Durodoye

미국학교상담사학회(ASCA) 국가 표준 8.1을 사용하여 효과적인 리더십 프레임워크로, 학교상담사 리더는 체계 변화를 유도하는 리더십 전략에 대한 지식을 보여 주는 것뿐만 아니라, 학생들, 가족들, 그리고 학교 직원들을 포함한 모든 이해관계자에게 도달하는 **종합적인 발달 학교상담 프로그램**을 구현해야 합니다(ASCA, 2005). Miguel의 사례는 학교상담사에게 Miguel의 삶을 긍정적인 방향으로 형성하고 학교 및 지역사회에 이익이 되는 방식으로 그의 상황을 재구성할 수 있는 미묘하지만 흥미로운 리더십을 보여 줄 기회를 제공합니다.

이 학교에서 편견에 기반한 괴롭힘을 다루기 위해 학교상담사가 취할 수 있는 첫 번째 조치 중 하나는 학교, 지역, 그리고 지역사회의 정신이 특히 소수민족 학생들의 행동 관리와 관련하여 학교 직원들이 정책과 실천을 시행하는 방식에 어떤 영향을 미치는지에 대한 용감한 탐구를 포함합니다. 대안학교의 성공 여부, 학교의 문화 중심 강점 기반 지원 활용, 그리고 학생들의 학습 성과(지역사회 교육 성취 및 소득 수준과 관련)에 대한 학교, 학생, 지역사회 데이터의 검토는 학교 정신에 대한 상담사의 탐구를 구성하는 데 도움이 될 것입니다. 마찬가지로, 학교상담 프로그램이 ASCA 국가 표준과 얼마나 일치하는지 평가하는 것은 학교가 학생들, 특히 편견에 기반한 괴롭힘을 경험한 학생들의 필요를 어떻게 충족시키는지를 명확히 보여 줄 것입니다. 예를 들어, 학군은 학생들의 문제 행동을 관리하는 유용한 기반으로 중재 및 갈등 코칭을 지원합니까? 또는 학교는 엄격한 구조, 무관용(zero tolerance), 배제적 징계 관행에 집중하여 학생들이 자기 조절 및 더 나은 집행 기능 기술을 가르치는 학교상담 자원에 대한 학생들의 접근을 배제합니까? 우리는 학교에서 학교-교도소 파이프라인을 촉진하고, 중퇴율을 증가시키며, 교사의 소진을 초래하는 비효과적인 학교 정책의 결과를 반영하는 데이터로 범람하고 있습니다.

학교의 교풍(ethos)을 이해하는 것은 학교상담사가 교사와 학교 직원에게 편견에 기반한 괴롭힘에 대해 교육하는 전략을 개발할 수 있는 무대를 설정합니다. 학교상담사가 이러한 전략을 개발하고 제시하는 방법에 영향을 미칠 수 있는 여러 변수가 있습니다. 예를 들어, 집단 내 인종 및 민족 차이는 직원들이 학교상담사를 어떻게 인식하고 반응하는지에 영향을 미칠 수 있으며, 집단 간 차이는 직원들이 그녀의 의견을 어떻게 받아들이는지에도 영향을 미칠 수 있습니다. 실제로 Miguel의 상황은 많은 학생의 냉혹한 현실을 반영합니다. 그는 아직 십대가 아니지만, 학군은 이미 그를 위협으로 식별하고, 다른 학생들과 마찬가지로 '일반' 학교 환경에 적합하지 않다고 여겨지는 '대안'학교에 배치할 필요가 있다고 판단하였습니다. 그의 행동은 받아들일 수 없지만, 미국과 멕시코 사회에서 존재하는 피부색 계급을 인정하고 Miguel의 괴롭힘에 대한 고유의 불공정성을 인정하는 것은 그가 괴롭힘의 피해자일 때 '문제아'라는 꼬리표에 대한 그의 좌절감을 어느 정도 해소할 수 있습니다. Miguel의 가족과 지역사회와의 만남은 가족이 학교상담사를 신뢰하도록 도울 수 있습니다. 가족과 관련된 주요한 종교 지도자들이 Miguel을 돕는 데 도움을 줄 수 있습니다.

역사적 적대감(Vontress, 1979)은 지역사회가 상담사와 학교 직원을 신뢰하는 데에도 영향을 미칠 수 있습니다. 그러나 Bronfenbrenner(1979)의 **사회생태 체계 이론**은 학교상담사가 편견에 기반한 괴롭힘을 줄이기 위한 노력을 개념화하는 한 가지 방법을 제공합니다. 학교가 사회의 거시적인 측면을 반영하는 사회 시스템이며, 동시에 지역사회의 미시적인 측면을 반영하기 때문에, 학교상담사는 지역사회 기반의 리더, 부모, 학생들로 구성된 팀을 시작하여 학생들의 편견에 기반한 괴롭힘을 해결하는 문화적 강점을 식별할 수 있습니다. 분명히, 지역사회에서 문화적 가치를 제시하는 해결책을 찾는 것은 Miguel뿐만 아니라 그의 행동에 압도당할 가능성이 있는 그의 가족에게 서비스를 지원하는 데 도움이 됩니다.

'예방적인 설계와 발달적인 특성을 가진' 종합적 학교상담 프로그램(CSCP)을 구축하는 것(ASCA, 2012b, p. 1)은 항상 학교-지역사회 파트너십과 동의어가 아니었습니다. Miguel의 학교상담사는 지역사회 내 갱단과 관련된 도전을 인식하고 있으며, 서류 미비 구성원을 가진 가족들에게 지원활동을 제공하는 지역 기관들과 협력할 수도 있습니다. 이러한 지역 기관들이 가족의 지역사회와 관련된 방언을 사용하는 스페인어를 구사하는 직원을 포함하는 것이 중요합니다. 다른 협력은 학생들을 위한 안전한 방과 후 대안을 지원하는 지역 단체들과 멘토링 프로그램으로의 파트너십을 포함할 수 있습니다.

Miguel의 학교상담사는 학교 내 편견에 기반한 괴롭힘을 해결하고 학교 직원들을 문화적 강점 지향적인 학교 정책 시행 방향으로 안내하는 어려운 도전에 직면해 있습니다. 그녀의 리더십 노력은 가족들(혈연에 국한되지 않고 확장된 친족 네트워크를 반영하는)과 지역사회 리더들(가족과 학생들의 전문성과 의견을 반영하는), 그리고 학생들을 갈등 해결과 또래 중재에서 훈련시키는 학교상담 프로그램과 협력하는 것입니다. 학생들이 재정비하고 신뢰할 수 있는 어른에게 접근할 수 있는 안전지대를 학교에 마련하는 것은, 안전한 학교 환경을 조성하는 데에도 도움이 됩니다. 학교가 지역, 학교, 학생 데이터에 기반한 학습 목표와 결과를 계획함에 따라, Miguel의 학교상담사는 마찬가지로 데이터와 프로그램 결과를 사용하여 학생들과 지역사회의 필요에 맞는 학교상담 프로그램을 개선할 수 있습니다.

자원 목록

보충 자료

Bosworth, K., Espelage, D., & Simon, T. (1999). Factors associated with bullying behavior in middle school students. *The Journal of Early Adolescence, 19*, 341-352.

Payne, R. K. (2013). *A framework for understanding poverty: A cognitive approach.* Highland, TX: aha! Process.

Polanin, J. R., Espelage, D. L., & Pigott, T. D. (2012). A meta-analysis of school-based bullying prevention programs' effects on bystander intervention behaviors. *School Psychology Review, 41*(1), 47-65.

온라인 자료

Southern Poverty Law Center

https://www.splcenter.org

제28장

시스템이 무너지면, 그다음은?

Robin Alcala Saner

배경

Samantha는 자살 시도로 인해, 사건 발생 2주 전에 입원한 15세 학생이다. 그녀는 부유한 가정 출신이며 최근 우울증 진단을 받았다. Sam(그녀가 불리길 선호하는 이름)은 평균 이상의 학생이며, 어쩌면 완벽주의 성향을 보이는 것 같다. 그녀의 어머니는 학교상담사에게 즉시 입원 사실을 알렸지만, 이후로는 소통이 거의 없었다. 학교상담사인 Gallo 씨가 요청하였음에도 불구하고, 부모는 병원 직원이나 심리치료사와의 정보 공유 동의서에 서명하지 않았다.

Samantha가 입원한 지 12일째 되는 화요일, 반 친구가 자살하였다. 자살 사건 다음 날, Sam의 아버지는 학교상담사에게 연락하여 병원에서 Samantha가 학교에 3시간가량 출석 가능한 정도로 준비가 된 것 같다고 말한다는 것을 전하였다. 학교상담사는 동료들과 협력한 뒤, 상황을 부모에게 공유하고 현재 학교 위기 상황이 가라앉을 때까지 Samantha의 복귀를 연기해 달라고 요청하였다. 이 지역에서는 병원이나 치료 센터가 학교와의 소통 없이 학생들을 학교로 돌려보내는 것이 드문 일이 아니므로, 상담사는 부모에게 반 친구의 자살 사실을 Samantha의 팀과 공유하기를 요청하였고, 치료팀에게 친구의 사망 사실을 Sam과의 회기에서 다루기를 요구하였다.

사례

금요일, Samantha는 학교가 시작되자마자 학교에 와서 바로 수업에 들어갔다. 학교가 위기 대응 모드에 있었기 때문에, 상담사는 복도에서 Samantha를 볼 때까지 그녀의 도착을 알지 못하였다. 상담사는 즉시 Samantha를 학교상담실로 데려갔다. Samantha는 다음 날 병원에서 퇴원하고 "그냥 학교에 돌아가고 싶어요."라고 말하였다. Samantha는 차분해 보였지만, 감정 표현이 거의 없었고, 이것은 그녀에게는 비정상적인 상태였다.

학교상담사인 Gallo 씨는 Sam의 어머니에게 연락하여 Sam을 데려가도록 요청하였다. 병원 퇴원과 충격적인 사건에 대한 대응 중에 학교로 돌아오는 것에 대한 우려가 다시 제기되었다. 어머니는 Samantha를 학교에 다시 보내고 싶다고 주장하였다. 어머니는 또한 병원 직원들이 상황을 알고 있으며 학교로 돌아가는 결정을 지지한다고 말하였다. Samantha는 병원에서 퇴원하여 월요일에 학교로 돌아갈 계획으로 집으로 돌아갔다.

일요일에, Samantha는 거의 치명적인 자살 시도를 하고 병원으로 급히 이송되었다. 그녀는 청소년 정신과 병동에 자리가 나올 때까지 응급실에 머물렀고, 추가로 3주를 보냈다. 이 시도와 재입원에 대한 논의가 온라인 소셜 미디어를 통해 확산되었으며, 고등학생들이 많은 오류와 날조를 만들어 냈다. Samantha는 5일 동안 치료를 받고 가장 최근의 자살 시도 후 7일 만에 고등학교로 돌아갈 예정이다.

질문들

1. 학교상담사는 Samantha가 두 번째 병원 퇴원 후 학교에 보다 효과적으로 복귀할 수 있도록 어떤 조치를 취할 수 있는가? 병원 치료를 받은 학생들의 안전하고 성공적인 복귀를 위해 협력해야 할 주요 관계자는 누구인가?
2. 시스템에 처음에 어떤 실패/결함이 있었으며, 이러한 문제들을 앞으로 어떻게 피하거나 해결할 수 있는가?
3. 이 지역교육청의 학교상담사들은 시스템을 개선하기 위해 어떤 조치를 취할 수 있는가?
4. 학교상담사는 가정/학교/병원/지역사회 간의 전환 과정에서 어떻게 개선을 도모할 수 있는가?

논평 1

Meredith A. Rausch

Samantha의 건강한 학교 환경으로의 복귀 관련하여 Gallo 씨의 대응에는 여러 단계가 있습니다. 생태학적 관점에서 볼 때, Samantha를 개인으로서 지원하는 것이 주요 우선순위이며, 가정, 학교, 그리고 외부 시스템 내에서 추가적인 지원을 제공하는 것이 필요합니다. 병원 치료가 필요하였던 학생들의 성공적인 복귀를 보장하는 첫 번째 주요 인물이자 아마도 팀 리더는 학교상담사일 것입니다. Samantha의 복귀를 위한 첫 단계는 Sam과 Gallo 씨 사이에 일관되고 개방적인 대화를 유지하는 것을 포함합니다. 매일 현재 상태를 확인할 수 있도록 약속을 잡는 것은 Gallo 씨가 Sam과 지속적인 관계를 발전시키는 데 도움이 될 수 있습니다. 이는 또한 외모, 감정 표현, 행동의 눈에 띄는 변화를 관찰할 기회를 제공하며, 학생들 사이에서 발생할 수 있는 괴롭힘 문제에 대응할 기회도 제공합니다. Sam에게 현재 소통하기 편안하다고 느끼는 선생님이 있다면, 이 선생님은 멘토십을 제공하고 Sam의 태도나 진전에 대한 추가적인 관점을 제공할 수 있습니다.

둘째, Gallo 씨는 부적절한 온라인 소셜 미디어 사용을 용납하지 않는 환경을 학교 내에 조성하는 데 노력할 수 있습니다. 학생들 대부분의 온라인 활동을 감시할 수 없다는 지침과 관련하여 이것은 어려움을 초래할 수 있지만, Gallo 씨는 교실 지도를 활용하여 디지털 시민권에 대해 논의할 수 있습니다. 시스템 전반적인 지원을 제공하는 또 다른 접근 방식으로, 개학 시즌에 학부모를 대상으로 하는 행사에서 학생들의 온라인 활동을 모니터링하는 부모 지침 메시지를 제공할 수 있습니다.

학교상담사는 다른 시스템과 협력하는 데에도 노력할 수 있습니다. 예를 들어, Gallo 씨가 Samantha의 부모와 일관되고 철저한 소통을 유지하는 데 어려움을 겪었지만, 이전에 병원에 입원하였던 학생들의 부모나 보호자와의 지속적인 관계를 유지하는 것은 학교상담사의 우선순위가 되어야 합니다. 소통에 어려움이 발생할 때, 학교 본부가 개입하여 학교 환경과의 개방적인 소통의 다리를 만드는 것의 중요성을 강조하는 데 도움을 줄 수 있습니다. 이는 병원과 정신건강 전문가로부터의 정보 공개에 대한 서명 동의서가 중요하다는 것을 부모에게 이해시키는 것을 포함합니다. 다각적인 시스템에 걸쳐 연속적으로 관리하는 것은 Samantha의 지속적인 성공과 진전을 위한 기회를 제공할 것입니다. 이미 위기팀이 구축된 학교의 경우, 이러한 팀들은 자살 사고와 시도로 인한 학생 입원에 대한 절차를 만들고 따라야 합니다. 이 사례에서, Samantha와 다른 학생들은 다른 학생의 자살로 인한 자살 전염의 영향을 받을 수 있습니다.

이 사례에서 부모에게 전달되지 않았지만, 학교상담사는 이전에 병원에 입원하였던 학생이 학교로 돌아오면 가장 먼저 알아야 합니다. 이전에 자살을 시도하였던 환자에게 가장 중요한 시간 중 하나는 병원 퇴원 직후의 며칠 몇 주간인데, 많은 학생이 힘들어하는바, 일부는 그 시기에 추가적인 시도를 합니다. 또한 고등학생 연령대에서 자살이 사망 원인 중 세 번째로 큰 원인이라는 것을 인식하는 것은, 모든 학생을 안전하게 유지하는 데 중요한 요소입니다(Kerr, 2009). 상담사는 학생과 자살에 대한 주제를 다루는 것에 대해 주저해서는 안 됩니다. 학생과 자살 사고나 자살 시도에 대한 소통을 시작하는 것은 문제를 논의할 수 있다는 생각에 기반하여 학생에게 안도감을 줄 수 있습니다(Hays, 2017). 정기적으로 학생과 자살 평가를 재검토하는 것은 고통이 다가올 때 신호를 제공할 수 있습니다. 학생이 계획을 가지고 있는지, 그리고 그것이 치명적이며, 가능하며, 구체적인지 묻는 것은 철저한 평가를 위해 필요합니다(Hays, 2017).

Gallo 씨는 교사들과 부모들에게 자살의 일반적인 위험 요인들을 알려 줄 수 있습니다. 이러한 위험 요인에는 무력감이나 절망감, 약물 사용이나 남용, 스트레스 증가, 자살 시도 이력, 감정 표현의 갑작스러운 개선 등이 포함됩니다(Hays, 2017). 이 사례에서 위험 요인에는 Samantha의 완벽주의 경향, 우울증 진단, 타인의 자살에 대한 노출, 그리고 연령이 포함됩니다. 학교상담사는 가능한 한 빨리 부모의 동의를 얻고, 그 후에 긴급 교사 회의를 개최하는 것이 중요합니다. 학교 시작 전에 학생을 정기적으로 만나는 교사들을 포함시키는 것은 직원들에게 더 많은 정보를 제공하고 Sam의 회복에 더 큰 성공 기회를 제공할 것입니다. Gallo 씨는 Samantha의 부모와 병원에 연락을 시도하였지만, 이러한 소통에 어려움을 겪었습니다. 학교 환경, 다른 부모들과의 소통을 가능한 한 통제하고, Sam과 대화하는 데 편안함을 느끼는 개인들로 구성된 지원팀을 활용하면, 부모가 협조하지 않더라도 Samantha를 안전하게 지킬 수 있는 충분한 정보를 제공할 수 있습니다.

지역 교육청은 각 학교 건물 내에서 위기관리팀을 만들고, 이 팀들의 노력을 분기별 회의를 통해 조정하여 절차와 진행 상황을 검토하는 것이 필수적입니다. 자살 위험 평가와 인식을 증가시키는 방법을 논의하고, 온라인 소셜 미디어 괴롭힘, 가십, 학대에 대한 '무관용' 정책을 유지하며, 외부 시스템(예: 병원, 정신건강 전문가)과의 치료를 조정하는 것은 모든 지역청 학생에게 일관된 치료를 제공하는 최선의 방법입니다.

최근 병원 퇴원 후 학생 복귀를 위한 절차를 만드는 것은 상담사들이 학생에게 철저한 관리를 제공할 기회를 줄 것입니다. 학교상담사는 이 복귀의 핵심이 될 수 있습니다. 부모들과 매주 전화 통화나 대면 회의를 진행하고, 정보 공개에 대한 서명된 사본을 보관하며, 학생의 성공 계획과 관련하여 병원과 협력하여 치료의 연속성을 보장하고, 지역사회 내에서 인식을 높이는 것은 모두 이 어려운 복귀를 개선하기 위한 중요한 단계입니다. 이러한 단계들을 학생의 개별 계획에 포함시키고, 필요에 따라 분기별 회의 중에 위기팀 절차를 수정하는 것은 미래의 학생들을 위한 더 안정적이고 철저한 복귀 과정을 가능하게 합니다.

논평 2

Danielle S. Bryant

이전 사건들을 통해 Samantha(이하 Sam)가 학교로 성공적으로 복귀하기 위해 특정한 단계들이 이루어져야 함은 분명합니다. Sam의 부모와의 소통 라인을 확립하는 것은 성공에 있어 중요합니다. 이 연결은 학교상담사가 학교가 어떻게 지원적이고 도움이 될 수 있는지 결정하는 데 기회를 제공하며, Sam의 진전에 관한 가능한 한 많은 정보를 수집할 기회를 제공합니다. 그런 다음 상담사는 Sam의 복귀를 도울 수 있는 모든 직원(예: 관리자, 교사)에게 설명할 시간을 마련할 필요가 있습니다. 선제적으로 행동하는 것이 반응적으로 행동하는 것보다 낫습니다. 선제적으로 행동하기 위해서는 Sam이 학교로 돌아오는 것에 대해 가족과 함께할 프로그램을 설정하는 것이 중요합니다. 이 계획에 추가해야 할 중요한 것 중 하나는 Sam의 건강관리팀과의 소통을 허용하는 서명 동의서입니다. Sam의 학교 결석 예상 기간에 따라, 집에서 학업을 완료할 수 있도록 준비하는 것은 학교에서 뒤처질 수 있다는 불안감을 완화할 수 있습니다. 또한 전화 통화나 짧은 방문을 통해 Sam과 주기적으로 연락하는 것은 그녀가 가족 외의 누군가와 소통할 정도로 중요하다는 것을 보여 줍니다. 청소년들은 종종 부모는 부모니까 '해야 하기 때문에' 그들이 하는 일을 한다고 느낍니다. 그러므로 상담사 같은 '해야 할 필요가 없는' 사람으로부터 카드나 전화를 받는 것이 얼마나 멋질까요. 기억에 남는 생활 이벤트를 되돌아봅시다. 부모, 배우자, 아들, 딸이 아닌 다른 누군가로부터 그 이벤트를 인정하는 카드, 전화 또는 선물을 받았을 때의 기분을 기억해 봅시다. '이 사람이 실제로 기억하였다니 얼마나 좋은가'라는 느낌이 들 때의 기분은 예상치 못한 사람에게서 올 때 다릅니다. "그래, 사람들이 나를 생각하고 신경 쓴다."라는 추가적인 보호막이 됩니다. 시간이 되면, 학교 복귀 전환 회의를 개최하십시오. 이 회의는 학교에 적응할 충분한 시간이 주어지도록 주 초에 이루어져야 합니다. 새로운 것을 시작하고 잘못된 일에 대한 나쁜 감정과 불안이 마음에 곪아 가고 다시 시도할 의욕을 포기하게 할 만큼 충분한 시간이 흐르는 것보다 더 나쁜 것은 없습니다. 부모, 교사, 병원 직원, 학교상담사 등 주요 참여자들과 함께, 이 회의에서 가장 중요한 참석자는 Sam입니다. 이 회의에 Sam은 직접적으로 관여해야 합니다. 왜냐하면 이것은 그녀와 관련이 있기 때문이며, 결정에 일부 참여함으로써 그녀가 통제감을 가질 수 있도록 도울 것입니다.

Sam이 자살 사고로 입원하였다는 사실을 알게 된 후, 학교위기대응팀을 동원하지 못한 것은 학생, 학교, 그리고 지역사회에 해가 되었습니다. 학교위기대응팀의 동원은 자살 예방 정책 및 행정 절차에 따른 상황의 다음 단계를 실행하는 데 있어 기본적입니다. 두 시스템 모두 학생에게 최선을 다하고자 하지만, 두 시스템이 서로 독립적으로 작동할 때, 의사소통과 협업은 어려울 수 있습니다. 관련 정보의 정확성과 각 시스템의 우려사항은 제3자가 메시지를 전달할 때 더 큰 오역의 가능성이 있습니다([그림 1] 참조). 학교위기대응팀의 목표는 모든 학생의 안전과 지원을 보장하는 것입니다. 그들은 회복력을 촉진하고 감정적, 학업적, 그리고 사회적 성공을 장려하는 분위기를 조성하기 위해 설계된 의사소통, 협업, 조정, 그리고 협력 절차를 진행합니다. 시스템의 초기 결함은 네 가지 필수 구성 요소인 의사소통, 협업, 조정, 협력의 붕괴로 이어집니다. 의사소통 실패가 이 모든 일의 시작입니다.

의사소통은 시스템 간의 생각, 우려, 그리고 아이디어의 상호 교환입니다([그림 2] 참조). 정보 수집, 지식, 이해는 목표 달성을 향한 다음 단계를 지원하기 위해 필수적입니다. 이것이 협업으로 이어집니다. 아이디어를 브레인스토밍하고, 전체 시스템 노력을 통해 전략을 생산하고 실행하는 두 시스템의 결합은 필요하며 Sam을 지원하는 데 도움이 됩니다. 그러

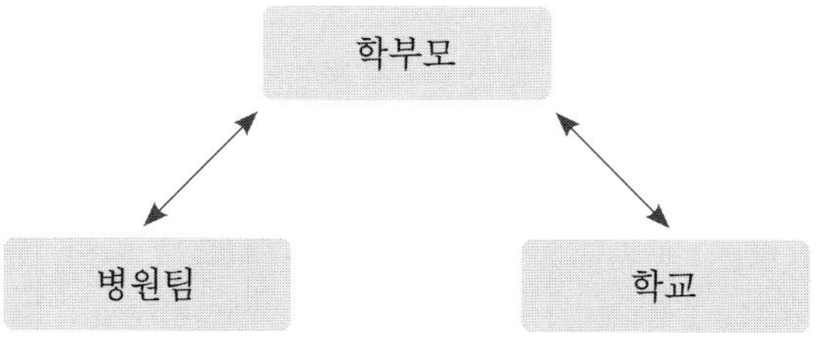

[그림 1] 의사소통 결함

※ 화살표는 커뮤니케이션의 흐름을 보여 준다.

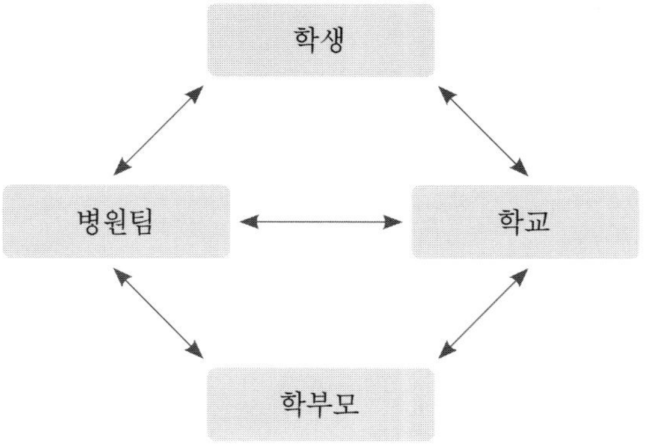

[그림 2] 발전된 시스템 의사소통

※ 화살표는 커뮤니케이션의 흐름을 보여 준다.

고 나서 조정으로 이어집니다. 각 시스템이 공동 목표를 지원하기 위해 자신의 부분을 달성할 수 있도록 자원, 전략, 그리고 수집된 정보를 조직하는 것이 상호 목표입니다. 마지막으로 협력이 있습니다. 모든 시스템은 각자의 개별 목표를 지원하기 위해 함께 일하고, 최종 공동 목표를 달성합니다(이 경우 Sam을 돕는 것, [그림 3] 참조). 이러한 구성 요소 없이는 하나 이상의 수준에서의 시스템 실패가 발생할 가능성이 높습니다.

대부분의 어린이가 정신건강 문제 없이 성장하지만, 조사에 따르면 30년 전보다 오늘날 정신적으로 건강한 어린이와 청소년 수가 감소하였다고 합니다(Mental Health Foundation,

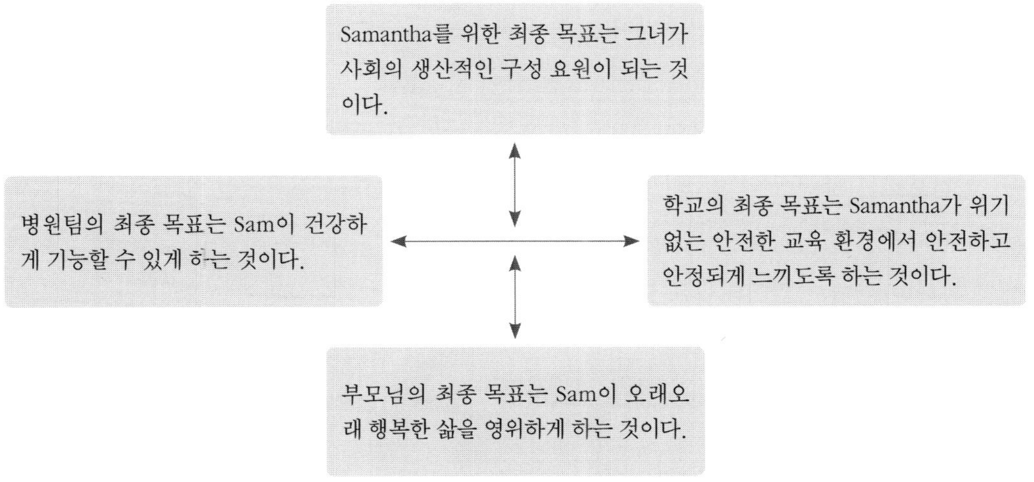

[그림 3] 각 시스템의 최종 목표

※ 화살표는 커뮤니케이션의 협업 목표를 보여 준다.

2018). 그것은 성장하는 경험에 영향을 미치는 사회의 변화 때문일 가능성이 큽니다. 오늘날 우리의 삶의 방식은 30년 전과 매우 다릅니다. 우리 사회가 발전함에 따라 학교에서 청소년에게 나타나는 정신건강 문제를 다루고 시스템 변화를 구현하는 것은 하나의 과정입니다. 우리 청소년들 사이에서 정신건강 불안정성이 증가하는 것과, 정신건강 시스템과 학교 시스템 사이의 단절은 학교상담사가 시스템 개선을 위해 조치를 취할 필요성을 보여 줍니다. 학교상담사가 시스템을 개선하기 위해 취할 수 있는 조치 중 하나는 실용적인 재입학 계획 절차를 보여 주는 개학 전환 계획을 설계하는 것입니다. 이 계획에 포함되어야 하는 것들 중 일부는 학교 자원, 지역사회 자원, 필요성 평가, 그리고 의사소통 절차입니다. 학교상담사는 또한 교육 및 전문 개발을 시작하고, 모든 학교 인원에게 자살 개입 및 예방 교육을 제공한 다음, 동일한 교육 기회를 지역사회에도 확장할 수 있습니다. 또 다른 조치로 학교상담사는 위기 상황에서 협력 및 의뢰를 위해 쉽게 접근할 수 있는 포괄적인 자원 및 서비스 목록을 수집할 수 있습니다.

전환 과정에서의 개선을 촉진하는 것은 전환 계획을 개발하고 사용하는 중요성을 강조하는 인식을 높이는 것으로 달성됩니다. 학교로의 전환을 위한 표준화된 양식을 활용하면 모든 관련자가 동일한 이해를 도모하여 많은 것을 달성할 수 있습니다. 상담사는 가정, 학교, 의료 전문가, 그리고 기타 지원 제공자들 사이의 협력을 개발하기 위해 지역 지원활동 행사를 주최함으로써 개선을 촉진할 수도 있습니다.

정신건강 치료 후 학교로 돌아가는 전환은 사회적으로나 감정적으로 부담이 될 수 있습니다. 당신이 고양이들로 가득 찬 방의 중앙에 있는 어항 속 금붕어라고 상상해 보십시오. 당신은 모든 눈이 당신에게 집중되어 있는 것처럼 주목의 중심이라고 느낄 수 있습니다. 실제로 그렇지 않더라도 말입니다. 당신은 갈 곳이 없고, 탈출할 방법이 없으며, 불안을 완화시켜 줄 지원도 없다고 느낄 수도 있습니다. 당신은 두 가지 선택지가 있다고 결론지었습니다. 한편으로는 당신이 안전하다고 알고 있는 어항에 머무르는 것이지만, 압도적인 감정적, 사회적, 그리고 정신적 불안은 항상 있을 것입니다. 반면에 당신은 피할 수 없는 것에 직면하기 위해 어항에서 뛰어내릴 수도 있습니다. 왜냐하면 당신은 상황이 희망이 없다고 느끼고 단지 정신적 고통을 멈추고 싶기 때문입니다. 이제 같은 상황을 상상해 보십시오. 하지만 저 멀리 희망을 보고 생각해 보십시오. '희망이 나를 볼까, 희망이 나를 도울 수 있을까, 희망이 나를 도울까?' 깊은 곳에서, 당신은 희망이 도울 수 있다는 것을 압니다. 하지만 어떻게 희망의 도움을 받아야 할지 모릅니다. 당신은 무엇을 해야 할지 확신하지 못합니다. 당신은 그저 희망의 주목을 끌어야 한다는 것을 알지만, 어떻게 해야 할까요? 그러므로 당신은 당신이 할 수 있는 일을 하는 것으로 돌아갑니다. 당신의 행동을 바꿉니다. 당신은 자살 행동으로 구현합니다. 그 행동은 어항 주변을 가능한 한 빠르게 헤엄치는 것일 수 있습니다. 물을 최대한 많이 튀기는 것일 수도 있습니다. 아마도 고양이들로 가득 찬 방에서 공중으로 여러 번 뛰어오르는 등 불필요한 위험을 감수하고 있으며 점프할 때마다 이전보다 더 높이 뛰어오르고 있는 것 같습니다. 행동이 어떻게 나타나든, 자살 행동은 의사소통을 시도하는 것임을 이해하는 것이 중요합니다. 즉, 우리는 단지 주의를 기울여야 한다는 것입니다.

학교상담사는 그들의 사회적·감정적 불안을 도울 수 있는 위치에 있습니다. 위기 상황에서 도울 수 있으며, 학교로의 복귀 전환을 도울 수 있습니다. 지속적인 치유로 위기의 여파를 다루고, 회복 과정을 계속하여 학생들이 안전하고 보호받는다고 느끼게 하는 것이 필요합니다(National Education Association Health Information Network, n.d.).

자원 목록

보충 자료

Hicks, B. B. (1990). *Youth suicide: A comprehensive manual for prevention and intervention.* Bloomington, IN: National Educational Service.

Missouri Professional School Counselors and Counselor Educators. (2015, May). *School-wide crisis management plan guide: A professional school counselor's guide to school-wide crisis management.* Retrieved from http://www.missouricareereducation.org/doc/schcrisis/SchoolwideCrisis.pdf

Shore, K. (2011). *The ABC's of bullying prevention: A comprehensive schoolwide approach.* Port Chester, NY: National Professional Resources.

온라인 자료

American Association of Suicidology(AAS)
http://www.suicidology.org

American School Counselor Association(ASCA)
www.schoolcounselor.org

The National Suicide Prevention Lifeline: (800) 273-TALK (8255)

http://www.suicidepreventionlifeline.org

The Prevention Institute

www.preventioninstitute.org/eightstep.html

Signs of Suicide(SOS): (781) 239-0071

www.mentalhealthscreening.org

보충 활동

학습 활동

- 자살예방 및 개입에 대한 교직원 연수 교육 프로그램을 설계하십시오. 설계 개요는 다음을 포함하십시오.

  –연수 발표의 목적

  –프로그램 형식

  ① 대상: 초등, 중학교 또는 고등학교 교직원

  ② 전달 방법: 파워포인트, 비디오 · 교재를 지원하는 프레젠테이션

  –내용

  –주제 소개

  –주제의 핵심사항

  –질의응답 시간

제 **29** 장

제발 나를 도와주세요, 하지만 아이를 어떻게 키우란 말은 하지 마세요

Anna Viviani

배경

10세, 백인, 남자 5학년생인 Tyler Redding의 행동 문제와 학업 성취도 하락을 다루기 위한 개별 교육 계획(IEP) 회의가 예정되었다. Tyler는 5세 때 학교에 다니기 시작한 이래로 윈네바고초등학교에 다니고 있다. 이전 학년에서 그의 행동과 학업 성적은 평균 이상이었다. Tyler의 어머니, Redding 여사는 그가 2학년 때 수학에 어려움을 겪었다고 보고하여, Redding 여사의 요청으로 Tyler는 지난 2년간 수학 개별 지원을 받았다. 또한 Redding 여사는 Tyler가 2학년 때 주의력결핍과잉행동장애(ADHD)로 진단받았으며, 생각날 때만 그리고 약을 살 수 있을 때만 구입하여 약을 복용시킨다고 말하였다. 그리고 진료 의사나 약물 이름을 물어봤을 때 대답하지 못하였다. Tyler의 부모 모두 이 지역사회 출신이며, Tyler와 동일한 학교에 다녔다. Redding 부부는 이혼하였으며, Redding 씨는 작년에 Redding 여사와의 갈등 때문에 다른 주로 이사갔다. Redding 여사는 Redding 씨도 ADHD와 수학 학습장애가 있다고 주장하지만, 그가 어린 시절에 공식적으로 진단받은 것으로는 생각하지 않는다고 하였다. Redding 씨는 다른 주에서 건설 업무를 찾았다. Redding 여사는 작년에 직장을 잃고 여름부터 남자친구집으로 들어가 살고 있다. Redding 여사의 남자친구는 9세와 11세의 두 딸과 함께 살고 있다. Redding 여사는 양육 문서를 제공하기를 꺼렸지만, 그녀는 독점 양육을 하고 있다고 주장하였고 Redding 씨와 연락을 원치 않는다고 말하였다.

사례

Tyler의 행동은 5학년 시작 이후 점점 더 파괴적으로 변하고, 그 결과로 그의 성적도 떨어졌다. Tyler는 일부 친구에게 공격적인 행동을 보이지만 다른 친구들에게는 매우 방어적이다. Tyler는 자주 피곤하고 몸이 좋지 않다고 말한다. 그는 집에서 고립되어 있으며 지하 침실에서 홀로 시간을 보내고 있다고 보고하였다. 그는 학교에서 집으로 걸어가고, 방으로 곧장 가서 새벽 2시 또는 3시까지 비디오 게임을 한다고 보고하였다. Tyler는 그의 어머니가 저녁 식사를 방으로 가져다주거나 방 바깥의 작은 TV가 있는 곳으로 가져다준다고 하였다. Tyler는 매우 늦게까지 TV를 시청하고 최근에는 엄마의 남자친구의 집에서 '유령'을 보기 시작하였다고 보고하였다. 가장 최근에 Tyler는 자살 시도를 하였다. 이는 Tyler가 머리 위에 비닐 봉지를 쓰는 최근 시도를 포함한다. 이 시도는 집에 살고 있는 소녀 중 한 명에 의해 제지되었는데, Tyler는 어머니가 자신에 대해 "신경 쓰지 않는다"며 "차라리 죽는 게 더 행복할 것"이라고 말하며 어머니가 "자신의 삶을 살아갈 수 있게" 해 달라고 말했습니다. 오늘 Redding 여사에게 이 사건을 논의하기 위해 전화하였을 때, Redding 여사는 최근의 시도를 알고 있으며 비닐 봉지를 차고에 숨겨 두고 잠갔다고 보고하였다. 그녀는 오늘 학교에 Tyler를 데리러 오지 않겠다고 거절하였다. 학교상담사가 Redding 여사와 전화하는 동안, Tyler가 정신건강 기관에서 상담을 받도록 권장하였지만 Redding 여사는 "주의를 끌려고 그렇게 하고 있다."라며 도움이 필요하지 않다고 거부하였다. 지금까지 봤을 때, Redding 여사는 문제를 인식하면 학교에 연락하긴 하지만, 대화하기 어려우며, 개별교육 회의 및 기타 공식 회의에 참석하기를 거부한다.

논의

학교상담사는 Tyler의 교실 행동에 대한 추가적인 통찰력을 얻기 위해 그의 선생님들과 상의하였다. 그의 선생님들은 Tyler가 종종 '침울하다'와 '협조하지 않는다'라고 보고하였으며, 그가 활동을 재미있게 여기지 않는 한은 그렇게 보인다. 오전 수업 선생님들은 Tyler가 아침에 아주 피곤하게 학교에 오고 종종 이른 시간에 자려고 시도한다고 보고하였다. 선생님들이 수업에 그를 참여하게 하려고 하면, 그는 수업에 방해가 되어서 교실에서 내보내야 하는 경우가 있다. 이런 일들이 주중에 여러 번 일어나고 있었다. 오후 수업 선생님들은 그를 변덕스럽고 쉽게 흥분하는 것으로 보고하였다. Tyler의 과학 선생님인 Barth 여사는 Tyler가 친구들의 말에 대해 매우 민감하며, 그 말들이 그에게 직접적이지 않거나 그에 대한 것이 아닌 경우에도 그에게 영향을 미친다고 말하였다. 모든 선생님은 주의 집중력의 감소, 작은 과제에도 집중하지 못하는 무능력, 수업 중에 작업지나 과제를 완료하지 않는 것을 보고하였다. Tyler의 선생님들 중 두 명은 두 부모도 가르친 적이 있으며 'Tyler에게 문제가 있는 게 아니라, 그냥 부모가 좋지 않다.'라고 생각한다.

질문들

1. 학교상담사는 어떻게 Redding 여사과 협력하여 Tyler가 필요로 하는 정신건강 서비스를 받을 수 있었는가? 전 남편 Redding 씨에게도 연락해야 하는가? 학교상담사는 어느 시점에서 아동 및 가족 서비스 부서에 연락해야 하는가? 상담사는 부모를 소외시키지 않고 Tyler를 위해 어떻게 옹호할 수 있겠는가?
2. 교장 및 가족을 동원하여 Tyler의 개인적 · 사회적 · 학업적 요구를 더 효과적으로 해결할 팀을 구성할 수 있는가? 학교 환경 내에서 Tyler를 지원하기 위해 어떤 서비스를 제공할 수 있겠는가?
3. 학교상담사는 어떻게 학생들에게 전환 과정에서 도움을 제공하여 줄 수 있겠는가? (예: 이혼, 부모를 잃는 것, 괴롭힘) 학교상담사는 어떻게 유사한 어려움을 겪을 수 있는 다른 학생들을 식별할 수 있겠는가?

논평 1

Sondra Smith-Adcock

Tyler는 고통을 받고 있고, 아마도 우울증에 시달리고 있으며, 도움이 필요합니다. 그의 자살 시도는 치명적일 가능성이 있고, 그는 자신을 다시 해치려는 시도로부터 보호되어야 합니다. Tyler의 학교상담사는 시스템 변화 요소로서의 리더십 역할을 이해하고, 부모, 교사 및 지역사회와 협력하여 학생들을 돕는 역할을 인식하고 있습니다(CACREP, 2009). Tyler의 어머니인 Redding 여사는 "도와주세요, 그러나 아이를 키우는 방식에 대해서는 뭐라고 하지 마세요."라고 말합니다. 이 문장에서 Redding 여사의 긍정적인 의도를 가정해 봅시다. 그녀는 그녀의 아들을 돕고 싶어 합니다. 그녀는 말로만 듣고 싶지 않다고 한 것이지, 대화하길 원합니다. 학교상담사로서 우리는 학생들과 마찬가지로 부모와 함께 깊게 공감하고 문제를 해결하고자 합니다. 이런 방식으로 우리는 부모들이 자녀를 위한 효과적인 옹호자가 되도록 격려합니다(Trusty & Brown, 2005). **파트너십 구축**은 다양한 가족의 다양한 필요에 민감해야 합니다. Tyler의 가족 역시 예외는 아닙니다(Bryan & Henry, 2012).

Tyler의 자살 시도와 약물 문제는 즉각적으로 다뤄져야 합니다. 연방 아동학대 예방 및 치료법 재승인(42 U.S.C. A. §5106g Act of 2010)에 따르면 방임은 아동을 심각한 위험에 빠뜨릴 수 있는 행위 또는 방치(failure to act; 행동을 하지 않는 것)를 의미합니다(Child Welfare Information Gateway, 2012). 비록 아들의 자살 시도를 부인하는 것은 Tyler를 위험에 빠뜨리는 방치로 간주될 수 있지만, 우리는 그녀에게 정신건강 추천에 대한 중요성을 깨달을 수 있는 기회를 제공할 수도 있습니다. 또한 학교상담사는 Tyler의 아버지에게 연락할 수 있을 것입니다. 미국학교상담사학회(ASCA)의 학교상담사를 위한 윤리 기준(2010b)은 법원 명령이 금지하지 않는 한 학생에 관한 중요한 정보를 양쪽 부모 모두에게 제공하기 위해 합리적인 노력을 기울이도록 권장합니다. 그러나 Tyler와 그의 아버지 간의 관계에 대해 알려진 바는 적습니다. 양육 합의서를 얻는 데 노력을 기울여야 할 것입니다.

Tyler의 가족이 Tyler의 경우처럼 많은 역경을 겪을 때(예: 금전문제, 이혼, 정신건강 문제), 학교는 가족 참여에 대해 협력적이라기보다, 교정적인 접근을 취하는 것이 일반적입니다(Amatea, 2008; Bryan, 2005; Tucker, 2009). Redding 여사와의 상호작용에서, 우리는 결핍 대신 가족 자산을 강조하고, 그녀를 협력적이고, 능력 있는 파트너로 여기고자 합니다(Amatea, Smith-Adcock, & Villares, 2006). Amatea(2008)는 (a) 강점을 인정하라, (b) 보호자를 아랫사람이 아닌 동등한 상대로 대우하라, (c) 학생의 어려움을 보호자에게 돌리지 말아라, (d) 일관된 양방향 커뮤니케이션을 확립해라. 등을 권장합니다. Redding 여사는 자신의 목소리가 들리기를 원하고, Tyler를 위한 도움을 원한다고 말하였습니다. 그녀는 이전에 그녀의 아들을 위해 목소리를 내어 왔습니다. 비난 대신에 **재구조화**(reframe)하십시오. Redding 여사는 약물을 얻는 데 금전적인 도움이 필요할 수도 있고, 추천 절차에 대한 추가 정보가 필요할 수도 있습니다. 그녀의 관점을 존중하십시오. 그녀의 의견을 들어주고, Tyler의 정신건강 치료를 위한 옹호를 하십시오.

교사들이 Tyler의 부모를 비난하는 것은 다소 문제가 있어 보입니다. 아이의 어려움을 부모의 탓으로 돌리는 것은 비생산적이며 의미있는 협력의 기회를 제한합니다(Amatea, Mixon, & McCarthy, 2013; Amatea et al., 2006; Tucker, 2009). 교사들이 효과적인 가족 파트너십 구축을 돕는 것에 학교상담사의 리더십이 필요합니다. 교사들이 Redding 여사를, 교육자-전문가 모드, 일방적인 커뮤니케이션과는 반대되는, 협력적이고 상호 결정적인 의사소통 모델에 참여하도록 도와줌으로써, 우리는 학교 교직원에 대한 그녀의 부정적인 태도를 일부 완화하고, Tyler의 정신건강 기관 연계 및 기타 권고사항을 따를 가능성을 높일 수 있습니다(Amatea et al., 2006; Tucker, 2009).

정신건강 상담사로의 연계는 필요하나, Tyler는 학교 안에서 계속되는 다중시스템적인 지원도 필요합니다. Tyler는 학교 기반 개입을 시사하는 여러 우려사항을 이야기하였습니다. 그가 피곤할 때 왜 재우지 않았을까요? 그가 왜 졸려 하는지 알아봐야 합니다. 개별 상담은 또한 학교상담사가 Tyler에게 학교에 있는 동안 직접적인 지원을 제공하고, Tyler의 시각에서 문제를 듣고, 그가 스스로를 위해 옹호하도록 도와주는 기회를 제공합니다. 추가반응형 서비스로는 이혼 아동을 위한 소규모 그룹 활동 및 자살 예방을 위한 학교 전반적인 심리교육이 포함될 수 있습니다.

Tyler는 혼자가 아닙니다. 학교상담사는 학업 성공을 방해하는 문제를 겪는 학생 수의 현실에 매일 직면하고 있습니다(DeKruyf, Auger, & Trice-Black, 2013). 종합적 학교상담 프로그램(CSCP)은 이러한 필요를 중심으로 조직되어 있습니다(ASCA, 2009). 그럼에도 불구하고 추정하기로는 정신건강 도움이 필요한 어린이 중 20% 미만이 도움을 받고 있다고 합니다(Kataoka, Zhang, & Wells, 2002; Maag & Katsiyannis, 2010; President's New Freedom Commission on Mental Health, 2003). 이 사실이 울리는 현실을 다루기 위해 최근에는 아동의 정신건강 문제를 스크리닝하고 개입하여 학교 내외에서 치료를 제공하기 위한 체계적인 노력이 요구되고 있으며, 학교상담사의 역할은 이 보편적인 스크리닝 및 치료 노력에 중요할 것으로 예상됩니다(Erickson & Abel, 2013).

Tyler의 이야기가 특히 영향을 미치고 있는 것은 그가 자살 위험에 처한 어린아이이기 때문입니다. 다른 고려해야 할 문제는 학교상담사가 어린아이들의 자살 위험 수준을 평가하는 방법입니다. 유감스럽게도, 10~24세의 청년들 사이에서 자살은 주요 사망 원인의 네 번째에 해당합니다(Centers for Disease Control and Prevention, 2010). Barrio-Minton(2007)은 어린이의 자살 위험 요인을 개요하고 있는데, Tyler는 이 중에 여러 가지를 충족합니다. 그는 남자아이이며, ADHD가 있으며(이는 충동성을 의미할 수 있음), 무시당한다고 느낍니다. 자살 시도를 통해 스트레스를 견뎌 왔으며 조직적인 시도를 하였습니다. 이는 Tyler를 높은 위험에 처하게 합니다. 학교상담사는 자살 위험 요인에 대해 지식을 갖추고 이에 대처해야 합니다.

이 사건을 관리하는 데 중요한 측면은 학교상담사의 리더십과 옹호 능력에 중점을 둡니다. 시스템 변화 요소로서, Tyler의 학교상담사는 이 사건을 (a) Tyler를 위해 가족-학교-지역사회 협력을 통한 옹호 및 (b) Tyler와 그의 가족의 필요를 충족시키기 위한 시스템적 및 반응적 서비스의 보완의 방법으로 관리할 것입니다.

논평 2

Lourdes M. Rivera

이 사건은 학교와 집에서 정서적 및 심리적 어려움을 겪는 어린이들과 함께 일할 때의 복잡하고 다면적인 측면을 강조하며, 학교상담사가 어려운 전환 기간 동안 학생들을 지원하기 위해 조정해야 할 다양한 도전에 대해 언급합니다. 분명하게, Tyler는 학교에서 장기간 어려움을 겪고 있으며 이것은 가족의 고난과 손실로 인해 더욱 악화되었습니다. 제공된 정보를 기반으로 하였을 때, 학생의 정서적 및 심리적 어려움이 심각하며(최근 자살 시도 및 계속되는 자살 사고), 학생의 안전을 보장하는 것이 우선시되어야 합니다.

제공된 정보에 따르면 학교상담사는 이미 Tyler의 선생님들로부터 가능한 한 많은 정보를 얻음으로써 다른 학교 직원과 협력을 시작하였습니다. 또한 학교상담사는 다른 학교 직원들(예: 사회복지사, 관리자)과 협력함으로써 해당 지역 및 학교지침이 적절하게 이행되도록 보장하는 데 리더 역할을 할 수 있습니다. 다른 직원들과 협력하는 것은 가족을 위한 가능한 자원을 식별하는 과정을 용이하게 할 수도 있습니다. 또한 학교상담사는 자신의 책임을 이행함에 있어 윤리적 및 법적 요구사항을 준수해야 합니다. 이러한 지침을 알고 모든 학교 직원이 인식하도록 하는 것이 중요하며 학교상담사는 이를 보장하기 위해 리더십 역할을 할 수 있습니다.

이상적으로는 Tyler에게 필요한 자원과 정신건강 서비스를 제공하기 위해, 가족(이 경우에는, 보호권을 가진 어머니)과 협력하는 것이 가장 효과적인 전략일 것입니다. 학교상담사는 여전히 Redding 여사를 참여시키기 위한 노력을 기울여야 하며, 이 어려운 상황이 그녀에게 얼마나 힘들 것인지를 이해하고 지원을 전달해야 합니다. 학교상담사는 또한 이러한 상황에서 학교가 준수해야 할 정책과 절차에 대한 정보를 Redding 여사에게 제공해야 합니다. 어머니가 이러한 지침과 요구사항을 이해하도록 돕는 것은 그녀의 협력을 촉진할 수 있습니다.

어머니를 참여시키기 위해 모든 노력을 기울여야 하지만, Tyler의 최근 자살 시도와 그에 대한 어머니의 반응(즉, "그냥 주의를 끌려고 하는 거야."라고 말함) 및 과거에 Tyler의 의료 필요 사항이 어떻게 다루어졌는지(의사 연락 정보를 제공하지 못하거나 처방된 약을 꾸준히 복용하도록 보장하지 않는 등)에 대한 불일치로 인해, 학교상담사는 아동 보호 서비스에 필요한 신고를 할 준비가 되어야 합니다. 이러한 유형의 상황에서 제기된 문제의 복잡성을 고려할 때, 학교상담사들은 아동학대와 방임에 대한 자신들 주변의 주지침을 숙지해야 합니다. 그러나 의심이 들 경우, 아동의 안전을 보장하기 위해 사건을 신고하는 것이 가장 좋은 전략입니다. 특히 이 특별한 경우에서는 어머니가 Tyler의 필요를 해결하기 위해 학교와 협력에 동의하지 않는다면 아동 보호 서비스에 신고하는 것이 가장 현명한 선택일 것입니다.

Tyler의 즉각적인 안전 필요사항이 해결되면, 학교상담사는 계속해서 Tyler가 지원받을 수 있는 학교 환경을 확보하고 그의 교육적 및 정서적 필요를 적절히 충족시킬 수 있도록 리더십 역할을 할 수 있습니다.

학교상담사는 Tyler의 선생님과 다른 학교 직원들과 계속해서 긴밀히 협력하여 그의 진전을 모니터하고 안전하고 지원적인 환경을 제공하는 데 노력해야 합니다. 이는 정기적으로 선생님 및 직원들과 예정된 회의를 갖거나 선생님들에게 업데이트를 제공하도록 장려함으로써 더 공식적인 방법으로 달성할 수 있습니다. 개방적인 의사소통 경로를 유지함으로써 학교상담사는 모든 학교 직원과 긍정적인 근무 관계를 구축하여 모든 학생을 위한 지원적이고 안전한 환경을 조성하는 데 기여할 수 있습니다.

Tyler가 받는 외부 상담 서비스 외에도 학교상담사는 이 학생을 위해 지속적인 학교 내 개별 상담을 제공해야 합니다. 이 지속적인 학교 내 지원은 Tyler의 학업과 교사 및 다른 학생들과의 대인관계를 다룰 수 있으며, 학업에서 긍정적인 진전을 이루도록 돕습니다. 이것은 또한 학교상담사가 Tyler의 진전을 밀착해서 모니터하고 학교의 요구와 기대를 협상하는 데 도움을 줄 것입니다. Tyler가 학교 내 활동과 그룹에 참여하도록 노력해야 하며, 이를 통해 그가 학생들 그리고 다른 성인들과 긍정적인 관계를 개발하는 데 도움을 줄 것입니다. Tyler가 이러한 유형의 활동에 참여하는 것은 그의 고립감을 줄이고 학교에서 친구를 사귈 수 있도록 도움을 줄 것입니다.

모든 학생을 위한 지도자이자 옹호자로서, 학교상담사는 다른 학교 전문가들과(예: 학교심리학자) 협력하여 학교 직원 및 관리자에게 학대, 방임 및 자살의 지표에 대한 내부 교육을 제공할 수 있습니다. 이 교육은 모든 학교 직원이 우려의 지표를 인식하고 서비스가 필요한 학생을 식별할 수 있도록 보장할 수 있습니다. 또한 내부 교육을 통해 학교, 지역 및 법적 정책 정보가 모든 학교 직원에게 공유되고 이해되도록 할 수 있습니다. 학교가 의심되는 아동 학대 또는 방임에 대한 명확한 서면 지침을 마련하지 않았거나 의심되는 자살 사고 사례에 대한 대응을 제공하지 않는 경우, 학교상담사는 다른 학교 직원과 협력하여 이러한 지침을 개발하고 모든 학교 직원에게 공유되도록 보장할 수 있습니다. 초기 발견과 예방은 모든 학교 직원의 책임이며, 정보 공유가 보장되도록 하는 리더십 역할을 수행함으로써 학교상담사는 강력한 영향을 미칠 수 있습니다.

예방은 교정보다 궁극적으로 더 유익하기 때문에 학교상담사는 CSCP의 일부로 학생들이 경험할 수 있는 문제에 대해 교실 프레젠테이션, 수업 및 그룹 활동을 개발하는 데 기여할 수 있습니다(예: 이혼, 우울증). 이러한 노력은 서비스가 필요한 학생을 식별하고 효과적인 대처 전략을 개발할 기회를 제공할 수 있습니다. 이러한 노력의 일환으로 학교 커뮤니티의 모든 구성원(예: 학생 및 교사)에게 학생들을 위한 자원에 대한 정보를 제공하는 것도 유익할 것입니다. 다른 전략은 학부모를 대상으로 학생들이 겪을 수 있는 관련 문제와 어려움에 대한 워크샵을 개최하고 그들과 그들의 자녀를 지원하는 데 사용 가능한 자원에 대해 교육하는 것을 포함할 수 있습니다.

자원 목록

보충 자료

American School Counselor Association. (2015). *The school counselor and child abuse and neglect prevention.* Retrieved from https://www.schoolcounselor.org/asca/media/asca/PositionStatements/PS_ChildAbuse.pdf

Bryant, J. (2009). School counselors and child abuse reporting: A national survey. *Professional School Counseling, 12*(5), 333-342.

Bryant, J., & Milsom, A. (2005). Child abuse reporting by school counselors. *Professional School Counseling, 9*(1), 63-71.

Gibbons, M. M. (2008). Suicide awareness training for faculty and staff: A training model for school counselors. *Professional School Counseling, 11*(4), 272-276.

U.S. Department of Health and Human Services, Administration for Children and Families, Administration on Children, Youth, and Families, Children's Bureau. (2015). *Child maltreatment 2013*. Retrieved from: http://www.acf.hhs.gov/programs/cb/research-data-technology/ statistics-research/child-maltreatment

온라인 자료

American School Counselor Association(ASCA)

http://www.schoolcounselor.org/

National Center for the Prevention of Youth Suicide

http://www.suicidology.org/ncypys/about

제30장

만약 우리가 포함되지 않는다면, 어떻게 같이 일할 수 있을까

Dawnette Cigrand

배경

실버 오크라는 주거치료시설(residential treatment facility)은 18년 동안 포리스터 시골 학군에서 위기에 처한 고등학교 학생들에게 서비스를 제공해 왔다. 이 학생들 중 대부분은 지역 대안 학교에 다니고 있으며, 일부는 프로그램 진행 상황에 따라 지역 공립 고등학교에 통합되었다. 이 치료 시설과 학군 간의 관계는 잘 되어 있었으므로 양측 행정부는 5세부터 12세까지의 초등학교 연령 대상 프로그램을 포함한 그룹홈의 확장에 협력하기로 합의하였다.

사례

그 다음 여름에, 실버 오크 치료 시설의 행정부는, 가을 학기 초등학생을 위한 계약을 진행하고 수락하였다. 포리스터 학군은 이전에 학생들을 실버 오크에 보내는 과정에 참여하지 않았으므로 이 과정에 참여하지 않았다. 실버 오크 행정자인 Marbley 씨는 세 명의 학생을 수락한 후, 이 학생들의 초등학교로의 전환에 대해 논의하기 위해 학군 직원들과의 회의를 요청하였다. 학교 교장인 Abbott 씨, 특수 교육 교사인 Clariton 씨 및 학교상담사인 Bouch 씨는 이 학생들을 위한 전환 계획을 개발하기 위해 실버 오크 행정자와 회의를 하도록 요청받았다. 이 회의를 통해 Bouch 상담사는 세 명의 학생이 '매우 필요'로 체크되었음을 알게 되었고, 이 중 한 학생은 Caden인데, 그는 그룹홈에서 절대 한 직원과 있어서는 안 되는 학생으로 간주되었음을 알게 되었다. 즉, 항상 두 명의 직원이 'Caden'과 함께 있어야 한다는 것이다.

세 명의 학생 모두 개별 교육 계획(IEP)을 가지고 학교로 오게 되었다. Caden의 경우 특히 IEP가 매우 방대하였는데, 그의 IEP 서류더미가 담긴 상자가 포리스터 학군 사무실에 배달되었다. 포리스터초등학교에는 이미 학군 내 학생들의 필요를 충족시키기 위한 경험 있는 교사와 학교 교직원이 있었지만, 이러한 학생들의 IEP 요구사항을 충족시키기 위해 추가 교직원 고용에 총력을 기울여야 하였다. 학생들의 안정성과 추가 교직원을 고용하는 긴급성을 고려하여 실버 오크 주거치료시설의 한 구성원이 Caden과 함께 학교에서 보조 교사 역할을 하기로 결정되었다.

3학년으로 입학한 Caden은 반응성애착장애를 비롯한 여러 진단을 받았다. Caden이 항상 두 명의 교직원을 필요로 하는 주된 이유는 그가 교직원에게 매우 공격적일 수 있기 때문이며, 안전을 위해 두 명의 성인이 필요하였다. 주거치료시설을 통해 Caden은 정기적으로 정신과 의사를 만나 약물을 관리하며, 사회복지사가 모든 학생과 함께 그룹 상담을 진행하였다. 나의 역할은 학교에서 그의 행동 문제를 지원하는 것이었다.

논의

Caden의 학교 전환은 최상의 상황에서도 원활하지 않았다. 첫 주에 그는 교직원들을 위협하거나 때리려 시도하며, 급식실에서 점심용 식판을 던지고, 학교 건물에서 도망가려 시도하였다. Bouch 상담사를 포함한 일부 학교 직원들은 위기 예방 연구소의 비폭력 위기 대응 교육(the Crisis Prevention Institute's Nonviolent Crisis Intervention)을 받았으며, 이러한 제재를 한 주 동안 여러 차례 시행해야 하였다. 훈련을 받지 않은 다른 많은 학교 직원도 Caden과 이런 경험을 하였다. 다양한 학교 환경에서의 행동 관찰을 통해 학교상담사는 Caden 및 그의 행동 발작을 두려워하는 몇몇 교직원과 학생이 있음을 확실히 알게 되었다. 게다가 학교 직원들은 Caden이 실버 오크에서 잘 지내지 못하고 있다는 것을 알게 되었다. 이미 그와 함께 일한 두 명의 직원이 퇴사한 상태였다. 학교 행정진은 Caden에게 적절한 서비스를 제공할 자격이 있는 직원이 있는지 궁금해하였다. 그렇지 않다면, 포리스터 행정팀은 이것이 Caden의 학교에서의 행동에 어떤 영향을 미치는지도 궁금해하였다.

게다가 학부모들은 자신들의 자녀로부터 학군 내 Caden의 폭력적인 행동에 대해 들었으며 우려를 가지고 행정부에 전화를 걸고 있었다. 훈련받은 전문가로서 학교팀은 이러한 특별한 필요를 가진 학생들에게는 전환 과정이 매우 어렵다는 것을 알고 있었으며 처음에 이러한 유형의 행동을 예상하였다. 그럼에도 불구하고 직원과 학생들은 위협을 느끼고, 학부모들은 자녀들을 걱정하고 있었다. 폭력적인 행동을 가진 학생들과 경험이 가장 풍부한 학교 내 전문가로서 학교상담사인 Bouch 씨는 교장의 요청으로 직원을 위한 교육 및 우려하는 학부모들과의 협력 계획을 개발하도록 하였다.

질문들

1. 공격적인 행동을 하는 학생들을 다루기 위해 어떻게 학교 직원들을 준비시키겠는가?
2. 학교와 주거치료시설의 구성원을 공유하여 이 유형의 학생을 지원할 것을 권장하겠는가? 그 이유는 무엇인가?
3. 이 상황에서 학부모들과 어떻게 협력하면서 주거치료시설 학생들의 FERPA(1974년 「가족 교육 권리 및 개인 정보 보호법」) 권리를 보호하겠는가?
4. IEP를 가진 학생의 권리와 정규 교육을 받는 학생들의 권리가 충돌하는 시점은 언제인가?
5. 이와 같은 상황에서 학교상담사의 역할은 무엇인가?

논평 1

Eric R. Baltrinic

학교의 모든 구성원이 폭력적인 행동을 보이는 아동을 지원하는 데 필요한 기술 수준을 이해하고 평가하는 것이 매우 중요합니다. 비폭력 위기 대응 교육을 받은 '선택된' 일부 직원 구성원을 기반으로 하여 Caden 및 다른 학생들의 행동을 식별하고 대응(반응이 아닌)하는 데 도움을 주는 교육을 권장합니다. 긍정적 행동 지원에 대한 교육(http://www.apbs.org/)도 이 분야에서 도움이 될 수 있습니다. Caden의 행동(즉, 공격적인 발작)에 기여하는 반응성 애착장애로 어려움을 겪는 아동을 보는 것은 괴롭습니다. Caden의 행동은 학교 직원들에게 정서적 및 심리적 부담을 줄 수 있습니다. 학교 직원이 제공하는 중재가 (a) 학생의 행동을 개인적으로 받아들이거나, (b) 문제 해결로 너무 빨리 진행되거나 또는 (c) 징계 조치를 너무 빨리 시행할 때 학생의 행동을 고조시킬 수 있으므로 주의가 필요합니다. 학생들은 친구의 공격적인 행동에 대응하는 법을 배울 필요가 있기 때문에, 학교 직원들의 친사회적인 반응 행동은 다른 학생들에게 모델이 될 필요가 있습니다. 위기 수준의 행동이 되기 전에 학생의 행동을 진정시키는 것이 이상적인 결과입니다. 협력적 문제 해결 교육(http://www.ccps.info/; http://www.livesinthebalance.org/; http://www.thinkkids.org/를 참조)도 이 분야에 도움이 될 수 있습니다. 심각한 행동을 다룰 때 학교 직원들에게 추가적인 시간과 에너지가 필요하므로 학교상담사가 직원들와 자주 접촉하여 중재의 질과 일관성을 평가하는 것이 중요합니다. 동기부여 인터뷰 교육(http://www.motivationalinterviewing.org/)도 이 분야에 도움이 될 수 있습니다. 마지막으로, Caden은 머리를 식히고, 때로는 작업을 완료할 수 있는 지정된 공간(예: 보조 교사가 지켜볼 수 있는 공간)이 있으면 도움이 될 것입니다.

저는, 실버 오크의 업무를 수행하기 위해 소환되는 것을 방지하는 명시적인 조항이 없이, 주거치료시설 직원이 학교에 상근 직원이 되어, 주거치료시설과 학교에서 공유되는 것을 권장하지 않습니다. 아마도 다른 교직원(예: 훈련받은 중재 전문가)이 고용될 때까지, 앞서 언급한 조건하에서 주거치료시설 직원과의 단기 계약 체결이 가능할 수 있을 것입니다.

포리스터 시골 학군은 지역사회의 선봉에 서야 하는 책임이 있습니다. Caden의 행동에 영향을 받는 학생들의 학부모들은 Caden의 문제의 본질(즉, 반응성애착장애) 또는 특수 교육 상태(즉, IEP 서비스 범주)를 모른 채, 개별 사례로 자문을 받게 됩니다. IEP 서비스 범주는 교실 적응, 배치 제한 수준 및 행동 개입의 구성을 지원하는 지침이지만, 특수 교육을 받는 학생들이 다른 학생들의 권리를 위반할 때는 징계 조치를 배제하지 않습니다. 학교 직원들은 Caden과 함께 상호작용하는 방식을 필요에 따라 지속적으로 수정하고 그의 적응 및 배치의 효과를 평가해야 합니다. 전반적으로 Caden의 배치의 제한성을 줄이기(예: 주거치료시설에서 정규 학교 배치로) 위해서는 정규 학교 학생으로 통합될 때 더 강화된 학교 교직원 지원이 필요합니다.

모든 학생은 무료 공립 교육을 받을 권리가 있습니다. 그러나 학생들은 상대적으로 안전한 환경에서 교육에 접근할 권리도 가지고 있습니다. IEP를 가진 학생들의 알려진 또는 예측 가능한 폭력적 행동으로부터 일반 학생들에게 위험이 최소화되도록 보장하는 안전장치가 마련되어야 합니다. 예를 들어, 학교 교직원이 Caden의 행동을 진정시키는 방법을 알고 있고, 위기 상황에서 Caden을 위한 안전하게 격리된 공간이 있다는 중요성을 강조할 필요가 있습니다. 그러나 Caden이 계속해서 학교 친구들로부터 고립되면, 그는 일반 학교 내에서 사회화의 기회를 부여받지 못하게 되며, 이로 인해 주거치료시설에서 정규 학교 환경으로의 배치 변경이 어려울 수 있습니다.

이러한 사례의 강도를 고려할 때, 학교상담사의 역할은 무엇입니까? 학교상담사는 Caden과 다른 학교 직원들을 다음과 같은 방법으로 지원할 수 있습니다.

- 질문 1에서 설명한 주제에 대한 학교 교직원 및 행정부에 대한 교육 제공(예: 동기부여 인터뷰, 긍정적 행동 지원 및 협력적 문제 해결 등)
- 개인 안전, 괴롭힘 행동과 같은 주제에 대한 생활 지도 수업을 제공하여 Caden과 유사한 행동을 보이는 학생들에게 반응적일 수 있도록 돕는 것
- 행동 개입 계획 및 실행에 참여하고 핵심적인 학교 교직원 구성원과 협의
- 학교 행정진과 함께 학부모 상담에 참여
- 학교 교직원 구성원의 자기 관리에 대한 본보기 및 정보 제공

논평 2

Tarrell Awe Agahe Portman

포리스터 학군의 시골적인 환경은 이 사례에 독특한 측면을 더합니다. 과거 실버 오크 주거치료시설와 학군 간의 밀접한 협력관계는 긍정적인 관계로 보입니다. Caden의 행동의 본질과 다른 학생들에 미치는 영향은 시골 지역사회에서 '알려진' 문제로 보이며, 이는 해당 어린이와 주거치료시설의 다른 어린이에게 낙인을 찍을 수 있는 잠재적인 가능성이 있습니다. 이러한 시골 문화는 학생, 직원 및 지역사회의 필요를 해결할 때 고려되어야 합니다.

만약 제가 Bouch 상담사라면, 교직원, 교사, 행정가, 지역 자원봉사자 및 동급 학생들이 안전 문제를 어떻게 다루어야 하는지를 이해할 수 있는 전문성과 교육 자료의 개발을 최우선 과제로 삼고 싶습니다. 이것은 여러 수준에서의 교육을 필요로 합니다. 먼저, 3학년생들과 함께 교실 내 사회 기술 훈련 수업을 준비하여 동급 학생들 사이의 사회 상호작용을 다루는 소규모 그룹을 만들 것이며, 기본적으로 다른 학생들에게 행동 발작에 대한 반응(또는 비반응)을 가르치게 될 것입니다. 교사들을 위한 교육 자료를 준비하는 과정에는 공격적인 행

동을 일으킬 수 있는 다양한 진단을 이해하는 데 도움이 되는 자원을 활용할 것입니다. 행동 발작을 진정시키거나 예방하는 데 사용될 수 있는 개입 및 전략도 다룰 것입니다. 학교상담사로서 교사 위원회를 구성하여 교사들의 관점에서 본 즉각적인 필요사항을 해결할 수 있는 전문성 개발 행사, 기회 또는 교육을 개발할 것이며, 이 상황을 해결하기 위해 전문성 개발 자금을 지원하도록 촉진할 것입니다.

제가 권장하고 싶은 것은 학군, 주거치료시설, 지역 인적 자원 부문 및 기타 교육 지원 기관이 Caden을 지원하기 위해 직원을 공유하는 데 함께 협력해야 한다는 것입니다. 이러한 협정은 Caden의 IEP에 '지원 시스템'으로 명확하게 기재되어야 하며 할당된 시간의 백분율과 구체적인 시간 범위가 설정되어야 합니다. 인적 자원 부서(Department of Human Services)의 사회복지사, 치료 전문가 및 사례관리자는 주거치료시설 치료 계획의 활동적인 일부가 되어야 하며 학군 학사 적응 계획에 포함되어야 합니다. IEP에는 필요할 때 학교 환경에서 주거치료시설로 이동하는 단계가 명확하게 구체화된 행동 관리 계획도 포함되어야 합니다.

학군별 부모 교육은 Caden만이 아닌 모든 어린이에게 중점을 두어 진행할 필요가 있습니다. 지역사회에서 예방 및 치료 역할에 대한 교육은 또한 이러한 상황을 이해하고 대응하기 위한 준비에 도움이 될 것입니다. 자신의 아이들을 우려하는 부모들은 지역사회의 대화에서 실버 오크에 대한 자신의 관점을 나타낼 수 있습니다. 지역사회의 많은 사람이 이미 다른 사회적 또는 종교적 모임을 통해 실버 오크의 어린이들과 관여하고 있을 수 있습니다. 지역사회에게 FERPA(「가족 교육 권리 및 개인 정보 보호법」) 권리, 실버 오크가 제공하는 서비스 및 학군이 모든 어린이에게 서비스를 제공해야 하는 책임에 대한 교육이 필요합니다. 이는 그들의 지역사회 기여에 대한 인정을 얻기 위해, 학교상담사와 실버 오크 직원이 다양한 지역사회 집단에 발표할 수 있습니다. 이를 통해 학부모들에게 그들의 자녀 교육에 차질이 없음을 확신시켜 줄 필요가 있습니다.

모든 학생은 안전한 학습 환경 내에서 교육을 받을 권리가 있습니다. IEP 또는 1973년 「재활법」 504조에 따른 계획을 가진 학생들은 연방법에 따라 추가 권리를 가지게 됩니다. 한 학생의 행동이 다른 학생들의 학습 환경에 영향을 미칠 때, 모든 학생에게 교육적 영향을 최소화하는 방식으로 상황을 해결하는 것은 훈련된 전문가들의 책임입니다. 이러한 조치에는 인력, 물리적 위치 변경, 수업, 쉬는 시간 또는 점심시간 일정의 변경이 필요할 수 있으며, 다른 '상자 밖(범주 외)' 사고의 예가 필요할 수 있습니다. 이러한 결정은 치료 전문가 및 부모를 포함한 다학제적 팀의 영역 내에 있습니다. 이 상황에서 학교상담사의 역할은 팀의 구성원으로서 학교 관리자와 함께 학교 환경의 전반적인 문화 관리자로서의 역할을 하는 것이다.

이 경우 학교 관리자는 특정 어린이의 행동에 대해 다른 사람들을 준비시키는 것과 관련한 직접적인 책임을 학교상담사에게 부여하였습니다. 학교상담사는 이 요청을 충족하기 위한 계획을 상담하고 연구하고 개발해야 합니다. 그러나 학교상담사는 팀의 구성원 중 하나일 뿐 '슈퍼히어로'가 아닙니다(ASCA, 2010b).

자원 목록

보충 자료

Ingram, B. (n.d.). *Trauma informed approaches to classroom management.* https://achieve.lausd.net/cms/lib/CA01000043/Centricity/Domain/260/Trauma%20Informed%20Approaches%20to%20Classroom%20Management.pdf

Mazher, W. (2018). Teaching students with learning disabilities to cope in middle school. *The Clearing House: A Journal of Educational Strategies, Issues and Ideas.* Published online March 1, 2018. doi:10.1080/0009865 5.2018.1436822

Mumbauer, J., & Kelchner, V. (2017). Promoting mental health literacy through bibliotherapy in school-based settings (conceptual). *Professional School Counseling, 21*(1), 85-94. https://doi.org/10.5330/1096-2409-21.1.85

Trauma and Learning Policy Initiative. (2005). *Helping traumatized children learn: A report and policy agenda.* Retrieved from https://traumasensitiveschools.org/tlpi-publications/download-a-free-copy-of-helping-traumatized-children-learn/

온라인 자료

Children, Violence and Trauma-Interventions in Schools
https://www.youtube.com/watch?v=49GzqPP7YYk

Trauma-Informed Practices: Resources for School Counselors
http://forhighschoolcounselors.blogspot.com/2017/06/trauma-informed-practices-resources-for.html

보충 활동

- 아동들을 위한 거주 시설이나 치료 센터를 방문해 보십시오. 방문 전, 직후, 일주일 후에 일지를 작성해 봅시다. 학군과 관련하여 환경에 대한 여러분의 생각은 무엇입니까?
- 자문 모델에 대한 온라인 검색을 진행하십시오. 하나를 선택하고 제시된 사건을 사용하여 다양한 단계를 적용합니다. 가상의 학교상담 회의에서 발표할 가상 프레젠테이션을 작성해 봅시다. 어떤 측면에 중점을 둘 것입니까? 그 이유는 무엇입니까?

참고문헌

Alexander, K., & Alexander, M. D. (2011). *American public school law* (8th ed.). Belmont, CA: Thomson West.

Altschul, I., Oyserman, D., & Bybee, D. (2006). Racial-ethnic identity in mid-adolescence: Content and change as predictors of academic achievement. *Child Development, 77*(5), 1155-1169.

Amatea, E. (2008). *Building culturally responsive family-school partnerships*. Boston, MA: Allyn & Bacon.

Amatea, E. S., Daniels, H. D., Bringman, N., & Vandiver, F. (2004). Strengthening counselor-teacher-family connections: The family-school collaborative consultation project. *Professional School Counseling, 8*(1), 47-55.

Amatea, E. S., Mixon, K., & McCarthy, S. (2013). Preparing future teachers to collaborate with families: Contributions of family systems counselors to a teacher preparation program. *Family Journal, 21*(2), 136-145.

Amatea, E. S., Smith-Adcock, S., & Villares, E. (2006). From family deficit to family strength: Viewing families' contributions to children's learning from a family resilience perspective. *Professional School Counseling, 9*(3), 177-187.

American Counseling Association. (2014). *ACA code of ethics*. Alexandria, VA: Author.

American Mental Health Counselors Association. (2010). *Principles for AMHCA code of ethics*. Retrieved from: http://ethics.iit.edu/ecodes/ node/5125

American School Counselor Association. (2005). *The ASCA national model: A framework for school counseling programs*. Alexandria, VA: Author.

American School Counselor Association. (2009). *The school counselor and student mental health*. Alexandria, VA: Author. Retrieved from http://schoolcounselor.org/asca/media/asca/PositionStatements/ PS_StudentMentalHealth.pdf

American School Counselor Association. (2010). *Ethical standards for school counselors*. Alexandria, VA: Author.

American School Counselor Association. (2012a). *The ASCA National Model: A framework for school counseling programs* (3rd ed.). Alexandria, VA: Author.

American School Counselor Association. (2012b). *ASCA school counselor competencies*. Retrieved from http://www.schoolcounselor.org/asca/ media/asca/home/SCCompetencies.pdf

American School Counselor Association. (2013). *The school counselor and safe schools and crisis response* [Position statement]. Retrieved from https://www.schoolcounselor.org/asca/media/asca/PositionStatements/PS_SafeSchools.pdf

American School Counselor Association. (2014a). *ASCA mindsets & behaviors for student success: K−12 college-and career-readiness standards for every student*. Alexandria, VA: Author.

American School Counselor Association. (2014b). *The school counselor and confidentiality* [Position statement]. Retrieved from https://www. schoolcounselor.org/asca/media/asca/PositionStatements/PS_Confidentiality.pdf

American School Counselor Association. (2014c). *The school counselor and group counseling* [Position statement]. Retrieved from https://www. schoolcounselor.org/asca/media/asca/PositionStatements/PS_Group-Counseling.pdf

American School Counselor Association. (2014d). *The school counselor and multitiered systems of support* [Position statement]. Retrieved November 21, 2015, from https://www. schoolcounselor.org/asca/ media/asca/PositionStatements/PS_MultitieredSupportSystem.pdf

American School Counselor Association. (2016). *Ethical standards for school counselors*. Alexandria, VA: Author. Retrieved from: https:// www.schoolcounselor.org/asca/media/asca/Ethics/EthicalStandards2016.pdf

American School Counselor Association. (2018). *Role of the school counselor*. Alexandria, VA: Author. Retrieved from https://www. schoolcounselor.org/administrators/role-of-the-school-counselor

American School Counselor Association. (n.d.-a). *Appropriate and inappropriate roles for school counselors*. Alexandria, VA: Author. Retrieved from http://www.schoolcounselor.org/asca/media/asca/home/ appropriate-activities-of-school-counselors.pdf

American School Counselor Association. (n.d.-b). *Information for administrators*. Retrieved November 20, 2015, from http://www.schoolcounselor. org/administrators

Anyon, J. (1981). Social class and school knowledge. *Curriculum Inquiry, 11*(1), 3-42.

Arredondo, P., Toporek, M. S., Brown, S., Jones, J., Locke, D. C., Sanchez, J., & Stadler, H. (1996) *Operationalization of the multicultural counseling competencies*. AMCD: Alexandria, VA.

Assistant Secretary for Planning and Evaluation, U.S. Department of Health and Human Services. (2008). *What challenges are boys facing, and what opportunities exist to address those challenges?* [Fact sheet: Mental health]. Washington, DC: U.S. Department of Health and Human Services. Retrieved from http://aspe.hhs.gov/hsp/08/boys/factsheets/ mh/index.shtml

Association for Counseling Education and Supervision. (2011). *Best practices in clinical supervision*. Retrieved from: http://www.acesonline. net/wpcontent/uploads/2011/10/ACES-Best-Practices-in-clinical supervision-document-FINAL.pdf

Association for Specialists in Group Work. (2000). ASGW professional standards for the training of group workers. *The Journal for Specialists in Group Work, 25*, 327-342.

Astramovich, R. A., & Harris, K. R. (2007). Promoting self-advocacy among minority students in school counseling. *Journal of Counseling & Development*, *85*, 269-276.

Astramovich, R. A., Hoskins, W. J., & Coker, J. K. (2013). *Organizing and evaluating data driven school counseling programs*. Dubuque, IA: Kendall Hunt.

Bandura, A. (1997). *Self-efficacy: The exercise of control*. New York, NY: Macmillan.

Barrio-Minton, C. A. (2007). Assessing suicide risk in children: Guidelines for developmentally appropriate interviewing. *Journal of Mental Health Counseling, 29*(1), 50-66.

Bathje, G. J., & Pryor, J. B. (2011). The relationships of public and self-stigma to seeking mental health services. *Journal of Mental Health Counseling*, *33*(2), 161-176.

Bemak, F., & Chung, R. (2008). New professional roles and advocacy strategies for school counselors: A multicultural/social justice perspective to move beyond the nice counselor syndrome. *Journal of Counseling & Development, 86,* 372-281.

Benson, P. (2004). Emerging themes in research on adolescent spiritual and religious development. *Applied Developmental Science*, *8*(1), 47-50.

Bernard, J. M., & Goodyear, R. K. (1998). *Fundamentals of clinical supervision* (2nd ed.). Boston, MA: Allyn and Bacon.

Bernard, J. M., & Goodyear, R. K. (2004). *Fundamentals of clinical supervision* (3rd ed.) New York, NY: Pearson.

Bethell, C. D., Carle, A., Hudziak, J., Gombojav, N., Powers, K., Wade, R., & Braveman, P. (2017). Methods to assess adverse childhood experiences of children and families: toward approaches to promote child well-being in policy and practice. *Academic Pediatrics*, *17*, S51-S69. https://doi.org/10.1016/j.acap.2017.04.161

Biaggio, M., Orchard, S., Larson, J., Petrino, K., & Mihara, R. (2003). Guidelines for gay/lesbian/bisexual-affirmative educational practices in psychology programs. *Professional Psychology: Research and Practice, 34,* 548-554.

Bidell, M. P. (2005). The Sexual Orientation Counselor Competency Scale: Assessing attitudes, skills, and knowledge of counselors working with lesbian, gay, and bisexual clients. *Counselor Education and Supervision, 44*, 267-279.

Bikos, L.H., Haney, D., Edwards, R. W., North, M.A., Quint, M., McLellan, J., & Ecker, D. L. (2014). Missionary kid career development: A consensual qualitative research investigation through a social cognitive lens. *The Career Development Quarterly, 62,* 156-174. doi:10.1002/j.2161-0045.2014.00077.x

Blount, A. J. & Mullen, P. R. (2015). Development of an integrative wellness model: Supervising counselors-in-training. *The Professional Counselor, 5,* 100-113.

Borders, L. D., & Usher, C. H. (1992). Post-degree supervision: Existing and preferred practices. *Journal of Counseling & Development*, *70*, 594-599.

Bordin, E. S. (1979). The generalizability of the psychoanalytic concept of the working alliance. *Psychotherapy: Theory, Research & Practice, 16*, 252-260. http://psycnet.apa.org/doi/10.1037/h0085885

Bosworth, K., Espelage, D., & Simon, T. (1999). Factors associated with bullying behavior in middle school students. *The Journal of Early Adolescence, 19,* 341-352.

Brock, S. E., Lazarus, P. L., & Jimerson, S. R. (2002). *Best practices in school crisis prevention and intervention.* Bethesda, MD: NASP.

Brock, S. E., Sandoval, J., & Lewis, S. (2001). *Preparing for crises in the schools: A manual for building school crisis response teams.* New York, NY: Wiley.

Broderick, P, & Blewitt, P. (2015). *The life span: Human development for the helping professionals.* Upper Saddle River, NJ: Pearson Education.

Bronfenbrenner, U. (1979). *The ecology of human development: Experiments by nature and design.* Cambridge, MA: Harvard University Press.

Brown, D., Feit, S., & Forestandi, R. (1973). Career education: The counselor's role. *School Counselor, 20*, 193-196.

Brown, K., & Bradley, L. (2002). Reducing the stigma of mental illness. *Journal of Mental Health Counseling*, *24*(1), 81-87.

Bryan, J. (2005). Fostering educational resilience and academic achievement in urban schools through school-family-community partnerships. *Professional School Counseling, 8,* 219-227.

Bryan, J., & Henry, L. (2012). A model for building school-family-community partnerships: Principles and processes. *Journal of Counseling & Development, 90*, 408-420.

Bucher, R. (2008). *Building cultural intelligence (CQ): Nine megaskills.* Upper Saddle River, NJ: Pearson Education.

Burnham, J. J., & Jackson, C. M. (2000). School counselor roles: Discrepancies between actual practice and existing models. *Professional School Counseling*, *4*, 41-49.

Burns, M. K., & Gibbons, K. (2013). *Implementing response-to-intervention in elementary and secondary schools: Procedures to assure scientific-based practices*. New York, NY: Routledge.

Calia, V. F., & Corsini, R. J. (1973). *Critical incidents in school counseling*. Englewood Cliffs, NJ: Prentice-Hall.

Campbell-Whatley, G. D., & Comer, J. (2000). Self-concept and African-American student achievement: Related issues of ethics, power and privilege. *Teacher Education and Special Education: The Journal of the Teacher Education Division of the Council for Exceptional Children*, *23*(1), 19-31.

Capuzzi, D. (2002). Legal and ethical challenges in counseling suicidal students. *Professional School Counseling*, *6*(1), 36-46.

Carey, J. D., Harrington, K., Martin, I., & Hoffman, D. (2012). A statewide evaluation of the outcomes of the implementation of ASCA National Model school counseling programs in rural and suburban Nebraska high schools. *Professional School Counseling*, *16*(2), 100-107.

Carter, R. B., Spera, S., & Hall, M. H. (1992). A guidance and counseling needs assessment for a rural, multi-cultural K-8 school. *Education*, *113*(1), 19.

Center for Mental Health in Schools at UCLA. (2008). *Responding to a crisis at a school*. Los Angeles, CA: Author. Retrieved from http://smhp. psych.ucla.edu/pdfdocs/crisis/crisis.pdf

Centers for Disease Control and Prevention. (2010). Youth risk behavior surveillance-United States, 2009. *Surveillance Summaries*, *59*(5), 1-142. Retrieved from http://www.cdc.gov/mmwr/pdf/ss/ss5905.pdf

Chen-Hayes, S. F., Ockerman, M. S., & Mason, E. C. M. (2014). *101 solutions for school counselors and leaders in challenging times*. Thousand Oaks, CA: Corwin Press.

Child Welfare Information Gateway. (2012). *Acts of omission: An overview of child neglect*. Retrieved from https://www.childwelfare.gov/pubPDFs/ acts.pdf#page=2&view=Definitions

Clifton, L. (1983). *Everett Anderson's goodbye*. New York, NY: Henry Holt.

Cohen, D. J., Clark, E. C., Lawson, P. J., Casucci, B. A., & Flocke, S. A. (2011). Identifying teachable moments for health behavior counseling in primary care. *Patient Education Counseling*, *85*, 8-15. doi:10.1016/j. pec.2010.11.009

Colistra, A., & Brown-Rice, K. (2011). *When the rubber hits the road: Applying multicultural competencies in cross-cultural supervision*. Retrieved from: http://counselingoutfitters.com/vistas/vistas11/Article_43.pdf

Committee for Children. (2011). *Second Step: A violence prevention curriculum*. Seattle, WA: Author.

Constantine, M. G., & Sue, D. W. (2007). Perceptions of racial microaggressions among black supervisees in cross-racial dyads. *Journal of Counseling Psychology, 54*(2), 142-153. doi:10.1037/0022-0167.54.2.142

Cook-Sather, A. (2006). Sound, presence, and power: "Student voice" in educational research and reform. *Curriculum Inquiry*, *36*(4), 359-390.

Corrigan, P. (2004). How stigma interferes with mental health care. *American Psychologist*, *59*(7), 614.

Council for Accreditation of Counseling & Related Educational Programs. (2009). *CACREP 2009 standards*. Alexandria, VA: Author. Retrieved from http://www.cacrep.org/wp-content/uploads/2017/07/2009-Standards.pdf

Council for Accreditation of Counseling & Related Educational Programs. (2015). *CACREP 2016 standards*. Alexandria, VA: Author. Retrieved from http://www.cacrep.org/wp-content/uploads/2018/05/2016-Standards-with-Glossary-5.3.2018.pdf

Crowe, A., & Averett, P. (2015). Attitudes of mental health professionals toward mental illness: A deeper understanding. *Journal of Mental Health Counseling*, *37*(1), 47-62.

Culbreth, J. R., Scarborough, J. L, Banks-Johnson, A., & Solomon, S. (2005). Role stress among practicing school counselors. *Counselor Education and Supervision, 45*, 58-71.

Dahir, C.A., & Stone, C.B. (2012). *The transformed school counselor* (2nd ed). Belmont, CA: Wadsworth.

DeKruyf, L., Auger, R. W., & Trice-Black, S. (2013). The role of school counselors in meeting students' mental health needs: Examining issues of professional identity. *Professional School Counseling, 16*(5), 271-282.

Dimmitt, C., Carey, J. C., & Hatch, T. (2007). *Evidence-based school counseling: Making a difference with data-driven practices*. Thousand Oaks, CA: Corwin Press.

Dinkmeyer, D., & Carlson, J. (2006). *Consultation: Creating school-based interventions* (3rd ed.). New York, NY: Routledge.

Doka, K. J. (Ed.). (2000). *Living with grief after sudden loss: Suicide, homicide, accident, heart attack, stroke*. Amityville, NY: Baywood.

Dollarhide, C. T., & Miller, G. M. (2006). Supervision for preparation and practice of school counselors: Pathways to excellence. *Counselor Education and Supervision*, *45*, 242-252.

DuBois, D. L., Portillo, N., Rhodes, J. E., Silverthorn, N., & Valentine, J. C. (2011). How effective are mentoring programs for youth? A systematic assessment of the evidence. *Psychological Science in the Public Interest*, *12*, 57-91.

Durlak, J. A., Weissberg, R. P., Dymnicki, A. B., Taylor, R. D., & Schellinger, K. B. (2011). The impact of enhancing students' social and emotional learning: A meta-analysis of school-based universal interventions. *Child Development*, *82*(1), 405-432.

Eisel v. Board of Education of Montgomery County, 324 Md. 376, 597 A. 2d 447 (Md Ct. App. 1991).

Emerson, S., & Markos, P. A. (1996). Signs and symptoms of the impaired counselor. *The Journal of Humanistic Education and Development*, *34*, 108-117.

Erford, B. (Ed.). (2007). Accountability. In *Transforming the school counseling profession* (2nd ed., pp. 236-277). Upper Saddle River, NJ: Pearson.

Erford, B. T. (Ed.). (2019). *Transforming the school counseling profession* (5th ed.). Columbus, OH: Pearson.

Erickson A., & Abel, N. R. (2013). Leadership in providing school-wide screenings for depression and enhancing suicide awareness. *Professional School Counseling, 16*(5), 283-289.

Executive Office of the President. (2014, December). *2014 Native youth report*. Retrieved from https://files.eric.gov/fulltext/ED565658.pdf

Farmer, L. B. (2011). *Counselors' self-perceived competency with lesbian, gay, and bisexual clients* (Unpublished doctoral dissertation). Virginia Polytechnic Institute and State University, Blacksburg, VA.

Figley, C. R. (1995). Compassion fatigue: Toward a new understanding of the costs of caring. In B. H. Stamm (Ed.), *Secondary traumatic stress* (pp. 3-28). Lutherville, MD: Sidran Press.

Filmore, J. M. (2014). Lesbian, gay, and bisexual counseling competency: The difference between LGB education, clinical experience and personal relationships on student competency (Unpublished doctoral dissertation). Northern Illinois University, DeKalb, IL.

Finkelhor, D., Mitchell, K. J., & Wolak, J. (2000). *Online victimization: A report on the nation's youth*. Alexandria, VA: National Center for Missing and Exploited Children.

Fiore, L. (2011). *LifeSmart: Exploring human development*. New York, NY: McGraw-Hill.

Flannery, K. B., Fenning, P., Kato, M. M., & McIntosh, K. (2014). Effects of school-wide positive behavioral interventions and supports and fidelity of implementation on problem behavior in high schools. *School Psychology Quarterly*, *29*(2), 111-124. http://dx.doi.org/10.1037/spq0000039.

Flom, B.L., & Hansen, S. (2006). Just don't shut the door on me: Aspirations of adolescents in crisis. *Professional School Counseling, 10*(1), 88-91.

Ford, J. D. (2005). Treatment implications of altered affect regulation and information processing following child maltreatment. *Psychiatric Annals*, *35*, 410-419. https://doi.

org/10.3928/00485713-20050501-07

42 United States Code. The Public Health and Welfare. § 290dd-2; 42 C.F.R. Part 2

Gable, R., Mostert, M., & Tonelson, S. (2004). Assessing professional collaboration in schools: Knowing what works. *Preventing School Failure, 48*(3), 4-8.

Georgiades, K., Boyle, M. H. & Fife, K. A. (2012). Emotional and behavioral problems among adolescent students: The role of immigrant, racial/ ethnic congruence and belongingness in schools. *Journal of Youth and Adolescence, 42*, 1473-1492. doi:10.1007/s10964-012-9868-2

Gong, Y., Deng, C., Yagi, D. T., Mimura, T., Hwang, M., & Lee, D. (2013). Career counseling in Asian countries: Historical development, current status, challenges, and prospects. *Journal of Asia Pacific Counseling, 3*(1), 9-33.

Goodyear-Brown, P. (2010). *Play therapy with traumatized children: A prescriptive approach.* Hoboken, NJ: Wiley.

Grabosky, T. K., & Ishii, H., & Mase, S. (2013). Counseling in Japan. In T. H. Hohenshil, N. E. Amundson, & S. G. Niles (Eds.), *Counseling around the world* (pp. 97-106). Alexandria, VA: American Counseling Association.

Graham, S. R., Carney, J. S., & Kluck, A. S. (2012). Perceived competency in working with LGB clients: Where are we now? *Counselor Education and Supervision, 51*, 2-16.

Grayshield, L. (2006). Barriers and best practices for American Indian students. *New Mexico Review, NMSU*, Las Cruces, NM, Vol. XIV.

Grey (1973). Youth and the occult. *The School Counselor, 20*(3), 167.

Griffin, D., & Steen, S. (2011). A social justice approach to school counseling. *Journal for Social Action in Counseling and Psychology, 3*(1), 74-85.

Gruman, D. H., Marston, T., & Koon, H. (2013). Bringing mental health needs into focus through school counseling program transformation. *Professional School Counseling, 16*(5), 333-341.

Guajardo, M. A., Guajardo, F., Janson, C., & Militello, M. (2016). *Reframing community partnerships in education: Uniting the power of place and wisdom of people.* New York, NY: Routledge.

Guo, Y., Wang, S., & Combs, D. C. (2013). Counseling in Taiwan. In T. H. Hohenshil, N. E. Amundson, & S. G. Niles (Eds.), *Counseling around the world* (pp. 145-152). Alexandria, VA: American Counseling Association.

Gurwitch, R., & Schonfeld, D. (2011). *Support traumatized students*. Retrieved from: https://www.schoolcounselor.org/magazine/blogs/september-october-2011/support-traumatized-students

Gysbers, N. C. (2012). Embracing the past, welcome the future: A brief history of school counseling. In *ASCA National Model: A framework for school counseling programs* (3rd ed., pp. vii-ix). Alexandria, VA: American School Counselor Association.

Hatch, T. (2013). *The use of data in school counseling: Hatching results for students, programs, and the profession*. Thousand Oaks, CA: Corwin Press.

Hatch, T. (2014). *The use of data in school counseling: Hatching results for students, programs, and the profession.* Thousand Oaks, CA: Corwin Press.

Hays, D. G. (2017). *Assessment in counseling: A guide to the use of psychological assessment procedures* (6th ed.). Alexandria, VA: American Counseling Association.

Herlihy, B., Gray, N., & McCollum, V. (2002). Legal and ethical issues in school counselor supervision. *Professional School Counseling*, *6*, 55-60.

Hohenshil, T. H., Amundson, N. E., & Niles, S. G. (Eds.). (2013). Introduction to global counseling. In *Counseling around the world* (pp. 3-8). Alexandria, VA: American Counseling Association.

Holcomb-McCoy, C. (2005). Investigating school counselors' perceived multicultural Competence. *Professional School Counseling*, 8, 414-423.

Holcomb-McCoy, C. (2007). *School counseling to close the achievement gap: A social justice framework for success*. Thousand Oaks, CA: Corwin Press.

Illinois Coalition Against Sexual Assault. (2015). *Crisis centers*. Retrieved from: http://www.icasa.org/crisisCenters.aspx?PageID=501

Illinois General Assembly. (2015). *The consent by minors to health care services act.* Retrieved from: http://www.ilga.gov/legislation/ilcs/ilcs3.asp?A ctID=1539&ChapAct=410%26nbsp%3BILCS%26nbsp%3B210%2F&Ch apterID=35&ChapterName=PUBLIC+HEALTH&ActName=Consent+ by+Minors+to+Medical+Procedures+Act

Jackson-Cherry, L., & Erford, B. (2010). *Crisis assessment, intervention and prevention.* Upper Saddle River, NJ: Pearson.

Janson, C., & Maxis, S. (2015). School counselor as active collaborator. In J. Ziomek-Daigle (Ed.), *School counseling classroom guidance: Prevention, accountability, and outcomes* (pp. 222-250). Thousand Oaks, CA: Sage.

Janson, C., Stone, C., & Clark, M. (2009). Stretching leadership: A distributed perspective for school counselor leaders. *Professional School Counseling*, *13*(2), 98-106. https://doi.org/10.5330/PSC.n.2010-13.98

Jimerson, S. R. (2001). Meta-analysis of grade retention research: Implications for practice in the 21st century. *School Psychology Review*, *30*, 420-437.

Johnson, J., Rochkind, J., Ott, A., & DuPont, S. (2010). *Can I get a little advice here? How an overstretched high school guidance system is undermining students' college aspirations.*

Retrieved from: http://www.publicagenda. org/files/can-i-get-a-little-advice-here.pdf

Johnson, K. & Stephens, R. D. (2002). *School crisis management: A hands-on guide to training crisis response teams*. Alameda, CA: Hunter House.

Johnson, K. D., & Hannon, M. D. (2014). Measuring the relationship between parent, teacher, and student problem behavior reports and academic achievement: Implications for school counselors. *Professional School Counseling, 18*(1), 38-48.

Kaffenberger, C., & Young, A. (2013). *Making DATA work* (3rd ed.). Alexandria, VA: American School Counselor Association.

Karatekin, C. (2017). Adverse childhood experiences (ACEs), stress and mental health in college students. *Stress and Health*, *34*, 36-45. https:// doi.org/10.1002/smi.2761

Karst, P. (2000). *The invisible string*. Camarillo, CA: DeVorss.

Kataoka, S. H., Zhang, L., & Wells, K. B. (2002). Unmet need for mental health care among U.S. children: Variation by ethnicity and insurance status. *The American Journal of Psychiatry, 159,* 1548-1555. doi:10.1176/ appi.ajp.159.9.1548

Kerr, M. M. (2009). *School crisis prevention and intervention.* Upper Saddle River, NJ: Merrill/Pearson.

Keys, S., Bemak, F., Carpenter, S., & King-Sears, M. (1998). Collaborative consultant: A new role for school and community counselors. *Journal of Counseling & Development*, *76*, 123-133.

Knox, K. S., & Roberts, A. R. (2005). Crisis intervention and crisis team models in schools. *Children & Schools*, *27*(2), 93-100.

Kwok, D. K., Winter, S., & Yuen, M. (2012). Heterosexism in school: The counselling experience of Chinese tongzhi students in Hong Kong. *British Journal of Guidance & Counselling, 40*(5), 561-575.

Ladany, N., Mori, Y., & Mehr, K. E. (2013). Effective and ineffective supervision. *The Counseling Psychologist, 41*, 28-47. doi:10.1177/0011000012442648

Lamb, D. H., Presser, N. R., Pfost, K. S., Baum, M. C., Jackson, V. R., & Jarvis P. A. (1987). Confronting professional impairment during the internship: Identification, due process, and remediation. *Professional Psychology: Research & Practice, 18*(6), 597-603. doi:10.1037/0735-7028.18.6.597

Lambie, G. (2007). The contribution of ego development level to burnout in school counselors: Implications for professional school counseling. *Journal of Counseling & Development, 85*, 82-88.

Lambie, G. W., Davis, K. M., & Miller, G. (2008). Spirituality: Implications for professional school counselors' ethical practice. *Counseling and Values*, *52*, 211-223.

LaVigna, G. J. (2012). The efficacy of positive behavioural support with the most challenging behaviour: The evidence and its implications. *Journal of Intellectual & Developmental*

Disability, *37*(3), 185-195.

Lawson, G., & Venart, B. (2005). Preventing counselor impairment: Vulnerability, wellness, and resilience. *VISTAS: Compelling Perspectives on Counseling*, 243-246.

Lee, S. M., Baker, C. R., Cho, S. H., Heckathorn, D. E., Holland, M. W., Newgent, R. A., et al. (2007). Development and initial psychometrics of the counselor burnout inventory. *Measurement and Evaluation in Counseling and Development, 40,* 155-168.

Lee, S. M., & Yang, E. (2013). Counseling in South Korea. In T. H. Hohenshil, N. E. Amundson, & S. G. Niles (Eds.), *Counseling around the world* (pp. 137-144). Alexandria, VA: American Counseling Association.

Lee, V., & Goodnough, G. (2007). Creating a systemic, data-driven school counseling program. In B. Erford (Ed.), *Transforming the school counseling profession* (2nd ed., pp. 121-141). Upper Saddle River, NJ: Pearson.

Lemberger, M. E., Brigman, G., Webb, L., & Moore, M. M. (2013). Student Success Skills: An evidence-based cognitive and social change theory for student achievement. *Journal of Education, 192*, 89-100.

Lenz, A. S., & Smith, R. L. (2010). Integrating wellness concepts within a clinical supervision model. *The Clinical Supervisor*, *29*, 228-245. doi:10 .1080/07325223.2020.518511

Lewis, J. (1996). Children teaching adults to listen to them. In M. John (Ed.), *Children in charge: The child's right to a fair hearing* (pp. 209-215). London, England: Jessica Kingsley.

Lim, B. K., & Lim, S. (2013). Counseling in China. In T. H. Hohenshil, N. E. Amundson, & S. G. Niles (Eds.), *Counseling around the world* (pp. 77-86). Alexandria, VA: American Counseling Association.

Lim, S. L., & Nakamoto, T. (2008). Genograms: Use in therapy with Asian families with diverse cultural heritages. *Contemporary Family Therapy, 30*, 199-219. doi:10.1007/s10591-008-9070-6.

Limberg, D., & Lambie, G. W. (2011). Third culture kids: Implications for professional school counseling. *Professional School Counseling, 15*(1), 45-54.

Linde, L. E. (2015). Ethical, legal, and professional issues in school counseling. In B. T. Erford (Ed.), *Transforming the school counseling profession* (4th ed., pp.146-172). Upper Saddle River, NJ: Pearson.

Lusky, M. B., & Hayes, R.L. (2001). Collaborative consultation and program evaluation. *Journal of Counseling & Development, 79,* 26-38.

Maag, J. W., & Katsiyannis, A. (2010). School-based mental health issues: Funding options and issues. *Journal of Disability Policy Studies, 21*(3), 173-180. doi:10.1177/1044207310385551

Machado, A. (1978). Proverbios y cantares XXIX. Campos de Castilla [Proverbs and songs XXIX.

Fields of Castilla]. In B. J. Craig (Trans.), *Selected poems of Antonio Machado*. Baton Rouge: Louisiana State University Press.

Marlette, J. (1973). Hand scheduling versus the computer. *School Counselor, 21,* 149-151.

Maslach, C. (2003). *Burnout: The cost of caring*. Cambridge, MA: Malor Books.

Mason, E. C. M., Ockerman, M. S., & Chen-Hayes, S. F. (2013). Change-Agent-for-Equity (CAFE) model: A framework for school counselor identity. *Journal of School Counseling*, *11*(4). Retrieved from: https:// files.eric.ed.gov/fulltext/EJ1012301.pdf

McBride, C. M., Puleo, E., Pollak, K. I., Clipp, E. C., Woolford, D., & Emmons, K. M. (2008). Understanding the role of cancer worry in creating a "teachable moment" for multiple risk factor reduction. *Social Science Medicine, 66,* 790-800. doi:10.1016/j.socscimed.2017.10.014

McCormick, M. P., Cappella, E., O'Connor, E. E., & McClowry, S. G. (2015). Social-emotional learning and academic achievement. *AERA Open*, *1*(3), 1-26. doi:10.1177/2332858415603959

McKnight, J., & Block, P. (2010). *The abundant community: Awakening the power of families and neighborhoods*. San Francisco, CA: Berrett-Koehler.

McMahon, H. G., Mason, E. C., Daluga-Guenther, N., & Ruiz, A. (2014). An ecological model of professional school counseling. *Journal of Counseling & Development, 92*, 459-471.

McMahon, M., & Patton, W. (2000). Conversations on clinical supervision: Benefits perceived by school counsellors. *British Journal of Guidance and Counselling*, *28*(3), 339-351.

Mental Health Foundation. (2018). *A-Z*. Retrieved from https://www. mentalhealth.org.uk/a-to-z

Mikell v. School Admin. Unit No. 33, 972 A.2d 1050 (N.H. 2009).

Monteiro-Leitner, J. D., Asner-Self, K. K., Milde, C., Leitner, D. W., & Skelton, D. (2006). The role of the rural school counselor: Counselor, counselor-in-training, and principal perceptions. *Professional School Counseling*, *9*(3), 248-251.

Nakamura, N., Chan, E., & Fischer, B. F. (2013). "Hard to crack": Experiences of community integration among first-and second-generation Asian MSM in Canada. *Cultural Diversity and Ethnic Minority Psychology, 19*(3), 248-256.

National Association of School Psychologists. (2011). *NASP position statement: Grade retention and social promotion*. Bethesda, MD: Author.

National Center for Education Statistics. (2010). *Status and trends in the education of racial and ethnic groups* (NCES 2010-015). Washington, DC: Author. Retrieved from: http://nces.ed.gov/pubs2010/2010015/index.asp

National Education Association Healthy Futures. (n.d.). *After a crisis*. Retrieved from http://http:// healthyfutures.nea.org/wpcproduct/ school-crisis-guide/

National Suicide Prevention Lifeline. (n.d.). *Best practices*. Retrieved from https://suicidepreventionlifeline.org/best-practices/

Neimeyer, R.A. (2005). *Lessons of loss: A guide to coping*. New York, NY: Routledge.

Neukrug, E. S., & Fawcett, R.C. (2015). *The essentials of testing and assessment* (3rd ed.). Stamford, CT: Cengage Learning.

Newsome, D., & Gladding, S. (2010). Counseling individuals and groups in schools. In B. T. Erford (Ed.), *Transforming the school counseling profession* (pp. 209-230). Upper Saddle River, NJ: Merrill Prentice Hall.

No Child Left Behind Act of 2001, Pub. L. No. 107-110, § 115, Stat. 1425 (2002)

Ockerman, M. S., Mason, E., & Hollenbeck, A. F. (2012). Integrating RTI with school counseling programs: Being a proactive professional school counselor. *Journal of School Counseling, 10*(15). Retrieved from: https:// files.eric.ed.gov/fulltext/EJ978870.pdf

Osborn, C. J. (2004). Seven salutary suggestions for counselor stamina. *Journal of Counseling & Development, 82*, 319-328.

Payne, R. K. (2013). *A framework for understanding poverty: A cognitive approach*. Highland, TX: aha! Process.

Pedrotti, J. T., Edwards, L. M., & Lopez, S. J. (2008). Promoting hope: Suggestions for school counselors. *Professional School Counseling, 12*, 100-107.

Phillips, J. C. (2000). Training issues and considerations. In R. M. Perez, K. A. DeBord, & K. J. Bieschke (Eds.), *Handbook of counseling and psychotherapy with lesbian, gay, and bisexual clients* (pp. 337-358). Washington DC: American Psychological Association.

President's New Freedom Commission on Mental Health. (2003). *Achieving the promise: Transforming mental health care in America. Final report* [DHHS Publication no. SMA-03-3832]. Rockville, MD: U.S. Department of Health and Human Services.

Rance-Roney, J. (2009). Best practices for adolescent ELLs. *Supporting English Language Learners, 66*(7), 32-37.

Ratts, M. J., Singh, A. A., Nassar-McMillan, S., Butler, S. K., & McCullough, J. R. (2016). Multicultural and social justice counseling competencies: Guidelines for the counseling profession. *Journal of Multicultural Counseling and Development, 44*, 28-48.

Reardon, S. F. (2011). The widening academic achievement gap between the rich and the poor: new evidence and possible explanations. In G. J. Duncan & R. J. Murnane (Eds.), *Whither opportunity? Rising inequality, schools, and children's life chances* (pp. 91-116). New York, NY: Sage.

Reid, L. M., & Dixon, A. L. (2012). The counseling supervision needs of international students in

U.S. institutions of higher education: A culturally-sensitive supervision model for counselor educators. *Journal of International Counselor Education, 4*, 29-41.

Remley, T. P., & Herlihy, B. (2013). *Ethical, legal and professional issues in counseling* (4th ed.). Upper Saddle River, NJ: Pearson Education.

Remley, T. P., & Herlihy, B. (2016). *Ethical, legal, and professional issues in counseling*. New York, NY: Pearson.

Remley, T. P., Hermann, M. A., & Huey, W. C. (2010). *Ethical & legal issues in school counseling* (3rd ed.). Alexandria, VA: American School Counselor Association.

Remley, T. P., Rock, W. D., & Reed, R. M. (2017). *Ethical and legal issues for school counselors.* Alexandria, VA: American School Counselor Association.

Roberts, J., Abu-Baker, K., Fernandez, C. D., Garcia, N.C., Fredman, G., Kamya, H., ... & Zevallos Vega, R. (2014). Up close: Family therapy challenges and innovations around the world. *Family Process, 53*(3), 544-576. doi:10.1111/famp.12093

Roe v. Wade, 410 U.S. 113 (1973)

Ruf, M., Schauer, M., Neuner, F., Catani, C., Schauer, E., & Elbert, T. (2010). Narrative exposure therapy for 7-to 16-year-olds: A randomized controlled trial with traumatized refugee children. *Journal of Traumatic Stress*, *23*, 437-445. https://doi.org/10.1002/jts.20548

Rüsch, N., Angermeyer, M. C., & Corrigan, P. W. (2005). Mental illness stigma: Concepts, consequences, and initiatives to reduce stigma. *European psychiatry*, *20*(8), 529-539.

San Antonio Independent School District v. Rodriguez, 411 U.S. 1 (1973).

Sandoval, J. (2013). *Crisis counseling, intervention, and prevention in the schools*. New York, NY: Routledge.

Sattler, J. M. (2014). *Foundations of behavioral, social, and clinical assessment of children* (6th ed.). San Diego, CA: Author.

Savickas, M. L. (1994). Donald Edwin Super: The career of a planful explorer. *The Career Development Quarterly*, *43*, 4-24. https://doi. org/10.1002/j.2161-0045.1994.tb00842.x

Scarborough, J. L., & Culbreth, J. R. (2008). Examining discrepancies between actual and preferred practice of school counselors. *Journal of Counseling & Development*, *86*, 446-459.

Schilling, E. A., Aseltine, R. H., & Gore, S. (2007). Adverse childhood experiences and mental health in young adults: a longitudinal survey. *BMC Public Health, 7,* 30. https://doi.org/10.1186/1471-2458-7-30

Sheridan, S. M., Eagle, J. W., Cowan, R. J., & Mickelson, W. (2001). The effects of conjoint behavioral consultation: Results of a 4-year investigation. *Journal of School Psychology, 39,*

361-385.

Singleton, G. (2015). *Courageous conversations about race: A field guide for achieving equity in schools*. Thousand Oaks, CA: Corwin.

Sink, C. A., & Devlin, J. M. (2011). Student spirituality and school counseling: Issues, opportunities, and challenges. *Counseling and Values*, *55*, 130-148.

Sirin, S. R. (2005). Socioeconomic status and academic achievement: A meta-analytic review of research. *Review of Educational Research*, *75*(3), 417-453.

Soleimanpour, S., Geierstanger, S., & Brindis, C. D. (2017). Adverse childhood experiences and resilience: addressing the unique needs of adolescents. *Academic Pediatrics*, *17*, S108-S114. https://doi.org/10.1016/j. acap.2017.01.008

Sorensen, J. R. (1989). Responding to student or teacher death: Preplanning crisis intervention. *Journal of Counseling & Development, 67*, 426-427.

Stamm, B. H. (2010). *The concise ProQOL manual*, Pocatello, ID: Author.

Stoltenberg, C. D., & McNeil, B. W. (1997). Clinical supervision from a developmental perspective: Research and practice. In C. E. Watkins Jr. (Ed.), *Handbook of psychotherapy supervision* (pp. 184-202). New York, NY: Wiley.

Stone, C. (2013a). Suicide: Err on the side of caution. *ASCA School Counselor, 51*(1), 6-9.

Stone, C. (2013b). Suicide contracts, assessments, and parental/guardian notification: Err on the side of caution. *ASCA School Counselor, 51*(2), 6-9.

Studer, J. (2005). Supervising school counselors-in-training: A guide for field supervisors. *Professional School Counseling, 8,* 353-359.

Sue, D. W., & Sue, D. (2016). *Counseling the culturally diverse: Theory and practice* (7th ed.). New York, NY: Wiley.

Sutton, J. R., & Pearson, R. (2002). The practice of school counseling in rural and small town schools. *Professional School Counseling*, *5*(4), 266.

Tatar, M. (2009). Teachers turning for help to school counsellors and colleagues: Toward a mapping of relevant predictors. *British Journal of Guidance & Counselling, 37*(2), 107-127. doi:10.1080/03069880902728564

Thompson, R. A. (1995). Being prepared for suicide or sudden death in schools: Strategies to restore equilibrium. *Journal of Mental Health Counseling, 17*, 264-278.

Topdemir, C. (2010). *School counselor accountability practices: A national study*. Unpublished doctoral dissertation, University of South Florida, Tampa, FL.

Toporek, R., Ortega-Villalobos, L., & Pope-Davis, D. (2004). Critical incidents in multicultural supervision: Exploring supervisees' and supervisors' experiences. *Journal of Multicultural Counseling and Development, 32*, 66-83.

Toste, J. R., Heath, N. L., & Dallaire, L. (2010). Perceptions of classroom working alliance and student performance. *Alberta Journal of Educational Research, 56*(4), 371-387.

Trusty, J., & Brown, D. (2005). Advocacy competencies for professional school counselors. *Professional School Counseling, 8*(3), 259-265.

Tsukuda, N. (2001). *Country report: Career guidance in Japan*. Retrieved from www.spc.org.sg/9thARACD/CAREER%20GUIDANCE%20 IN%20JAPAN.doc

Tuason, T. G., & Arellano-Carandang, L. (2013). Counseling in Philippines. In T. H. Hohenshil, N. E. Amundson, & S. G. Niles (Eds.), *Counseling around the world* (pp. 117-126). Alexandria, VA: American Counseling Association.

Tucker, C. (2009). Low income African-American caregivers' experiences of being referred to mental health services by the school counselor: Implications for best practices. *Professional School Counseling, 12*(3), 240-252.

Tyson, L. E., & Pedersen, P. B. (Eds.). (2000). *Critical incidents in school counseling* (2nd ed.). Alexandria, VA: American Counseling Association.

U.S. Department of Education. (2009). *Race to the Top program: Executive summary*. Washington, DC: Author. Retrieved from http://www.ed.gov/programs/racetothetop/executive-summary.pdf

Vontress, C. E. (1979). Cross-cultural counseling: An existential approach. *Journal of Counseling & Development, 58*, 85-144. https://doi. org/10.1002/j.2164-4918.1979.tb00363.x

Weinrach, S. G. (1973). Integration is more than just busing. *School Counselor, 20*, 276-279.

Werblow, J., Urick, A., & Duesbery, L. (2013). On the wrong track: How tracking is associated with dropping out of high school. *Equity & Excellence in Education*, *46*(2), 270-284.

Whaley, A., & Davis, K. (2007). Cultural competence and evidence-based practice in mental health services: A complementary perspective. *American Psychologist*, *62*, 563-574.

Whiston, S. C. (1996). Accountability through action research: Research methods for practitioners. *Journal of Counseling & Development, 74*, 616-623.

Williamson, A. A., Modecki, K. L., & Guerra, N. G. (2015). SEL programs in high school. In J. A. Durlak, C. E. Domitrovich, R. P. Weissberg, & T. P. Gullotta (Eds.), *Handbook of social and emotional learning: Research and practice* (pp. 181-196). New York, NY: Guilford Press.

Witmer, J. M., & Young, M. E. (1996). Preventing counselor impairment: A wellness approach. *The Journal of Humanistic Education and Development*, *34*(3), 141-155.

Wolak, J., Mitchell, K. J., & Finkelhor, D. (2006). *Online victimization: 5 years later.* Alexandria, VA: National Center for Missing and Exploited Children.

Wood, C., & Rayle, A. (2006). A model of school counseling supervision: The goals, functions, roles, and systems model. *Counselor Education and Supervision*, *45*, 253-266.

Wright, J. (2007). *RTI toolkit: A practical guide for schools*. Port Chester, NY: Dude Publishing.

Yeo, L. S., Tan, S. Y., & Neihart, M. (2013). Counseling in Singapore. In T. H. Hohenshil, N. E. Amundson, & S. G. Niles (Eds.), *Counseling around the world* (pp. 127-136). Alexandria, VA: American Counseling Association.

Young, A., & Bryan, J. (2015). The school counselor leadership survey: Instrument development and exploratory factor analysis. *Professional School Counseling, 19*(1), 1-15.

Young, A., & Kaffenberger, C. (2011). The beliefs and practices of school counselors who use data to implement comprehensive school counseling programs. *Professional School Counseling*, *15*(2), 67-76.

Young, M. E., & Lambie, G. W. (2007). Wellness in school and mental health systems: Organizational influences. *The Journal of Humanistic Counseling, Education and Development*, *46*, 98-113.

찾아보기

편저자 소개

Tarrell Awe Agahe Portman

Portman 박사는 위노나 주립대학교 사범대학 학장이다. 그녀는 자격증을 갖춘 학교상담사이자 정신건강 상담사이며, 교육 분야에서 35년 이상의 경력을 가진 교사이다. 국가 전문교사 자격위원회 산하 학교상담 표준 개발 위원회에 임명된 두 명의 학교상담 교육자 중 한 명이며, 상담자 교육 및 슈퍼비전 협회와 다문화 상담 및 발달 협회에서 회장을 역임한 바 있다. 다양한 활동 과정에서 수많은 상과 표창을 받았으며, 미국상담학회 산하 사회정의 상담자 분과에서는 Mary Smith Arnold 반억압상의 첫 번째 수상자로 선정된 바 있다. 그녀의 연구와 출판물은 학교상담과 미국 원주민 관련 상담 문제에 중점을 두고 있다. 또한『Professional School Counseling』『Journal of Multicultural Counseling and Development』『The Journal of Humanistic Counseling』의 편집위원으로 활동하고 있다.

Chris Wood

Wood 박사는 네바다대학교 라스베이거스 캠퍼스 상담사 교육학부의 부교수이다. 그는 고등학교 상담교사 경력이 있으며, 상담 및 지도 전공 학과장, 문제 학생을 위한 거주형 청소년 시설의 상담사/그룹 리더, 7~12학년을 지도하는 대안학교에서 진로상담사로 활동하였다. 또한『Professional School Counseling』학술지의 편집자로 6년간 활동하였으며, 주 및 연방 정부 보조금으로 300만 달러 이상을 받은 연구팀의 수석 연구원 또는 교수 연구원으로 재직하였다. 그는 학술 활동으로 30건 이상의 학회 학술 발표와 30편 이상의 출판물(논문 포함)을 출간하였고, 다음과 같은 주요 학술지,『Professional School Counseling』『Journal of Counseling & Development』『Journal of College Counseling』『Counselor Education and Supervision』『Career Planning and Adult Denelopment Journal』『Elementary School Journal』에 수록되어 있다. 또한 미국진로개발협회에서 발간한『A Counselor's Guide to Career Assessment Instruments』의 5판과 6판의 공동 편집자였으며, 2017년 미국상담학회 펠로우상을 받았다.

Heather J. Fye

Fye 박사는 앨라배마대학교 조교수이다. 그녀는 공인 K-12 학교상담사이자 자격증을 갖춘 정신건강 상담사이다. 정신건강 및 학교 분야에서 13년간 활동하였으며, 또한 이전에는 아동 보호 서비스 기관, 요양원, 초등학교, 청소년과 그 가족을 대상으로 하는 외래 상담 클리닉과 대학상담센터 등에서 근무하였다. 그녀의 연구, 출판물 및 학회 발표는 주로 학교상담사의 웰니스, 스트레스, 대처, 소진, 상담에서의 창의성 및 미국학교상담사협회 국가 모델 구현을 주제로 한다. 이와 관련하여 30여 개의 전문 학회 발표를 하였으며, 주요 학술지인 『Journal of Counseling & Development』 『Measurement and Evaluation in Counseling and Development』 『Professional School Counseling』에 논문을 게재하였다. Fye 박사와 동료들은 2015년에 상담 및 발달 분야에서 측정 및 평가 관련 뛰어난 연구 성과를 인정받아 상담 측정 및 연구 학회에서 수여하는 Patricia B. Elmore 상을 받았고, 2016년에는 학교상담사의 소진에 관한 연구로 미국상담학회 연구자상을 받았다.

기고자 소개

⊙ **Nick Abel, EdD**
버틀러대학교 학교상담 조교수

⊙ **Tina Anctil, PhD**
포틀랜드 주립대학교 교육대학원의 대학원 학술 담당 부학장

⊙ **Caroline A. Baker, PhD**
위스콘신-리버폴스대학교 상담 프로그램 부교수 및 학장

⊙ **Eric R. Baltrinic, PhD**
앨라배마대학교 상담교육 조교수

⊙ **Na Mi Bang, PhD**
센트럴 아칸소대학교 학교상담 조교수

⊙ **Matthew J. Beck, PhD**
웨스턴 일리노이대학교 상담사 교육 전공 조교수

⊙ **Kenya Bledsoe, LPC-S, NCC, NCSC**
앨라배마대학교 상담사 교육 및 슈퍼비전 전공 박사과정생

⊙ **Danielle S. Bryant, PhD**
캘리포니아 주립대학교 베이커스필드 캠퍼스 상담학과 겸임교수

⊙ **Rhonda M. Bryant, PhD**
퍼시픽대학교의 학생 생활 부총장 및 학생과 학과장

⊙ S. Kent Butler, PhD, LPC, NCC, NCSC
센트럴 플로리다대학교 Chi Sigma Iota International Honor Society 자문 교수

⊙ Laurie A. Carlson, PhD
콜로라도 주립대학교 소속

⊙ Catherine Y. Chang, PhD
조지아 주립대학교 상담 및 심리 서비스 전공 교수

⊙ Tori Charette, EdS
게인즈빌 플로리다대학교 소속 학교상담 인턴

⊙ Jonique Childs, PhD, NCC
매사추세츠 애머스트대학교 조교수

⊙ Dawnette Cigrand, PhD
위노나 주립대학교 상담 교육 전공 학과장

⊙ Richard E. Cleveland, PhD
조지아 서던대학교 상담사 교육 프로그램 내 학교상담 프로그램 코디네이터

⊙ Jolie Daigle, PhD, LPC
조지아대학교 상담 및 인재개발 서비스 과정 교수

⊙ Darcie Davis-Gage, PhD
노던 아이오와대학교 소속

⊙ Norma Day-Vines, PhD
존스홉킨스대학교 소속

⊙ Beth A. Durodoye, EdD
조지아 서던대학교 소속

⊙ Jason Durrell, MA
오하이오주 델라웨어 올렌탠지 지역 학교상담사

⊙ Cass Dykeman, PhD
오리건 주립대학교 상담사 교육 부교수

⊙ LaWanda Edwards, PhD, ALC, NCC
앨라배마 주립대학교 몽고메리 캠퍼스 상담자 교육 전공 부교수

⊙ Bradley T. Erford, PhD, LCPC, NCC, LPC, LP, LSP
밴더빌트대학교의 인력 및 조직 개발 학부의 인간발달 상담 프로그램 전공 교수

⊙ Justin R. Fields, PhD
텍사스주 덴튼고등학교 전문 학교상담사

⊙ Joel M. Filmore, EdD, LCPC
밀워키 스프링필드대학교 정신건강 상담 프로그램 조교수 및 프로그램 코디네이터

⊙ Linda Foster, MS
임상 정신건강 상담 프로그램 핵심 교수진 소속

⊙ Laura L. Gallo, PhD
보이즈 주립대학교 상담자 교육 전공 조교수

⊙ Melinda M. Gibbons, PhD
테네시대학교 상담사 교육 전공 교수 및 박사 학위 프로그램 코디네이터

⊙ James Gondak, MEd
메릴랜드 앤 아룬델 카운티 학교상담사

⊙ Debbie Grant, MA, NBCC, LPC-S
앨라배마 후버고등학교 'New Beginning' 프로그램 심리치료사

⊙ Lisa Grayshield, PhD
뉴멕시코 주립대학교 상담 및 교육심리전공 조교수

⊙ Catherine Griffith, PhD
매사추세츠 애머스트대학교 학생부 조교수

⊙ W. Bryce Hagedorn, PhD, LMHC, NCC, AMC, QCS
센트럴 플로리다대학교 상담사 교육 프로그램 담당자

⊙ Judith A. Harrington, PhD, SLPC, LMFT
앨라배마 버밍햄 몬테발로대학원 상담학과 교수

⊙ Katrina Harris, PhD
라스베이거스 네바다대학교 교육 및 임상연구 전공 레지던스 조교수

⊙ Malik S. Henfield, PhD
샌프란시스코대학교 부교수 및 학교상담 프로그램 코디네이터

⊙ Wendy Hoskins, PhD
라스베이거스 네바다대학교 교육 및 상담 전공 부교수

⊙ Tracy L. Jackson, PhD
버지니아주 로우든 카운티 공립학교들의 학교상담 슈퍼바이저 및 학교상담 중앙사무국 행정관

⊙ Chris Janson, PhD
노스 플로리다대학교 도시교육과 정책 전공 부교수 및 센터장

⊙ Tom Keller, EdD
버틀러대학교 학교상담 책임자

⊙ Christy W. Land, PhD
웨스트 조지아대학교 임상 및 전문가 학과 조교수

⊙ Erin Lane, PhD
웨스턴 일리노이대학교 상담사 교육 전공 조교수

⊙ Richard T. Lapan, PhD
매사추세츠 애머스트 사범대학 학생개발학과 교수 및 학과장

⊙ Sebastien Laroche, PhD
국방부 부설학교(DoDEA) 학과 소속 학교상담사

⊙ Jared Lau, LPC, NCC, LPC
라스베이거스 네바다대학교 CACREP 공인 상담사 교육 프로그램 조교수

⊙ Allison List, MA
리노 네바다대학교 'GEAR UP' 프로그램의 학생-학부모 퍼실리테이터

⊙ Sandra A. Loew, PhD
노스 앨라배마대학교 상담사 교육 전공 교수

⊙ Sandra (Sandi) M. Logan-McKibben, PhD, NCC, NCSC, ACS
플로리다 국제대학교 리더십 및 전문가 학과 상담사 교육 전공 임상 조교수

⊙ Sophie Maxis, PhD
노스 플로리다대학교 학교상담 전공 조교수

⊙ Rafe McCullough, PhD, NCC, LPC
오리건주 포틀랜드 루이스 앤 클라크대학교 학교상담 리더십 교육학 전공 조교수

⊙ Tomeka McGhee, PhD
월든대학교 임상 현장 코디네이터 및 조교수

⊙ Claire Merlin-Knoblich, PhD
샬럿 노스캐롤라이나대학교 상담학과 조교수

⊙ Carrie A. Wachter Morris, PhD
그린스보로 노스캐롤라이나대학교 상담 및 교육개발 전공 부교수

⊙ Patrick R. Mullen, PhD
윌리엄 앤 메리사범대학교 상담 교육 조교수 및 프로젝트 담당 교수진 소속

⦿ Brandie Oliver, EdD

버틀러대학교 사범대학 학교상담 전공 조교수

⦿ Yvonne Ortiz-Bush, PhD

캘리포니아 주립대학교 베이커스필드 캠퍼스 고등교육과 전공 조교수

⦿ Christine Hennigan Paone, PhD

몬머스대학교 공동 강의 담당

⦿ Zachary Michael Pietrantoni, PhD

새크라멘토 캘리포니아 주립대학교 상담 교육 전공 조교수

⦿ Tim A. Poynton, EdD

보스턴 매사추세츠대학교 상담 및 학교심리 전공 부교수

⦿ Meredith A. Rausch, PhD

어거스타대학교 사범대 조교수

⦿ Lacey Ricks, PhD

웨스트 조지아대학교 상담사 교육 및 대학생 상담 전공 조교수

⦿ Lourdes M. Rivera, PhD

퀸즈대학교 부교수

⦿ Amanda Dreisbach Rumsey, PhD

클렘슨대학교 소속

⦿ Franciene Sabens, MSEd, LPC, NCC

카본데일 커뮤니티 고등학교 학교상담사

⦿ Robin Alcala Saner, MA

위노나 주립대학교 상담사 교육 전공 조교수

⦿ Jodi L. Saunders, PhD

위노나 주립대학교 부교수 및 아동 옹호 연구 책임자

⦿ Cheryl Lynn Spaulding Sewell, PhD

조지아대학교 출신 파울러 드라이브초등학교 전문 학교상담사

⦿ Jennifer Sharp, NCC, PhD

노던 켄터키대학교 상담학 전공 조교수

⦿ Emilie E. Shaver, MA, NCC

버밍엄 앨라배마대학교 기숙사 생활 코디네이터

⦿ Christopher A. Sink, PhD, NCC, LHMC

올드 도미니언대학교 상담 및 인간서비스 전공 교수

⦿ Sondra Smith-Adcock, PhD

플로리다대학교 상담사 교육 전공 부교수

⦿ Sarah I. Springer, PhD

몬머스대학교 전문상담학과 조교수

⦿ Stephanne Standefer, MA, LCPC

에번스턴 노스 웨스턴대학교 가족 연구소 프로그램 책임자

⦿ Carolyn Stone, PhD

노스 플로리다대학교 인문사범대학 교수

⦿ Tiffany Stoner-Harris, PhD

웨스턴 일리노이대학교 상담교육학과 조교수

⦿ Cassandra A. Storlie, PhD

켄트 주립대학교 생활방식 개발 및 교육과학 학부 조교수

⦿ Karen Moore Townsend, PhD

노스 앨라배마대학교 상담자 교육 전공 교수

⦿ Lawrence E. Tyson, PhD

버밍엄 앨라배마대학교 상담자 교육 전공 부교수

⊙ Amy Upton, PhD, NCSC, NCC

사우스 앨라배마대학교 전문연구학과 조교수

⊙ Anna Viviani, PhD

인디애나 주립대학교 베이 사범대학 부교수 및 프로그램 코디네이터

⊙ Diana L. Wildermuth, PhD, NCC, LPC

템플대학교 상담 전공 조교수

⊙ Cindy Wiley, EdS, LPC

앨라배마주 버밍엄 쉘비 카운티 학교상담가 및 상담 슈퍼바이저

⊙ Chelsey Windl, BA

위노나 주립대학교 대학원 조교

⊙ Susannah M. Wood, PhD

아이오와대학교 학교상담 및 상담자 교육, 슈퍼비전 과정 부교수

⊙ Maiko Xiong, PhD

캘리포니아 센트럴밸리의 학교상담사

⊙ Anita Young, PhD

존스홉킨스대학교 상담 및 인간발달 전공 부교수

역자 소개

이성원(Sungwon Lee)

한양대학교 교육학과 상담심리 전공 박사

전 서울시교육청 전문상담사

삼성전자 전문상담사

한양대학교 상담센터 상담교수 및 슈퍼바이저

현 한남대학교 상담심리학과 부교수

관심분야: 상담자 교육 및 역량, 학교상담, 다문화상담 및 사회정의

정은선(Eunsun Jung)

한양대학교 교육학과 상담심리 전공 박사

전 한양대학교병원 임상심리실 인턴

국방부 병영생활전문상담관

건국대학교 학생상담센터 전임상담원 및 슈퍼바이저

현 한라대학교 교직과정부 부교수

관심분야: 상담자 교육, 영성, 삶의 의미 등

현정희(Junghee Hyun)

조지아 주립대학교 상담교육 슈퍼비전 전공 박사

전 시애틀퍼시픽대학교 학교상담 전공 부교수

현 세인트 보나벤처대학교 상담심리 전공 부교수

관심분야: 상담자 교육, 다문화상담 및 사회정의, 아동 청소년상담, 학교상담, 놀이치료

사례로 보는
학교상담사의 전문성

Critical Incidents in School Counseling (3rd ed.)

2025년 6월 20일 1판 1쇄 인쇄
2025년 6월 25일 1판 1쇄 발행

엮은이 • Tarrell Awe Agahe Portman · Chris Wood · Heather J. Fye
옮긴이 • 이성원 · 정은선 · 현정희

펴낸이 • 김진환
펴낸곳 • ㈜학지사
04031 서울특별시 마포구 양화로 15길 20 마인드월드빌딩
대표전화 • 02-330-5114 팩스 • 02-324-2345
등록번호 • 제313-2006-000265호

홈페이지 • http://www.hakjisa.co.kr
인스타그램 • https://www.instagram.com/hakjisabook/

ISBN 978-89-997-3447-2 93180

정가 24,000원